Jerri Nielsen
Ich werde leben

Jerri Nielsen
mit Maryanne Vollers

Ich werde leben

Aus dem Englischen übersetzt von
Petra Hrabak und Barbara Steckhan
Kollektiv Druck-Reif

Marion von Schröder

Das Original erschien 2001 unter dem Titel »Icebound –
A Doctor's Incredible Battle for Survival at the South Pole« bei Talk
Miramax Books, Imprint der Miramax Film Corp., New York, NY, USA.

Der Marion von Schröder Verlag ist ein Unternehmen der
Econ Ullstein List Verlag GmbH & Co KG, München.

2. Auflage

ISBN 3-547-77130-7

Ich finde keine Ruhe, muss reisen,
das Leben auskosten bis zur Neige. Kannte Zeiten
der Freude und Zeiten der Qual; mit denen,
die mich liebten, oder auch allein; an der Küste oder
auf dem Meer, wo die treibenden Wolken der
Regen-Hyaden die trübe See aufwühlten. Nun kennt man
meinen Namen, weil ich umherziehe mit Sehnsucht
im Herzen …

Alfred Lord Tennyson,
Ulysses

Den Männern und Frauen, die ihr Leben aufs Spiel gesetzt haben, um mich zu retten.
Und all jenen hinter den Kulissen, die halfen und für mich beteten.
Und jenen, die in der Zeit der Dunkelheit bei mir blieben.
Mein Herz gehört euch.

Inhalt

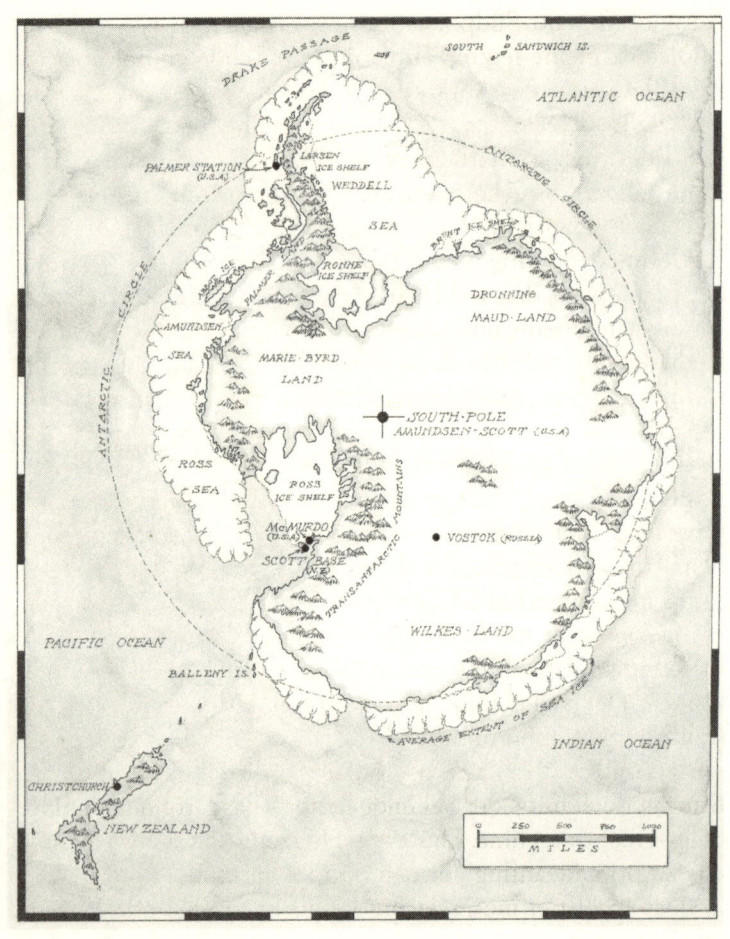

DRAKS PASSAGE

SOUTH SANDWICH IS.

ATLANTIC OCEAN

PALMER STATION
(U.S.A.)

LARSEN
ICE SHELF

WEDDELL

SEA

ANTARCTIC CIRCLE

FILCHNER ICE SHELF

RONNE
ICE SHELF

DRONNING
MAUD·LAND

AMUNDSEN
SEA

MARIE·BYRD
LAND

SOUTH·POLE
AMUNDSEN-SCOTT (U.S.A.)

ROSS
SEA

ROSS
ICE SHELF

VOSTOK (RUSSIA)

McMURDO
(U.S.A.)
SCOTT BASE
(N.Z.)

TRANSANTARCTIC MOUNTAINS

WILKES·LAND

PACIFIC OCEAN

BALLENY IS.

AVERAGE EXTENT OF SEA ICE

INDIAN OCEAN

CHRISTCHURCH

NEW ZEALAND

0   250   500   750   1000
M I L E S

PROLOG

Amundsen-Scott-Südpolstation, 16. Oktober 1999.

Dies ist meine letzte Fahrt mit dem Schneemobil über das Polarplateau in der Antarktis – von der eisverkrusteten Kuppel, die in den letzten elf Monaten mein Zuhause war, zum Rand der in den Treibschnee gepflügten Landepiste. Zu Fuß hätte ich die Strecke innerhalb weniger Minuten zurückgelegt, doch dazu fehlt mir jetzt die Kraft. Deshalb fährt mich Big John Penney, mein bester Freund, zu dem Hügel am Rand der Landepiste, den wir Heart Attack Hill nennen. Wir tragen Parkas, Moonboots und unsere fast dreißig Pfund schwere Extremkleidung. Ich bin in so viele Lagen Fleece und Daunen gehüllt, dass ich mich kaum bewegen kann. Mein Haar war blond und lang, als ich am Pol eintraf, doch nun ist mein Kopf fast kahl, und in der weichen Wollmütze, die ich unter meiner Kapuze trage, sieht er aus wie ein Ei mit Eierwärmer. Ich trage eine Gletscherbrille und habe den Gesichtsschutz bis zu den Augen hochgezogen, damit die Haut nicht gefriert. Es herrschen immerhin 51 Grad Celsius unter null.

Big John hilft mir beim Absteigen, und einen Moment lang bleiben wir stehen. Vor uns liegt eine dichte Mauer aus Treibschnee. Der Wind bläst beständig mit zwanzig Knoten und hüllt die Station in undurchdringliches Weiß. Dennoch hören wir zu unserem Erstaunen – gedämpft durch das Brausen des Sturms, doch mit jeder Sekunde lauter – das Dröhnen der Hercules-Frachtmaschine. Das erste Flugzeug seit acht Monaten, das zum Landeanflug auf den Südpol ansetzt.

»Das schafft er nie«, sagt Big John. »Er muss umdrehen und zurückfliegen.«

Ich weiß nicht, ob ich mich ängstigen oder freuen soll. Ich bin krank, so krank, dass ich vielleicht bald sterben werde. Ich muss so schnell wie möglich ausgeflogen werden, damit der bösartige Tumor, der in meiner Brust wächst, operiert werden kann. Da ich unter den einundvierzig Wissenschaftlern und Versorgungsangestellten dieser US-Forschungsstation der einzige Arzt war, habe ich mir oft Sorgen gemacht, was aus der Mannschaft werden soll, wenn ich zu schwach bin, sie weiter zu behandeln. Deshalb haben Dutzende, vielleicht sogar Hunderte, in den letzten Wochen mitgeholfen, diesen außergewöhnlichen Rettungsflug zu organisieren. Ich bin dankbar und beschämt, zugleich aber auch von unendlicher Trauer erfüllt.

Als sie über meinen Fall schrieben, bezeichneten einige Journalisten den Südpol als die »Hölle auf Erden«. Andere nannten meinen Aufenthalt eine »Zeit der Prüfung«. Sie würden staunen, wenn sie wüssten, wie schön mir die Antarktis erscheint, diese Ebene mit der endlosen Folge von Eiswellen, die in den unterschiedlichsten Blau- und Weißtönen funkeln, dem schwarzen Winterhimmel, dem berauschenden Anblick der schimmernden Sterne. Sie würden wohl nicht verstehen, wie warm mir wurde, wenn mich die erleuchtete Kuppel willkommen hieß, an wie vielen Abenden ich hier mit meinen Freunden gesungen, getanzt und gelacht habe.

Und dass ich keine Angst hatte.

Denn hier, an diesem einsamsten aller Außenposten, in der überwältigenden Leere des Polarplateaus, einer Welt ohne überflüssige Geräuschkulisse und ohne jeglichen Luxus, fühlte ich mich so zu Hause wie noch nie zuvor in meinem Leben. Ich möchte nicht fort.

Als der Motorenlärm jetzt zu einem nervenzerreißenden Donnern anschwillt, drehe ich mich noch einmal um. Ich hatte gehofft, der Sturm würde sich legen, sowohl um des Piloten als auch um meiner selbst willen. Wie gern würde ich einen letzten Blick auf die Eiswüste werfen und mich noch einmal in ihrem endlosen Horizont verlieren. Doch diese Anwandlung geht vorüber, mir ist, als ob ich aus einem Traum erwache, der schon im nächsten Augenblick unwirklich erscheint.

KAPITEL 1

Ortswechsel

Eigentlich kann meine Geschichte nur in der Nacht beginnen. Ich war schon immer ein Nachtmensch. Wenn die Sonne untergeht, erwachen meine Lebensgeister. Ich bin munterer, schneller, im Einklang mit den Rhythmen der Natur. Ich könnte mit vielen Nächten beginnen, doch ich habe eine bestimmte vor Augen, eine Nacht in der Notaufnahme in einem Krankenhaus in Cleveland, Ohio, zwei Monate vor meiner Abreise in die Antarktis.

Für mich begann der Dienst gewöhnlich schon, ehe ich das Krankenhausgelände betreten hatte. Ich fuhr in Richtung Stadt wie ein Soldat, der in die Schlacht zieht, trank nebenbei Kaffee und hörte Kassetten mit Rockmusik, die mich wachrüttelten und meinen Herzschlag beschleunigten. Dangerous Minds. Queen. »We will, we will rock you!« Wenn ich dann an den Krankenwagen und Polizeiautos vorbeifuhr, die am Hintereingang geparkt waren, fühlte ich mich energiegeladen und tatkräftig. Die automatischen Türen öffneten sich mit einem sirrenden Geräusch, und ich wurde in die Notaufnahme gesogen wie ein Schwimmer in die Strömung.

Bitte, lieber Gott, lass heute Nacht alles gut gehen! Ich drängte mich vorbei an Gruppen besorgter Angehöriger, an der Reihe von Verletzten, unbeweglich in Geradehalter fixiert, an den Kranken auf Tragbahren, von denen manche um Hilfe baten. Inzwischen war ich hellwach. Die Show konnte beginnen! Jetzt zählten nur noch Konzentration, Aufmerksamkeit und schnelle Reaktion, ganz gleich, wie wenig ich in der Nacht zuvor geschlafen hatte, was zu Hause vor Arbeitsbeginn geschehen war, wie ich mich fühlte.

Sobald ich das Stationszimmer betrat, befand ich mich im Reich der medizinischen Assistenten, Schwestern, Röntgenassistentinnen und Laboranten. Meine Arztkollegen wirkten gestresst und gehetzt, wie immer zu dieser Abendstunde, die uns gewöhnlich den größten Zustrom an Kranken brachte.

»Nielsen, gut dass du da bist«, sagte John, ein Freund und Kollege, während er zu den Behandlungszimmern eilte. »Nimm dir ein paar Karten. Wir haben jede Menge Neuzugänge.«

Keine Zeit mehr für eine Tasse Kaffee oder eine Unterhaltung; am Brett steckten acht Karten, eine für jeden Patienten, der auf uns wartete. Die Notaufnahme im Krankenhaus einer amerikanischen Großstadt ist ein Brennpunkt menschlichen Leids und der Verzweiflung. Man bringt uns Patienten aus allen Gruppen und Schichten der Gesellschaft, und wir müssen auf jede Krankheit, jedes Leiden eingestellt sein. Die, die noch laufen können, haben vielleicht eine Grippe oder Virusmeningitis, der Mann auf der Trage hat vielleicht eine verletzte Schulter oder eine Kugel in der Brust. Viele unserer nächtlichen Patienten gehören einer Gang an oder sind drogenabhängig. Wenn ich einen Vorhang zur Seite zog, wusste ich gewöhnlich nicht, was mich erwartete. Als ich schwanger war, zog ein Mann einmal ein Messer aus der Tasche, als ich ihm mit der sterilen Schere die Lederjacke aufschnitt. Gerettet wurde ich von einem beherzten Pfleger, der zwei Dienstzeiten als Sanitäter in Vietnam absolviert hatte. Als er sah, dass das Messer auf meine Rippen zielte, stieß er mich, ehe ich überhaupt begriffen hatte, was vor sich ging, zur Seite.

Ich muss hinzufügen, dass ich nur knapp einssechzig groß bin. Doch nie würde mich jemand als klein bezeichnen. Nachdem mir das bewusst geworden war, erklärte ich es auch immer wieder meinen Assistenzärztinnen: Ein Arzt ist nicht klein. Ein Arzt hat kein Geschlecht. Ein Arzt hat die Situation im Griff – oder zumindest muss er dem Patienten, dessen Leben sich im Chaos aufzulösen scheint, diesen Eindruck vermitteln. Dabei darf dein Gesicht keine Wertung, keine Ablehnung zeigen – nur Mitgefühl und Souveränität. Nach einiger Zeit wird es einem zur zweiten Natur.

An diesem Abend handelte es sich bei den ersten Fällen um Routineangelegenheiten. Ich sprach mit den Patienten, untersuchte sie und überwies sie an Kollegen; entschied, ob sie in die Intensivstation verlegt wurden, unter Beobachtung blieben, eine Operation brauchten oder nach Hause geschickt werden konnten. Der Herzinfarkt kam in die Intensivstation, ein Kind mit Bauchschmerzen direkt zur Blinddarmoperation in den OP, ein Mann mit Fersenbruch wurde geschient und dann zur weiteren Behandlung an seinen Orthopäden zu Hause überwiesen. Nach kurzer Zeit hatte ich zwanzig Fälle versorgt. Dafür war ich ausgebildet, und ich ging voll und ganz in meiner Arbeit auf. Es gab mehrere Herzanfälle, Überdosen von Drogen und einen Krebspatienten mit akuter Lungenentzündung. Eine Frau kam ins Wartezimmer mit zwei blauen Augen und einer Fleischwunde auf der Stirn, die genäht werden musste. Sie erklärte der Aufnahmeschwester, sie sei »hingefallen«. Nachdem ich sie behandelt hatte, überwies ich sie an unsere Sozialarbeiterin, die Fälle von häuslicher Gewalt betreut.

Kurz darauf hatte ich zwanzig Fälle in meiner gedanklichen »Umlaufbahn«, wie wir es nannten. Doch dafür war ich ausgebildet, und schon bald hatte ich mich an den Rhythmus dieser Nacht gewöhnt. Dennoch bedauerte ich oft, nicht genügend Zeit für die einzelnen Patienten zu haben. Von einem kommerziell arbeitenden Arzt in der Notaufnahme wird erwartet, dass er sie so rasch wie möglich durch seine Station schleust, ohne allzu sehr auf sie einzugehen. Manchmal fühlten wir uns wie Hamster im Laufrad.

Gegen zwei Uhr wurde uns über die Sprechanlage mitgeteilt, dass eine Schussverletzung im Krankenwagen auf dem Weg zu uns sei. Ich bahnte mir meinen Weg in den Pausenraum für das Personal der Notaufnahme und vertilgte drei Pakete Cracker und eine Tasse Kaffee. Als ich mir gerade Kittel, Maske, Überschuhe und Brille anzog, kam der zweite Ruf aus dem Gerät.

»Noch drei Minuten bis zur Ankunft. Männlich, dreiundzwanzig Jahre, Schussverletzung am Kopf.«

Die anderen Mitglieder des Behandlungsteams unterbrachen sofort ihre Arbeit, und wir fuhren gemeinsam mit dem Lift in unseren größten OP. Jeder wusste genau, was er zu tun hatte, wir arbeiteten Hand in Hand. Das war es, was mir an meiner Arbeit in dieser Station so gefiel. Die Krankenschwestern legten steriles Verbandsmaterial bereit und hängten die Beutel mit der Infusionslösung an den Ständer. Die Wärmelampe über unseren Köpfen wurde angeschaltet, und der Wettlauf mit der Zeit konnte beginnen.

Ich eilte inzwischen zum Eingang. Indem ich etwas über den Patienten in Erfahrung brachte, während man ihn in den OP rollte, gewannen wir kostbare Minuten. »Was habt ihr für uns?«, fragte ich den Sanitäter.

»Ein Mann von dreiundzwanzig mit selbst zugefügter Schusswunde am Kopf, linke Stirnhälfte. Liegt etwa zwanzig Minuten zurück. Puls 150, Blutdruck 90 zu 50, Atem 22, intubiert.« Ich betrachtete erst den Patienten, dann studierte ich den Herzmonitor auf der Trage. Sein Herz raste. Während wir den jungen Mann auf die Liege hoben, informierte ich das Behandlungsteam über seine Werte. Die Kugel war aus nächster Nähe in seine linke Schläfe eingedrungen, um die Einschussstelle zogen sich dunkle Flecken von Pulver, und im Rhythmus seines Pulses trat Blut aus der Wunde. Wir stoppten die Blutung äußerlich mit einem Druckverband und ein paar Stichen. Um den Hirndruck zu vermindern, wurde er künstlich beatmet. Zwar konnten wir keine weiteren Verletzungen erkennen, ließen ihn aber in der Halsmanschette, bis seine Wirbelsäule geröntgt war. Rasch hatten wir ihn stabilisiert, so dass wir ihn unserer Neurochirurgin zum Computertomogramm schicken konnten. Dann war es Zeit, mit der Familie zu sprechen.

Das war immer die schwerste Aufgabe. Ich hatte es eigentlich lieber, wenn die Angehörigen in ernsten Fällen wie diesem beim Patienten bleiben konnten. Ratlos herumzustehen und zu überlegen, was wohl vor sich ging, war für Familienmitglieder viel schwerer, als dabei zu sein, wenn wichtige Entscheidungen getroffen wurden. Dann sahen sie selbst, wie sehr wir um das Leben des Patienten kämpften, dass wir alles Menschenmögliche unternahmen, ganz gleich, wie viel Hoffnung noch bestand. Doch in diesem Fall traf die Familie zu spät ein, um mich in den OP zu begleiten.

Normalerweise waren die Angehörigen durch den Gesichtsausdruck und die Körperhaltung des Arztes, der zu ihnen kam, schon auf die Nachricht vorbereitet. Als ich mich zu der Familie setzte, hielt ich meine Gefühle nicht zurück. Sie sollten ruhig sehen, wie sehr es mich bestürzte, dass sich ein Mann in der Blüte seiner Jugend das Leben nehmen wollte. Meiner Meinung nach ist man erst dann ein guter Arzt in der Notaufnahme, wenn man sich dem Kampf mit dem Teufel gestellt und verloren hat. Denn unsere Arbeit bringt es mit sich, dass wir den Menschen in ihren dunkelsten Stunden, in ihrer größten Angst, in ihrer schlimmsten Qual begegnen.

»Es sieht schlecht aus«, sagte ich. Während sie meine Worte verarbeiteten, sah ich ihnen offen in die Augen. »Er ist zwar noch am Leben, aber ich weiß nicht, ob er durchkommt, und wenn er durchkommt, weiß ich nicht, wie sein weiteres Leben aussehen wird.« Ich schwieg. »Wollen Sie ihn jetzt sehen?«

In diesem Augenblick trat eine Schwester heran und flüsterte mir zu: »Doc, kommen Sie bitte in Raum vier.« Ich nickte und stand auf. Den Angehörigen des jungen Mannes erklärte ich, ich müsse mich um einen anderen Notfall kümmern, die Neurochirurgin werde jedoch alles für ihn tun und ihre Fragen beantworten. Wenn sie wollten, würde ich aber gern später noch einmal mit ihnen sprechen. Andererseits war mir klar, dass er operiert werden musste und ich wahrscheinlich nie erfahren würde, wie es mit ihm weiterging, ob er überlebte.

Mittlerweile stapelten sich in der Schwesternstation die Krankenakten. Die Show ging weiter.

Über den Farmhäusern und hügeligen Feldern im Osten Ohios ging die Sonne auf, als ich vom Krankenhaus nach Hause fuhr. Nach Hause, welche Ironie! Trotz meiner sechsundvierzig Jahre wohnte ich wieder bei meinen Eltern, in meinem Mädchenzimmer mit den gerüschten Vorhängen und der Gänseblümchentapete. Nachdem ich den Volvo auf der mit Kies bestreuten Auffahrt abgestellt hatte, atmete ich tief durch, um den Geruch nach Blut und Desinfektionsmitteln zu vertreiben, der mir noch immer in der Nase hing. In der Herbstluft lag bereits ein Hauch von Winter, und die Blätter in den dichten Eichen und Walnussbäumen, die die Auffahrt beschirmten, färbten sich gelb.

Aufgewachsen war ich nicht hier, sondern auf einer ehemaligen Farm einige Kilometer entfernt. Dieses Haus war Ausdruck der Träume und Errungenschaften der Familie Cahill zu ihren besten Zeiten. Phil, mein Vater, war Bauunternehmer und hatte meinen Brüdern Scott und Eric sein Handwerk beigebracht, indem er unser Haus baute. Eigenhändig hatten wir auf dem Grundstück mitten im Wald Stein auf Stein geschichtet. Das Haus besaß große Panoramafenster zu allen Seiten, und jeder Schrank, jede Fliese, jeder Türrahmen, die Steine am gemauerten Kamin, alles war von einem Familienmitglied eingebaut worden. Die Holzvertäfelung im Flur stammte von einer alten Scheune, bei deren Abriss ich geholfen hatte. Das Schieferdach hatte ursprünglich ein altes Farmhaus bedeckt. Ich weiß noch, wie ich festgebunden auf dem Spitzgiebeldach hockte, die Schieferziegel vom Dach nahm und sie in einer Kiste mit dem Flaschenzug nach unten ließ, wo sie von dem Mädchen in Empfang genommen wurden, das Eric später heiraten sollte. Meine Mutter Lorine hatte ein Studium aufgenommen, als ich zwölf war, sie wurde Psychologin. Sie richtete das Haus mit Fundstücken und Schätzen ein, die sie auf Flohmärkten und bei Haushaltsauflösungen entdeckte.

Wir standen uns als Familie immer sehr nahe, und das Haus war Ausdruck unserer Verbundenheit, Symbol unserer Loyalität, der Liebe und harter, anständiger Arbeit. In meinen Augen blieb es stets das Haus meiner Mutter, von ihrem Geist durchdrungen, während sich die Seele meines Vaters in dem starken Fundament und den kräftigen Mauern findet. Als alles andere in meinem Leben auseinander brach, war es für mich ein willkommener Zufluchtsort.

Wie üblich hatte mir meine Mutter an diesem Morgen die Post auf den Küchentisch gelegt. Während ich Tee kochte, blätterte ich geistesabwesend durch den Stapel von Rechnungen und Zeitschriften, dann begann ich zu lesen. Auf den letzten Seiten der medizinischen Fachzeitschrift *The Annals of Emergency Medicine* (Berichte der Notfallmedizin) wurden normalerweise die Stellenangebote im medizinischen Bereich abgedruckt. Eine Anzeige stach mir ins Auge. »Polarmedizin. Ärzte gesucht für das Antarktik-Programm der USA.«

Ausgeschrieben wurde eine einjährige Anstellung auf einer der drei amerikanischen Stationen in der Antarktis. Mindestens die Hälfte dieser Zeit würde in den dunklen, einsamen antarktischen Winter fallen. Als ich es mir vorstellte, spürte ich am ganzen Körper ein Kribbeln, wie ein Kind, wenn es unter dem Weihnachtsbaum das heiß ersehnte Fahrrad findet. Ich las die Zeilen wieder und wieder, und mein Herz sagte mir, dass es genau das war, was ich gesucht hatte, ohne es zu wissen.

Ich glaube an die heilsame Wirkung eines Ortswechsels. Man hat die Möglichkeit, die Karten neu zu mischen und neue Trümpfe zu ziehen. Dazu war ich jetzt bereit. Dreiundzwanzig lange Jahre hatte ich in einer grausamen, erdrückenden Ehe ausgeharrt, und als ich schließlich erkannte, dass ein Verlust unausweichlich war, hatte ich alles verloren – am Ende sogar den Respekt vor mir selbst und fast auch die Hoffnung. Wie ein Tier, dessen Fuß in einer Falle steckt, hatte ich einen Teil von mir losgebissen, um mich zu befreien. Doch ich hatte überlebt. Ich ließ mich scheiden, verlor dabei aber meine drei Kinder. Und das ist etwas, was ich bis heute noch nicht richtig begriffen habe.

Man sollte eigentlich meinen, dass ich als Ärztin in der Notaufnahme in der Lage gewesen wäre, die Anzeichen von häuslicher Gewalt zu erkennen. Doch das war ich nicht. Es fiel mir nicht schwer, im Untersuchungsraum die Krankengeschichte einer Patientin aufzunehmen, die medizinische Checkliste durchzugehen, ihr zu erklären, dass emotionale und seelische Misshandlung eine andere Form des tätlichen Angriffs darstellten, und auf intellektueller Ebene zu verstehen, dass es jeder Frau zustoßen konnte. Doch wie viele andere erkannte ich nicht, dass es mich selbst genauso betraf. Die nackten Fakten, die privaten Vorgänge in einer Familie sind in der Regel nur schlecht zu beschreiben, zumal es schwer fällt, darüber zu sprechen. Doch da ich mich entschlossen habe, von meiner Reise an den Südpol und all den Menschen zu berichten, die mich gerettet haben, muss ich auch etwas aus meinem Leben erzählen. Sonst kann man nicht verstehen, weshalb ich den Entschluss fasste, dorthin zu fahren.

Ich war in dem Glauben aufgewachsen, dass man alles erreichen kann, wenn man sich nur hart genug dafür anstrengt. Trotzdem erinnere ich mich an eine Kindheit voller zumeist sonniger, zauberhafter Momente mit Freunden, Freiheit und Abenteuern. Ich wurde auf den Namen Jerri Lin Cahill getauft, doch sobald ich sprechen lernte, rief man mich nur noch Duffy, oder, in der Kurzform, Duff. Es stammte wohl von den ersten Lauten, die ich herausbrachte: Duff-Duff, Duffieh. Seitdem hatte ich meinen Spitznamen weg. Mir gefällt er: Er ist schön irisch, sportlich, hübsch und passt zu mir.

Mein Bruder Scott ist zwei Jahre jünger als ich, und Eric kam vier Jahre nach mir auf die Welt. Scott und ich saßen am Tag seiner Geburt, einem kalten Februarabend, neben Tante Mona im Auto auf dem Parkplatz des Krankenhauses und sahen zum ersten Mal in unserem Leben eine Aurora Borealis. Als Mom mit Mr. Baby (so nannten wir ihn damals und auch heute noch) nach Hause kam, erhielt er mein Zimmer, und ich zog in das von Scott um. Dad hatte für uns zwei gleiche Betten gebaut. Sobald Scott und ich ein Zimmer teilten, begannen wir, Geschichten zu erfinden. Wir waren Piraten auf dem Meer, dann wieder hatten sich Krokodile unter den Betten versteckt oder Hexen im Kleiderschrank. Manchmal jagte er mit erhobenem Baseballschläger hinter ihnen her und schrie: »Raus mit euch, ihr dreckigen Diebe!« Vierzig Jahre später, als ich am Südpol festsaß, schickte er mir wundervolle, selbst ausgedachte Geschichten, die mir Mut machten.

Als Kind musste ich oft auf meine beiden Brüder aufpassen oder es zumindest versuchen, doch das empfand ich kaum als Einschränkung. Wir wohnten am Ende einer unbefestigten Straße, in der Nachbarschaft von Milchfarmen und direkt neben einer Familie mit sieben Kindern. Den Sommer über tobten wir als Bande durch die Gegend und beschäftigten uns selbst. Wir rannten durch die mit Wildrosen bewachsenen Moore und trafen uns in verlassenen Farmhäusern, wo wir komplizierte Spiele erfanden. Wir bauten uns Hütten im Wald und gruben tiefe Löcher und Tunnels, in denen wir uns verstecken konnten. Wir wateten barfuß durch die Sümpfe, fingen Schildkröten und bauten Dämme.

Als meine Brüder heranwuchsen, wurden ihre Spiele gefährlicher. Sie liebten es, Dinge in die Luft zu schießen. Ich weiß noch, wie Scott eine Rakete baute und sie an seinem Fahrrad befestigte. Alle Kinder der Nachbarschaft waren gekommen, um zu sehen, wie der erste Junge aus Salem, Ohio, in den Himmel flog. Wie er wieder zurückkommen würde, kümmerte uns nicht. Natürlich geschah nicht mehr, als dass seine Hose Feuer fing. Ein anderes Mal war ich oben im Haus, als ich einen furchtbaren Knall hörte. Ich lief in den Keller, wo ich Scott fand, der mit geschlossenen Augen und ausgestreckten Armen dalag. »Nimm die Glasscherben aus mir heraus«, mehr sagte er nicht. Eric und er hatten einen Vorschlaghammer genommen und damit auf eine alte Fernsehröhre eingedroschen, weil sie sehen wollten, ob sie ex- oder implodierte.

Schon als kleiner Junge stieg Eric ständig in Baumwipfel und traute sich dann nicht mehr herunter. Ich verbrachte Stunden damit, ihm Anweisungen zu geben, wie er sicher wieder auf den Boden kam. Nach langen erfolglosen Versuchen rief ich Mama um Hilfe. Sie befahl ihm einfach herabzusteigen, und das tat er dann auch.

Scott hörte nie auf, nach den Sternen zu greifen. Eric hingegen entwickelte sich zu einer unerschütterlichen Stütze der Familie. Er wurde Ingenieur, pflegte eine Reihe unverbrüchlicher Freundschaften und führte mit Diana, auch Dee Dee genannt, der Frau, die er mit vierzehn Jahren kennen lernte, eine glückliche und stabile Ehe. Während meines Aufenthalts in der Antarktis schrieb er mir ausführliche Anleitungen, die mir helfen sollten, die wichtigen Dinge nicht aus den Augen zu verlieren. Scott dagegen kostete das Leben in vollen Zügen aus. Er heiratete einige Male, wurde mehrmals geschieden und machte ebenso oft ein Vermögen, wie er es verlor. Aber er sah nie zurück. Ich dachte oft: »Meine zwei Brüder sind ein Gegensatz wie Wind und Fels.«

Ich war eine gute Schülerin und als Sportlerin ein Naturtalent. Meine Körperkraft und mein ausgezeichneter Gleichgewichtssinn ermöglichten es mir, stundenlang auf dem Kopf zu stehen. Im Alter von fünf wünschte ich mir Gymnastikstunden. Wir besitzen zerkratzte Schmalspurfilme, auf denen ich durch den Vorgarten turne, Handstand übe, umkippe, es wieder und wieder versuche, bis es mir gelingt. Durch die Gymnastik lernte ich, an meine Grenzen zu gehen und ohne viel Nachdenken zu reagieren. Nach der Schule trainierte ich stundenlang, ich las das Pensum meiner Hausaufgaben im Handstand, die Füße an die Wand gelehnt. Später traute ich meinem Körper alles zu. Ohne Angstgefühl hing ich mit einer Hand an einer Strebe der Eisenbahnbrücke, denn ich wusste, ich konnte mich jederzeit wieder hochziehen. Die Jungen waren davon beeindruckt. Bill, mein Freund in der Highschool, mochte mich vor allem, weil ich, wie er sagte, das einzige Mädchen war, »das von der Eisenbahnbrücke in den Fluss springen konnte«.

Bill besaß ein MG Midget Cabrio. Unzählige Stunden fuhren wir mit dem Auto durch die Gegend, ließen den Wind in unserem Haar spielen und hörten die Musik unserer Zeit, der sechziger Jahre. Es kam uns vor, als würden wir in einem offenen Flugzeug fliegen. Ich liebte die Schnelligkeit, ob es nun nach oben ging oder nach unten, ob ich vom Schwebebalken sprang oder stundenlang ohne festes Ziel mit meinem Fahrrad durch die Gegend fuhr. Auf dem Fahrrad und dem Trampolin konnte ich träumen. Dort beschloss ich auch zum ersten Mal, in ferne Länder wie Afrika oder die Antarktis zu fahren, wenn ich erwachsen wäre. Ich fand es enttäuschend, dass fast alle Orte auf der Welt inzwischen von der Zivilisation erobert waren. Doch ich würde mein Abenteuer schon finden, und wenn ich zum Mond fliegen müsste.

Diese Neugier habe ich von meiner Mutter geerbt. Sie war ein außergewöhnliches Vorbild, ihrer Zeit weit voraus. Sie hatte – und hat – einen wachen Geist. Eigentlich wollte sie Ärztin werden, doch das war für ein Mädchen aus der Mittelschicht in den vierziger Jahren äußerst ungewöhnlich. So gab sie sich mit einer Schwesternausbildung zufrieden. Als sie achtzehn war, lernte sie meinen Vater kennen und verliebte sich in ihn. Ich kam ein Jahr nach der Hochzeit auf die Welt. Zwar

gab meine Mutter ihre Ausbildung auf, um uns Kinder groß-
zuziehen, doch sie war nie die typische Hausfrau. Sie faszi-
nierte uns. Anstelle von Märchen erzählte sie uns von der Wissenschaft und der Natur. Wir diskutierten über alle möglichen
Themen aus Politik, Religion und Geschichte, selbst beim
Hausputz oder beim Gemüseschneiden. Sie gab mir einen Stapel Wäsche, der zusammengelegt werden musste, und sagte:
»Heute reden wir über das Rechtssystem.« Sie schrieb und re-
zitierte Gedichte und lud Schriftsteller zu uns ein.

Als meine Mutter aufs College ging, wurde es noch aufre-
gender. Oft brachte sie Leute aus anderen Ländern mit nach
Hause. Ich erinnere mich an einen Sikh, der seinen Turban ab-
wickelte, um uns sein langes schwarzes Haar zu zeigen. An
Buddhas Geburtstag fuhr sie mit uns in das Gewerbegebiet
von Cleveland, um dort einen buddhistischen Tempel zu besuchen. Sie trat mit dem Blick einer Wissenschaftlerin an das
Leben heran, doch sie war auch ein ausgeprägter Charakter,
eine Frau, die das Leben liebte und so viele Erfahrungen wie
möglich sammeln wollte. Sie ermutigte uns, es ihr gleichzu-
tun.

Von ihren Vorfahren, einer Familie aus der deutschsprachi-
gen Schweiz, hatte meine Mutter einen starken calvinistischen
Zug mitbekommen. Zwar liebte sie das Leben, doch sah sie es
auch als Pflicht an. Zwischen Gut und Böse zog sich eine schar-
fe Trennlinie. Eine der Lebensregeln, die sie uns beibrachte,
hieß: Zeige niemals Schwäche gegenüber Menschen, die auf
dich angewiesen sind. Der Starke muss sich um die Schwachen kümmern. »Lieber tot als in Unehre« lautete eine andere Maxime. Uns als Feigling zu zeigen, unseren Mitmenschen
nicht zu helfen oder unsere Pflicht zu vernachlässigen, war das
Schlimmste, was wir hätten tun können. Erstürmt den Hügel, dreht euch nur dann um, wenn ihr verwundete Kameraden retten müsst, und wenn es bedeutet, dass euch die Kugel
trifft – in dieser Haltung wurden wir erzogen.

Im Glaubenskatechismus meiner Mutter gab es viele Apho-
rismen. »Du musst herrschen und gewinnen oder dienen und
verlieren, Hammer oder Amboss sein«, lautete einer ihrer liebsten. Ein anderer, den ich mir eingeprägt habe und der in mei-

ner täglichen medizinischen Praxis oft den Nagel auf den Kopf trifft, besagt: »Wer viel mitbekommen hat, von dem wird auch viel erwartet.«

Mein Vater Phil Cahill hingegen betrachtete das Leben als reine Freude. Er kam aus einer armen Familie und hatte die Zeit der Wirtschaftskrise miterlebt, von daher empfand er alles, was er erreicht hatte, als Geschenk. Seine Familie stammte aus Irland und England, und er war noch immer dem Glauben an die Magie seiner irischen Vorfahren verhaftet. Wenn wir beispielsweise in einem Restaurant einen Tisch reserviert hatten und direkt vor der Tür einen Parkplatz fanden, meinte er, die Elfen und Gnome, also »das kleine Volk«, hätten für uns gezaubert. Er ist ein ausgesprochen zufriedener Mensch, weil er glaubt, trotz seines schweren Lebens stets Glück gehabt zu haben. Natürlich beruht sein Wohlstand auf dem unentwegten Einsatz seiner Kräfte. Wie meine Mutter ist er überzeugt, dass man einen Menschen danach beurteilt, wie schwer er arbeitet.

Mom behauptet oft, Dad sei der Risikofreudige in der Familie, doch hinter seinem Rücken nannten wir ihn »Pass-auf-Cahill« – weil er uns stets zur Vorsicht mahnte. Allerdings beruhten seine Warnungen auch auf eigener Erfahrung. Dad hatte immer einen risikoreichen Beruf ausgeübt, zunächst als Bautischler, dann als Inhaber eines Bauunternehmens. Als junger Mann arbeitete er bei einer Abrissfirma, hatte also buchstäblich miterlebt, wie die Wände um ihn herum einstürzten. Er brachte uns bei, wo immer wir waren, auf einen Fluchtweg zu achten. In fremden Häusern fragte er uns: »Und wie kommst du heraus?« Jahre später, bei einem Hotelbrand, profitierte ich von seiner Schulung. Obwohl ich schwanger war, ein gebrochenes Bein und mein zweijähriges Kind bei mir hatte, gehörte ich zu den Ersten, die das dunkle Gebäude verließen. Beim Hereinkommen hatte ich nämlich automatisch die Türen bis zum Notausgang gezählt.

Einmal hatte ich meinen Vater in ein, wie ich meinte, nettes Restaurant eingeladen. Er wollte es jedoch nicht betreten und behauptete, das Gebäude könne jeden Augenblick zusammenbrechen. Wir aßen in dem Lokal auf der anderen Straßenseite. Einige Monate später rief ich Mom an, um ihr zu berichten, dass dieses Restaurant tatsächlich eines Nachts in sich zusammengestürzt war. Sie sollte Dad erzählen, dass er mit seiner Prognose Recht gehabt hatte. »Bestärke ihn nicht auch noch«, meinte sie.

Meine Mutter hat einen wunderbar schrägen Humor. Obwohl wir damals eigentlich gar nicht das Geld dafür hatten, kaufte sie einmal im Supermarkt einen Tintenfisch, weil so etwas dort noch nie angeboten worden war und sie ihn uns Kindern zeigen wollte. Einer nach dem anderen nahmen wir die Krake in einem Glas mit in die Schule. Um ihren Kauf nach allen Regeln der Kunst auszukosten, warf sie ihn dann ins Badewasser meines Vaters. An kalten Wintertagen bereitete sie ihm stets ein heißes Bad, wenn er von der Arbeit nach Hause kam. Dieses Mal gab sie außerdem Badeschaum hinein. In fröhlicher Erwartung versammelten wir uns vor der Badezimmertür und lauschten. Als wir Dad schreien hörten, stoben wir kichernd über den Flur davon. Er war halb amüsiert, halb verärgert, und es schien, als hätte das arme Tier nun seine Pflicht und Schuldigkeit getan. Als er es jedoch am nächsten Morgen in der Toilettenschüssel entdeckte, fand er es überhaupt nicht mehr lustig. Da wir den Tintenfisch nun natürlich nicht mehr essen konnten, sezierten wir ihn. (Mom brachte uns oft vom Fleischer etwas mit, was wir sezieren konnten, ein Rinderauge oder ein Herz beispielsweise).

Für mich verstand es sich von selbst, dass ich Medizin studierte, denn ich war schon immer eine Heilerin gewesen. Als Mädchen betreute ich verletzte Vögel oder Frösche, die ich im Wald gefunden hatte. Die anderen Kinder kamen zu mir, wenn sie sich fürchteten oder sich wehgetan hatten. Ich konnte es nicht ertragen, wenn ein Kind Schmerzen litt oder ausgeschlossen und gehänselt wurde, denn ich fühlte seinen Schmerz wie meinen eigenen. Manche nennen es Empathie oder Hypersensibilität, ich aber glaube, ich habe einfach nur eine dünnere Haut und eine feinere Wahrnehmung als andere. Dies ist sowohl ein Segen als auch ein Fluch. Heute als Ärztin weiß ich nach kurzer Zeit ungeheuer viel über einen Patienten, sei es über seinen körperlichen als auch über seinen seelischen Zustand. Als Kind jedoch bekam ich oft zu viel mit. Ich war zu hellhörig, zu sensibel für Veränderungen in meiner Umgebung, rasch erschreckt von einem lauten Geräusch und verstört von Zorn oder Trauer.

Wie mein Vater, unser »Pass-auf-Cahill«, sah ich oft den schlimmstmöglichen Ausgang einer Situation vor mir. Wenn ein Auto mit hoher Geschwindigkeit an mir vorbeiraste, malte ich mir einen Unfall in all seinen blutigen Einzelheiten aus. Meine Gefühle lagen direkt unter der Oberfläche. Manchmal saß ich im Klassenzimmer, und die Tränen liefen mir übers Gesicht, weil ich erwartete, jeden Moment zum Gedichtaufsagen aufgerufen zu werden (das kann ich heute noch nicht gut). Den Anblick von Blut konnte ich nicht ertragen, und ich lief entsetzt weg, wenn ich am Straßenrand ein totes Tier fand, das von einem Auto überfahren worden war.

Diese Ängste machten mir das Leben in einer Familie, die Stärke schätzte und Schwäche verachtete – mit einer Mutter, die uns Kindern Organe von Tieren zum Sezieren mitbrachte – natürlich nicht gerade einfach. Und deshalb lernte ich, meine Wahrnehmungen und damit auch meine Gefühle zu kontrollieren. So wie ich meinem Körper beigebracht hatte, ohne langes Überlegen Gymnastikübungen auszuführen, lehrte ich meinen Geist, sich von unangenehmen Gedanken und Bildern abzuwenden. Ich übte mich in der Vorstellung, dass die Dinge das Gegenteil von dem waren, was sie zu sein schienen. »Der Himmel ist nicht bedrohlich, wenn es dunkel wird«, hielt ich mir vor. »Er wirkt nur dunkel. Doch in Wirklichkeit ist er voller Licht. Er ist schön, und alles ist in Ordnung.« Ich stellte mich ständig auf die Probe, prüfte meine Ängste und lernte, keine Furcht mehr zu haben.

Meine Karriere als Lebensretterin begann schon in jungen Jahren. Ich habe keine Ahnung, wie viele Menschen ich inzwischen aus dem Wasser gezogen habe. Scott war zehn und ich zwölf, als wir unseren ersten Rettungseinsatz hatten. Weil wir uns in den Sommermonaten ständig im Wasser tummelten, waren alle aus unserer Familie gute Schwimmer. Eines Tages war ein kleiner Junge zu weit in den See hinausgeschwommen. Als wir sahen, dass er allein nicht mehr zurechtkam, hechteten wir ins Wasser. Ihn ans Ufer zu ziehen gestaltete sich allerdings nicht so einfach, denn er brachte uns beinahe um. Weil Scott und ich nicht als Rettungsschwimmer ausgebildet waren, legten wir uns einen eigenen Plan zurecht. Ich tauchte unter und hielt den Jungen fest, damit er nicht um sich schlagen konnte, während Scott oben blieb und um Hilfe rief. Dann tauchte Scott unter, hielt den Kopf des Jungen über Wasser, und ich rief um Hilfe. Als die offizielle Badewacht endlich auf uns aufmerksam wurde, machten sie uns Vorwürfe, dass wir uns eingemischt hätten. Doch ich wusste genau, dass wir dem Jungen das Leben gerettet hatten. Ich fühlte mich prächtig und war ungeheuer stolz.

In der Schule war ich Cheerleader, erfolgreiche Leichtathletin und Stipendiatin. Mein letztes Schuljahr verbrachte ich als Austauschschülerin in Schweden. Natürlich eröffneten sich für eine Siebzehnjährige, die im Jahr 1969 aus dem ländlichen Ohio nach Europa kam, im wahrsten Sinne des Wortes neue Horizonte. Wie viele Jugendliche meines Alters engagierte ich mich für die Bürgerrechte und die Menschenrechtsbewegung und war entschlossen, die Welt zu verändern.

In Schweden freundete ich mich mit einer anderen Austauschschülerin aus den Vereinigten Staaten an. Wir waren so gegensätzlich, wie man es nur sein konnte. Jeannie hatte keinerlei Bezug zu meinen politischen Überzeugungen, und mir fehlte jedes Verständnis für ihre banalen Interessen. In den Osterferien wollten wir in einem kleinen Wohnmobil eine Reise durch Norwegen machen. Stundenlang überlegte sie, wo sie auf dem engen Raum die vier Osternester verstauen sollte, mit denen sie uns überraschen wollte. »Jeannie, wie kannst du dir nur über so eine Lappalie den Kopf zerbrechen!«, hielt ich ihr vor.

»Das ist der Unterschied zwischen dir und mir, Jerri«, sagte sie. »Du sorgst dich um Dinge, die du nicht ändern kannst, wie beispielsweise den Vietnamkrieg. Ich zerbreche mir eben den Kopf, wo ich in unserem Wohnmobil die vier Nester verstecke, damit die anderen sie nicht vorzeitig finden.« Diese wenigen Worte veränderten mein Weltbild. Denn sie hatte ja so Recht. Sie machte uns vieren eine Freude, indem sie uns zu

Ostern mit einem Nest überraschte, während ich mich mit Dingen beschäftigte, auf die ich keinen Einfluss hatte. Ich beschloss, in Zukunft darauf zu achten, dass ich mit dem, was ich tat, den Alltag meiner Mitmenschen veränderte, ihnen ein wenig von mir selbst gab. Manchmal genügte dafür schon eine kleine Geste, ein kleiner Akt der Freundlichkeit.

Anstatt für die Bürgerrechte auf die Straße zu gehen, konnte ich etwas bewirken, indem ich anderen mit Respekt begegnete und ihnen ihre Würde ließ. Ich weiß noch, wie ich als junge Ärztin in der Notaufnahme einige Obdachlose behandelt hatte und sie später draußen vor unserer Station wieder traf. Ich lud sie auf einen Kaffee ein und setzte mich dann für die Zeit meiner Pause zu ihnen auf den Bürgersteig. Als sie mir eine Zigarette anboten, griff ich dankend zu. Der Assistenzarzt, den ich in jenen Tagen ausbildete, kam vor die Tür, um mich zu rufen. Als er mich mit einer Zigarette sah, war er entsetzt. Später sagte er: »Ich wusste gar nicht, dass Sie rauchen.«

»Das tue ich auch nicht«, erwiderte ich. »Ich habe die Zigarette nur genommen, weil es das Einzige war, was diese Leute mir geben konnten.«

Jahre später, als er schon längst praktischer Arzt war, schrieb er mir, dass das, was ich in jener Nacht zu ihm gesagt hätte, sein Leben und seine Einstellung zu seinem Beruf von Grund auf verändert habe. Ich hätte ihm beigebracht, den Menschen aufmerksam zuzuhören und ihnen zu geben, was sie brauchten, und nicht, was er meinte, dass sie bräuchten. So haben die vier Osternester des Jahres 1969 mein Leben bis heute verändert.

Nach meiner Rückkehr aus Schweden belegte ich an der Ohio University in Athens die Vorbereitungskurse für das Medizinstudium. Ich wollte in dieser lebendigen Stadt und in der Masse der Studenten aufgehen, mich als Teil des Ganzen und unbeobachtet fühlen. Obwohl ich nach außen hin wohlerzogen und angepasst wirkte, hatte ich das Gefühl, nirgendwo richtig dazuzugehören. Nach meinem Aufenthalt in Europa erschienen mir die Regeln und die Ansprüche der amerikanischen Gesellschaft oberflächlich und engstirnig. Der äußere

Schein zählte mehr als der Inhalt. Die Frauenbewegung steckte noch in den Kinderschuhen, und die Männer übten wie in alten Zeiten Kontrolle über die Frauen aus. Ich aber wollte nicht kontrolliert werden und vorgeschrieben bekommen, welcher Beruf und welche Lebensumstände für eine junge Frau das Richtige wären.

In meiner Zeit in Europa kam der Film »Cabaret« in die Kinos, und Sally Bowles wurde mein großes Vorbild. Wenn es die Wiedergeburt gibt, dann müsste ich zwischen dem Ersten und Zweiten Weltkrieg in Berlin Kabarettsängerin gewesen sein. Mich begeisterte die Literatur und Musik jener Tage, und ich bewunderte Sally Bowles für ihren Lebensstil – ihr war es gleich, was andere von ihr dachten. Die dunklen Seiten des Lebens hatten mich schon als Kind fasziniert, in den Tagen, als ich lernte, meine Emotionen zu steuern. Wie es oft geschieht, war es mir zur Gewohnheit geworden – der Reiz, die Dämonen zu besiegen, zieht dich zu dem hin, was du fürchtest. Das war es auch, was mich bewog, Notärztin zu werden. Für mich war es eine Möglichkeit, den gefährlichen, schmutzigen Aspekten des Lebens zu begegnen, ohne den Rahmen des Gesetzes und das dazugehörige Sicherheitsnetz zu verlassen.

Anfang der siebziger Jahre gab es einen Song von Elton John, der quasi zum Motto meines Lebens wurde. Der Text lautet: »Tune me in to the wild side of life, I'm an innocent young child, sharp as a knife … Take me to the alleys, where the murders are done. And a high-powered rocket to the core of the sun.« (Führe mich zu den wilden Seiten des Lebens, ich bin jung und unschuldig, aber gespannt … Bringe mich in die Straßen, wo die Morde geschehen, und in einer schnellen Rakete bis zum Herzen der Sonne.) Diese Worte drücken aus, was ich noch heute fühle. Ich wollte Menschen begegnen, die zu kämpfen hatten, die aus dem sozialen Netz gefallen waren, und Verhalten studieren, das nicht von kulturellen Zwängen abgeschliffen war. Bald sollte ich Gelegenheit dazu haben.

Ich war dreiundzwanzig Jahre alt, hatte gerade mit dem regulären Medizinstudium begonnen und besaß, wie bei einer

Sportlerin häufig der Fall, ein unerschütterliches Vertrauen in meine Kräfte. Ich glaubte nach wie vor, dass das Glück kein Geschenk war, sondern erarbeitet werden wollte. Doch von einem Augenblick zum nächsten sollte sich alles ändern.

Ich weiß noch, wie ich in meinem Käfer durch ein schreckliches Gewitter zu meinem ersten klinischen Einsatz im Krankenhaus fuhr. Ich hielt vor einer roten Ampel, als ein schnell fahrender Porsche auf meinen Wagen auffuhr. Sicherheitsgurt und Kopfstützen waren in jenen Tagen noch nicht üblich, und mein Kopf wurde mit einem spürbaren Knacken nach hinten gerissen. Das Heck des Käfers war zusammengedrückt. Ohne weiteres Nachdenken sprang ich jedoch in meinem weißen Arztkittel aus dem Auto. Es stellte sich heraus, dass der Porsche von einem Augenarzt gelenkt wurde, der ein furchtbar schlechtes Gewissen hatte, ausgerechnet eine Medizinstudentin angefahren zu haben. Da ich überzeugt war, keine Verletzungen erlitten zu haben, weigerte ich mich, zur Untersuchung ins Krankenhaus zu gehen. Nachdem die Polizei den Unfall aufgenommen hatte, fuhr der Augenarzt mich zurück ins Studentenwohnheim. Nach einigen Stunden wurde mein Nacken steif, und ich konnte das Bett nicht mehr verlassen. Wie sich herausstellte, hatte ich vier Wirbelscheiben gebrochen, die, wie man erst Jahre später entdeckte, auf das Rückenmark drückten. Die Kernspintomographie war damals noch nicht erfunden; auf den Röntgenaufnahmen ließ sich dieser Bruch nicht erkennen.

Ich war fast bewegungsunfähig. Ich hatte kein Gleichgewichtsgefühl mehr und tappte unbeholfen durch die Gegend. Weder konnte ich tanzen noch etwas anderes tun, was ich zu tun gewohnt war. Weil ich jedoch zum Zeitpunkt des Unfalls in so guter körperlicher Verfassung gewesen war, gelang es mir, diese Defizite zu überspielen und unter Aufbietung aller Willenskraft mein Studium zu beenden.

Dieser Unfall, der meinen Körper beschädigte und mich in meiner Bewegungsfähigkeit einschränkte, traf mich zu einem entscheidenden Zeitpunkt, nämlich als ich mit meiner praktischen medizinischen Ausbildung begann. Nun wusste ich, was es hieß, im Bruchteil einer Sekunde alles zu verlieren, was einem teuer war. Mir wurde klar, dass ein Mensch nicht erkrankte oder Verletzungen erlitt, weil er nicht hart genug auf seine Genesung hingewirkt oder peinlichst jeden Fehler vermied, sondern weil er einfach nur Pech gehabt hatte.

Meine persönliche Erfahrung schärfte mein Mitgefühl, denn als Ärztin war ich plötzlich in der gleichen Lage wie viele meiner Patienten, bei denen die Ursache für ein Leiden nicht festgestellt werden konnte. Ständig rutschten mir Gegenstände aus der Hand, und gelegentlich durchschoss ein furchtbarer Schmerz meinen Arm. Mit der Zeit stellten sich Probleme beim Wasserlassen ein. Eine Besserung war nicht in Sicht. Meine Ärzte konnten jedoch nichts finden, einige deuteten sogar an, ich würde mir die Symptome nur einbilden. Dies änderte meine Einstellung zu anderen Menschen und ihren Krankheiten von Grund auf. Dass ich ihnen nicht helfen konnte, bedeutete noch lange nicht, dass sie keine Hilfe brauchten. Wie einer meiner Professoren richtig sagte: Es gibt keinen Patienten, der spinnt, es gibt nur dumme Ärzte.

Nach einer Leidenszeit von dreizehn Jahren erkannte eine Neurologin, mit der ich zusammenarbeitete, an meiner Kopfhaltung die Ursache meiner Probleme. Durch eine Operation konnte der Druck auf die Nervenbahnen in der Wirbelsäule beseitigt werden.

Ich lernte durch meine Verletzung noch etwas anderes. Wenn ich über meinen Körper nicht mehr an meine Grenzen gehen konnte, musste ich meinen Geist dafür einsetzen. Aber zuvor musste ich die Vorstellung begraben, dass ich Leistungssportlerin war. Was vorbei ist, ist vorbei. Wir alle müssen irgendwann in unserem Leben etwas aufgeben, was uns teuer ist, und weitermachen, wie immer das für den Einzelnen aussehen mag. Als Ärztin rät man den Menschen, das Verlorene zu betrauern, zu begraben und dann wieder neuen Lebensmut zu finden, und zwar in dem, was ihnen geblieben ist. Das Gleiche musste ich tun, als ich meine Gesundheit verlor. Wer hätte gedacht, dass ich ein zweites Mal vor dieser Aufgabe stehen würde, als mir meine Kinder genommen wurden?

Im Alter von dreiundzwanzig – in den Augen meiner Mutter fast schon eine alte Jungfer – heiratete ich. Ich entschied mich für einen Studienkollegen, wohl aus einer Reihe von Gründen, die sich als falsch erweisen sollten, mir zum damaligen Zeitpunkt aber logisch erschienen. Ich war nicht gesund und der lockeren Verabredungen müde. Wir kannten uns erst drei Monate, als er mir einen Heiratsantrag machte, doch in jenen Tagen meinte ich, niemand würde eine nicht mehr ganz taufrische, behinderte Ärztin haben wollen. Dieser Medizinstudent hingegen wirkte klug, ehrgeizig und auf eine ganz eigene Art charmant. Ich fand seine Impulsivität aufregend. Als er mich seinen Eltern vorstellte, verkündete er, wir seien verlobt. Zwar hatte ich davon nichts gewusst, doch rasch ließ ich mich von seiner Begeisterung für unsere Heiratspläne mitreißen. Damals deutete ich seine Überschwänglichkeit noch als Liebe. Später merkte ich, dass er auf diese Weise zunächst auf alles Neue reagierte. Er überschüttete mich mit Aufmerksamkeiten und Liebesbeweisen. Wenn er wollte, konnte er jedem das Gefühl geben, er sei für ihn der einzige Mensch auf Erden, der zählte. Er war voller großartiger Pläne und Ideen und machte mich glauben, wir würden als Ärzte gemeinsam das Abenteuer suchen, ins Ausland gehen, in armen Ländern arbeiten, wo man auf medizinische Hilfe angewiesen war. Natürlich war es genau das, was ich hören wollte. Ich interpretierte es so, dass ihm wirklich etwas daran lag, den Kranken zu helfen – vor allem aber, dass ihm etwas an mir lag.

Dass meine Professoren, meine Eltern und meine Brüder ihn nicht leiden konnten, hätte mich eigentlich warnen sollen. Schon kurz nach der Hochzeit begann er sich zu verändern. Den Anfang machten kleine gehässige Bemerkungen und unbedeutende Forderungen. Er lachte über mich, wenn ich Dinge fallen ließ. Er bezeichnete mich als unbeholfen und hässlich, als »Leistungsmenschen« mit wenig natürlicher Begabung. Die Entscheidungen in unserer Ehe traf er, sei es bei der Frage, wohin wir zum Essen gingen oder wo wir wohnten. Er bauschte alles auf, stellte die Dinge verzerrt dar, so dass ich bald nicht mehr wusste, was richtig und falsch war. Wenn ich ihn verbesserte oder ihm widersprach, steigerte er sich in einen Wutanfall, bis es so gemacht wurde, wie er es wollte. Ich hielt es zunächst nicht der Mühe wert, über unwichtige Dinge zu streiten, doch bald gab es nichts mehr, was er nicht unter Kontrolle hatte. Schritt für Schritt, letztlich jedoch in umfassendem Rahmen, gab ich alles auf, was mir etwas bedeutet hatte. Menschen, die mich vor meiner Heirat gekannt hatten, konnten nicht glauben, wie unselbstständig ich geworden war.

Mein Mann sorgte dafür, dass ich keine Kontakte mehr hatte. Er erfand Lügen über meine Angehörigen (etwa, ich sei als Kind offenbar missbraucht worden, oder er bezeichnete bestimmte Familienmitglieder als Alkoholiker), und wenn ich mich dagegen verwahrte, erklärte er es mit meinen »verdrängten Erinnerungen«. Er stieß meine alten Freunde vor den Kopf und machte solche Eifersuchtsszenen bei Kollegen, die ich in der Arbeit kennen lernte, dass ich bald keine neuen Freundschaften mehr einging. Hielt ich an einer Bekanntschaft fest, schrie und tobte er, bis ich nachgab, oft aber hintertrieb er den Kontakt. auch hinter meinem Rücken. Immer wieder rätselte ich, warum sich der eine oder andere nicht mehr meldete, um dann bei genauerer Nachfrage das ganze schreckliche Szenario zu erfahren. Mein Mann hatte Lügen über mich verbreitet, um uns auseinander zu bringen

Außerdem redete er mir ein, dass ich für die Probleme in unserer Ehe verantwortlich sei. Wenn ich mein Verhalten änderte und endlich anfing, alles richtig zu machen, würde ich auch nicht so unglücklich sein, und alles wäre bestens. Hin und wieder jedoch, wenn er spürte, dass er das Spiel zu weit getrieben hatte und ich kurz davor stand, ihn zu verlassen – tatsächlich lief ich mehrmals fort –, verwandelte er sich plötzlich wieder in den liebevollen, aufregenden Mann, den ich geheiratet hatte. Nur hielt es leider nie lange an. Dennoch klammerte ich mich an die Hoffnung, ich könnte ihn ändern. In meinen Augen war es meine Pflicht, dafür zu sorgen, dass die Ehe funktionierte.

Wir warteten mit dem Kinderkriegen, bis wir unsere medizinische Ausbildung beendet hatten. Julia wurde geboren, als ich neunundzwanzig war. Ben kam zwei Jahre später auf die Welt und Alex zwei Jahre darauf. Ich war für mein Leben gern

Mutter und liebe meine Kinder über alles. Um mehr Zeit mit ihnen verbringen zu können, wechselte ich, solange sie klein waren, von der Notaufnahme in die Praxis eines Allgemein-arztes. Wir unternahmen viel, gingen in den Zoo, im Park spa-zieren, wandern und schwimmen. Wir hatten Hunde, Ziegen und Gänse und wohnten auf dem Land, wo sie im Sommer – wie früher meine Brüder und ich – barfuß laufen konnten. Ich setzte sie in einen Leiterwagen und zog sie über Wanderwege durch die Wälder in unserer Umgebung.

Wenn ich an diese Zeit zurückdenke, sehe ich ein Auto mit meinen Kindern und ihren Freunden, höre helles Lachen, Ru-fen und Singen. Die Stimme und das Gesicht meines Mannes gehören nicht zu dieser Erinnerung, denn er war fast nie zu Hause. Dazu war er viel zu sehr mit seinen Geschäften und seinen Investmentplänen beschäftigt. Wenn die Familie voll-zählig war, senkte sich eine unerträgliche Spannung über uns. Er kritisierte mich unentwegt, und sobald ich widersprach, zahlte er es mir auf grausame Weise heim.

Wir waren beispielsweise einmal auf einer zweispurigen Straße mit dem Auto unterwegs, unsere Kinder saßen auf dem Rücksitz, als ich auf das Thema Geld zu sprechen kam. Weil das gemeinsame Konto leer war, wollte ich unser Scheckbuch sehen. Wortlos lenkte mein Mann den Wagen auf die Gegen-fahrbahn und gab Gas. Ich zweifelte keine Minute, dass er nicht eher auf unsere Straßenseite zurückfahren würde, bis ich nach-gab und auf einen Blick ins Scheckbuch verzichtete. Was ich dann auch tat. Ein anderes Mal steuerte er auf den Gegenver-kehr zu, als meine Eltern im Auto saßen. Wahrscheinlich woll-te er ihnen damit vor Augen führen, dass er unser aller Leben in der Hand hatte. Er und die Kinder lachten, als ich schrie.

Dann wieder würgte er vor Julia und mir unseren Hund, um uns eine Lektion zu erteilen. Wie er meiner Mutter spä-ter erzählte, blickte ihn das Tier ungläubig an, als er ihm die Kehle zudrückte. Mit einem Gnadenschuss setzte er seinem Leben ein Ende.

Nach Jahren dieser Behandlung hatte ich all meinen Kampf-geist verloren. Es lohnte sich ohnehin nicht, um Kleinigkeiten zu streiten. Doch immer wenn sein Verhalten unerträglich wurde, lockerte er den Druck. Ich war dann so erleichtert, dass es mir fast schon wie ein Geschenk vorkam.

Im Nachhinein ist mir natürlich klar, dass ich Gewalt in der Ehe erlebte, wie sie typischer nicht sein konnte. Die zwanghafte Eifersucht, die Manipulationen, die Isolation, die ständigen Auseinandersetzungen, die Gewaltandrohungen: all dies ist Bestandteil körperlicher und seelischer Misshandlung. Nicht immer muss körperliche Gewalt damit einhergehen: Auch er hinterließ nie sichtbare Verletzungen, und mir gelang es stets, sein Verhalten zu rationalisieren. Gewöhnlich folgt auf derartige Übergriffe eine Phase der Entschuldigungen, die gemeinhin »Flitterwochen« genannt wird und in der das Opfer mit viel Zuwendung dafür belohnt wird, dass es in der Beziehung ausharrt. Es ist ungeheuer schwer, aus einer zum Teufelskreis gewordenen Ehe auszubrechen, besonders wenn man in dem Glauben erzogen wurde, dass der einzige Ausweg aus einer untragbaren Situation darin besteht, sich noch mehr Mühe zu geben.

Wenn eine Frau mit meinen Symptomen in die Notaufnahme gebracht worden wäre, hätte ich auf Anhieb gewusst, was mit ihr los war, doch in meinem Spiegelbild sah ich es nicht. Andere erkannten es sehr wohl. Als ich mich einmal von zu Hause fortstahl, um eine Freundin zu besuchen, fand ich bei ihr zu meiner Überrraschung eine auf häusliche Gewalt spezialisierte Sozialarbeiterin vor. Meine Freundin hatte es eingefädelt, weil sie mich bewegen wollte, mich von meinem Mann zu trennen. Anfangs behauptete ich hartnäckig, es gäbe keine Probleme, ich hätte die Situation im Griff. Denn wie schon als Kind, als ich mir beibrachte, meine Wahrnehmungen und Gefühle zu steuern, hatte ich mir eingeredet, letztendlich würde alles gut werden. Doch als mir die Sozialarbeiterin eine Aufstellung der Kennzeichen für Gewalt in der Familie zeigte, die Punkt für Punkt auf meine Ehe zutraf, verstand ich plötzlich, was bei uns vorging. Es war, als sei ein Bann gebrochen. Doch wie Rauchen, Spielen und andere negative Verhaltensweisen erzeugt eine auf Misshandlung gegründete Ehe Abhängigkeit. Es bedarf vieler Versuche, um aus ihr auszubrechen.

Das erste Mal lief ich fort, als mein Mann begann, die Jun-

gen körperlich zu misshandeln. Julia war stets sein Liebling
gewesen, er behandelte sie als seine Vertraute, aber den Jungen gegenüber verhielt er sich oft grausam, indem er sie ignorierte oder ihnen vorhielt, sie seien dumm. Eines Tages ertappte ich ihn dabei, wie er die beiden – sie hatten noch nicht die
Grundschule beendet – mit voller Gewalt an die Wand im
Wohnzimmer schleuderte, weil er sie »nicht mehr unter Kontrolle« hatte. Da wusste ich, es war Zeit zu gehen. Ich wartete, bis er zu einer Medizinertagung aufgebrochen war, packte
unsere Sachen ins Auto und fuhr mit den Kindern quer durch
Ohio zu meiner Mutter. Ein Richter erließ eine einstweilige
Verfügung, die meinem Mann verbot, in unsere Nähe zu kommen.

Die Trennung dauerte jedoch nur einen Monat. Ich suchte
mir eine Stelle und fand eine Schule für die Kinder. Aber mein
Mann schickte uns allen traurige Briefe, in denen er sich entschuldigte und um eine Chance bat, alles wieder gutzuma-
chen. Er ließ mir zwölf Dutzend Rosen schicken. Ich beging
den Fehler, einem Treffen mit ihm zuzustimmen. Um kein Risiko einzugehen, bestand ich darauf, dass wir uns am Flughafen trafen, wo es viele Leute und genügend Sicherheitsbeam-
te gab, falls er seine Wut nicht mehr zügeln konnte. Zu meiner
Überraschung sah der Mann, der mir entgegenkam, so aus wie
der, in den ich mich einst verliebt hatte. Ich las Zärtlichkeit in
seinen Augen und nicht die Wut, die ich gewohnt war. Er umarmte mich voller Gefühl und nicht, wie in den vergangenen
Jahren, pflichtbewusst wie ein Roboter. Er erklärte mir, er habe sich verändert und erkannt, wie sehr er mich liebte. Niemals, nie wieder würde er den Kindern etwas antun. Ich fiel
darauf herein und erklärte mich einverstanden, zu ihm zurückzukehren.

Auf sein Drängen hin ließ ich die einstweilige Verfügung
aufheben. Nun versuchte ich erst recht, ihm die vollkomme-
ne Ehefrau zu sein, denn schließlich hatte er ja endlich erkannt, was ich ihm bedeutete. Lange dauerten die »Flitterwochen« jedoch nicht. Zwar schlug er die Jungen nicht mehr,
doch er verhielt sich ihnen gegenüber abweisend und kom-
mentierte ihr Verhalten mit beißender Kritik. Wenn ich sein

Urteil in Frage stellte oder ihm widersprach, ließ er es an den Kindern aus, denn er wusste genau, wie sehr er mich damit traf. Bald begann alles wieder von vorn: die Eifersucht, die Wutanfälle, die zwanghafte Kontrolle. Ich fühlte mich in der Falle.

Schließlich fand ich doch noch einen Ausweg. Ich musste einfach etwas tun, was er mir nicht vergeben konnte. Ich hatte eine kurze Affäre mit einem Mann in einer anderen Stadt, der mich mit Wärme und Respekt behandelte, was ich seit Jahren nicht mehr erlebt hatte. Schließlich stimmte mein Mann unserer Scheidung zu.

Als ich mich von ihm trennte, bat ich die Kinder, mit mir in eine andere Stadt zu ziehen. Ben und Alex waren einverstanden, Julia wollte für ihr letztes Schuljahr an ihrer alten Highschool bleiben. Zu meinem Erstaunen hatte mein Exmann gegen diese Regelung keine Einwände. Er schlug sogar vor, um uns allen die Umstellung zu erleichtern, dass ich zu meinen Eltern ziehen sollte, während wir die Einzelheiten der Scheidung ausarbeiteten und ich mir eine neue Stelle suchte. Das war ein Fehler. Während ich mich abrackerte, um für die Kinder und mich ein neues Leben aufzubauen, wurde er zu dem fürsorglichen Vater, den sie sich immer gewünscht hatten. Plötzlich war er liebevoll zu den Jungen und kümmerte sich um ihre Interessen. Als der Zeitpunkt zum Umzug gekommen war, hatten meine Söhne ihre Meinung geändert. Sie wollten bei ihrem Vater wohnen und weiter in ihre alte Schule gehen.

Schon vor der Scheidung, als die Kinder alt genug dafür waren, hatte ich meine Arbeit in der Notaufnahme wieder aufgenommen. Ich hatte mir Stellungen in immer größeren Krankenhäusern gesucht, meine Kenntnisse erweitert und meine Karriere ausgebaut. Für den Übergang hatte ich vorgesehen, dass meine Söhne und ich bei meiner Mutter wohnten, bis ich genug zusammengespart hatte, um uns ein eigenes Haus zu kaufen. Als sie mir jetzt eine Absage erteilten, war ich wie vor den Kopf gestoßen.

Zunächst erwog ich, vor Gericht um das Sorgerecht zu kämpfen. Ich zog meinen Anwalt zu Rate, doch er empfahl mir, keinen schmutzigen Rechtsstreit zu beginnen, der mir die Kinder nur noch weiter entfremden würde. Ich sollte meinem Mann das Sorgerecht überlassen, mich mit Besuchen am Wochenende zufrieden geben und warten, bis sie aus eigenem Antrieb ihre Meinung änderten. Man könne Teenager nun einmal zu nichts zwingen, meinte er. Widerstrebend gab ich ihm Recht, zog in das Haus meiner Eltern und ließ die Kinder bei ihrem Vater. Es war für sie die ungefährlichere Lösung. Schließlich wusste ich nur zu gut, dass die Kinder dafür würden zahlen müssen, wenn ich ihren Vater verärgerte. Ich fürchtete, dass wir alle zu leiden hätten, wenn ich darum kämpfte, sie zurückzubekommen. Sie hatten schon genug gelitten.

Im Lauf der nächsten Monate wurden meine Wochenendbesuche bei den Kindern immer kürzer und seltsamer. Wenn ich die weite Strecke zu ihnen gefahren war, um sie abzuholen, konnte es geschehen, dass sie mir bei meiner Ankunft erklärten, sie hätten nur wenige Stunden für mich Zeit und nicht, wie geplant, das ganze Wochenende. Manchmal waren sie erst gar nicht zu Hause. Wieder riet mir mein Anwalt, nicht dagegen vorzugehen, sondern ihnen Zeit zu lassen. Doch die Zeit arbeitete für meinen Exmann.

So wie er es bei mir getan hatte, isolierte er nun auch die Kinder, um sie in seiner eigenen engen Welt unter Kontrolle zu halten. Er fing meine Briefe und Geschenke ab. Meinen Eltern wurde verboten, sie zu besuchen oder auch nur mit ihnen zu sprechen. Ich durfte mit ihnen nur telefonieren, wenn er mithörte. Wenn ihm das Gespräch nicht gefiel, nahm er den Hörer, sagte, es sei genug und legte auf. Nun da ich mich freigekämpft hatte, benutzte er die Kinder als Köder, um mich wieder in seinen Machtbereich zu locken. Bald setzten sie mir zu, ich solle zu ihnen zu »Familientreffen« kommen, doch dort stritt er mit mir und machte mich lächerlich. Er ermutigte die Kinder, mich zu kritisieren, und applaudierte, wenn sie es taten. Offenbar hatte er sie überzeugt, ich sei die Böse, die die Familie »kaputtgemacht« hatte. Einer meiner Söhne warf mir vor, ich hätte vor der Trennung verhindert, dass er seinem Vater wirklich nahe gekommen wäre. Ich wusste nicht mehr, wie mir geschah: Ich hörte die Worte des Vaters aus dem Mund meines Sohnes. Schließlich machte ich diesen unseligen Begegnungen ein Ende, sowohl um meiner selbst als auch um der Kinder willen. Sie sollten nicht eines Tages feststellen müssen, wie grausam sie ihre Mutter behandelt hatten, denn sie traf keine Schuld. Da war es schon besser, ich zog mich zurück.

Ein Jahr nach der Trennung sah ich meine Kinder nur noch kurz und in großen Abständen, und wenn, dann wirkten sie abweisend und steif, wie Fremde. Mir blieb nur noch meine Arbeit. Ich hatte vor kurzem eine Stelle in der Notaufnahme einer großen Universitätsklinik in Cleveland angenommen. Eigentlich hatte ich immer geglaubt, dies sei genau die Arbeit nach meinem Geschmack. Doch sie reichte nicht aus, um den Platz in meinem Herzen einzunehmen, den die Kinder ausgefüllt hatten. Mein Leben hatte eine Gleichförmigkeit angenommen, und für die Mühen, die ich auf mich nahm, erhielt ich keinen Lohn. Ich liebte die Arbeit, doch die Krankenhauspolitik und die eingefahrene Hierarchie der Standesmedizin waren mir zuwider. Außerdem befand ich mich wieder dort, wo ich angefangen hatte, wohnte bei meinen Eltern, hatte keine erkennbare Perspektive. Meine Träume schienen ausgeträumt. Ich fragte mich: Sieht so das Älterwerden aus?

Doch dann entdeckte ich die Anzeige für die Stelle in der Antarktis, einem Kontinent, der mich schon immer gereizt hatte. Ich faxte meinen Lebenslauf an die Antarctic Support Associates oder ASA in Denver, die im Auftrag der US-Regierung die dortigen Einrichtungen verwaltete und versorgte. Einige Tage später rief mich Norman Wolfe an, der Personalbeauftragte für den medizinischen Bereich, und lud mich zu einem Bewerbungsgespräch nach Colorado ein. Nur eine Stelle war noch frei, die des Arztes am Südpol, und sie brauchten jemanden, der den Posten sofort antreten konnte. Zwei Tage später saß ich im Flugzeug nach Denver.

KAPITEL 2

Durch den Spiegel

Die Büros der Antarctic Support Associates waren in mehreren würfelförmigen, mit Spiegelglas verkleideten Gebäuden in einem als Landschaftspark angelegten Gewerbegebiet in Englewood, Colorado, einem Vorort von Denver untergebracht. Die ASA ist eine zivile Einrichtung, die seit zehn Jahren im Auftrag der Regierung die Wissenschaftsstationen, Stützpunkte und Forschungsschiffe der Vereinigten Staaten in der Antarktis betreut. Trotz ihres zivilen Charakters besteht ihr Personal größtenteils aus ehemaligen Militärs und orientiert sich, wie ich bald erfahren sollte, an vielen Traditionen, die noch aus den Tagen stammen, in denen das Antarktis-Programm von der US-Navy getragen wurde.

Norman Wolfe bat mich in sein Büro und stellte mir Mike Masterman vor, einen jungen Mann mit kurzem sandfarbenem Haar, der im kommenden Winter die Station am Südpol leiten sollte. Wir unterhielten uns eine Weile, um uns etwas näher kennen zu lernen. Wir waren uns sympathisch, und ich war sehr an der Stelle interessiert.

Dann machten mich die beiden Männer mit den Lebensumständen am Südpol vertraut. Sie zählten die Fakten so ungeschminkt auf, dass es wie eine Drohung wirkte. Die Antarktis, so musste ich hören, »ist der höchstgelegene, trockenste, kälteste, windigste und am dünnsten besiedelte Ort der Erde«. Sie sei eineinhalb Mal so groß wie die Vereinigten Staaten und zu 97 Prozent mit Eis bedeckt. Es gebe auf dem Kontinent keinerlei nationalen Besitz, verwaltet werde er mit Hilfe eines internationalen Vertrags. Die Vereinigten Staaten engagierten sich dort in einer ganzen Reihe von Forschungsprojekten. Neben zwei Forschungsschiffen, der *Nathaniel B. Palmer* und der *Laurence M. Gould*, auf denen im Wesentlichen die Atmosphäre und die Meeresbiologie untersucht würden, unterhielten die USA in der Antarktis drei Stützpunkte auf dem Festland: McMurdo an der Westküste, Palmer auf einer Insel vor der Antarktischen Halbinsel und Amundsen-Scott am Südpol, wohin man mich schicken wolle. Am Südpol betrage die Temperatur manchmal weniger als minus 73 Grad Celsius. Achteinhalb Monate lang sei die Forschungsstation am Pol nicht erreichbar, da die Versorgungsflugzeuge wegen der Kälte nicht mehr landen könnten. Während der Hälfte dieser Zeit herrschte in dem Gebiet völlige Dunkelheit.

Deshalb müsse man auf der Station überwintern. Wenn ich die Stelle annähme, wäre ich die einzige Ärztin für die einundvierzig Wissenschaftler und Service-Angestellten, die sich für den Winter verpflichtet hatten. Ich hätte eine bestimmte Menge Daten zu sammeln und Statistiken zu führen, jedoch nicht sonderlich viele Kranke zu betreuen. Man zeigte mir die Berichte aus früheren Jahren. Im Durchschnitt waren im Winter drei Patienten pro Woche zum Südpolarzt gekommen.

Es würde anstrengend werden, ungeheuer kalt und für mich zudem einen deutlich geringeren Verdienst als bisher bedeuten. Andererseits war es ein unvergleichliches Abenteuer, gab mir viel Zeit zum Lesen, zur Weiterbildung, zum Forschen und Nachdenken. Zeit, die ich unbedingt brauchte. Schon viel zu lange hatte ich wie eine nicht mehr zu bremsende Achterbahn gelebt: war zur Arbeit gegangen, nach Hause gekommen, hatte mich schlafen gelegt und war dann wieder zur Arbeit gegangen, ohne mich etwas anderem widmen zu können. Ich wusste schon gar nicht mehr recht, wer ich überhaupt war. Eine einjährige Auszeit von dieser Routine würde mir die Möglichkeit geben, die Dinge in einem neuen Licht zu sehen. Aber würde ich nicht meine medizinischen Kenntnisse aufs Spiel setzen und meine Karriere gefährden, wenn ich mich für ein Jahr aus der Notaufnahme verabschiedete? Und was war mit meinen Kindern? Ich hatte alles unternommen, um sie zurückzugewinnen, trotzdem durfte ich sie nur noch selten sehen. Würde sich durch eine einjährige Reise an den Südpol etwas daran ändern? Ich hatte also einiges zu bedenken, ehe ich die Stelle annahm.

Wir versammelten uns zu einer Familienkonferenz am großen Esstisch in der Küche meiner Mutter. Hier waren die meisten wichtigen Entscheidungen getroffen worden. Hier wurden gute und schlechte Nachrichten bekannt gegeben, hier feierten wir unsere Siege, begingen die Feiertage und betrauerten die Toten. Hier schnitten und färbten die Frauen sich die Haare, hier wurden Holzsplitter entfernt, hier saßen die Mädchen spät in der Nacht und erzählten sich kichernd von ihren Erlebnissen, hier übertrumpften wir uns gegenseitig beim Poker. Hier hockte ich und weinte um meine Kinder, bis keine Tränen mehr kamen, während meine beiden Schwägerinnen Dee Dee und Lisa mir auch beim x-ten Mal noch zuhörten, als sei es neu für sie. Und immer stand eine Kanne Tee auf dem Tisch.

Scott und Lisa waren eigens für unser Gespräch mit ihrer einmotorigen Cherokee aus Richmond, Virginia, nach Ohio eingeflogen. Scott hatte in seinem Leben viele Stationen durchlaufen, war zur See gefahren, hatte als Pilot und als Junge für alles gearbeitet. Mittlerweile war er in die Fußstapfen unseres Vaters getreten und leitete ein Bauunternehmen, das sich auf komplizierte und riskante Aufträge spezialisiert hatte, vor denen andere sich scheuten, wie die Reparatur von Dämmen und Brücken durch Unterwassereinsätze mit Tauchausrüstung. Eric arbeitete als Abteilungsleiter bei Goodrich Aerospace in Troy, Ohio. Er, Dee Dee, seine Töchter Laura und Kathleen und Dee Dees Großmutter Gubby waren fünf Stunden mit ihrem Minivan zu uns unterwegs gewesen. Nachdem sie sich alle frisch gemacht hatten, trafen wir uns am Esstisch, um mein neuestes Vorhaben zu besprechen.

Meine Mutter war wie üblich begeistert von der Idee. Ihrer Meinung nach war ein derartiges Abenteuer zu diesem Zeitpunkt genau das Richtige für mich. Sie glaubte, wenn alles am Boden lag, sei es besser, nicht in alltäglicher Routine zu verharren und nur geringfügige Korrekturen vorzunehmen, sondern nach einer ungewohnten Perspektive, nach einer anderen Ausgangsbasis zu suchen, um zu neuen Erkenntnissen zu gelangen. Als Psychologin war sie der Meinung, wenn meine Kinder sähen, wie ich voller Tatkraft einen unbekannten Weg einschlug, hätten sie vielleicht den Mut, zu mir zurückzukommen.

Kinder, so ihre Überzeugung, verbündeten sich instinktiv mit dem Elternteil, der ihnen als der stärkere erschien. »Es wäre dumm von dir, nicht zu fahren, Duff«, fasste sie ihre Ausführungen zusammen.

»Das ist die Chance deines Lebens«, erklärte Scott, ohne eine Sekunde zu überlegen. »Ich würde alles tun, um an den Südpol gehen zu können.«

»Glaubst du, sie brauchen noch Ingenieure?«, fragte Eric. Er sagte, er würde sich ebenfalls verpflichten, wenn er die Gelegenheit bekäme und er nicht die Familie zu versorgen hätte.

Dad hingegen war sich nicht so sicher. »Dort ist es wahrscheinlich verdammt kalt, Duff«, gab er zu bedenken. »Was willst du denn dort ein ganzes Jahr? Klingt nicht gerade nach einem reizvollen Aufenthaltsort.«

Aber von Dad hatten wir nichts anderes erwartet. Wir unterbrachen ihn nicht, als er seine Befürchtungen vor uns ausbreitete.

»Du weißt ja, Duffy, du bist dort gefangen«, sagte er. »Wenn einer deiner Freunde krank wird oder stirbt, bist du die Einzige, die ihm beistehen kann. Das ist eine große Verantwortung. Und was ist, wenn du eine Blinddarmentzündung oder gar Krebs bekommst? Du kannst vielleicht die anderen behandeln, aber wer behandelt dich? Hättest du den Mut, an dir selbst herumzuschneiden, um dein Leben zu retten?«

»Natürlich hätte sie den«, sagten meine beiden Brüder wie aus einem Mund. Aber Dad schüttelte den Kopf. In seinem Gesicht spiegelten sich seine widerstreitenden Gefühle: Stolz, Liebe und Resignation. »Noch kannst du dich anders entscheiden, Liebes«, meinte er, um mir einen Fluchtweg offen zu halten. »Du weißt ja, es zwingt dich niemand.« Doch zu diesem Zeitpunkt war ich bereits fest entschlossen.

Wie stets hatte Mom das letzte Wort. »Du hast dich immer durchgekämpft, Duff. Du bist eine Überlebenskünstlerin. Lebe dein Leben, tu das Beste, was du dir vorstellen kannst. Es zählen nicht die Jahre, sondern die Qualität.«

Am Ende waren sich alle einig: Es war Zeit, dass ich meinem Leben eine neue Wendung gab. Und ich wusste auch, was die anderen dachten, jedoch niemand aussprach: Je größer der

Abstand zwischen mir und meinem Exmann, desto besser. Ansonsten könnte es passieren, dass ich um des Kontakts zu meinen Kindern willen wieder in seinen Bann geriet und mich seinem Einfluss beugte.

Meine Kinder waren die Einzigen, die mich noch hätten umstimmen können. Doch als ich sie anrief, um mit ihnen über meine Pläne zu sprechen, weigerte sich meine Tochter, ans Telefon zu kommen. So erklärte ich zumindest meinen Söhnen, dass sich für mich die Möglichkeit ergeben hätte, an den Südpol zu gehen. Ich versicherte ihnen jedoch, dass ich hier bleiben würde, wenn ich darauf hoffen dürfte, dass wir uns wieder für länger träfen, also für ein ganzes Wochenende und nicht nur einmal im Monat, um miteinander essen zu gehen oder im Beisein ihres Vaters zusammenzukommen. Sie antworteten, damit solle ich nicht rechnen.

Ich war am Boden zerstört. Allerdings wusste ich, dass es letztlich nicht meine Söhne waren, die diese verletzenden Worte sprachen. Ich war schließlich selbst außer Stande gewesen, mich gegen meinen Exmann durchzusetzen, als ich mit ihm zusammenlebte, und das, obwohl ich erwachsen war. Wie konnte ich da von ihnen mehr erwarten? Meine Kinder bedeuteten mir alles, und daran würde sich nichts ändern. Doch ich durfte nicht zulassen, dass er sie benutzte, um mich zu bestrafen, auch wenn das hieß, dass ich sie lange Zeit nicht sehen würde.

Heute weiß ich, dass mein Weg vielen Frauen unvorstellbar erscheint. Oft liege ich nachts wach und überlege, welchen Verlauf die Dinge wohl genommen hätten, wenn ich mich für eine andere Strategie entschieden und mir einen neuen Anwalt gesucht hätte, um vor Gericht eine blutige Schlammschlacht auszutragen. Doch auch dann hätte ich die Kinder womöglich verloren, und unter Umständen hätte sie mein Kampf des letzten bisschen Friedens beraubt, der in ihrer Kinderseele noch verblieben war.

Ich riss mir das Herz aus dem Leib in dem Versuch, eine Änderung herbeizuführen. Doch als ich einsah, dass meine Bemühungen erfolglos blieben, schlug ich eine neue Richtung ein. Ich sprang in ein Rettungsboot, um für mich und damit auch für meine Kinder das Überleben zu sichern. Niemand wollte mich dabei begleiten. Ich war allein und würde es in absehbarer Zeit auch bleiben. Wenn möglich, würde ich mir ein neues, ein wunderbares Leben aufbauen. Indem ich stärker wurde, konnte ich womöglich meinen Kindern die Kraft geben, meinem Weg zu folgen. Ich würde die Kanäle zwischen uns nicht zuschütten, soweit es in meiner Macht lag, und sie wissen lassen, dass mein Rettungsboot jederzeit bei ihnen anlegen konnte, wenn sie es brauchten.

Also rief ich Norman Wolfe an und erklärte ihm, dass ich die Stelle annähme.

Es war bereits Ende Oktober, und viel Zeit blieb mir nicht, mich auf die Reise vorzubereiten. Rasch bestellte man mich wieder nach Denver zu einer umfassenden körperlichen Untersuchung, einschließlich Labor, EKG, Belastungs-EKG und Mammographie. Die Ergebnisse waren gut. Nichts wurde dem Zufall überlassen. Bei der Röntgenaufnahme des Gebisses entdeckte man einen abgestorbenen Zahn, und da es am Südpol keinen Zahnarzt gab, erhielt ich gleich an Ort und Stelle eine Wurzelbehandlung. Im Winter mussten alle Zahnprobleme von dem einzigen Arzt der Station behandelt werden – also von mir.

Im Anschluss an meine Wurzelbehandlung blieb ich bis in den späten Abend in der Praxis, wo mir der Arzt einen fünfstündigen Schnellkurs in Zahnmedizin erteilte. Zum Glück hatte mich meine gründliche chirurgische Ausbildung ausreichend darauf vorbereitet, Behandlungen im Mund mit entsprechend kleinen Instrumenten auszuführen. Andererseits hielt ich mir immer wieder vor Augen, dass die Ausbildung zum Zahnarzt vier Jahre dauerte. Ich konnte also nur hoffen, dass am Südpol keine schwer wiegenden Zahnprobleme auftraten.

Am nächsten Tag hatte ich einen Termin bei dem Psychiater der ASA. Alle, die am Südpol überwinterten, mussten umfangreiche psychologische Tests bestehen – die gleichen, wie ich erfuhr, nach denen auch die Bewerber für atombetriebene U-Boote der Navy ausgewählt wurden. Die ASA brauchte

Mitarbeiter, die belastbar und umgänglich waren und über ein gutes Einfühlungsvermögen verfügten. Menschen mit Persönlichkeitsstörungen, einer chronischen Neigung zu Nörgelei oder Depressionen, Drogen oder Medikamentenmissbrauch und Ähnlichem fielen aus dem Raster. Nach einer Reihe von schriftlichen Tests bestellte mich der Psychiater zu einem persönlichen Interview.

Als ich später in die Antarktis kam, kursierten viele Witze über das psychologische Auswahlverfahren. Eine Anekdote handelte von einer leitenden Angestellten der ASA, die selbst über langjährige Erfahrungen mit dem Leben im Eis verfügte und einen Kandidaten interviewte, der am Südpol überwintern wollte.

»Trinken Sie?«, fragte sie.

»Nein.«

»Rauchen Sie?«

»Nein.«

»Dann rechnen Sie damit, dass Sie es tun werden.«

Bei meinem zweiten Besuch im Büro der ASA machte man mich mit einigen Leuten bekannt, die ihre Dienstzeit im Eis schon hinter sich hatten. Welch ein Erlebnis! Sie alle schienen ehrfurchtsvoll zurückzutreten, als sie hörten, ich sei die zukünftige Ärztin für die Wintersaison am Südpol. Sie zeigten Respekt, sogar Hochachtung, und zum ersten Mal dachte ich: Du meine Güte! Worauf habe ich mich da nur eingelassen?

Nach meiner Rückkehr nach Ohio hatte ich alle Hände voll zu tun. Mir blieb nur knapp ein Monat, um mich reisefertig zu machen und die Prüfungen in Notfallmedizin abzulegen, die Teil der ständigen Weiterbildung und für einen Arzt oder eine Ärztin unabdingbar waren, um beruflich weiterzukommen. Außerdem musste ich einem Anwalt die Vollmacht geben, sich um meine Finanzen zu kümmern, musste noch tausend praktische Dinge regeln und Koffer packen. Aber was nimmt man für ein Jahr am Südpol mit, wenn man nicht weiß, was einen erwartet? Ich durfte drei Koffer, drei orangefarbene Reisetaschen (die ich später zusammen mit insgesamt fünfundsechzig Pfund Extremkleidung von der ASA erhalten würde) und mein Handgepäck mitnehmen. Darin musste ich Kleidung, Seife, Zahnpasta und Toilettenartikel für ein Jahr, Bücher, Bettdecken, mein Stethoskop und ein unwichtiges, aber unverzichtbares Teil unterbringen: eine kleine keltische Harfe.

Eine wunderbare Frau, die ich in ihren letzten Lebensjahren als Hausärztin betreute, hatte mir einmal erklärt, wie man für eine Reise packt: »Legen Sie sich das zurecht, wovon Sie glauben, dass Sie es brauchen werden«, sagte sie. »Eine Woche später nehmen Sie die Hälfte der Kleider wieder fort und stecken doppelt so viel Geld ein.« Diesen Rat hatte ich seitdem bei jeder Reise befolgt, doch auf den Südpol ließ er sich natürlich nicht anwenden.

Ich starrte gerade fassungslos auf die Stapel von Dingen, die ich in meinem Zimmer verteilt hatte, als Mike Masterman anrief, der die Station am Südpol während des Winters leiten sollte. Er hielt sich zu Besuch bei Freunden in West Virginia auf, also ganz in der Nähe, und fragte, ob er vorbeikommen und meine Familie kennen lernen dürfe, ehe er ins Eis aufbreche.

»Irgendwann kriegt man das Grausen, wenn man sich für einen einjährigen Aufenthalt am Südpol vorbereitet«, erklärte er. Das hatte ich auch schon gemerkt. Er erbot sich, mir zu helfen, und natürlich ergriff ich die Gelegenheit beim Schopf.

Meine Eltern waren erfreut und erleichtert zugleich, jemanden kennen zu lernen, der schon einmal am Südpol gelebt hatte. Meine Mutter kochte für ihn eines ihrer berühmten Abendessen. Während wir Steaks verzehrten, beantwortete Michael unsere Fragen und konnte einen Großteil unserer Befürchtungen ausräumen. In seinen nur dreißig Lebensjahren hatte er schon eine Menge Erfahrungen gesammelt. Er hatte als Elektronikingenieur bei Carnegie Mellon gearbeitet und war in West Virginia an der Entwicklung des Teleskopsystems für das National Radio Astronomy Observatory beteiligt gewesen. Außerdem war er Brandbekämpfer mit Ausbilderqualifikation, ein erfahrener Tiefseetaucher und besaß ein Diplom als Höhlenretter. 1995 hatte er als wissenschaftlicher Mitarbeiter schon einmal am Südpol überwintert. Nun kehrte er als Leiter der

Station für einen Winter dorthin zurück, in eine Funktion, die der eines Schiffskapitäns vergleichbar war.

Während er erzählte, sah ich uns auf dem Raumschiff Enterprise: ihn als Captain Kirk und mich als »Pille«. Doch das behielt ich lieber für mich. Geduldig erklärte er meinem Vater, dass jede Baracke am Südpol für den Brandfall einen Notausgang hatte. Nach dem Essen warf Mike einen Blick auf die Liste der Dinge, die ich mitnehmen wollte. »Sie brauchen keine zehn Flaschen Deodorant, Jerri«, meinte er lachend. »Sie brauchen nicht mal eine. So was benutzen wir im Winter nicht. Durch die dicken Kleiderschichten bekommt man den Körpergeruch nicht mit, und wenn doch, dann stört es keinen.«

Dann überprüfte er den Rest der aufgeführten Dinge. »Man rasiert sich nicht bei uns, also brauchen Sie auch keine Klingen. Sechs Flaschen Shampoo sind viel zu viel, denn Sie dürfen nur zweimal pro Woche duschen. Nehmen Sie mehrere Kameras mit, die gehen mit der Zeit alle kaputt. Fetten Sie sie mit kältebeständigem Schmierfett ein und benutzen Sie Diafilme, die können Sie dann in unserer eigenen Dunkelkammer entwickeln.

Lesen Sie gern Western? Wenn ja, kann ich Ihnen meine leihen, sonst brauchen Sie mehr Bücher. Nehmen Sie nichts mit, was mit Batterien betrieben wird, denn die Dinger halten in der Kälte nicht lange. Kontaktlinsen? Die frieren Ihnen an den Augen fest. Brillen beschlagen so stark, dass man ohnehin nichts mehr sieht. Aha, Parfüm? Ist auf dem Kontinent verboten, gilt als Umweltgift. Kleider? Da brauchen Sie nicht viel. Sie tragen ein Jahr lang mehr oder weniger dasselbe und werfen es dann weg, wenn Ihre Zeit abgelaufen ist. Musik hingegen ist wichtig. Sie haben es bald satt, immer wieder die gleichen Stücke zu hören …«

Nachdem Mike Masterman in die Antarktis abgereist war, nahm ich per E-Mail Kontakt zu Will Silva auf, der im vergangenen Winter als Arzt am Südpol Dienst getan hatte. Er befand sich noch auf der Station und wartete, dass ich ihn ablöste. Will erklärte mir, welche Computer und medizinischen Geräte ich vorfinden würde, riet mir, Sonnencreme mit hohem Schutzfaktor einzupacken, und meinte, er selbst würde zwar im Biomed – der kleinen Krankenstation am Südpol – lieber Gesundheitssandalen tragen, doch einige Polies bevorzugten Stiefel mit Schaffellfutter, in die man einfach hineinschlüpfen konnte und die es in Neuseeland auf dem Weg in die Antarktis zu kaufen gab. Zur Frage der passenden Kleidung im Innern der Station nannte er mir die E-Mail-Adressen von einigen Frauen, die er kannte. Meine Gesprächspartnerinnen meinten, mit ein paar »reizvollen Fummeln« könne man am Pol großen Eindruck machen. Sie rieten mir, für die besonderen Anlässe ein paar fröhliche, bunte, feminine Kleider, außerdem ein Kochbuch oder die eigenen Lieblingsrezepte sowie Kräutertees und ein eigenes Badetuch mitzubringen. Ich war ausgesprochen dankbar für ihre Tipps, vor allem später.

Wenn ich nicht gerade arbeitete oder mich auf die Reise vorbereitete, lernte ich für meine schriftlichen Prüfungen. Außerdem gab es Probleme in der Familie. Mein Vater war sein Leben lang gesund und stark gewesen, doch nun, mit seinen siebzig Jahren, ließen seine Kräfte allmählich nach. Die Resultate etlicher medizinischer Untersuchungen gaben uns allen Anlass zur Sorge – seine prostataspezifischen Antikörper waren gestiegen, ein Hinweis auf Prostatakrebs. Als medizinische Fachfrau der Familie bekam ich die Aufgabe, vor meiner Abreise in die Antarktis dafür zu sorgen, dass er sich der notwendigen Behandlung unterzog.

Im Oktober erklärte er sich mit einer Biopsie der Prostata einverstanden. Obwohl der Eingriff eigentlich reine Routine war, entwickelte er sich zu einem Desaster. Dad verlor dabei so viel Blut, dass er beinahe in einen Schockzustand geriet. Dann vergingen Wochen, ohne dass uns sein Arzt das Ergebnis bekannt gab. Als ich schließlich in seiner Praxis anrief, wollte mir die Sprechstundenhilfe am Telefon keine konkrete Auskunft geben, doch sie sagte mir auch so schon genug. Plötzlich hatte der Gedanke, an den Südpol zu fahren, für mich jeden Sinn verloren. Wenn mein Vater Krebs hatte, war mein Platz zu Hause bei meinen Angehörigen.

Ich überredete Mom zu einem Spaziergang im Wald. Nachdem wir uns an ein ruhiges Plätzchen gesetzt hatten, berichtete ich ihr von meinen Vermutungen. Für gewöhnlich wurde meine Mutter mit jedem Schicksalsschlag fertig, doch dies war zu viel für sie. Noch nie habe ich solche Angst in ihren Augen gesehen.

»Ich verkrafte es nicht, wenn ich ihn verliere, Duffy!«, sagte sie. »Weißt du das?«

»Mein Gott«, erwiderte ich. »Ich kann euch jetzt nicht allein lassen!«

»O doch!«, erklärte sie bestimmt. In diesem Augenblick erinnerte sie mich wieder an die Frau, die zu ihrer Tochter vor einem Korb mit Laken, die gefaltet werden sollten, über Pflicht und Ehre gesprochen hatte. Ihre Stimme war wie Seide, über ein Stück Stahl gespannt. »Du hast dich verpflichtet, also musst du auch gehen.«

Zunächst aber suchte ich den Arzt meines Vaters auf, um die Wahrheit in Erfahrung zu bringen. Dad hatte tatsächlich Krebs. Er musste operiert werden, doch in Anbetracht der Komplikationen bei der Biopsie bedeutete eine Operation ein Risiko. Ich sollte ihm dies schonend beibringen. Wir setzten uns mit einer Tasse Tee an den Küchentisch. Mein Vater hörte mir aufmerksam zu, dann nickte er, als habe er es insgeheim schon gewusst.

»Was sein muss, muss sein«, sagte er, ganz so, wie ich es erwartet hatte. »Weißt du, was für mich viel schlimmer ist, Duff? Dass ich deiner Mutter solchen Kummer mache.«

Die gesamte Familie begleitete Dad ins Krankenhaus in Cleveland. Am Abend vor der Operation hockten wir im Hotel und rissen tapfer Witze. Niemand mochte darüber nachdenken, was alles geschehen konnte. Dad zu verlieren schien unvorstellbar. Er war unser Halt, das Fundament unseres Lebens.

Die Operation dauerte weitaus länger als üblich. Weil er so viel Blut verloren hatte und diesmal in Schockzustand geraten war, musste er im Aufwachraum bleiben. Jetzt wollte sein Blut nicht gerinnen, und die Nieren versagten. Wir durften nicht zu ihm.

Als ich schließlich durchsetzte, ihn im Aufwachraum besuchen zu dürfen, musste ich feststellen, dass mich selbst zwanzigjährige ärztliche Erfahrung nicht auf das vorbereitet hatte, was mich erwartete. Dies war nicht mein Vater, wie ich ihn

kannte. Er sah alt aus, und seine Haut hatte die blasse, blut-
leere Farbe des Todes. Mit schwacher Stimme flüsterte er: »Ich
habe dich lieb, Duffy!« Zu mehr reichte seine Kraft nicht.

Dann war meine Mutter an der Reihe, zu Dad zu gehen.
Ich wusste, dass sein Anblick sie bis ins Mark erschütterte, doch
ein Außenstehender hätte es ihr nicht angemerkt. Sie hielt seine Hand, küsste ihn und versicherte ihm, es werde alles wieder gut.

Wie immer standen wir es gemeinsam durch. Meine Brüder
und ich ließen ihn nicht mehr allein. Für das Pflegepersonal
waren wir bestimmt der reinste Albtraum. Einer von uns hielt
immer an seinem Bett Wache, und ständig riefen wir jemanden herbei, wenn wir den Eindruck hatten, dass etwas nicht
stimmte. Die Tochter, eine Ärztin, gab ihm gegen jede Anweisung Tee zu trinken; der Sohn, ein Ingenieur, stellte unzählige
Fragen zur Funktionsweise der einzelnen Apparate, und der
Bauunternehmer fummelte selbst an den Geräten herum,
nachdem er gesehen hatte, was die anderen taten, wenn es
piepste und die Sauerstoffzufuhr stockte. Ein Wunder, dass sie
uns nicht hinauswarfen.

Ich machte mir zunehmend Sorgen wegen meiner Pläne und
fasste allmählich ins Auge, alles wieder rückgängig zu machen.
In vier Tagen sollte ich abreisen, außerdem musste ich zuvor
noch meine medizinischen Prüfungen ablegen. Auf Drängen
meiner Familie flog ich nach Detroit, wo die Tests stattfanden,
kehrte jedoch noch am gleichen Abend nach Cleveland zurück, um den erschöpften Eric am Bett meines Vaters abzulösen. Am nächsten Morgen sah Dad noch schlechter aus. Viel
zu viele Ärzte kamen ins Zimmer und erklärten, wir dürften
die Hoffnung nicht aufgeben. Durch ein Loch in der Harn-
röhre füllte sich sein Drain mit Urin. Falls es nicht gelang, diesen Prozess durch die Erhöhung des Katheterdrucks aufzuhalten, müsste er erneut operiert werden, teilte man uns mit.
Meine Angehörigen forschten in meinem Gesicht, wie ich die
Erklärungen und die Körpersprache der Ärzte aufnahm, denn
als Einzige von uns verstand ich die medizinischen Begriffe
und ihre Bedeutung. Ich bot alle Kräfte auf, um nach außen
hin ruhig zu bleiben. Dann ging ich auf die Toilette, wo mei-

ne Mutter mich nicht sehen konnte, und weinte. Wie konnte ich in dieser Situation wegfahren?

Dann begleiteten mich meine Brüder wieder ins Krankenzimmer. Dad, dem wie üblich nichts entging, wollte mit mir sprechen.

»Es ist Zeit, dass du in die Antarktis fährst, Duffy«, sagte er leise. Ich musste mich über ihn beugen, um ihn überhaupt zu verstehen. »Du hast diesen Leuten dein Versprechen gegeben, das musst du jetzt auch einlösen.«

In diesem Augenblick empfand ich eine ungeheure Wut über das, was meine Eltern mir beigebracht hatten, über die Werte, die ihnen teuer waren. Jede Faser meines Herzens, die sprichwörtliche Liebe eines Kindes zu seinem Vater, befahl mir, mich zu widersetzen und zu bleiben. Doch ich wusste, es hatte keinen Zweck, mit Dad zu streiten. Dies war die Familie, in die ich hineingeboren war, aber sowenig ich die Farbe meiner Augen oder mein Knochengerüst verändern konnte, sowenig konnte ich meine Pflicht verletzen. Jetzt war ich an der Reihe, den Hügel zu erstürmen.

Ich brachte es nicht über mich, Dad Auf Wiedersehen zu sagen. Ich hielt ihn lediglich umschlungen, dann nahmen meine Brüder mich bei der Hand und zogen mich aus dem Raum.

»Auf Wiedersehen, Duffy, Liebes«, sagte er. »Ich habe dich lieb. Und jetzt geh!«

Als ich durch den hallenden Krankenhausflur davoneilte, hörte ich die Schwingtür hinter mir zufallen.

So durchlitt ich am Vorabend meiner Abreise die einsamsten Stunden meines Lebens. Ich hatte nicht nur meine Kinder verloren, sondern auch das Gefühl, selbst zur Waise geworden zu sein. Wahrscheinlich ist dies für viele der Grund, zur See zu fahren: Die Tränen bleiben zurück, du lässt dir frischen Wind um die Nase wehen und steuerst eine neue Welt an.

Auf dem Flug nach Denver war ich wie benommen. Nach meiner Ankunft füllte ich die letzten Formulare aus, dann händigte man mir Dinge aus, die ich in die Antarktis mitnehmen sollte: Papiere, Computer-Software und eine Kühltasche mit Grippeimpfstoff und Tuberkulosetests. Schließlich lernte ich die Leute kennen, die mit mir gemeinsam ins Eis fliegen sollten: eine Polizistin, einen Klempner und einen Mechaniker für die schweren Maschinen. Wir musterten uns wie Teenager von unterschiedlichen Schulen bei einer Tanzveranstaltung. Ich war nervös und zugleich tief beeindruckt. Sie alle würden bald in der Antarktis sein. Es war aufregend, auch nur die gleiche Luft zu atmen wie sie.

Vor dem Abflug erinnerte man uns in einer letzten Besprechung, dass wir auf diesem abenteuerlichen Einsatz nur eine Pflicht hätten: der Wissenschaft zu dienen. Die USA betrieben in der Antarktis einen beeindruckenden Forschungsaufwand. Im vergangenen Jahr hatte die Regierung hundertsiebenundachtzig wissenschaftliche Projekte unterstützt, angefangen bei der Untersuchung bestimmter Fischarten, die ein natürliches Frostschutzmittel im Blut haben, bis hin zur Beobachtung der Gletscher, um Erkenntnisse über die Erderwärmung zu gewinnen. Einige der interessantesten Projekte wurden am Südpol durchgeführt, da die Lufthülle der Erde dort so sauber war, dass sie sich für astronomische Beobachtungen und Studien zur Veränderung der Treibhausgase anbot.

Als zukünftige Bewohnerin der Station am Südpol wies man mich darüber hinaus auf die andere, vielleicht sogar wichtigere Aufgabe dieses Jahres hin: die Bauarbeiten zu unterstützen. Dreißig Jahre nach ihrer Inbetriebnahme war der Zustand der ursprünglichen Station so schlecht, dass Erhaltungs- und Modernisierungsmaßnahmen unumgänglich waren. Neben den alten Gebäuden errichtete man in einem groß angelegten Bauprojekt Neubauten, die allerdings erst im Jahr 2005 fertig gestellt sein würden.

Unser Flug führte uns mit Zwischenstopp in Los Angeles nach Neuseeland. Auf dem ersten Abschnitt der langen Reise saß ich neben Mandy Anderson, einer Polizeibeamtin. Sie stammte aus Breckenridge, Colorado, wo sie einen Mann namens Toby Anderson kennen gelernt hatte. Toby hatte jahrelang in McMurdo, dem größten US-amerikanischen Stützpunkt auf dem Kontinent, als Brandbekämpfer gearbeitet. Er liebte die Antarktis, und als Toby und Mandy sich verlobten, überredete er sie, ihn ins Eis zu begleiten. Da es auf den amerikanischen Stationen in der Antarktis keine zivile Polizei gab, nahm sie eine Stelle als Köchin für eine der Kantinen in McMurdo an. Zwei Tage nach ihrer Hochzeit wurde Toby abberufen. Mandy wartete die nächsten vier Monate, bis auch für sie der Zeitpunkt zur Abreise gekommen war. Sobald sie ihre Dienstzeit im Eis hinter sich hatten, wollten sie nach Neuseeland und auf die Fidschi-Inseln fahren und Flitterwochen machen. Unnötig zu sagen, dass Mandy sich freute, ihren Toby in wenigen Tagen wieder zu sehen.

In Los Angeles mussten wir die Zollformalitäten abwickeln, dann warteten wir in der Passagierlounge, bis unser Flug nach Neuseeland aufgerufen wurde. Schon jetzt bildeten wir eine verschworene Gemeinschaft. Jeder berichtete von seinem bisherigen Leben, und wir überlegten, was uns im Eis erwartete. Ich erzählte, dass ich einen Weg eingeschlagen hätte, auf dem es kein Zurück gab, und schon jetzt das Gefühl hätte, nicht mehr zu meiner früheren Welt zu gehören. Mit dieser Entscheidung hatte ich meinem Leben eine neue Richtung gegeben und würde nie wieder die Gleiche sein wie zuvor. Dabei kam ich mir vor wie Alice, als sie durch den Spiegel trat. Und als wir die neuseeländische Maschine mit dem Ziel Auckland bestiegen, beschlich mich ein Gefühl des Staunens, das mich all die Tage nicht mehr verlassen sollte.

Mein Aufbruch in die Antarktis erfolgte so überstürzt, dass ich mich über den Kontinent, der im kommenden Jahr mein Zuhause sein sollte, bisher kaum hatte informieren können. Im Flugzeug fand ich endlich Zeit, den offiziellen Führer durchzublättern, den die National Science Foundation, kurz NSF, für die Teilnehmer des US-Antarktis-Programms herausgegeben hatte. Einiges hatte ich schon während unserer Vorbereitung durch die ASA gehört, doch hier erfuhr ich weitere Einzelheiten über die Geschichte des Kontinents. Bis auf einen Lonely-Planet-Reiseführer, der einige brauchbare Tipps enthielt, hatte ich in den Buchhandlungen in Cleveland kaum etwas zu diesem Thema gefunden.

Bevor die Antarktis entdeckt wurde, existierte sie bereits in der Vorstellung der Menschen. Die Seeleute der Vergangenheit stießen auf der südlichen Halbkugel der Erde immer wieder auf Eisberge, Nebelbänke und Stürme, die ein Weiterkommen verhinderten. Schon die griechischen Philosophen der Antike vermuteten dort eine Landmasse, doch ihre Annahme bestätigte sich erst im Jahr 1820, als Fabian von Bellinghaus, ein Kapitän der russischen Kriegsmarine, vor der Antarktischen Halbinsel eine Insel ausmachte. Im letzten Jahrhundert schwärmten Walfänger und Robbenjäger aller Nationen in die dortigen Küstengebiete und zu den vorgelagerten Inseln, doch bis zur Jahrhundertwende wagte niemand den Versuch, das Landesinnere zu erforschen.

Auch das Interesse der Vereinigten Staaten an diesem geheimnisvollen Kontinent erwachte erst vor nicht allzu langer Zeit. Wenn man von amerikanischen Polarforschern spricht, meint man gewöhnlich Frederick Cook und Robert Peary, die sich an dem Wettlauf zum Nordpol beteiligten. Doch in dem großen Rennen zum Südpol, das Großbritannien und die skandinavischen Länder zu Anfang dieses Jahrhunderts begeisterte, blieben die Amerikaner Außenseiter.

Es war ein Wettlauf, der sich über zehn Jahre erstreckte und der zudem einen äußerst tragischen Ausgang nahm. Gewonnen wurde er letztlich von dem Norweger Roald Amundsen, der mit Skiern und Schlittenhunden das Polarplateau überquerte und am 14. Dezember 1911 am Südpol die Flagge seines Landes hisste. Zur gleichen Zeit befand sich jedoch noch eine andere Gruppe im Anmarsch auf den Pol.

Mit seiner Terra-Nova-Expedition unternahm der Engländer Robert Falcon Scott den zweiten Anlauf, den Südpol als Erster zu erreichen und seinem Land den Ruhm zu sichern. Er war ein romantischer, faszinierender, in der britischen Öffentlichkeit sehr beliebter Mann, in der Vorbereitung seiner Expedition jedoch nicht unbedingt ein kluger Stratege. Beispielsweise weigerte er sich, Schlittenhunde einzusetzen, weil er es unsportlich, wenn nicht gar grausam fand (bei den Norwegern ergänzten die Hunde im Laufe des Marsches den Speiseplan der Mannschaft). Scott und die vier unerschrockenen Briten, die ihn begleiteten, zogen ihre Vorratsschlitten mit eigener Kraft über das tückische Gelände. Am 17. Januar 1912 erreichten sie den Südpol – auf dem sie Amundsens verlassenes Zelt und die norwegische Flagge fanden, die ihnen höhnisch entgegenwehte.

»Großer Gott, welch schauriger Ort«, lautet der berühmte Satz, den Scott an diesem Abend in sein Tagebuch schrieb. »Schrecklich genug, dass wir uns hierher gequält haben, ohne den Lohn, die Ersten zu sein.«

Daraufhin machte sich die unterlegene Gruppe wieder auf den Rückweg zu ihrem Basislager am McMurdo-Sund. Ihre Lebensmittel waren knapp, und es zeigten sich die ersten Anzeichen von Skorbut. Darüber hinaus gerieten sie in schlechtes Wetter. Edgar »Teddy« Evans starb als Erster, im Koma. Als Nächster verließ sie Lawrence »Titus« Oates, ein schneidiger Kavallerieoffizier. Er hatte schreckliche Erfrierungen am Bein, zudem Wundbrand an den Füßen, und da er seine Begleiter nicht am raschen Weiterkommen hindern wollte, marschierte er in einen Schneesturm und wurde nie wieder gesehen. Ehe er das Zelt verließ, sprach er die berühmten letzten Worte: »Ich gehe mal eben nach draußen und werde wohl einige Zeit fortbleiben.« (Mit einer solchen Haltung hätte Oates gut in unsere Familie gepasst. Wenn die Männer am Pol aus diesem Zeug gestrickt waren, könnten sie sich der Wertschätzung meiner Mutter sicher sein.)

Nun waren sie nur noch zu dritt: Scott, sein Freund Edward »Bill« Wilson, ein Künstler und Physiker, und Henry »Birdie« Bowers, ein klein gewachsener, fröhlicher Mann von außergewöhnlicher Vitalität. Sie näherten sich ihrem Depot, in dem Lebensmittel und andere Vorräte lagerten, bis auf sechzehn Kilometer, da sie jedoch erneut ein Schneesturm am Weiterkommen hinderte, starben sie. Eine Suchmannschaft fand sechs Monate später ihre Leichen und bestattete sie im Eis.

Mehr als fünfundvierzig Jahre verstrichen, ehe sich wieder ein Mensch an die Reise zum Südpol wagte. Der amerikanische Admiral Richard Byrd, der für seine Forschungsexpeditionen in die Arktis berühmt war, nahm 1929 für sich in Anspruch, mit seinem Flugzeug über den Südpol geflogen zu sein. Es erhoben sich jedoch Zweifel, ob seine Navigation korrekt gewesen sei. 1947 wiederholte er den Versuch, und dieses Mal stand außer Frage, dass er gelungen war.

Erst nach dem Zweiten Weltkrieg, als die USA auf dem gesamten Globus nach Stützpunkten suchten, um die Ausbreitung des Kommunismus zu verhindern, fand die Antarktis das Interesse der Regierung. In den Jahren 1946 und 1947 führten die USA die größte Expedition einer einzelnen Nation zur Erforschung der Antarktis durch, an der, wie es in der Broschüre der NSF heißt, mehr als viertausendsiebenhundert US-Soldaten beteiligt waren. 1956 landete ein Flugzeug der US-Navy am geographischen Südpol und etablierte dort die amerikanische Präsenz. Kurz darauf begann man mit dem Bau der ersten Station, die schließlich nach den Entdeckern Amundsen und Scott benannt wurde.

In jener Zeit tobte der Kalte Krieg. Die Sowjetunion, die schon seit längerem bestimmte Küstengebiete der Antarktis unter Vertrag genommen hatte, drang nun ebenfalls ins Landesinnere vor. Zwölfhundert Kilometer entfernt von den Amerikanern, bei Wostok, gründeten sie eine eigene Station. Sie liegt in großer Höhe und ist noch kälter und unzugänglicher als der Südpol. (Tatsächlich wurde dort im Jahr 1983 mit minus 89,6 Grad Celsius die kälteste Temperatur gemessen, die jemals auf Erden registriert worden ist.) Zum Glück ließ sich jedoch eine militärische Inbesitznahme der Antarktis verhindern. 1961 unterzeichneten zwölf Länder, darunter auch die USA und die Sowjetunion, den Antarktis-Vertrag, der Land und Meere südlich des sechzigsten Breitengrads ausschließlich friedlicher Nutzung, vor allem Forschungszwecken vorbehält. Da es in der Antarktis keine eingeborene Bevölkerung gab, stand einer Nationen übergreifenden Nutzung dieses Kontinents nichts im Wege. Seitdem haben weitere einunddreißig Länder den Antarktis-Vertrag ratifiziert. Achtzehn der Unterzeichnerstaaten unterhalten mehr als vierzig Forschungsstationen im Eis oder auf den Inseln im Südmeer. Zwar beanspruchen einige Länder wie Chile und Argentinien Hoheitsgebiete auf dem Kontinent, doch niemand nimmt sie ernst. Bisher wurde in der Antarktis kein Krieg geführt.

Weitere Protokolle und Verträge (gemeinhin bekannt als das Antarktische Vertragssystem) stellen sicher, dass Ausbeutung und Verschmutzung der Antarktis verhindert werden. Weder werden die Bodenschätze abgebaut, noch dürfen Atomtests stattfinden. Da die Umwelt dieses Kontinents besonders anfällig ist, hat man in den letzten Jahren zu ihrem Schutz außerordentliche Maßnahmen ergriffen. Die Forschungsstationen müssen ihren Müll ins Ursprungsland zurücktransportieren. Schutzgebiete von besonderem ökologischen Wert und von wissenschaftlichem Interesse, die von unberechtigten Besuchern nicht betreten werden dürfen, sind eingerichtet worden. Der Einzelne kann in seinem Heimatland schwer bestraft werden, wenn er Giftstoffe mit ins Eis bringt, wenn er Pinguine, Robben oder andere Wildtiere bedroht oder schädigt, oder wenn er Steine oder Muscheln als Andenken aus der Antarktis mit nach Hause nimmt. Da es kein einheitliches Rechtswesen auf dem Kontinent gibt, wird von Besuchern erwartet, dass sie sich an die Vorschriften der verschiedenen Stationen, also an die Weisungen des Antarktis-Vertrages halten. Wer dagegen verstößt, kann festgenommen und nach Hause geschickt werden, wo man in gewissen Fällen rechtliche Maßnahmen gegen ihn ergreift. Obwohl die Antarktis abgelegen und rau ist wie sonst kein Ort auf der Welt, kommen jährlich etwa zehntausend Touristen und kreuzen auf Dampfern vor der Küste, laufen Ski auf jungfräulichem Schnee oder besteigen die weiß schimmernden Gipfel.

Nachdem ich mich in der schwach beleuchteten, engen Kabine des Flugzeugs einige Stunden lang mit der Geschichte der Antarktis beschäftigt hatte, forderte die Aufregung ihren Preis. Ich war so müde, dass ich einschlief. Als ich erwachte, befand ich mich auf der anderen Seite der Welt.

Christchurch, eine hübsche, weit auseinander gezogene Stadt an der klimatisch angenehmen Südküste Neuseelands, ist für die meisten Nordamerikaner das Tor zur Antarktis. Es bietet die kürzeste Verbindung nach McMurdo, der größten Antarktis-Station der USA. Andere wählen als Ausgangspunkt für den riesigen Kontinent Kapstadt in Südafrika, Punta Arenas in Chile und einige Häfen an der Südspitze der Erde. Bei unserer Ankunft in Christchurch musste ich feststellen, dass die ASA für mich im Gegensatz zu meinen Reisegefährten ein Zimmer in einem exklusiven, teuren Hotel gebucht hatte. Wahrscheinlich meinten sie, als Ärztin würde ich nichts anderes als eine Luxussuite erwarten, doch ich war entsetzt. Mich von der Gruppe zu trennen war das Letzte, was ich wollte. Deshalb lud ich Mandy ein, bei mir im Zimmer zu übernachten.

Nachdem wir uns ausgeschlafen hatten, trafen wir am nächsten Morgen im International Antarctic Center wieder mit dem Rest der Gruppe zusammen. Der große, moderne Gebäudekomplex in der Nähe des Flughafens dient als Geschäftsstelle für Neuseeland, Italien und das Antarktik-Programm der USA, und auch die National Science Foundation und die ASA waren dort untergebracht. Zunächst gingen wir ins Kleidermagazin, wo Männer und Frauen in getrennten Räumen mit Extrem- oder Polarkleidung ausgestattet wurden. Jedes einzelne Teil war Eigentum der Regierung und musste nach Ablauf der Dienstzeit zurückgegeben werden (wahrscheinlich wurde es dann verbrannt).

Reihenweise hingen im Lager geranienrote Parkas auf den Stangen, daneben die kälteisolierten Latzhosen – die ich schon kannte, da sie auch gern von Bauarbeitern getragen werden – und Regale über Regale mit Kleidungsstücken, Mützen und Handschuhen aus Fleece, Wolle und Microfaser. Was man bekam, hing von der Lage des Einsatzorts ab und ob die Arbeit in Innenräumen oder im Freien stattfinden würde. Mandy und ich erhielten eine umfangreichere Ausrüstung als die Männer, weil wir im Eis überwintern sollten. Und ich bekam das allermeiste, weil mein Ziel der Pol war.

Die Männer waren bald fertig und drängten uns zur Eile. Da Mandy und ich nun mal Frauen mit dem entsprechenden Körperbau waren, passte uns ein Großteil der für Männer zugeschnittenen Teile nicht, und wir mussten lange herumprobieren, bis wir uns wohl fühlten. Für den Aufenthalt im Freien hatte man eine ganz bestimmte Reihenfolge vorgesehen: Unterwäsche, dann lange Unterwäsche, ein Overall aus Fleece-Stoff, eine Fleece-Jacke, eine kälteisolierte Latzhose oder andere Hosen aus windabweisendem Stoff und zum Schluss ein mit Gänsedaunen gefütterter Parka. Die roten Parkas wurden in Kanada gefertigt. Ihre Außenhaut bestand aus

Nylon, unter die Daunen hatte man Federn gemischt, um sie aufzuplustern, und allgemein galten sie als die wärmsten Jacken der Welt. Wir erhielten auch den grün-schwarzen Parka aus Segeltuch – die Polies bezeichneten sie als »ihre« Farben –, der auf der Brusttasche die gestickte Aufschrift »South Pole« trug, doch man sagte mir, der wärme nicht so gut wie der rote.

Als Kopfbedeckung gab man mir eine wollene Kapuzenmütze, eine Halsgamasche, einen Gesichtsschutz, eine Mütze, eine Gletscherbrille und eine Daunenkappe. Die Handschuhe bestanden aus drei Schichten: ein Innenfutter, ein Wollhandschuh und einer aus Leder oder Fell. Außerdem erhielt ich zwei Paar Wollsocken, gesteppte Innenschuhe und zwei Paar unterschiedliche Stiefel. Am wärmsten waren die Moonboots aus weißem Plastikmaterial, die aussahen, als wären sie für Mickey Mouse gefertigt. Mit ihrer luftgepolsterten Isolierschicht waren sie speziell für die klimatischen Bedingungen am Pol entwickelt worden. Nicht so warm, aber weitaus bequemer waren die Blueboots aus Leder. In ihnen konnten die Füße atmen, während man in den Moonboots, wie ich vorgewarnt wurde, so schwitzte, dass man nach dem Tragen seine Socken auswringen konnte. Dann folgte die Ausrüstung für den Aufenthalt in den Gebäuden …

Schließlich war ich mit drei orangefarbenen Plastiktaschen mit regierungseigenen Kleidungsstücken ausgestattet. Als Nächstes zeigte man uns einen Film über das Überleben in der Antarktis. Darin wurde erklärt, wie man eine Unterkühlung vermied (»Wenn Sie kalte Füße haben, ziehen Sie eine Mütze an«), wie man erkannte, dass ein Schneesturm im Anzug war, und wie man die zweiminütige »Navy«-Dusche nahm – mehr war am Pol nämlich nicht erlaubt.

Dann stellten wir uns bei der Zollkontrolle an, um unsere Pässe stempeln zu lassen. Wir erhielten eine Packung mit unserem Mittagessen, wurden in einen Bus geladen und zum Flughafen gefahren, wo uns die C-130 der neuseeländischen Luftwaffe erwartete, die uns in die Antarktis bringen sollte. Normalerweise wurden die Wissenschaftler und das Servicepersonal aus den Vereinigten Staaten von Maschinen der US-

Navy oder der New Yorker Air National Guard ins Eis gebracht. Da der Sommer am Südpol jedoch schon weit fortgeschritten war und fast alle ihre Arbeit auf den US-Stützpunkten bereits angetreten hatten, flogen wir als Gäste bei einem Versorgungsflug der Neuseeländer mit.

Für den Fall, dass wir irgendwo im Eis eine Bruchlandung machten, mussten wir unsere Polarkleidung anlegen. Sie war unbequem und zu warm, doch man schnallte uns ohnehin rasch an die Segeltuchsitze in der Ladehöhle im Rumpf des Transportflugzeugs. Im Mittelgang stand eine Palette neben der anderen. Nachdem wir abgehoben hatten, gelang es mir, mich aus meinem Parka zu schälen und mich für die Dauer des achtstündigen Flugs auf eine der Paletten zu legen. Um uns für die Landung in der weißen Weite in die richtige Stimmung zu versetzen, ließ die neuseeländische Mannschaft Wagners »Walkürenritt« in voller Lautstärke über die Sprechanlage ertönen.

Als wir schon so richtig in Stimmung und bereit für das große Abenteuer waren, das unser harrte, erklärte uns der Pilot, wir seien jetzt an der Stelle angelangt, wo wir uns zwischen Weiterflug und Rückkehr entscheiden müssten. Weil sich das Wetter über McMurdo verschlechtert hatte, war eine sichere Landung nicht möglich, deshalb mussten wir nach Christchurch umdrehen. Wir flogen wieder zu unserem Ausgangspunkt zurück wie ein Bumerang, im Flugverkehr der Antarktis ein häufiges Vorkommnis, wie ich erfuhr. Die anderen verbargen ihre Enttäuschung nicht, doch ich war insgeheim erleichtert. Auf halber Strecke hatte ich nämlich gemerkt, dass ich die Kühltasche mit Impfstoff vergessen hatte, die ich seit unserer Abreise aus Denver mit mir herumgeschleppt hatte. Am Morgen im Kleidermagazin hatte ich gebeten, sie für mich in einen Kühlraum zu bringen, und in der ganzen Aufregung hatte ich sie dann dort stehen lassen. Mein erster Einsatz, und schon hatte ich versagt.

Vier Stunden später landeten wir wieder in Neuseeland, und uns blieb nichts anderes übrig, als auf besseres Wetter zu warten. Der Zoll gab unser bereits eingechecktes Gepäck nicht mehr heraus, da wir das Land offiziell bereits verlassen hatten, und wir mussten uns darauf einstellen, innerhalb kürzester Frist wieder aufzubrechen. Glücklicherweise hatte ich im Kleidermagazin eine Tasche mit leichterer Kleidung deponiert, die ich ein Jahr später wieder dort abholen wollte, so dass ich jetzt in der Stadt etwas zum Wechseln hatte. Die Männer unserer Gruppe hingegen hatten ihr gesamtes Gepäck aufgegeben und mussten nun in gefütterten Latzoveralls und Moonboots durch die Straßen laufen.

Beinahe eine Woche lang fanden wir uns jeden Morgen am Flughafen ein, wurden jedoch immer wieder in die Stadt zurückgeschickt. Ich genoss es, Christchurch und seine Umgebung zu erkunden. Weil Mandy und ich auch die Männer unserer Gruppe zu einem Ausflug einladen wollten, fuhren wir eines Morgens einfach zu ihrer Pension. Der Portier weigerte sich jedoch, sie zu wecken, und so sah ich mich gezwungen, mich auf die Macht meines Berufsstandes zu stützen. Ich erklärte dem Angestellten, ich sei die Ärztin, die mit der Gruppe in die Antarktis reise, und müsse sie unbedingt sprechen. Das Gesicht des Mannes hellte sich auf.

»Sind Sie die amerikanische Ärztin, die an den Südpol fährt?«, fragte er.

»Ja.«

»Dann kommen Sie doch bitte mit und sehen Sie sich mal den Verrückten an, der hier wohnt. Er ist schon vor Monaten aus dem Eis zurückgekommen, aber er verhält sich, nun ja, etwas seltsam. Und all die Frauen, die er immer hierher bestellt!«

Ich hatte bereits gehört, dass es manchen schwer fiel, sich wieder im normalen Leben zurechtzufinden. Einige verbarrikadierten sich monatelang in einem Hotelzimmer in Christchurch und gingen allen aus dem Weg, die nicht mit ihnen überwintert hatten. Andere wanderten durch die Berge. Doch da mich das Liebesleben dieses Mannes nichts anging, lehnte ich es ab, mich um ihn zu kümmern.

Wir mieteten uns zu mehreren einen Kleinbus, dann fuhren wir im Schafzüchterland durch die Wiesen. Wir gingen spazieren, beobachteten Wale und schwammen, begleitet von Delfinen, im Meer.

Die Neuseeländer haben eine enge Beziehung zur Antarktis, und die meisten Bewohner Christchurchs sind entweder schon einmal dort gewesen oder haben Verwandte oder Bekannte, die das Eis aus eigener Erfahrung kennen. Jeder, den wir trafen, war freundlich und entgegenkommend; sie waren es gewohnt, auf Grund des Wetters gestrandete Amerikaner in der Stadt zu haben, und wir hatten das Gefühl, hier wirklich willkommen zu sein.

Nur ein Erlebnis warf einen Schatten auf unseren Aufenthalt in der Stadt. Eines Nachts schlich sich ein Dieb in unser Hotelzimmer. Im Rückblick wirkt der Vorfall eher komisch als beängstigend, denn der Eindringling hatte sich das falsche Zimmer für seinen Einbruch ausgesucht: das einer Ärztin aus der Notaufnahme und einer Polizeibeamtin. Unerschrocken schrien wir ihn an und drängten ihn in die Ecke. Als Mandy ihn fragte, was er in unserem Zimmer zu suchen habe, fügte sie hinzu: »Jetzt bin ich noch freundlich. Ich kann aber auch sehr unangenehm werden.« Der arme Kerl stammelte etwas wie: Er arbeite für das Hotel und wolle uns neues Haarshampoo bringen. Zwar wussten wir, dass er log, ließen ihn aber trotzdem laufen. Wir hatten keine Lust, unsere Zeit damit zu vergeuden, Gespräche mit dem Hotelchef zu führen oder auf einer Polizeiwache die Formulare für eine Anzeige auszufüllen. Irgendwie hatten wir es offenbar geahnt. Am gleichen Morgen, um vier Uhr früh, erhielten wir einen Anruf. Das Wetter hatte sich gebessert, wir konnten in die Antarktis fliegen.

Als die Hercules C-130 zum Landeanflug auf McMurdo ansetzte, sah ich durch das Bullauge. Bei meinem ersten Blick auf die Antarktis bot sich mir ein dunkles Meer, gesprenkelt mit einer Unzahl von Eisbergen unter einer strahlenden Sommersonne. McMurdo liegt auf der Südspitze der bergigen Ross-Insel, die mit dem Antarktischen Festland durch dickes Schelfeis verbunden ist (Die Namen stammen von dem Schotten James Clark Ross, der auf der *Erebus* als Erster durch diese Gewässer segelte; Archibald McMurdo befehligte das Schwesterschiff, die *Terror.*) Die Station der USA befindet sich am McMurdo-Sund, wo Wasser, Eisschelf und Land zusammentreffen. Darüber erhebt sich der fast im Zentrum der Insel gelegene Mount Erebus, ein 3300 Meter hoher aktiver Vulkan, dessen Wolke aus Dampf und Asche über die zerbrechlich und schäbig wirkenden Gebäude der Station hinwegzieht. Selbst aus dem Flugzeug sieht McMurdo aus wie eine Bergarbeitersiedlung am Klondyke, mit matschigen Straßen und Häusern mit Blechdach.

Wir setzten auf einer langen Rollbahn auf. Sie war vereist, jedoch so fest gefroren, dass die große Frachtmaschine mit den dicken Gummireifen sicher darauf landen konnte. Unser Gepäck mussten wir selbst vom Flugzeug in die Ankunfthalle tragen. Tatsächlich gehört es in McMurdo zum üblichen Ritual für Neuankömmlinge, dass sie ihre schweren Taschen hinter sich herschleifen. Der Weg zum Shuttle-Bus mit meinen fünfundsechzig Pfund Gepäck im Schlepptau schien ewig zu dauern, besonders da ich außerdem noch eine Kühltasche mit Lebendimpfstoff und eine zerbrechliche keltische Harfe bei mir hatte.

Es war an jenem Tag ziemlich kalt in McMurdo, etwa minus 23 Grad Celsius, doch da ich meine Kleidung für den Südpol trug, war ich schweißnass, als ich zerschlagen in meiner Unterkunft, dem berühmten »Hotel California«, eintraf. Es war eine schäbige Herberge für Leute, die auf der Durchreise nach McMurdo kamen. In den Zimmern, die offenbar für fünf oder sechs Gäste gedacht waren, lagen leere Flaschen und Schlafsäcke herum. Rasch rief ich Mandy an und fragte sie, ob ich bei ihr übernachten könne, bis ich einen Flug an den Pol bekäme.

Die arme Mandy hatte Toby seit ihrer Hochzeit nicht mehr gesehen. Nun musste sie bei ihrer Ankunft feststellen, dass er wenige Tage zuvor an den Südpol beordert worden war, wo er die Brandbekämpfungsmannschaft verstärken sollte. Für mich war das ein Segen, denn so konnte ich bei ihr einziehen.

Mit seinen etwa tausendzweihundert Bewohnern gleicht McMurdo in den Sommermonaten einer Kleinstadt. Es ist die größte Basis der Vereinigten Staaten auf dem Kontinent und dient als logistisches Zentrum für den Südpol und die ausgelagerten Forschungsstationen. Es beherbergt die Verwaltung für die US-Bürger auf dem Kontinent mit einem Magistrat und

FBI-Vertretern, die auf die Einhaltung der Gesetze achten. Außerdem gab es einen Friseurladen, eine Bowlinghalle mit zwei Bahnen, ein Café und zwei Bars, die allesamt in hässlichen Fertighäusern untergebracht waren. Das Ganze wirkte wie bunt zusammengewürfelt. Es gab nur zwei Häuser, die auch wie Häuser aussahen: Die Kapelle und das Chalet der National Science Foundation mit Spitzgiebeldach.

Am ersten Nachmittag nach meiner Ankunft besichtigte ich das Krankenhaus von McMurdo, wo ich dem medizinischen Personal vorgestellt wurde. Zu meiner Überraschung fand ich in dem nichts sagenden Gebäude eine perfekt ausgestattete Klinik, die von zivilem und militärischem Personal geführt wurde. Am besten gefiel mir Betty Erickson, eine erfahrene Krankenschwester aus Wyoming. Sie strahlte eine auf innere Weisheit gegründete, selbstverständliche Zuversicht aus. In den kommenden Monaten sollte sie meine wichtigste Ansprechpartnerin in McMurdo sein, und schon bald bezeichnete ich sie in Gedanken als die Krankenschwester meiner Träume – einen Menschen, der mich ohne viele Worte verstand und eine ähnliche Einstellung zur Medizin hatte wie ich. Ich freute mich schon auf ein Wiedersehen mit ihr.

Eigentlich hatte ich gehofft, mich einige Tage in McMurdo aufhalten zu können, um mich noch besser mit dem Röntgengerät, den Labortests und der Zahnmedizin vertraut zu machen. Doch Gerry Katz, der leitende Arzt des US-Antarktik-Programms, der in McMurdo war, um mir bei der Eingewöhnung zu helfen, erklärte, ich solle so schnell wie möglich an den Pol fahren, um Will Silva abzulösen.

Dagegen ließ sich natürlich nichts vorbringen. Ich war jedoch enttäuscht, dass ich nicht an dem Überlebenstraining in der so genannten »Happy Camper School« teilnehmen konnte, das eine Voraussetzung war, um Ausflüge in die Umgebung von McMurdo zu machen. Dort lernte man, ein Iglu zu bauen und Propangasheizstrahler zu bedienen, also alles, was mir Spaß machte. Ich erkundigte mich im Personalbüro, ob nicht auch ich für diesen Kurs vorgesehen sei, ehe ich an den Pol fuhr. Sie musterten mich von oben bis unten. »Ein Polie kriegt kein Überlebenstraining«, sagten sie dann. »Wenn Sie des

Nachts draußen bleiben, erfrieren Sie.« So weit meine erste Lektion in Realitätstraining.

Letztlich hätte ich mir meine Sorgen sparen können, denn an meinem zweiten Morgen in McMurdo bekam ich einen Platz in einer Maschine, die an den Südpol flog.

KAPITEL 3

Großer Gott, welch schauriger Ort!

Absender: Jerri Nielsen<nielsenje@spole.gov>
Empfänger: Mom@aol.com
Datum: 21. November 1998 11:24:45
Betreff: Angekommen

Liebe Mom, lieber Dad,
bin am Südpol angekommen. Hier ist es fremd und
schön. Um drei Uhr früh ist die Sonne gleißend hell wie
ein Schweißbrenner. Bulldozer fahren durchs Gebäude.
Alles ist anders als gewohnt und lässt sich mit nichts auf
der Erde vergleichen.
Ich bin zu müde, um mehr zu schreiben, aber ich wollte euch wenigstens mitteilen, dass ich heil angekommen
bin. Sagt es auch den Jungs.
Ich habe euch alle sehr lieb.
Eure Duff

*E*s ist nicht einfach, knapp sechzig Tonnen Blech mit Gleitkufen zu landen. Als die LC-130 Hercules Transportmaschine mit voll ausgefahrenen Klappen, die Propeller in Re-
verse-Stellung, die vereiste Landepiste berührte, heulten die
vier Triebwerke wie gereizte Tiere auf. Ich war eine von zwölf
Passagieren, die im dunklen, fensterlosen Rumpf des Flugzeugs
auf Bänken festgezurrt saßen. Dabei hatte ich mir gewünscht,
die Landung auf dem Polarplateau mit eigenen Augen zu verfolgen und einen Blick auf die geodätische Kuppel im Zentrum der Amundsen-Scott-Südpolstation zu erhaschen, dem
berühmtesten Wahrzeichen des siebten Kontinents. Dennoch
konnte ich mir von der in Eis gebetteten Welt ein Bild ma-

chen, denn schließlich hatte ich sie seit meiner Kindheit unzählige Male in Gedanken besucht.

Die LC-130 war eine gewöhnliche Transportmaschine, die man für die Landung auf dem unebenen Polareis mit speziell konstruierten Gleitkufen ausgerüstet hatte. Das Flugzeug raste die Piste entlang und kam schließlich beim Kuppelbau Dome genannt, unsanft zum Stehen. Eingemummt in meine neue Extremkleidung einschließlich der dicken Fellhandschuhe und der unförmigen weißen Stiefel kam ich mir vor wie das Michelin-Männchen, als ich mein Handgepäck zum Passagierausstieg schleifte.

Kaum trat ich ins Freie, umfing mich das blendende Licht einer in tiefstes Weiß getauchten Welt, über die sich ein strahlend blauer Himmel spannte. Die Strahlen der grellen nackten Sonne schienen sich geradewegs durch meine Gletscherbrille zu brennen. Beinahe im selben Augenblick spürte ich auch die unaussprechliche Kälte. Schon beim ersten Atemzug lähmte sie meine Kehle und drang brennend in meine Lungen. Sie schien aus einer anderen Dimension zu stammen, einem Eisplaneten in einer fernen Galaxis. Und dabei war dies der Sommer in der südlichen Hemisphäre.

Während ich in der dünnen Luft nach Atem rang, fiel mir ein, dass wir während des dreistündigen Fluges von McMurdo bis auf annähernd 3300 Höhenmeter gestiegen waren. Das Plateau war eben wie ein Backblech, aber so hoch gelegen wie die Gipfel der österreichischen Alpen. Die Südpolstation befindet sich in 2880 Meter Höhe über dem Meeresspiegel auf einer 2700 Meter dicken Eisschicht. Plötzlich erfasste mich ein Gefühl von Benommenheit, und mir wurde leicht übel. Obwohl meine Füße schwer wie Blei waren, stand ich vor der Aufgabe, mein Gepäck und die Kühltasche mit dem Impfstoff zu dem Kuppelbau zu schleppen. Ich zwang mich zu laufen, auch wenn sich meine Beine jeder Bewegung zu widersetzen schienen. Noch während ich unsicher die Treppe hinunterstieg, fiel mein Blick auf zwei in leuchtend rote Parkas gekleidete Gestalten, die sich lachend und winkend dem Flugzeug näherten. Vermutlich galt diese Begrüßung mir.

Der Pol hebt äußerliche Unterschiede zwischen den Menschen auf. Eingepackt in zwanzig bis dreißig Pfund nahezu identischer Kleidung, zudem Kopf und Gesicht vollständig verhüllt, sieht hier einer aus wie der andere. Erst als die beiden Winkenden vor mir standen, erkannte ich einen von ihnen. Es war Mike Masterman, der Leiter der Winterstation. Bei dem anderen handelte es sich um Will Silva, den Arzt der Station, dessen Platz ich einnehmen sollte. Sie riefen etwas und deuteten zum Himmel, doch ihre Worte gingen in dem dröhnenden Motorenlärm unter. Als ich schließlich den Blick nach oben richtete, sah ich, dass die Sonne von einem leuchtenden Eiskristallring und einer Anzahl kleiner Halos am Nebensonnenkreis umgeben war, die wie glühende Strahlen aus ihrem Rund ragten. Will begrüßte mich mit einem Lächeln und einem freundschaftlichen Klaps auf den Rücken. Auf dem Weg zum Eingang des Dome erfasste mich ein Gefühl, als käme ich endlich nach Hause.

Will und Mike führten mich über eine vereiste Rampe in einen Tunnel, der in die kleine Stadt aus orangeroten Wohn- und Bürocontainern unter der Aluminiumkuppel mündete. Als der so genannte Dome Anfang der siebziger Jahre errichtet wurde, befand er sich auf gleicher Höhe mit dem Eisuntergrund. Im Laufe der vergangenen knapp drei Jahrzehnte haben jedoch unzählige Blizzards mit Treibschnee die knapp fünfundvierzig Meter breite und vierzehn Meter hohe Konstruktion unter einer dicken Schneedecke begraben. Planierraupen und Traktoren sind unermüdlich damit beschäftigt, die Eingänge freizuhalten und das Eis wegzuschlagen, das den Dome einzuschließen droht. Zudem hatten sich rings um das Gebäude gefährlich tiefe Schneerinnen gebildet, in die man in den dunklen Monaten leicht hineinfallen konnte.

Da der Dome unbeheizt war, herrschte in seinem Innern annähernd die gleiche Temperatur wie im Freien. An diesem Sommertag lag sie bei minus 37 Grad Celsius. Faktisch besaß der Dome nur die Funktion eines ausgeklügelten Windschutzes, der die im Innern gelegenen beheizten Gebäude vor den Naturgewalten abschirmte. Drei jeweils zweistöckige Container bildeten das Herz der Station.

Im ersten Container rechts vom Eingang befand sich die

Kantine. Da sie in den siebziger Jahren von den Soldaten des schweren Pionierbataillons der Navy, den so genannten Seabees, gebaut worden war, überraschte es nicht, dass sie aussah wie ein Aufbau auf einem Kriegsschiff. Küche und Speisesaal lagen im unteren, ein kleinerer Essraum und die 90 South Bar im oberen Stock. Anders als auf amerikanischen Bohrinseln und Flugzeugträgern durfte hier geraucht und getrunken werden, das entsprechende Zubehör musste sich jeder selbst mitbringen. Wie zu vermuten, bildeten Kantine und Bar den Mittelpunkt des gesellschaftlichen Lebens am Pol.

Von der Kantine abgetrennt, aber über einen Verbindungsgang im oberen Stock begehbar, schloss sich unsere so genannte »Speisekammer« an. Sie wurde auf die Temperatur eines gewöhnlichen Kühlschranks beheizt und diente der Aufbewahrung von Gemüse und Lebensmitteln, die nicht tiefgefroren werden sollten, beispielsweise Bier und Limonade. In der angrenzenden Baracke war im Erdgeschoss die Nachrichtenzentrale untergebracht, im ersten Stock die Bibliothek, das Billardzimmer, Büros und ein Einkaufsladen. Das dritte und größte Containergebäude beherbergte im Erdgeschoss den Computerraum, das Labor für wissenschaftliche Arbeiten und im ersten Stock die Schlafräume sowie die Sauna. In einem nachträglich errichteten Anbau mit Schlaftrakt konnten zusätzliche Personen untergebracht werden. Auf dem Dach des Baus befand sich ein künstlich beleuchtetes Gewächshaus.

Unter einem unmittelbar vor dem Eingangstunnel abzweigenden Aluminiumtunnel lag mein neues Zuhause, das Biomed, eine orangefarbene, mit sechzig Zentimeter dickem Dämmschaum isolierte Blechbaracke. Kartons mit Büromaterial und andere Dinge für den täglichen Gebrauch türmten sich an allen Wänden. Am Eingang befand sich eine massive weiße Tür, wie sie in Gefrierhäusern von Fleischverpackungsfirmen zu finden ist. Doch diese sollte nicht das Entweichen von Kälte verhindern, sondern das Eindringen der Außenkälte ins Innere. In dem Gebäude waren das Krankenquartier mit zwei Betten sowie Untersuchungszimmer und Räume für Geräte und Apparate untergebracht. Außerdem beherbergte es den Wohnbereich für den Arzt, den Leiter der Südpolstation, der die Station im Winter verließ und von einem Teammitglied mit der längsten Erfahrung im Eis ersetzt wurde, sowie für den Leiter des Winterteams. Das Badezimmer im Biomed mussten sich alle Bewohner teilen.

Verglichen mit anderen Unterkünften auf der Station lebten wir im Biomed geradezu luxuriös und hatten sogar so etwas wie Privatsphäre. An sich war die Station für siebzehn Leute im Winter und dreiunddreißig im Sommer gedacht. Wegen des Baus einer neuen Südpolstation, an der rund ums Jahr gearbeitet wurde, zählte unser Winterteam jedoch einundvierzig Personen. Jetzt – mitten im Sommer – waren es sogar über zweihundert, die hier arbeiteten, aßen und sich bemühten, in Eintracht zusammenzuleben. Die meisten von ihnen wohnten in dem ungefähr vierhundert Meter entfernt gelegenen Sommerlager in Hütten aus Segeltuch mit Holzwänden, so genannten Jamesways. Die Mahlzeiten nahmen alle in derselben Kantine ein, und es gab stets heftiges Gerangel um einen Platz in der Bar, im Fitnessraum oder am Abend im Fernsehzimmer.

Will, der bereits ins Sommerlager umgezogen war, führte mich zu meinem Wohnbereich. Obwohl mich Gewissensbisse plagten, weil ich ihn mehr oder weniger aus seinem Quartier vertrieben hatte, war ich dankbar, dass ich mich sofort einrichten konnte. Das gemütliche Zimmer war zweckmäßig ausgestattet. Es gab ein Bett, eine Spiegelkommode, einen Luftbefeuchter, Bücherregale, einen Computer und eine Reihe Wandhaken für meine Skier und die Wetterausrüstung. Ich verstaute die Lebendimpfstoffe, schälte mich aus einer Kleiderschicht und schlüpfte in die lammfellgefütterten Stiefel, die ich mir in Neuseeland gekauft hatte. Die meisten von uns trugen im Dome leichte Stiefel, da sie bequemer waren als die schweren Schuhe, die man uns zur Verfügung gestellt hatte. Jetzt wäre ein Nickerchen angenehm gewesen, doch es gab eine Menge zu lernen, und überdies musste Will bereits in fünf Tagen abfliegen.

Will, ein drahtiger Mann mit langem dunklen Haar, einem zotteligen Bart und aufmerksamen, freundlichen Augen, kam mir vor wie ein lebensprühender Magier. Schon während unserer E-Mail-Korrespondenz hatte ich Sympathie für diesen Mann entwickelt, der aus einer anderen Welt und Zeit zu stammen schien. Er war Bergsteiger, besaß ein Harvard-Diplom und hatte sich dem Geigenspiel, dem Geländeskifahren und »seinen Leuten« am Pol verschrieben. Nach seinem Abschluss in Harvard studierte er an der University of Rochester im Norden des Staates New York Medizin. Anschließend führte er etliche Jahre in Seattle, Washington, eine internistische Praxis, bis er – so wie ich – der Kontrolle der Erbsenzähler, vor denen er seine medizinischen Entscheidungen zu rechtfertigen hatte, überdrüssig geworden war. Während ich seinen Erzählungen lauschte, spürte ich eine gewisse Wesensgleichheit zwischen ihm und mir. Wie ich war auch er ein Arzt, der seine Zeit lieber dem Heilen widmete als die Karriereleiter zu erklimmen. Auch er hatte sich von dem »Unternehmen« Medizin verabschiedet, um das zu finden, wonach auch ich suchte. Er hatte sich der Prüfung gestellt und überlebt.

Will hätte schon längst das Eis verlassen sollen, und man sah es ihm an. Seine Kleidung war nach dreizehn Monaten Aufenthalt am Pol schmutzig und zerschlissen. Aus seinen Augen ließ sich die Verfassung ablesen, in der er sich befand und die sich »of the Ice« nannte – ein Zustand, der mir damals noch fremd war, den ich aber zur Genüge kennen lernen sollte. Will strahlte jene tiefe Ruhe und Zufriedenheit aus, wie sie Menschen zu Eigen ist, die wissen, wer sie sind und wohin sie gehören.

Nachdem er mir mein Quartier gezeigt und mir ein paar grundsätzliche Dinge erklärt hatte, führte er mich zu der im oberen Stock gelegenen Kantine, um mir die Umgebung zu zeigen. Im dichten, körnig gefrorenen Nebel fuhren Bulldozer, Schneemobile und Gabelstapler zwischen den Containern hin und her. Während die Umwelt am Südpol sauber war wie nirgendwo sonst auf der Welt, erschien einem das Innere der Kuppel schmutzig und die Luft verpesteter als auf einer Stadtautobahn in Los Angeles während der Hauptverkehrszeit.

Auf dem Weg zur Einweisung schoss mir der Gedanke durch den Kopf, dass der Südpol einzig den Zweck erfüllte, die Menschen zu verwirren wie das Zerrbild, das einem in den Spiegeln im Panoptikum auf dem Jahrmarkt entgegenblickt. Alles schien auf den Kopf gestellt zu sein. Herrschte zu Hause Winter, war hier unten Sommer. Sommer stand für eine Periode kalter, ununterbrochener Helligkeit, Winter für die noch kältere, endlose Dunkelheit. Es gab nur einen Tag und eine Nacht im Jahr, wenngleich mit längeren Phasen von Morgen- und Abenddämmerung. Zeit spielte praktisch keine Rolle, und weil der Südpol der Schnittpunkt aller Zeitzonen der Welt ist, bedienten sich die Stationsleiter der Zeit, die sich gerade anbot. In den Sommermonaten – von Oktober bis Februar – musste das Zeitschema mit den Versorgungsflügen aus McMurdo abgestimmt werden. Da McMurdo von Neuseeland aus beliefert wurde, übernahm man am Südpol die neuseeländische Zeit, die der US-amerikanischen um einen ganzen Tag voraus war. Wenn mit Wintereinbruch die Flüge eingestellt wurden, stellte man die Uhrzeiger am Pol zur Erleichterung der Verantwortlichen bei der ASA in Denver auf die Standardzeit der Rocky-Mountains-Staaten um. Der zusätzliche Tag löste sich einfach in nichts auf.

Das überaus Fremdartige der Antarktis und insbesondere des Südpols verstärkt das Gefühl, vom Rest des Planeten abgeschnitten zu sein. Zwischen den Polies entwickelte sich eine Freundschaft, die mich an die engen Bindungen zwischen Vietnamveteranen erinnerte, die ich in Ohio betreut hatte. Für die Polies war hier die Antarktis und dort »die Welt«.

Der Stationsleiter Dave Fischer begrüßte mich und die anderen Neuankömmlinge und machte uns mit den polaren Sitten und Gebräuchen vertraut. Kaum ein Frischling erinnerte sich später im Einzelnen an seine Worte, da der plötzliche Höhenunterschied, an den sich der Körper erst gewöhnen musste, eine gewisse Konzentrationsschwäche bewirkte. Doch war die Einführung zumindest ein Versuch, uns vor Fehlern im Zusammenleben zu schützen.

Da die Wohnbereiche nur mit dünnen Pressspanplatten oder Segeltuch voneinander abgetrennt waren, führte man Gespräche auf den Gängen am besten mit verhaltener Stimme. In den Zimmern war es ratsam, nur zu flüstern. Es gab eine richtige und eine falsche Art, die kühlschrankähnlichen Türen zu schließen, wollte man nicht die tagsüber Schlafenden aufwecken. Grundsätzlich galt, sich so rücksichtsvoll wie möglich zu verhalten – wie es sich in beengten, überfüllten Behausungen gehörte, deren Bewohner länger miteinander auskommen mussten. Mit der Zeit kam ich immer mehr zu der Überzeugung, dass das Zusammenleben einer normalen Kleinfamilie in weitläufigen Häusern zu einer gewissen inneren Isolation führt, während das Wohnen in einer sippenartigen Gemeinschaft und auf engem Raum dem menschlichen Naturell weitaus besser entspricht. Doch das war mir anfangs natürlich noch nicht klar. Man musste langsam lernen, mehr zu geben, als man hatte, weniger zu verbrauchen, als man benötigte, und sich mit dem Mangel an Privatsphäre abzufinden. Auch dauerte es eine Weile, bis man erkannte, dass die Gedanken den einzigen wirklichen Besitz darstellten.

Ein anderes wichtiges Thema war die Kommunikation am Pol selbst wie auch die mit dem Rest der Welt. Dave erläuterte uns die Arbeitsweise des verdrahteten Kommunikationssystems der Station, das allgemein »All Call« genannt wurde. Man konnte sowohl eines der Haustelefone anwählen, die es in den meisten Zimmern gab, als auch jemanden auf der Station über Lautsprecher ausrufen. (Im Sommer fielen diese Rufe noch militärisch knapp und geschäftsmäßig aus, während sie sich im Verlauf des Winters immer mehr zu einer Quelle allgemeiner Erheiterung entwickelten.) Außerdem gab es Handfunkgeräte. Den Umgang damit beherrschte ich nach einer Weile so gut, dass mir in meinem täglichen Arbeitsablauf keines der aufregenden Ereignisse auf der Station entging.

Die Verbindung zur Außenwelt erfolgte hauptsächlich über E-Mail mittels Internet und war davon abhängig, ob ein Satellit die Verbindung herstellen konnte. Comms Tom Carlson, der Chef der Funkzentrale, erwies sich als wahrer Fuchs beim Aufspüren von Satelliten im All. Keine einfache Aufgabe, da sie am Südpol nur wenige Grad über den Horizont stiegen und nur wenige Stunden dort blieben. Die E-Mail-Übertragung funktionierte meist langsam und stockend und kam oft erst in tiefer Nacht zu Stande. Aber ich war erstaunt, dass Mails uns überhaupt erreichten. Wenn die Satelliten es erlaubten, wählten sich manche Polies beim AOL Instant Messenger ein und chatteten mit ihren Freunden zu Hause. Außerdem gab es einen Satelliten, über den wir – allerdings nur sonntags – nach Hause telefonieren konnten. Vom Südpol aus ließ sich auch Verbindung zu Amateurfunkern aufnehmen, die uns gegebenenfalls in eine Leitung schleusten, über die wir dann Grüße nach Hause schickten. Ende des Sommers erhielten wir Telefone, die über die gleichen Satellitenverbindungen liefen wie unsere E-Mail.

Ich empfand die Möglichkeit zur quasi uneingeschränkten Kommunikation nicht nur als Segen. Wenn ich später meine Mailbox öffnete und mir sechzig unbeantwortete E-Mails entgegenblinkten, wünschte ich mir oft, in ein früheres, unverkabeltes Zeitalter hineingeboren worden zu sein.

Dave Fischer erläuterte uns darüber hinaus alles Notwendige über die Strom- und Wärmeerzeugung auf der Station und den Umgang mit dem Wasservorrat. Den Strom lieferten mit JP8-Flugkraftstoff gespeiste Dieselmotoren, die riesige Generatoren antrieben. Der Kraftstoff, der gleiche, mit dem auch die Hercules-Maschinen flogen, wurde in Zusatztanks in ihren Tragflächen auf die Station gebracht. Auch alle sonstigen Güter wurden eingeflogen, und 70 Prozent all dessen, was man auf der Station benutzte, wurde entweder wieder verwendet oder weiter verwertet, selbst die Wärme. Die zur Kühlung der Dieselmotoren genutzte Flüssigkeit lief durch ein geschlossenes Leitungssystem, und die heiße Kühlflüssigkeit pumpte man zu den Gebäuden im Dome. Jeder Raum war mit einem kleinen Radiator ausgestattet, mit Zu- und Ablaufrohr und einem Gebläse, das die Wärme verteilte. Sobald die Flüssigkeit abgekühlt war, wurde sie den Motoren erneut zur Kühlung zugeführt. Die Abwärme lief durch einen Wärmetauscher, der wiederum ein anderes System versorgte, das so genannte »Rodwell«, in dem Eis zu Wasser geschmolzen wurde. Das Eis, aus dem wir heute unser Wasser gewannen, bestand aus Schnee, der irgendwann im fünfzehnten Jahrhundert gefallen war.

Unsere Müllverwertung beruhte auf einem ausgeklügelten Recycling-System. Es umfasste mehr als ein Dutzend Abfalltonnen für die verschiedenen Arten von Metall, Papier, Kunststoff sowie für brennbare und biologisch abbaubare Produkte. Manche von uns kamen nie damit zurecht. Zwar vermittelte einem diese Art der Abfallbeseitigung das beruhigende Gefühl, nichts zu verschwenden, doch war die Entsorgung zuweilen mühselig und schwierig, und im Grunde einfach zu erledigende Aufgaben nahmen oft Stunden in Anspruch. Hierzu ein Beispiel: Wie geht man vor, wenn ein Gerät in einer Kiste mit Holzverstrebungen angeliefert wird, deren Boden und Wände aus Kunststoff sind? Zunächst leert man die Kiste, dann zerkleinert man sie Stück für Stück, zieht sich für den Weg nach draußen warm an und trägt die Holz- und Plastikteile zu den entsprechenden Tonnen aus dickwandigem Karton im Dome. Dann kehrt man um, zieht die Kaltwetterkleidung wieder aus und wiederholt das Ganze gegebenenfalls.

Da wir auf Grund der beschränkten Lagermöglichkeit nur über einen begrenzten Wasservorrat verfügten und die Wasserzubereitung ausgesprochen viel Energie verschlang, galten strikte Regeln. Jeder Polie durfte nur zweimal wöchentlich zwei Minuten lang duschen und einmal pro Woche Wäsche waschen. Die Toilettenspülung sollte nur wenn unbedingt nötig betätigt werden. Im Dome gab es zwar vier Badezimmer, aber die einzige Wanne der amerikanischen Antarktis stand in meinem Bad im Biomed. Ich vermute, dass man sie ursprünglich zur Behandlung von Unterkühlung eingebaut hatte, aber sie wurde diesem Zweck nicht gerecht, da sie auf dem eiskalten Boden stand und das Wasser dadurch sehr rasch abkühlte. Außerdem fasste unser Heißwassertank nur hundertfünfzig Liter. Das Badezimmer stand den vier Bewohnern des Biomed zur Verfügung, außerdem den Patienten und all denen in der Kuppel, die es gerade benötigten. Außerdem gab es dort wie auch in der Kantine eine Toilette mit Spülung und ein weiteres Waschbecken. Das Badezimmer im Anbau mit seinen acht zusätzlichen Schlafplätzen war selbst für eine Person fast zu eng. Es war nur mit einer Toilette, zwei Waschbecken und einer Dusche ausgestattet, hatte aber keine Tür. Unser größtes Bad lag im oberen Stock und war mit zwei Duschen, zwei Toiletten und einem Urinal versehen. Dort war auch die Sauna untergebracht, in der wir uns nach einem langen Tag im Freien aufwärmen konnten und in der ich Kranke behandelte, die an leichter Unterkühlung litten.

Die Badezimmer und Toiletten im Dome wurden von Frauen und Männern gemeinsam benutzt. Es dauerte ziemlich lange, bis ich mich daran gewöhnt hatte, dass ein Mann neben mir das Urinal benutzte, während ich auf der Toilette saß. Auch im oberen Schlaftrakt gab es ein Badezimmer mit Dusche. Es war den »Polies aus der Vorstadt« vorbehalten, wie wir sie scherzhaft nannten. Alle anderen Gebäude waren nur mit »Urintonnen« ausgestattet – Tonnen, an deren Oberseite ein Trichter angebracht war, in den man seine eigene »Urinflasche« hineinleerte. Große Männer konnten allerdings mühelos direkt in den Trichter pinkeln, und auch gelenkige Frauen brachten es zu Stande, sofern sie während ihrer Verrichtung in der Lage waren, sich an den über der Tonne verlaufenden Leitungen oder anderen geeigneten Vorrichtungen festzuhalten. Neben jedem Fass stand eine Gemeinschaftsflasche, falls man die eigene einmal vergessen hatte. Als Gefäß musste alles herhalten, was sich auftreiben ließ. Die Frauen benutzten vorzugsweise Peanutbutter-Gläser mit breitem Hals. (Meine überließ ich einem anderen weiblichen Polie, als man mich ausflog.) Die Männer hatten eine größere Auswahl.

Für Exkremente in fester Form galten andere Entsorgungsvorschriften – aber diese Einzelheiten erspare ich dem Leser. Sowohl die Abwasserrohre als auch die elektrischen Kabel und Heizungsrohre verliefen unter dem Eis und durch ein Netzwerk von Stahlkorridoren. Unser Abwasser floss in den so genannten »Lake Patterson«, einen alten Brunnen, der jetzt nach und nach wieder gefüllt wurde. Feste menschliche Ausscheidungen sind das einzige Nebenprodukt, das nicht zur Wiederverwertung in die Staaten zurückgeschickt wird. Es bleibt auf dem Kontinent als ein riesiger gefrorener Dunghaufen.

Da es in den Wohn- und Arbeitsbereichen sehr eng war, lagerten wir unsere gesamten Vorräte auf den Dächern und verteilten sie um die Container innerhalb des Doms. Jedes einzelne Stück war gefroren und von Reif überzogen, was ihm jedoch nicht schadete, weil die Luft überaus trocken war und sich die Eiskristalle mühelos mit dem Handschuh fortwischen ließen. Die einzelnen Depots wurden mit Hilfe eines entsprechenden Computerprogramms verwaltet. Obwohl Mapcon, unser Inventurprogramm, vielen Polies ein Gräuel war, ließ sich nicht darauf verzichten, da wir wegen der abgeschiedenen Lage der Station exakt über unsere Vorräte Buch führen mussten. Auf dem Dach des Biomed lagerten beispielsweise Büromaterial und – warum, weiß ich nicht – Utensilien zur Freizeitbeschäftigung wie Puzzles, Spiele und Kostüme sowie uralte medizinische Geräte. Als mir eines Tages zwischen all dem Gerümpel überraschend ein kleiner Whirlpool in die Hände fiel, mit dem sich Verstauchungen und Zerrungen behandeln ließen, war mir, als hätte ich in der Lotterie gewonnen.

Die Lebensmittel wurden an den verschiedensten Orten aufbewahrt. »Einkaufen gehen« bedeutete, sich einen Schlitten zu nehmen und das Depot mit den Lebensmitteln aufzusuchen. Große Gegenstände und Dinge, die man nur zu bestimmten Feiertagen oder besonderen Anlässen benötigte, waren im Außenlager ein Stück vom Dome entfernt untergebracht. Zu meinem Erstaunen fand ich ungefähr vierhundert Meter von der Station entfernt einen Karton mit Weihnachtsschmuck. Herrliche Dinge aus den fünfziger Jahren, im Frost erstarrt, die nur darauf warteten, von einem erfindungsreichen Menschen wieder entdeckt zu werden.

Vorräte, Strom und Wasser waren am Pol beschränkt. So einsichtig mir das war, so dauerte es doch eine Weile, bis ich mich auch entsprechend verhielt. Es hatte sein Gutes, dass wir alle weniger zur Verfügung hatten, als wir hätten brauchen können. Das machte die Dinge wertvoller und das Leben übersichtlicher. Erst später begriff ich, dass auch menschliche Ressourcen auf der Station endlich waren. So wie es keine Ersatzteile für Maschinen gab, gab es auch keine Menschen, die sich einfach ersetzen ließen.

Als Dave seine Einführung beendet hatte, trat Will zu mir und führte mich zu meinem Zimmer im Biomed. »Vergiss nicht«, sagte er augenzwinkernd, »die Sprungfedern quietschen.« Ich musste lachen. Ich war zwanzig Jahre älter als die meisten Kids auf der Station, und quietschende Bettfedern waren wohl das Letzte, womit man bei mir hätte rechnen müssen. Meine Sorge galt eher dem Sauerstoffgehalt meines Blutes. Als ich ihn prüfte, lag er bei 88 Prozent, also erheblich unter den üblichen 95 bis 100 Prozent. Der Organismus stellt sich in solch einer Höhe erst nach einer gewissen Zeit auf den geringen Sauerstoffgehalt ein. Es gab niemanden, der nach seiner Ankunft am Pol auf Anhieb gut schlief. Ich sank auf mein Bett, japste wie eine Forelle im Korb des Anglers nach Luft und fiel in einen unruhigen, traumlosen Schlaf.

Die folgenden fünf Tage arbeitete Will mich gründlich in mein Aufgabengebiet ein. Ich musste mich über meine Pflichten und die damit verbundenen bürokratischen Verfahren informieren und mich über den Bestand an Medikamenten und die Sicherung des Nachschubs kundig machen. Am schwierigsten war es, jene Arbeiten zu lernen, die ich zwei Jahrzehnte lang versierten Technikern und Krankenschwestern überlassen hatte. Es galt, Grundlagenwissen aufzufrischen: Wie hängt man Infusionsbeutel an? Wie nimmt man Bluttests vor? Oder besser gesagt, wie ist man – anders als in heutiger Zeit, in der man die Proben einfach an einen namenlosen Spezialisten im Labor schickt – vor vierzig Jahren vorgegangen? Ich lernte, wie man ein Blutanalysegerät bedient und medizinische Instrumente in einem Furcht erregenden Autoklav sterilisiert, einem Gerät, das man auf der Weltausstellung 1939 wahrscheinlich für eine futuristische Waschmaschine gehalten hätte. Um mich im Umgang mit einem altertümlichen Glühbrenner zu üben, nahm ich ein Hühnerbein. Selbst meine Röntgenbilder entwickelte ich selbst.
Der Röntgenapparat hätte an sich längst einen Platz in einem Museum für antike Maschinen verdient gehabt. Über Jahre hinweg war er ein einziges Ärgernis gewesen, bis Will schließlich von dem Gerät genug hatte und zum Durchleuchten der Extremitäten einen Röntgenapparat für Gebisse benutzte. Die medizinischen Geräte und Apparate stammten offenbar mehrheitlich aus der Zeit des Vietnamkriegs, der Glühbrenner vielleicht sogar aus Zeiten des Koreakriegs.

In den fünfziger Jahren hatte die Südpolstation zunächst als Stützpunkt der US-Navy gedient. Die Vorratslager spiegelten das Gedankengut des Kalten Krieges wider. Die Bestandsaufnahme, die Mike und ich vom Notdepot machten, ließ keinen Zweifel daran, dass die Navy offenbar damit gerechnet hatte, die Russen würden mehr als tausendzweihundert Kilometer über gefrorene Eislandschaft zurücklegen, um die Amerikaner anzugreifen. Während sich im Biomed die Vorräte an Antibiotika für den Sommer bereits dem Ende zuneigten, hatten wir genügend Instrumente, um nach einem größeren Gefecht Schwerverwundete operieren zu können.

Allein den Röntgenapparat aus der Kammer zu manövrieren war ein Abenteuer. Als es uns endlich gelungen war, ließ mich Will den Umgang damit an einem gefrorenen Stör üben. Ich entwickelte die Negative von Hand, und die Ergebnisse waren recht ansehnlich. Unter normalen Bedingungen hätte ich den Radiologen angewiesen, gute Aufnahmen zu machen. Doch leider wohnte der nächste Radiologe in Neuseeland – also knapp fünftausend Kilometer entfernt –, und wir hatten so gut wie keine Filme mehr. Schon jetzt kam ich mir vor, als würde ich medizinische Pionierarbeit leisten und in einer unermesslich weiten, eisbedeckten Wildnis meine Praxis einrichten.

Zwischendurch versorgten wir die Patienten, die uns im Biomed aufsuchten. Will lacht bestimmt heute noch über die Bemerkung, die mir bei einem Patienten unwillkürlich herausrutschte: »Die Schwester kümmert sich gleich um Sie.« Die am schnellsten erreichbare Krankenschwester, meine geliebte Betty Erickson, befand sich tausendzweihundert Kilometer entfernt in McMurdo. Aber bald hatte ich mich daran gewöhnt, die Membran des Stethoskops in meinen Büstenhalter zu schieben, damit meine Patienten keine Erfrierungen davontrugen, wenn ich ihnen zur Untersuchung drei bis fünf Schichten Kleidung hochzog. Patienten bis auf die Haut zu entkleiden, war in diesen Breitengraden undenkbar.

Es trugen beileibe nicht alle die Uniform der Polies. Als Will mir an jenem Nachmittag gerade zeigte, wie man einen Unfallbericht schrieb, platzte ein Mann herein, nur mit einem

T-Shirt, einer Lederjacke, Shorts und warmen Sorel-Stiefeln bekleidet. Er stammte aus Südkalifornien. Woher sonst!

»Hallo, Will«, rief Big John Penney. »Ich möchte morgen mein Modellflugzeug steigen lassen. Willst du zuschauen?«

»Ja, gerne!«, antwortete Will. »Aber komm doch rein, die neue Ärztin ist da.«

Will machte uns miteinander bekannt. Big John war der Mechaniker für schwere Maschinen. Nach dem College hatte er mehr als zwölf Jahre auf verschiedenen Bohrinseln gearbeitet. Er kam mir vor wie ein Seemann ohne Schiff. Als es auf den Bohrinseln nicht mehr genügend Arbeit gab, kehrte er in seinen Beruf als Mechaniker zurück und arbeitete seitdem »am gelben Eisen«, was so viel heißt wie an schweren Maschinen. Auch er war zum ersten Mal im Eis. Big John war mittelgroß, dafür kräftig gebaut und hatte eine enorme Ausstrahlung. Im Gegensatz zu den anderen Polies, die mehrheitlich Mitte zwanzig waren, hatte Big John die vierzig schon überschritten, war also ein Gruftie. Ich freute mich, einen Gleichaltrigen kennen zu lernen, der auch hier überwinterte.

Big John baute leidenschaftlich gern ferngesteuerte Modellflugzeuge. Es war sein Ziel, mit einem Flug am Südpol und damit in der kältesten Umgebung der Welt in das Guinness-Buch der Rekorde aufgenommen zu werden. Es würde sich zwar um den ersten Flug dieser Art handeln, doch Guinness akzeptierte nur Rekorde, die auch gebrochen werden konnten, erklärte mir Big John. »Erste Flüge« zählten nicht, ebenso wenig wie der »südlichste Flug«. Wenn ein Flug jedoch in der kältesten Umgebungstemperatur durchgeführt wurde, erfüllte er die Voraussetzungen. Big John lud mich zu der Vorführung ein, und ich nahm gerne an.

»Bis später«, sagte Big John und gab Will mit seiner Pranke einen Klaps auf den Rücken. Der Mann hatte das Aussehen eines Wikingers, die Stimme eines Discjockeys in einer Nach-Mitternachts-Musiksendung und den Wortschatz eines Englischprofessors, wenngleich er als Motorradfreak an der Westküste aufgewachsen war.

»Bis dann, Kumpel«. Er drehte sich zu mir. »Nett, Sie kennen zu lernen, Doc.«

So kam ich zu meinem Spitznamen »Doc«. Nicht lange, und ich unterzeichnete meine E-Mails mit »Doc Holliday«. Big Johns Namen hingegen kürzte ich ab und nannte ihn nur noch »Big«. Später erzählte er mir, ich hätte an jenem ersten Tag, als ich mich mit den neuen Aufgaben vertraut machte, mit meinen blonden, zu einem Knoten zusammengebundenen Haaren und der Hornbrille vor den bernsteinfarbenen Augen ziemlich seriös gewirkt. Mein äußeres Erscheinungsbild und mein damenhaftes Benehmen hatten ihn irgendwie eingeschüchtert. Aber später musste er darüber lachen.

Will bemühte sich meisterlich, mich auf all das vorzubereiten, womit ich während meines Aufenthalts eventuell konfrontiert werden würde. Atemwegserkrankungen und Verletzungen waren gang und gäbe. Auch Erfrierungen waren an der Tagesordnung, und nur wenige Polies unterbrachen deswegen die Arbeit oder suchten gar den Arzt auf. Die meisten behandelten sich selbst mit Chapstick, einer Zinkpaste, oder Dr. Wennen's Frostbite Cream aus Fairbanks, Alaska. John Wright, ein von Erfrierungen geplagter Sprengmeister, den alle »Master Blaster« nannten, fragte später einmal: »Was enthält die Paste eigentlich? Schlangenöl?« Wir erfuhren die Inhaltsstoffe nie. Vielleicht enthielt sie tatsächlich Schlangenöl. Auf alle Fälle half sie.

Das übliche medizinische Grundmaterial wie Klebeverband war am Pol nicht zu gebrauchen. Es klebte nicht. Wir behalfen uns stattdessen mit Isolierband für Rohrleitungen. Das erwies sich als recht brauchbar. Noch besser war Isolierband für elektrische Leitungen, das geradezu hervorragend klebte, weil es sich dehnen ließ. Nasenbluten stellte wegen der Höhenlage und der geringen Luftfeuchtigkeit ein ernsthaftes Problem dar, zumal Silbernitrat in diesen klimatischen Verhältnissen zu Puder wurde. Will stand lachend neben mir, als ich mich abmühte, das Puder zu einer Paste anzurühren und in die blutende Nase eines Betroffenen zu schmieren.

»Ich bin ganz genauso vorgegangen, als ich neu hier war!«, kicherte er. Kein Zweifel, Will war geradezu überfällig für seine Bergtour in Neuseeland.

Da wir kein Kokain zur Hand hatten (wahrscheinlich trau-

te man uns nicht zu, der Verführung zu widerstehen), behalf
ich mich schließlich mit dem Herzmittel Epinephrin, um die
Blutung zu stillen, obwohl ich gleich darauf befürchtete, bei
den herrschenden Temperaturen von minus 34 Grad Celsius
könnte die Nase des Mannes nicht mehr richtig durchblutet
werden. Das Ergebnis war gut. Dennoch beschloss ich, schlimme Fälle von Nasenbluten künftig mit Hilfe eines über dem
Spiritusbrenner sterilisierten Instruments zu kautern. Der
»Hühner«-Glühbrenner war mir nach wie vor nicht geheuer,
und ich schwor mir, ihn niemals bei Menschen oder gar zum
Kochen anzuwenden. Schließlich forderte ich bei der Zentrale per E-Mail einen neuen an, oder zumindest Ersatzteile, damit wir den alten reparieren konnten.

Da so viele Patienten zu behandeln waren, ging es in den
Sommermonaten besonders hektisch zu. Manchmal kamen
fünfzehn Personen pro Tag. In den ersten drei Monaten meines Aufenthalts war ich recht nervös, da ich nicht nur behandeln musste, sondern auch die Vorräte und Geräte überprüfen wollte, damit ich alles Notwendige anfordern konnte, ehe
die Versorgungsflüge im Februar eingestellt wurden.

Daneben musste ich von Will so viel wie möglich lernen,
ehe er die Station verließ. Er erklärte mir, dass Wunden in den
hellen Monaten schlecht heilen, während es im Winter aus un-
erfindlichem Grund umgekehrt ist. An meinem ersten Tag auf
der Station kam eine Frau, die sich beim Entladen von Trans-
portgütern die Finger gebrochen hatte. Als sie mich bat, in der
Krankenstation übernachten zu dürfen, erwiderte ich, das sei
nicht möglich, weil sie »die Kriterien für eine Aufnahme nicht
erfüllte«.

Will zog mich beiseite. »Welche Kriterien? Hier bestimmst
du. Hier gibt es kein Gremium, das darüber befindet, wer in
die Krankenstation aufgenommen wird und wer nicht, Doc!«

Es sollte noch einige Zeit dauern, bis ich die Lehrsätze der
herkömmlichen Krankenhauspolitik vergaß, die mein Leben
und meine Entscheidungen über so viele Jahre bestimmt hatten. Die Frau bekam ein Bett in der Krankenstation, in der wir
auch ein Badezimmer zur Verfügung hatten und damit sauberes Wasser für den Verbandswechsel.

Als ich zwei Wochen später die Fäden zog, brachen die frischen Narben wieder auf, so dass wir die Patientin schließlich nach Christchurch bringen lassen mussten. Die geringere Höhenlage Neuseelands und das warme Klima beschleunigten den Heilungsprozess, und sie konnte noch vor Einbruch des Winters wieder auf die Station zurückkehren. Wie so oft am Pol, lernte ich diese Frau durch die tägliche Wundversorgung und die physikalische Therapie wirklich gut kennen. Wir unterhielten uns, während ich ihre Finger mit Vitamin-E-haltigem Öl massierte.

Besonders an den Händen trocknete die Haut leicht aus und bildete tiefe, schlecht heilende Risse mit Verhärtungen. Will meinte, das einzig wirksame Mittel sei Superkleber. Da ich wusste, dass man abgebrochene Zähne nicht mit Superkleber kitten sollte, weil die Toxine möglicherweise den Nerv abtöteten, war ich zunächst skeptisch. Aber bereits wenig später erwies sich Wills Vorschlag als richtig. Die Fissuren verheilten, es zeigten sich keine negativen Auswirkungen. Wie so oft bei medizinischen Problemen, die nur unter ganz besonderen Bedingungen am Pol auftauchten, gab ein Arzt seine Erfahrung an den nächsten weiter, ohne dass zuvor die Sicherheit geprüft worden wäre. Einmal hatte Big John am Zeigefinger eine unerhört große Fissur, an deren Seiten dicke Hornhaut wucherte. Ich musste die abgestorbene Haut ablösen, die darunter liegende Haut einschneiden und ein wenig lösen, leicht dehnen und anschließend mit Superkleber bestreichen. Zu meiner Erleichterung heilte die Wunde tatsächlich zu. Umgehend bat ich meine Mutter per E-Mail, uns für den Winter schachtelweise Superkleber zu schicken.

Aber es gab noch andere medizinische Phänomene: Die Haare wuchsen beispielsweise entweder erstaunlich rasch oder gar nicht. In Ohio, vor meiner Abreise an den Pol, hatte ich mir die Beine rasiert. Doch selbst Wochen später zeigten sich weder dort noch unter meinen Achseln Haare. Dafür waren meine Fingernägel – die bis dahin immer nur sehr zögerlich wuchsen – die reinsten Klauen. Plötzlich hatte ich lange harte Nägel, die sich nur schwer schneiden ließen. Meine Fußnägel glichen Krallen. Im Verlauf des Winters bildete sich plötzlich unter den Nägeln ein halbmondförmiger Ring aus Blut, der allerdings nicht schmerzte. Freunde und Patienten berichteten von ähnlichen Symptomen.

Die Auswirkungen von Unterkühlung und chronischer Hypoxämie – einem durch Sauerstoffmangel hervorgerufenen Syndrom – auf den Organismus am Pol sind bisher nicht ausreichend untersucht worden. Da Enzyme und Koenzyme ihre Aufgabe als Katalysatoren nur bei bestimmter Körpertemperatur erfüllen, wäre es interessant herauszufinden, wie sich die chemischen Reaktionen in unserem Körper verändern, wenn unsere Kerntemperatur niemals über 36 Grad Celsius steigt, wie es am Pol offensichtlich der Fall ist. Die wenigen Untersuchungen, die bisher durchgeführt worden sind, lassen vermuten, dass sich der Stoffwechsel bei konstantem Tageslicht beschleunigt, während sich Schilddrüse und Nebennieren bei Kälte vergrößern. Im Polarsommer sind die Menschen aufbrausend, hyperaktiv und leicht reizbar. Bei chronischer Sauerstoffunterversorgung und fehlenden Hell-Dunkel-Phasen, die den Wach- und Schlafrhythmus steuern, entwickeln manche das so genannte Big Eye Syndrome, das sich durch Schlaflosigkeit, allgemeine Desorientierung und Konzentrationsschwäche bemerkbar macht.

Es wäre angebracht, eine systematische Studie über die medizinischen Auffälligkeiten am Pol durchzuführen. Doch soviel ich weiß, ist eine derartige Untersuchung nie angefertigt worden. Die beste Abhandlung, die ich habe finden können, steht im Polarhandbuch der Navy, dessen letzte Neubearbeitung aus dem Jahr 1965 stammt. Ferner wurde vor nicht allzu langer Zeit unter der Leitung von Dr. Les Reed in McMurdo eine aufschlussreiche Studie über Stoffwechselveränderungen durchgeführt. Dennoch wurde ich das Gefühl nicht los, das Rad neu erfinden zu müssen. Durch orale Messungen der Körpertemperatur stellte ich fest, dass selbst bei Menschen, die im Innern der Kuppel arbeiteten, die normale Körpertemperatur stets unterschritten war. Als ich Betty aufgeregt von meiner Erkenntnis berichtete, musste ich hören, dass dieses Phänomen im Krankenhaus von McMurdo längst kein Geheimnis mehr war und bereits Untersuchungen darüber vorlagen. Das war bezeichnend! Betty schickte mir später die Arbeit von Les Reed. Da es kein Kompendium über medizinische Phänomene in der Antarktis gab, stützte sich das eigene Wissen nur auf zufällige Bemerkungen Dritter und auf Erfahrungen am eigenen Leib. Die vorhandenen Daten beruhten zum größten Teil auf persönlichen Berichten. Wie in alten Zeiten, als die Heilkundigen verschiedener Stämme ihr Wissen mündlich weitergaben, wurden Heilmittel am Pol noch per Flüsterpropaganda weitergetragen. Wenig später erarbeitete ich ein Konzept zur Gründung einer Antarctic Medical Association und zur Erstellung einer Datenbank, die Informationen und Statistiken aller Mediziner in behördlichen Positionen auf dem Kontinent beinhalten sollte. Doch erst einmal brauchte ich ein wenig Ruhe.

Mein erster Arbeitstag endete um elf Uhr abends. Nachdem ich einige E-Mails geschrieben hatte, nahm ich mir Will Silvas medizinischen Bericht aus dem vergangenen Jahr und kroch damit ins Bett. Seinem Protokoll zufolge hatte es dreihundertachtzig Krankheitsfälle gegeben. Im Sommer durchschnittlich drei pro Tag, während der Wintermonate vier. Zweimal musste ein Kranker ausgeflogen werden, sieben Einweisungen ins Krankenhaus, fünfunddreißig Unfälle und/oder Verletzungen und drei Todesfälle waren verzeichnet. Bei den Toten handelte es sich ausschließlich um Fallschirmspringer, deren Fallschirme bei der Landung versagt hatten. Der Hergang der tödlichen Unfälle wird wohl nie aufgeklärt werden, doch man vermutet, dass die Springer entweder ohnmächtig geworden waren oder dass sie – verwirrt von dem konturlosen Plateau – die Orientierung verloren hatten und aufs Eis gestürzt waren.

Für eine derart erbarmungslose Umgebung hat der Pol nur relativ wenige Opfer zu beklagen: Im vergangenen Jahrhundert waren dort lediglich fünf Menschen zu Tode gekommen, im Gegensatz zur Statistik des Kontinents, die etliche Dutzend mehr aufwies. Der letzte Unfall mit tödlichem Ausgang vor dem Tod der unglückseligen Fallschirmspringer ereignete sich im Jahr 1980. Das Opfer schaufelte gerade einen Schacht frei, als die Seitenwände einstürzten. Außerdem war 1966 ein

Mann beim Entladen eines Transportflugzeugs von der Palette eines Gabelstaplers zerdrückt worden. Nichtsdestotrotz schauderte es mich beim Anblick des altertümlichen Einbalsamierungskastens und der mehr als zwanzig Leichensäcke der Navy, die in der Krankenstation aufbewahrt wurden. Eines Tages fiel mir der Ordner mit der Aufschrift »Im Todesfall« in die Hände, in dem das Verfahren für den Umgang mit Verstorbenen im Winter dargelegt wird. Die Leichen werden zunächst gewaschen, dann eingepackt und eingefroren. Sobald die Station im Oktober für den Flugverkehr wieder geöffnet wird, legt man sie in die Speisekammer (bis dahin sind die Gemüsevorräte ohnehin alle aufgebraucht), wo sie teilweise wieder auftauen, aber bis zum ersten Flugzeugtransport im Frühling kühl gehalten werden können. Vielleicht erleichterte dies die Arbeit der Leichenbeschauer. In dem Ordner wurden dafür keine Gründe genannt.

Soweit ich es beurteilen konnte, beruhten die Statistiken auf reinen Schätzungen. Der Pol war nun einmal ein gefährlicher Flecken und das medizinische Betreuungssystem am untersten Zipfel der weltumspannenden Versorgungsleitung dementsprechend dürftig. Wenn meine Patienten sich argwöhnisch in der Krankenstation umsahen, machte ich ihnen diese Tatsache mit dem Satz klar: »He, das hier ist nicht die Mayo-Klinik.«

Ich durfte gar nicht daran denken, welche Konsequenzen es hätte, sollte sich auf dem Gelände eine Katastrophe wie beispielsweise ein Flugzeugabsturz ereignen oder ein Feuer ausbrechen. Noch dazu, wo ich in dem achteinhalb Monate währenden Winter die einzige Ärztin war. Was, wenn mir etwas zustieß? Es kursierte eine berühmte Geschichte aus dem Jahr 1961 über einen Arzt in Wostok, der sich selbst mit Hilfe eines Spiegels den Blinddarm herausoperiert und überlebt hatte. Seitdem war die russische Station stets mit zwei Ärzten besetzt.

Der erste Arzt, der den Pol betrat, starb 1912 auf dem Rückweg. Edward Wilson, Scotts engster Freund und Begleiter auf den Expeditionen der Discovery und der Terra Nova, war Künstler, Geologe und Arzt gewesen. Zusammen mit Scott und Bowers war er in einem Schneesturm umgekommen, obwohl sie sich schon so nah am Vorratslager befunden hatten, dass sie hätten gerettet werden können. Bevor Scott erfror, schrieb er an Edwards Frau, in Wilsons Augen habe bis zu seinem Tod »ein beruhigender bläulicher Hoffnungsschimmer geleuchtet«.

An einer Wand in meinem Untersuchungszimmer hingen ein gerahmtes Bild von Wilson und ein Foto von Frederick Cook, dem ersten Arzt, der in der Antarktis überwintert hatte. Ich nannte sie »meine toten Ärzte«. Wann immer ich zu ihnen aufsah, dachte ich daran, wie groß der Unterschied zwischen jener Zeit und heute war, doch auch wie klein. Die beiden Männer waren vollkommen auf sich gestellt gewesen und hatten um das Wohlergehen ihrer Freunde gefürchtet, ohne sich irgendwo Rat holen zu können und ohne über ausreichend Hilfsmittel zu verfügen. Auch sie hatten keine Möglichkeit gehabt, sich zu retten. Allmählich wurden sie mir zu einer Quelle der Inspiration.

Die Mahlzeiten am Pol waren stets ein gesellschaftliches Ereignis, da sie eine Unterbrechung der monotonen Abfolge nicht enden wollender Tage darstellten. Der Raum, in dem wir zum Essen zusammenkamen, war mit Cafeteriatischen ausgestattet, und wir konnten uns selbst bedienen. Die Stützpfeiler, auf denen das obere Stockwerk mit der Bar und einer weiteren Kantine ruhte, zierten kunstvolle Muster in Seilstruktur. Vielleicht stammte dieser Schmuck von einem Marinesoldaten, der, krank vor Heimweh nach dem Meer, während eines Winters vor vielen Jahren daran gearbeitet hatte.

Es hieß, nirgendwo in der amerikanischen Antarktis sei die Verpflegung besser als auf der Amundsen-Scott-Station. Und dabei hatte ich eigentlich abnehmen wollen! Aber die Mahlzeiten waren so abwechslungsreich, opulent und köstlich, dass ich von der Vorstellung bald Abschied nahm. Eine der Köchinnen hieß Donna Aldrich. Sie war in meinem Alter, stammte aus Vermont und hatte ihren Verlobten, Roger Hooker, einen Elektriker, gleich mit an den Pol gebracht. Donna war berühmt für ihre Hausmannskost, und vor allem ihr Hackbraten wurde in höchsten Tönen gelobt. Sie kochte, wie unser Reparaturgenie Floyd Washington immer wieder feststellte, »ein Essen, das in einem Kerl die schönsten Erinnerungen wachrief«. Sie setzte uns Gerichte vor, bei denen wir uns auch schon als Kinder geborgen gefühlt hatten: Eintöpfe wie einst an kalten Wintertagen, gebackene Hähnchen und die köstlichsten Braten.

Wendy Beeler, die zweite, etwas jüngere Köchin, hatte ihre Kochkünste erst im Eis erworben. Sie hatte bereits auf der Küstenstation Palmer überwintert und in abgelegenen Feldlagern auf dem Kontinent gearbeitet. Da sich ihre Familie stark im Friedenskorps engagiert hatte, war sie weit gereist. Sie galt als wahre Hexenmeisterin bei der Zubereitung von internationalen und vegetarischen Gerichten. Überdies war sie eine exzellente Kuchenbäckerin, was in so großer Höhe gar nicht einfach war.

Als Koch oder Köchin in der Antarktis zu arbeiten ist eine der anstrengendsten Aufgaben. Es bedarf einer Menge Fantasie, um sich für die stets gleiche Gruppe von Menschen über einen langen Zeitraum hinweg ständig abwechslungsreiche Gerichte einfallen zu lassen. Zudem müssen viele Zutaten durch andere ersetzt werden, und oft ist Improvisation angesagt. Außerdem ist die Arbeit kraftaufwändig und nicht ungefährlich, denn die gefrorenen Lebensmittel liegen auf Paletten im Dome. Sie müssen ins Haus geschleppt, aufgetaut und in einer kleinen, bescheiden ausgestatteten, für weit weniger Esser ausgelegten Küche zubereitet werden. Ich hatte das Glück, die beiden Frauen näher kennen zu lernen, wenngleich aus dem traurigen Grund, dass sie des Öfteren meinen ärztlichen Rat suchten.

Kurz nach meiner Ankunft am Pol ging ich auf das Dach der Kantine. Die unterschiedlichsten Dinge wurden dort einfach abgelegt: Töpfe, Pfannen, Küchenmaschinen, Konserven, ganze Rinder, in Stücke zerteilt. Ich zählte zwanzig Truthähne. Die Lagertemperatur der Lebensmittel betrug je nach Jahreszeit zwischen minus 15 und minus 75 Grad Celsius. Außer den Menschen gab es am Südpol keine Lebewesen, also auch keine Schädlinge. Einmal fand sich zwischen den Vorräten eine Fliege, sie starb jedoch, kaum dass wir sie als unser neues

Haustier in ein Glas mit ein bisschen Grünzeug gesetzt hatten. Selbst Mikroben erfroren oder erstarrten in dieser Umgebung.

An meinem zweiten Tag unterbrachen Will und ich unsere Arbeit für kurze Zeit und sahen Big John zu, wie er sein Modellflugzeug fliegen ließ. Er startete es bei minus 38 Grad Celsius auf der Landepiste vor dem Dome. Wir jubelten, als er das Flugzeug mit einer Flügelspannweite von über zwei Metern einen Looping und eine Rolle machen ließ. Mehrmals umkreiste es knapp über dem Boden den »Ceremonial Pole«, den symbolischen Südpol, der durch eine original Barbershop-Messstange mit der dazugehörigen glänzenden Kugel markiert und von den Flaggen der vierundvierzig Nationen des Antarktis-Vertrages umringt war. An dieser Stelle schossen die Besucher des Südpols üblicherweise ihr Erinnerungsfoto. Der tatsächliche geographische Pol lag etliche Meter entfernt und war mit einer Kupferplatte markiert, die jährlich umgesetzt werden musste, da sich die Eiskappe verschob.

Big Johns Flugzeug blieb fünf Minuten und vierzig Sekunden in der Luft. Die Dauer des Flugs wurde von uns pflichtgemäß für das Guinness-Buch der Rekorde festgehalten. Unglücklicherweise geriet der Flieger beim Landeanflug zu nahe an den oberen Schlaftrakt, über dem die Hochfrequenz-Sender angebracht waren. Die Frequenzen überlagerten das Signal des kleinen Flugzeugs, und Big John verlor die Kontrolle. Es stürzte, Nase voraus, aufs Eis. Big Johns Gesicht verzog sich, als hätte sich sein Freund den Arm ausgerenkt und würde sich nun vor Schmerzen winden. Er glaubte fest daran, dass Flugzeuge eine Seele haben, und deshalb konnte er auch so gut damit umgehen. Ich tat mein Bestes, ihn zu trösten, und bereits wenig später war er wieder fröhlich. Trotzdem war der Flug rekordverdächtig gewesen, wenn es auch Monate dauern würde, das beschädigte Flugzeug zu reparieren. Nachdem Will und ich Big John beim Einsammeln der Teile geholfen hatten, gingen wir wieder zurück an die Arbeit.

Neben vielen anderen Talenten bewies Will Silva auch seine Begabung als Geiger. Er hatte sein Instrument mit ins Eis gebracht, und am Abend vor seiner Abreise gab er nach dem Abendessen in der Kantine ein Bach-Solokonzert zum Besten. Dort machte er mich auch mit Dorianne Galarnyk bekannt, einer Köchin, die wie ich den Winter am Pol verbringen wollte. Wir machten es uns gemütlich und plauderten. Sie war achtunddreißig Jahre alt und stammte aus Wisconsin, wo ihr Vater als Arzt arbeitete. Da auch sie sich für Medizin interessierte, bot sie sich an, mir in ihrer Freizeit zur Hand zu gehen. Ohne lange zu überlegen, nahm ich ihr Angebot an. Außer ihrer Vorliebe für Medizin konnte sie mit Universitäts-Abschlüssen in Pädagogik und Literatur von der University of Wisconsin aufwarten. Außerdem war sie eine Zeit lang als Dozentin an der Cornell University tätig gewesen. Wie viele andere Polies hatte sie sich für ihre Stelle nur deshalb beworben, um die Antarktis kennen zu lernen.

Dorianne und ich wurden in jenem Sommer rasch dicke Freundinnen. Sie brachte mich, die ich so gern lustig war, zum Lachen, war einfühlsam, freundlich und lebendig, jedoch enttäuscht von ihrer Arbeit in der Kantine. Niemand hatte ihr zuvor deutlich gemacht, wie schwer die Arbeit war und wie viele Stunden ihr Dienst umfasste. Zwar versuchte ich, sie mit der Aussicht auf einen herrlichen gemeinsamen Winter zu trösten, aber vermutlich stand ihr Entschluss, den Pol wieder zu verlassen, zu jenem Zeitpunkt schon fest. Allerdings gab sie sich den Anschein, als sei ihre Missstimmung nur aufgesetzt. Sie war es, die mich darauf aufmerksam machte, dass auf einem Standglobus die Schraube genau dort eingedreht ist, wo die Antarktis liegt. Ihr Motto bezüglich der Ehe lautete: »In guten wie in schlechten Zeiten, bis sie eben schlechter werden.« Doch in Wahrheit liebte sie einen Mann aus ihrer Heimat, und die Sehnsucht nach ihm zog sie dorthin zurück.

Dorianne förderte den Kontakt zwischen den Polies. Durch sie lernte ich einige jener Menschen kennen, die schließlich am Pol meine engsten Freunde wurden. Es gab beispielsweise eine Gruppe, die den Sommer über freiwillig im Gewächshaus Dienst tat (dem einzigen Ort, an dem lebensfähige, nichtmenschliche Organismen des Südpols gediehen, an denen wir erst unsere Freude hatten und die wir später verspeisen durften).

Loree Galpin war mit Dorianne befreundet und wurde auch mir eine enge Freundin. Loree war Anfang zwanzig und arbeitete als Meteorologin auf der Station, nachdem sie bei der US-Luftwaffe bereits mit ähnlichen Aufgaben betraut gewesen war. Ihr Interesse galt dem Fernen Osten, insbesondere der Literatur Asiens. Nach ihrem Aufenthalt im Eis wollte sie in Japan Englisch unterrichten. Wir Frauen verbrachten viele Abende in Lorees Zimmer unter einer herrlich warmen, weichen Decke, die sie auf einer Reise durch Korea erstanden hatte, plauderten und lernten uns näher kennen. Ihr Zimmer war einer der wenigen Orte, an denen uns wirklich warm wurde. Loree war klug und gutmütig, verlor nie ein böses Wort über andere und hatte eine stark spirituelle Seite. Sie war sehr hübsch, aber sie ignorierte das große Interesse, das ihr einige Männer am Pol entgegenbrachten.

Andy Clarke, ein großer, schlanker Mann um die dreißig, mit rötlichem Haar, offenem Lächeln und trockenem Humor, war Lorees engster Freund. Er arbeitete als Wissenschaftler und Techniker für die National Oceanic and Aeronautic Administration oder kurz NOAA. Die Forscher in der Antarktis wurden Alchemisten genannt, und Andy bezeichnete sich selbst als »Alchemist im Blaumann« – ähnlich einem Unteroffizier, der, wie es so schön hieß, arbeitete, um sich den Lebensunterhalt zu verdienen, und nicht, um Befehle zu geben. Andy hatte bereits auf anderen interessanten Wetterstationen – Barrow, Alaska und Grönland – Dienst getan und wusste, was es hieß, in Kälte und Dunkelheit zu leben. Entsprechend gut ausgerüstet traf er hier ein. Ich kaufte ihm eine tolle Bibermütze ab, die er aus Alaska mitgebracht hatte, um sie an einen Polie zu verkaufen, dem das Klima noch zu schaffen machte. Er war für alles zu haben und begeisterte sich besonders für Sportarten, die man im Freien ausüben konnte. Beispielsweise hatte er ein Fahrrad aufgestöbert und es auf Holzklötze montiert, um auch im Winter trainieren zu können. Ich fragte mich, was ein Fahrrad am Pol sollte, aber schließlich stießen wir unablässig auf kuriose Gegenstände.

In Joel Michalski fand ich einen weiteren Menschen, der ein guter Freund wurde. Von der Ausbildung her Physiker, bekleidete er jetzt in der Verwaltung der NOAA eine leitende Funktion. Er war verantwortlich für das Clean Air Facility, wo er und Andy die Ozonschicht und das Wetter mit seinen Gesetzmäßigkeiten und Zyklen beobachten sollten – eines der bedeutendsten Projekte der Station. Unser Wissen über die Entwicklung der Treibhausgase und den Abbau der Ozonschicht basiert zum großen Teil auf Studien, die am Südpol durchgeführt wurden. Joel, der wie Dorianne aus Wisconsin stammte, hatte lange Zeit auf Forschungsschiffen in der Antarktis wissenschaftlich gearbeitet. Er versprach, mir den Umgang mit einem Sextanten und das Disco-Tanzen beizubringen, seine bevorzugte Freizeitbeschäftigung. Es war auffallend, wie viele Hobbys und Talente die meisten Polies hatten. Joel beispielsweise zeichnete gern, las und praktizierte Yoga in seiner Freizeit. Außerdem schrieb er jede Woche einen Bericht an Schulkinder in den Vereinigten Staaten.

Der sechsundzwanzigjährige Dar Gibson, auch »Weatherboy« genannt, war der zweite Meteorologe der Crew. Da er äußerst exakt arbeitete, vertraute man ihm die Sammlung und Auswertung von Daten an. Kein Wunder, dass er außer sich geriet, wenn ich in meinen Computerberichten das Wort »Meteorologe« des Öfteren falsch schrieb. Wann immer ich seine Daten aufrief, fragte er mich, ob ich den Fehler korrigiert hätte. Beim dritten Mal gestattete ich ihm einen Blick auf den Bildschirm, und er sah, dass er offiziell zum »Weatherboy« erklärt worden war. Da uns der Name gefiel, hatte er damit seinen Spitznamen weg.

Jeden Morgen um zehn oder elf Uhr unternahmen Dorianne und ich einen Spaziergang von knapp fünf Kilometern Länge und unterhielten uns dabei. Wir lernten, die Uhrzeit vom Stand der Sonne abzulesen, die im Lauf von vierundzwanzig Stunden am Himmel einen vollkommenen Kreis beschrieb. Morgens stand sie vor der Aluminiumkuppel, abends vor dem Hintereingang des Dome. Es gab nur wenige Ziele, die man am Pol ansteuern konnte. Das Plateau war flach und eintönig, 360 Grad um uns herum nichts als Horizont, so dass einem ein Spaziergang vorkam, als segelte man unzählige Kilometer vom Festland entfernt auf einem weiten Meer. Der Wind hatte das Eis zu gezackten Schneekanten, so genannten Sastrugi, geformt, die schön anzusehen und hart wie Marmor waren. Berührte man eines der unterschiedlich großen, wellenförmigen Gebilde, fingen sie an zu klingen, als schlüge man einen Löffel an ein Wasserglas. Oft legten wir uns aufs Eis, sahen in den Himmel und fielen unvermittelt in schallendes Gelächter, ohne so recht zu wissen, weshalb – wahrscheinlich lachten wir über alles und nichts. Vielleicht lag es am Sauerstoffmangel im Gehirn oder am veränderten Hormonspiegel der Nebennierenrinde, einem in den Sommermonaten häufig auftretenden Symptom. Doch letztlich war schon der Umstand, am Pol zu sein, erheiternd. Vermutlich befanden sich unsere Sinne in einer Art Ausnahmezustand, außerdem gewannen in einer derart extremen Umgebung die einfachen Freuden des Lebens eine ganz neue Bedeutung.

Jeden Tag setzten wir uns andere Ziele: Das Ende der Landepiste, die Trümmer einer C-130, die in den achtziger Jahren abgestürzt war und unter Schneeverwehungen begraben lag oder das im Bau befindliche Iglu, das Sommerprojekt eines Polies aus Alaska und ein warmer, windgeschützter Ort, an dem man durch das Dach in den blauen Himmel blicken konnte und eine so absolute Stille erlebte, dass man meinte, den eigenen Blutstrom zu hören.

Eigenartig, wie rasch man den Pol als sein Zuhause ansah. Man vergaß, dass man sich sozusagen am untersten Punkt der Erde und damit in der kältesten und menschenfeindlichsten Umgebung aufhielt. Man dachte nur: Ach, heute mache ich einen Spaziergang. Oder: He, da steht ja mein Freund. Sein ganzes Gesicht ist voller Eis, und die Wimpern sind zusammengefroren. Von seinem Mund hängen Eiszapfen. Sieht er nicht toll aus?

Als wir unsere Spaziergänge aufnahmen, waren weder ich noch Dorianne an die Antarktis gewöhnt. Ich akklimatisierte mich jedoch schneller als sie. Sie fror unausgesetzt. Ich fragte mich, wie sie den Winter bewältigen wollte, wo sie bereits jetzt – mitten im Sommer – alles am Leibe trug, was ihr Kleiderschrank zu bieten hatte. Als wir uns eines Tages zu einem Spaziergang zum Sommerlager aufmachten, zeigte das Thermometer bestimmt minus 29 Grad Celsius. Als noch dazu der Wind auffrischte, drehte Dorianne sich unvermittelt zu mir um und sagte:»Lieber Himmel, es ist wirklich kalt!« Dabei sah sie mich so ungläubig an, als könnte sie nicht begreifen, dass so etwas möglich war. »Verdammt noch mal, was ist denn bloß los?«

Ich sah sie an und erwiderte: »Dorianne, wir sind in der Arsch-Arktis!«

Wir brachen in schallendes Gelächter aus und konnten uns nicht mehr beruhigen. Wir hatten schlichtweg vergessen, wo wir uns befanden. Von da an griffen wir stets zu unserer Wortneuschöpfung, sobald etwas bei unserer Arbeit schief lief oder uns verärgerte. Zu meinem Erstaunen bedachte mich meine Mitbewohnerin Liza Lobe, eine Buschpilotin aus Alaska, die sich seit Monaten im Eis aufhielt und auch bereits am Pol überwintert hatte, mit einem strafenden Blick, als sie mich einmal »Arsch-Arktis« sagen hörte.

»Warum siehst du mich so an?«, fragte ich sie. »Ist doch nur ein Scherz.«

»Ich wünschte, du würdest nicht so vom Pol reden«, sagte sie. »Er ist schließlich mein Zuhause.«

Mit dieser Antwort konnte ich nur wenig anfangen und dachte bei mir, mein Zuhause ist er auch, und ich bin wirklich gerne hier, aber so heilig ist der Ort nun auch wieder nicht. Erst als das Eis wirklich zu meinem Zuhause geworden war, verstand ich, was Liza mit ihrem Satz hatte ausdrücken wollen.

Doch als Will seine Sachen packte, fragte ich mich, ob es nicht ein riesengroßer Fehler gewesen war, zum Pol zu reisen. Allmählich kam es mir so vor, als ob man mich mit dem Umfang und der Art meiner Aufgabe hinters Licht geführt hatte. Auf diesen Berg Arbeit war ich nicht eingestellt gewesen, zumal er sich nicht abtragen ließ.

Absender: Jerri Nielsen<nielsenje@spole.gov>
Empfänger: Mom@aol.com
Datum: 24. November 1998 12:46:57 +1200
Betreff: Hallo

Meine Lieben,
es ist schon spät, und ich bin sehr erschöpft. Der Sauerstoffgehalt meines Blutes liegt jetzt bei 90. Wir schlei-
chen alle umher und leiden unter Sauerstoffunterversorgung, Unterkühlung und dem Gewicht der vielen
Kleidungsschichten. Heute habe ich bis Mitternacht gearbeitet. Die Menge der Dinge, die ich in diesem Zustand lernen muss, erscheint mir Schwindel erregend
groß, zumal ich ständig von Patienten mit abgeschnittenen Fingern und anderen Leiden unterbrochen werde.
Wenn man es genau nimmt, leite ich ein Krankenhaus.
Ich schrubbe alles blitzblank, führe die Inventarliste und
tippe einen ausführlichen Monatsbericht in einen Computer, mit dem ich noch nicht umgehen kann. Ich muss
die Böden putzen, Operationstücher, Laken, Decken und
Handtücher in der Waschmaschine waschen und Betten
machen. Steht ein Patient vor der Tür – und sie erscheinen gruppenweise über den Tag verteilt –, muss ich die
jeweilige Krankenakte suchen und finden, Blutdruck
messen, die Anamnese aufnehmen, den Patienten unter-
suchen, alles auf der Karteikarte festhalten und Apotheke spielen. Außerdem muss ich notieren, welches Medikament ich verabreicht habe und dies auf der zentralen
Liste vermerken. Dann heißt es, Pillen abzählen, sie in
ein Tütchen stecken und dieses beschriften. Außerdem
sind alle möglichen Abrechnungen zu machen.
Wenn sich jemand die Hand gequetscht hat, wie heute
geschehen, ziehe ich den Patienten eigenhändig aus
(zehn Schichten Extremkleidung), lege mir die Instrumente und das Nahtmaterial zurecht, untersuche die
Verletzung und richte den Bruch ein. Anschließend stelle ich mir die Spirituslampe bereit und öffne mit Hilfe
einer Büroklammer das Hämatom unter dem Nagel.

Ich hole mir die entsprechenden Medikamente aus dem Schrank, notiere alles, was ich entnommen habe, gebe dem Patienten etwas zu trinken und wasche seine blutverschmierten Handschuhe. Dann gehen wir zusammen zum Röntgen. Ich setze den Film ein, prüfe die Belichtungszeit, mache das Röntgenbild und verschwinde anschließend in der Dunkelkammer. Dort bleibe ich eine Viertelstunde, schicke ein Stoßgebet zum Himmel und lege den Film in den Trockenapparat. Sobald die Aufnahmen trocken sind, sehe ich sie mir an, versorge die Verletzung und lege eine Schiene an. Wenn ich meinen Patienten wieder angezogen habe (zehn Schichten), notiere ich die Einzelheiten in seiner Krankenakte. Danach nehme ich die benutzten Utensilien, entsorge jedes Teil in vier verschiedenen Recycling-Eimern, ziehe mir zehn zusätzliche Kleidungsschichten an und trage die Eimer nach draußen (minus 37 Grad unter null) zu den großen Abfalltonnen. Nachdem ich mich kundig gemacht habe, wie die Reinigungslösung zubereitet werden muss, schrubbe ich meine Instrumente mit einer Zahnbürste sauber, lege sie in ein sauberes, selbst gebasteltes Kästchen mit Nahtmaterial, bereite im Zimmer eines anderen Polies in einer großen Maschine ionisiertes Wasser zu – natürlich erst, nachdem ich mich über den Herstellungsprozess informiert habe. Das Wasser gieße ich mit anderen guten Zutaten in einen Autoklav, der so Furcht einflößend wie ein Druckkochtopf ist. Dann koche ich den ganzen Kram aus. Erst jetzt ist die Behandlung des Patienten beendet.

Der Nächste bitte!

Genauso muss es gewesen sein, als sie im Winter die Prärie im Güterzug durchquert haben. Die medizinische Versorgung hat sich bestimmt nur unwesentlich von meiner Show als Alleinunterhalterin unterschieden. Abgesehen vom Autoklav natürlich.

Ich liebe euch alle.

Byrd, Ärztin unter ständiger Sonne

Mit den zehn Schichten hatte ich übertrieben. Es waren höchstens fünf.

Meine Angst vor dem Autoklav rührte von meiner Furcht vor Druckkochtöpfen her. Da ich in einer ländlichen Gegend Ohios aufgewachsen bin, wo vornehmlich Milchwirtschaft betrieben wird, wurden meine Freundinnen und ich stets von unseren Großmüttern aus der Küche gejagt, wenn es an der Zeit war, die Milch in Kannen abzufüllen. Grund war der Druckkochtopf. Er war eingeschaltet und konnte jeden Moment den Siedepunkt erreichen und unter heftigem Zischen Dampf ausstoßen. Mein Autoklav gab das gleiche Geräusch von sich wie der von Mrs. Krizay, der jugoslawischen Großmutter meiner Nachbarin, und erfüllte offenbar denselben Zweck. Ihr Gerät hatte damals schon viele Jahre Dienst getan und jedes Mal, wenn er auf dem Herd stand, mussten wir nach draußen und im Scheunenhof spielen. Mrs. Krizay war alt und kannte sich mit solchen Dingen aus.

Während meines Aufenthalts am Pol verlor ich nach und nach meine Angst vor solchen Apparaten. Aber es brauchte seine Zeit.

Als meine Mutter schließlich lernte, E-Mails zu schicken, erhielt ich Post von zu Hause. Einmal fragte Mom, ob ich gehört hätte, dass der Präsident unter Anklage gestellt sei. Zum einen hatte ich nicht davon gehört, da wir weder Radio noch Fernsehen empfangen konnten, zum anderen musste ich richtiggehend überlegen: welcher Präsident?

Eine Nachricht aus der Welt war mir ganz besonders willkommen: Der Krebs meines Vaters hatte sich nicht ausgebreitet. Dad erholte sich sogar allmählich von den schwierigen Operationen, und es gab zunehmend Hoffnung, dass er wieder ganz gesund werden würde. Das war eine große Erleichterung für unsere gesamte Familie. Unser Vater war der Fels, das Fundament, auf dem wir unsere Werte und unser Leben gebaut hatten. Ein Leben ohne ihn war unvorstellbar.

Es kam der Tag, an dem Will mich überraschend für fähig erklärte, allein weiterzumachen. Er konnte einen Platz in einer Transportmaschine bekommen, ehe die Flüge über Thanksgiving ausgesetzt würden. Wir erledigten gemeinsam die letzte große Aufgabe und schafften die Betäubungsmittel in das Zimmer, das von nun an meines war, während auf der Stereoanlage Musik von Bach ertönte ... in voller Lautstärke.

Als wir fertig waren, ging er an die Tür und erklärte förmlich: »Rodney und ich haben seit dem letzten Winter unsere zwei restlichen Pints Guinness für einen besonderen Anlass aufgehoben. Jetzt ist er da: Heute ist meine letzte Nacht am Pol.«

Will wollte den Abend mit dem einzigen Freund verbringen, der aus der vorigen Wintermannschaft noch am Pol war. Rodney Marx war ein witziger Astronom aus Australien. Mich hatten sie nicht eingeladen. Sie waren die letzten des vorherigen Teams, ich gehörte zur neuen Wintertruppe. Will und ich waren zwar Ärzte, doch seine richtigen Kollegen waren diejenigen, die mit ihm am Pol überwintert hatten. Ich war ihm noch nicht ebenbürtig, aber das Staffelholz lag in meiner Hand.

KAPITEL 4

Station zur knallharten Wahrheit

Absender: Jerri Nielsen<nielsenje@spole.gov>
Empfänger: Mom@aol.com
Datum: 13. Dez. 1998 00:59:35 +1200
Betreff: Wieder ein Tag

Ich komme mir vor wie in einer Raumstation oder einer Strafkolonie auf einem Eisplaneten. Ich kann nicht sagen, wo genau. Es ist ein Ort ohne Zeit, ohne Tag und Nacht. Man hat kaum noch das Gefühl, auf der Erde zu sein ...
Doc Holliday

An Thanksgiving drängten wir uns alle in das Fernsehzimmer, um uns Videos von Football-Spielen anzuschauen, die jemand schon vor Wochen zu Hause aufgenommen und uns geschickt hatte. Doch das schien niemanden zu stören. Wir hatten ein wunderbares und sehr stilvolles Festessen. Der obligatorische Truthahn mit allem, was dazugehört, wurde auf weißen Tischdecken serviert, der Wein aus Kristallgläsern getrunken. Nach dem Essen tanzten wir zu mitreißender spanischer Musik und stießen auf unseren Mut und unsere Klugheit an.

Es war Tradition bei den Polies, dass sie zu besonderen Anlässen ihre besten Sachen anzogen. Für Männer hieß das: weiße Oberhemden. Frauen, die erst seit 1973 am Pol arbeiten durften, trugen meistens einen Rock oder Sarong. Als mir die Polie-Frauen vor meiner Abreise geraten hatten, auch etwas Schönes zum Anziehen mitzunehmen, hatte ich gedacht, sie wollten mich auf den Arm nehmen. Jetzt war ich froh, dass ich statt zusätzlicher warmer Unterwäsche in letzter Minute noch ein paar Kleider, eine hautenge silbergraue Bluse und einen Lippenstift eingepackt hatte. Meine Freundin Mandy hatte mir vor dem Abflug in McMurdo einen Nagellack zugesteckt, der im Dunkeln leuchtet, und als sie mich zum Abschied umarmte, meinte sie: »Du wirst ihn brauchen können im dunklen Winter, als Frau am Pol. Aber sei vorsichtig. Ich habe mir einmal die Zehennägel damit lackiert und mich zu Tode erschreckt, als ich nachts aufgewacht bin.«

Es gab uns moralischen Auftrieb, wenn wir uns hin und wieder fein machten, denn die meiste Zeit sahen wir aus wie ölverschmierte Automechaniker. Haare und Kleidung waren wegen der Wasserrationierung fast immer schmutzig. Was beschädigt oder abgetragen war, konnte nicht ersetzt werden, deshalb mussten wir unsere Overalls und Stiefel mit Isolierband reparieren. Als meine Schafwollstiefel sich aufzulösen begannen, flickte ich sie mit chirurgischem Nahtmaterial und einer großen Darmnadel. Ein englischer Wissenschaftler, der erst vor kurzem angekommen war, trug jeden Tag ein weißes Hemd und ein Tweed-Sakko. Natürlich wurde er von allen angestarrt. Der tanzfreudige Joel bemerkte eines Tages trocken: »Irgendwie ist der hier auf dem falschen Dampfer.«

»Wenn Sie nicht zum Südpol wollen, sollten Sie jetzt sofort von Bord gehen«, fügte ich hinzu.

Ich setzte mich beim Abendessen gern zu Nigel, dem Briten, und Al, einem weiteren Astronomen, denn beide waren klug und witzig. Nigel sah nicht ein, warum er auf seine korrekte englische Garderobe verzichten sollte, nur weil es ihn ans Ende der Welt verschlagen hatte. Er erinnerte mich an die Männer, die in viktorianischer Zeit das britische Empire aufgebaut und auch in den entlegensten Winkeln der Erde hartnäckig an ihren Sitten und Gebräuchen festgehalten hatten.

Festliche Abendessen zur Unterbrechung der Alltagsroutine waren in der Antarktis Tradition, seit die ersten englischen Forscher ihren Fuß auf den Kontinent gesetzt hatten. Unübertroffen bleibt Scott mit seiner berühmten Sonnenwendfeier im Jahr 1911, als er und seine Männer Seehundsuppe, Roastbeef und Plumpudding aßen und besten Champagner tranken und das Fest mit Schnaps und Brandy, langen Trinksprüchen, Reden und lautem Männergesang ausklingen ließen.

Wir hielten diese Tradition in Ehren, indem wir gewissenhaft alle Festtage feierten und zusätzlich noch ein paar eigene erfanden. Am Freitag nach Thanksgiving wurde ich in ein weiteres ehrwürdiges Ritual am Pol eingeführt: die Schneecocktailparty. Seit 1970, als die NOAA am Pol ein separates Gebäude zur Beobachtung der atmosphärischen Bedingungen errichtet hatte, pilgerten die Polies einmal in der Woche zum Clean Air Facility. Dort wurde der reinste Schnee auf Erden in Kühlbehälter geschaufelt und in die Kuppel gebracht, wo sich dann jeder seinen Lieblingscocktail – von Coca Cola und Bailey's Irish Cream bis zu Wild Turkey – »on the rocks« mixte. Da ich im Grunde rund um die Uhr dienstbereit sein musste, konnte ich mir eine allzu ausschweifende Traditionspflege nicht leisten, aber es war schön, sich nach einer harten Arbeitswoche einfach zu entspannen, mit den anderen zu plaudern und zu lachen. Joel liebte Discomusik und konnte wunderbar tanzen, und da er als Vertreter der NOAA gewissermaßen der Gastgeber war, funktionierte er die Schneecocktailparty zu einer Tanzparty um.

Einige unserer Besucher waren medizinische Mitarbeiter, die mich an bestimmten Geräten ausbilden sollten, andere kamen einfach aus Neugier an den Pol. Weil ich mich verpflichtet fühlte, ihnen etwas zu bieten, zeigte ich ihnen die Station und lud sie zu unseren geselligen Abenden ein. Einmal kam ein reizender Pfarrer, den ich in McMurdo kennen gelernt hatte, saß dann aber wegen des schlechten Wetters das ganze Wochenende am Pol fest. Er war zwar Geistlicher, aber das war meiner Meinung nach kein Grund, eines unserer berühmtesten Rituale zu verpassen. Deshalb erklärte ich ihm, wann und wo wir uns treffen sollten. Als er nicht wie vereinbart erschien, ließ ich ihn über die Lautsprecher ausrufen. Dieses Rufsystem darf eigentlich nur für dringende Fälle oder offizielle Durchsagen benutzt werden, zum Beispiel: »Flugzeug startklar, bitte die Piste freimachen.« Oder: »Achtung, Südpol! Die Brandschützer treffen sich um dreizehn Uhr.« Häufig aber, besonders am Freitag- und Samstagabend, klang es aus unseren Laut-

sprechern eher wie in dem Film M*A*S*H. Zu ihrem großen
Amüsement hörten die anderen an diesem Abend: »Pfarrer
Dave, Sie kommen zu spät zur Schneecocktailparty. Pfarrer
Dave, bitte 249 rufen!« Offenbar kam die Durchsage bei ih-
rem Adressaten an, und seine Pepsi, mit dem reinsten Schnee
der Welt gemixt, schien ihm zu munden.

Leider schlugen einige Partygänger mit der Zeit derart über
die Stränge, dass unser Stationsleiter die Schneecocktailpartys
zum ersten Mal in der Geschichte des Südpols für den Rest
des Sommers untersagte. Alkohol verträgt sich nicht besonders
gut mit großer Höhe, denn er wirkt in der dünnen Luft erheblich stärker. Das war, wie ich vermute, auch die Ursache meines ersten medizinischen Notfalls am Südpol.

Es war ein wunderbarer Abend gewesen, die erste richtige
Party des Sommers, ausgerichtet von Big John und ein paar
Freunden im Maschinenpark. Sie hatten Sägemehl auf den Boden gestreut, einen orange-weißen Fallschirm an die Decke gehängt und ein großes Podium für die Musiker gebaut, das sie
wie in einem texanischen Rasthaus mit Maschendraht ein-
zäunten. Wir tanzten zu den Rhythmen einer grandiosen, drei-
zehnköpfigen Polie-Rockband namens »You Guys Suck«. Der
Einzige in der Band, der auch am Pol überwintern würde, war
Paul Kindl, ein Elektriker aus dem Norden des Staates New
York, den später alle nur »Pakman« nannten. Ich wusste damals schon, dass Pakman und ich eines Tages dicke Freunde
werden würden. Er hatte etwas Besonderes an sich. Bei der
Arbeit trug er einen hohen gestreiften Zylinder und sang
Rock-'n'-Roll-Songs. Er spielte ziemlich gut Bass, und die Band
rockte die ganze Nacht hindurch. Wir drängten uns auf den
Tanzboden, wobei wegen der ungewöhnlichen Zusammenset-
zung der Bewohner am Pol jede Frau mit zwei oder drei Männern gleichzeitig tanzte.

Zu essen gab es Hamburger und Grillwürste. Ich steuerte
große weiße Styropor-Boxen bei, die ursprünglich dazu gedient hatten, die Arzneimittel beim Transport zum Pol kühl
zu halten. Nun sorgten sie dafür, dass das Bier nicht gefror.
Wir veranstalteten einen Wettbewerb, bei dem ein Name für
den neuen Bulldozer gesucht wurde, mit dem der Schnee weg-

geschafft und unsere Landepiste glatt gewalzt wurde. Halo Bob, alias Bob Gleenler, ein Alchimist, der die zeitweise auftretenden Halos um die Polarsonne erforschte, errang mit dem Vorschlag, ihn »Drag Queen« zu nennen, den ersten Preis.

Ich selbst gehörte zu den zehn ausgewählten Sanitätern, die nüchtern bleiben und sich bereithalten mussten, um sofort helfen zu können, falls etwas passieren sollte. Und das geschah am nächsten Tag.

An jenem Nachmittag ging ich mit Scott Jones, dem Zahnarzt aus McMurdo, der mir noch einiges von seiner Kunst beibringen sollte, zu den Astronomen draußen an den Teleskopen. Er hatte mir in den vergangenen fünf Tagen gezeigt, wie ich mit meinem Zahnbesteck, das eigentlich für ein Feldlazarett der Armee bestimmt war, umzugehen hatte: Wie man Zähne zog, einen gebrochenen Kiefer verdrahtete, Röntgenaufnahmen des Gebisses anfertigte und entwickelte, und wie ich meine Technik bei der Wurzelkanal-Behandlung verbessern konnte. Ich weiß noch gut, wie nervös mich meine erste Patientin beobachtete, als ich mit dem Bohrer in Aktion trat. »Haben Sie Angst vor dem Zahnarzt?«, fragte ich.

»Ja«, nickte sie.

»Keine Sorge«, beruhigte ich sie fröhlich. »Ich bin keine Zahnärztin.«

Scott und ich gingen zu den Teleskopen im so genannten »dunklen Bereich« unserer Station, rund vierhundert Meter von der Kuppel entfernt, wo die Astronomen die Geheimnisse des äußeren Weltraums erforschen. Wir standen gerade auf dem Dach des VIPER-Teleskops, als ich über die Sprechanlage gerufen wurde. Diesmal hörte es sich anders an als sonst.

»Jerri Nielsen, in Zentrale melden. Jerri Nielsen, in Zentrale melden. Mike Masterman, in Zentrale melden …«

Mike fungierte als »Einsatzleiter«, als Verantwortlicher bei ernsthaften Schwierigkeiten. Dass wir beide gleichzeitig gerufen wurden, verhieß nichts Gutes. Ich versuchte anzurufen, aber das Telefon in der Zentrale war belegt, deshalb gab ich per Funk durch, dass ich mich bereits auf dem Rückweg zum Dome befände.

Wenige Minuten später sah ich ein Schneemobil schnell wie ein roter Blitz über das Eis auf mich zurasen. Blendend weißer Schnee stob hinter ihm auf, es wurde offenbar von einem Verrückten gesteuert. Als das Gefährt näher kam, erkannte ich, dass der Fahrer kein gewöhnlicher Verrückter war, sondern Mike, denn er trug immer eine besondere Mütze mit bunten Troddeln an der Seite. Mike war in West Virginia Feuerwehrmann und Krankenwagenfahrer gewesen, und jetzt hatte er diesen »Schnell! Schnell, es brennt!«-Ausdruck in den Augen, das Einzige, was nicht unter einer dicken Wollschicht verborgen war. Er hielt vor mir an, und ich sprang auf, ohne ein Wort zu sagen. Es war die wildeste Fahrt meines Lebens. Wir flogen förmlich dahin, nicht einmal die Sastrugi konnten uns bremsen. Ich klammerte mich an Mike, so fest ich konnte. Die Kälte ließ mein Gesicht zu Eis erstarren, deshalb vergrub ich es in seinem Daunenparka und versuchte aus den Augenwinkeln zu erkennen, ob Eisrillen vor uns lagen. Auf halbem Weg rief Mike mir zu, dass jemand im Sommerlager einen Krampfanfall gehabt habe.

Als wir ankamen und ich sah, um wen es sich handelte, war mir alles klar. Mein Patient hieß nämlich Nelson (seinen Namen habe ich geändert), Big Johns Kollege im Maschinenpark und sein bester Freund am Pol. Nelson hatte mir einmal erzählt, dass er sich vor Jahren bei einem Motorradunfall eine Kopfverletzung zugezogen und seitdem immer wieder Krampfanfälle gehabt habe – allerdings nicht mehr in den letzten zehn Jahren. Trotzdem fand ich es erstaunlich, dass er bei der Gesundheitsprüfung für die Polstation durchgekommen war. Er war nach der Party verkatert, hungrig und ausgetrocknet gewesen, das hatte wahrscheinlich den Anfall ausgelöst. Außerdem nahm er seit kurzem ein neues Medikament ein.

Er lag auf dem Bett, als wir kamen, war verwirrt und kaum ansprechbar, der typische Zustand nach einem Krampfanfall. Immerhin wechselte er ein paar Worte mit den Sanitätern, die ihn bereits untersuchten und für den Transport vorbereiteten. Im Sommer benutzten wir für solche Fälle unsere zwei Kastenwagen mit Gummireifen. In einen legten wir Nelson nun hinein und fuhren ihn zum Dome.

Wir trugen ihn in die Krankenstation. Erstaunlicherweise lief dort alles wie geschmiert. Die Sanitäter arbeiteten zusammen, als wären sie seit Jahren auf einandereingespielt. Ich legte zum ersten Mal in meinem Leben ohne die Hilfe einer Krankenschwester eine Dauerinfusion! Dass sich dabei der Infusionsständer wegen des schiefen Fußbodens plötzlich in Bewegung setzte und davonrollte, war eben »typisch Südpol«. Solche Dinge konnten mich nicht mehr erschüttern.

Leider war für meinen Patienten die Zeit im Eis vorbei, denn wir durften nicht das Risiko eingehen, dass er einen weiteren Anfall erlitt. Ein Flugzeug kam, um ihn nach McMurdo und von dort aus nach Neuseeland zu fliegen. Wir packten ihn in einen Armeeschlafsack, banden ihn auf einer Trage fest und trugen ihn schweigend aus der Kuppel zu der großen Hercules-Maschine.

Big John war sichtlich niedergeschlagen. Ich sprach mit ihm bis zwei Uhr morgens. Er erzählte mir, wie er die Sachen seines Freundes eingepackt hatte. »Das war eines der schlimmsten Dinge, die ich je tun musste«, sagte er. »Ich mag nicht einmal meine eigenen Sachen packen, geschweige denn die eines anderen.« Als er die Kleidung seines Freundes, dessen Bücher und die noch ungeöffneten Weihnachtsgeschenke seiner Frau in den Koffer legte, stieß er auf Clifford, einen großen roten Plüschhund, den Nelson von einer Grundschulklasse in den Staaten geschenkt bekommen hatte. Die Kinder hatten sich Fotos von den Orten gewünscht, die Nelson besuchen würde, und Clifford hätte natürlich auch darauf zu sehen sein sollen.

»Ich wusste, dass Nelson seit seiner Ankunft noch kein einziges Foto mit Clifford gemacht hatte«, fuhr Big John fort. »Also zog ich los.« Während ich im Biomed neben dem kranken Nelson saß, war Big John mit der Kamera seines Freundes und einem roten Plüschhund im Arm den ganzen Tag am Südpol herumgelaufen. Er fotografierte Clifford auf der Drag Queen, auf einem Schneemobil, am geographischen und am symbolischen Pol, am Eingang zum Dome und an Dutzend anderen Plätzen. Den Film gab er seinem Freund in die Hand, ehe wir ihn zum Flugzeug trugen.

Big John, der Mann mit dem großen Herzen. John Penney
wäre sicher der begehrteste Mann am Pol gewesen, hätte es
da nicht ein Hindernis gegeben: Er war bereits verheiratet. Seine Frau lebte in den Vereinigten Staaten, in derselben Stadt
wie seine Eltern, wie schon all die Jahre zuvor, als er sein Geld
auf Ölbohrinseln verdient hatte. Für einen Polie war diese Art
Ehe nicht ungewöhnlich. Im Grunde waren alle hier ziemlich
»unkonventionell«. Wären wir das nicht gewesen, wären wir
gar nicht erst hergekommen.

Zu meinen Aufgaben gehörte es auch, mich um die psychische Gesundheit meiner Kollegen zu kümmern. Ich habe
oft darüber nachgedacht, was es für Menschen sind, die ins
Eis gehen. Viele Leute arbeiten von Oktober bis Februar am
Pol und folgen dann der Sonne nach Norden, nach Grönland
oder Alaska. Immer auf der Suche nach den wenigen Gebie-
ten, die noch nicht »zivilisiert« sind. Jemand sagte mal zu mir:
»Hier fragst du die Leute nicht, wo sie herkommen, sondern
wo ihre Koje steht.« Inzwischen kannten wir alle den berühmten Polie-Spruch: »Das erste Mal kommst du aus Abenteuerlust. Das zweite Mal kommst du des Geldes wegen. Das dritte Mal kommst du, weil du dich anderswo nicht mehr wohl
fühlst.«

Den interessantesten Kommentar zu diesem Thema entdeckte ich in dem fünfunddreißig Jahre alten Polarhandbuch
der Navy, in dem es heißt, das wichtigste Kriterium bei der
Auswahl der Mannschaft für eine Polarexpedition sei die Mo-
tivation. Der Autor unterteilt die Bewerber in fünf Kategori-
en. Am liebsten sind ihm Männer (Frauen gab es damals in
den Polargebieten nicht), die »von einem bestimmten Interesse angetrieben sind, also Forscher, Wissenschaftler oder Abenteurer, … die zum Pol müssen, ›weil es ihn gibt‹. Weniger erwünscht, weil zu schnell enttäuscht, sind Idealisten, Ehrgeizige
und Ruhmsüchtige.«

Als zweite Kategorie nennt er die »Flüchtigen«, die sich zu
solchen Unternehmen melden, um »Schwierigkeiten mit der
Familie, der Braut, der Frau oder deren Verwandten aus dem
Weg zu gehen«. Wieder andere wollen sich dadurch finanziel-
len oder familiären Verpflichtungen entziehen oder fort, weil

ihnen ihre Arbeit nicht mehr gefällt. Diese Sorte Männer »macht sich im Eis entweder hervorragend oder aber erweist sich als fast völlig nutzlos«.

Außerdem gibt es die »Sparsamen« und die »Ziellosen«. Sie gehen ins Eis, weil sie gerade nichts Besseres zu tun haben. Beides können gute Männer sein, denn »der Reiz der Abgeschiedenheit und die Schönheit der Polarregionen können ihnen einen gewissen Lebenssinn vermitteln«.

»Am wenigsten erwünscht« und »für sie selbst und andere am gefährlichsten« sind »Märtyrer, Sadisten, Homosexuelle« (der Text stammt aus den sechziger Jahren!) und Männer mit starken unbewussten suizidalen oder masochistischen Tendenzen, »die ein hartes Leben in der Einsamkeit manchmal besonders reizt«.

Der Autor kommt zu dem Schluss, dass sich ein gewisser Typ des »Flüchtigen« für das Eis am besten eigne nämlich der »ausgeprägte Individualist, der das moderne Leben mit Fernsehen und Zeitungen … Weltkrisen und Verbrechen … unerträglich findet. Viele Männer, die dem Allmächtigen in der Kirche nie begegnet sind, treffen ihn gelegentlich auf dem Operationstisch oder im Kreißsaal, mit Sicherheit aber am Ende der Welt.«

Ich fragte mich, zu welcher Kategorie wohl ich selbst gehörte. Zu den »Flüchtigen« oder zu den »Abenteurern«? Vielleicht war ich ein bisschen von beidem, mit einem leichten Hang zum Märtyrer als besonderem Kick.

Einige Wochen nach meiner Ankunft wurde meine Krankenstation, die früher »Club Med« hieß, in »Station zur knallharten Wahrheit« umbenannt. Den neuen Namen prägte ein Polie (er soll anonym bleiben), der mit einer ganzen Reihe unspezifischer Symptome zu mir kam. Er fühlte sich einfach rundherum mies.

»Was ist los mit mir, Doc?«, fragte er. Nachdem ich mich etwa eine Stunde mit ihm unterhalten und ihn von Kopf bis Fuß untersucht hatte, war ich mir der Diagnose ziemlich sicher. Er litt weder an Leukämie noch an einer Anämie, wie er vermutet hatte.

»Sie trinken zu viel.«

Er sah mich verblüfft an. »Mann«, sagte er dann augenzwinkernd, »hier kriegst du wirklich nichts als die knallharte Wahrheit ...«

Jemand bastelte sogar ein offiziell aussehendes Schild für die Tür vom Biomed, auf dem stand »Station zur knallharten Wahrheit«.

Wie jeder neue Verantwortliche machte auch ich mich sofort daran, das Untersuchungszimmer neu zu ordnen. Ich hängte deutlich beschriftete Schachteln mit den wichtigsten medizinischen Materialien an die Wand, damit ich alles bei der Hand hatte und sich auch andere zurechtfanden, wenn ich nicht da war. Ich bekam rasch eine gewisse Routine im Umgang mit den Geräten, sogar mit dem Autoklav, der mir anfangs nicht ganz geheuer gewesen war. Überall in der Krankenstation hatte ich hübsche kleine Päckchen mit peinlich sauberen Instrumenten verteilt. Es erinnerte mich ein bisschen an das Einmachen von Gemüse im Sommer, wenn man sich nach getaner Arbeit zufrieden in der wohl gefüllten Speisekammer umsieht.

Für mein erstes komplettes Blutbild, wie in alten Zeiten durchgeführt, brauchte ich zwei Stunden. Ich verwendete zur Ermittlung des Hämatokritwertes ein Metallrad mit einem Kapillarröhrchen und einer Kalibrierung, das an eine altmodische Rechenscheibe erinnerte. Das Plasma trennte ich mittels einer Zentrifuge von den Blutkörperchen und zählte anschließend mit Hilfe eines Rasters die weißen Blutkörperchen aus. Aber dann folgten weitere, noch zeitraubendere Arbeitsschritte.

Fehlte mir ein bestimmtes Arzneimittel, stellte ich es manchmal selbst her. Es machte mir Spaß, Präparate anzurühren, und ich kam mir dabei vor wie eine Hexe, die einen Zaubertrank braut. So mischte ich zum Beispiel ein antibiotisches Gel an und eine Salbe mit zehn Prozent Hydrocortison zur äußeren Anwendung bei Sehnenentzündungen. Zwar hatte ich diese Medikamente zur Verfügung, aber nicht in der benötigten Form. Für die Behandlung von Fersenspornen, die durch chronische Druckreizung entstanden, bastelte ich eine Art

Schale. Auch für Monatsbinden entdeckte ich viele neue Einsatzmöglichkeiten, zum Beispiel als Bandagen. Sie erwiesen sich als so nützlich, dass ich sogar meine Notausrüstung im Notaggregat, das mir im Falle eines Brandes in der Kuppel als Krankenstation dienen sollte, damit ausstattete.

Die gynäkologische Untersuchung stellte ebenfalls eine Herausforderung dar. Es waren weder ein richtiger Untersuchungsstuhl noch ein Spekulum vorhanden, also musste ich improvisieren. Ich wickelte eine metallene Waschschüssel in eine Armeedecke, steckte das Ganze in einen großen Kissenbezug, und darauf durfte meine Patientin Platz nehmen. Für die Untersuchung benutzte ich zwei Löffel, und zwei Frauen hielten vor der Tür zum Biomed Wache.

Hin und wieder konnte ich mich davonstehlen und in Joels Zimmer in aller Ruhe ein paar Kapitel des Fachbuches über Höhenmedizin lesen, das Will mir vor seiner Abreise verkauft hatte, um mehr darüber zu erfahren, wie sich die Höhe von 3 000 Meter und mehr auf den menschlichen Körper auswirkte. Es gibt am Südpol nämlich ein besonderes Phänomen, die so genannte »physiologische Höhe«. Die durch die Erdrotation auftretende Zentrifugalkraft führt dazu, dass sich die Atmosphäre am Äquator stärker zusammenballt als an den Polen. Die Luftmasse am Äquator wiegt mehr als die Luftmasse in der Nähe der Pole, das bedeutet, dass die Atmosphäre am 2 880 Meter über dem Meeresspiegel gelegenen Südpol dünner und leichter ist als zum Beispiel auf einem gleich hohen Berg in Nordamerika.

Weil das Blut bei niedrigerem Luftdruck weniger Sauerstoff aufnimmt, reagiert der Körper, als befinde er sich in einer höheren Lage, als es tatsächlich der Fall ist. Zieht ein Tiefdrucksystem über den Pol, kann die physiologische Höhe also auf 3 600 Meter und mehr ansteigen. Die meisten Menschen fühlen sich dann abgespannt, leiden an Konzentrationsschwäche, Schlafstörungen und Übelkeit – die klassischen Anzeichen einer leichten Höhenkrankheit. Aber es treten auch noch andere Symptome auf. Einer an Besteigern des Mount Everest durchgeführten Studie zufolge beginnt sich das Sehvermögen bei 1 500 bis 2 500 Meter Höhe zu verschlechtern, und die Fähigkeit, logisch zu denken, verabschiedet sich bei 3600 Meter. Über Langzeitwirkungen wissen wir noch nichts.

Interessant fand ich, dass mir vieles davon bereits selbst klar geworden war. Ich fühlte mich wie damals als kleines Mädchen, als ich mir überlegt hatte, dass die Kontinente irgendwann verbunden gewesen sein mussten. Einerseits war ich enttäuscht, als ich erfuhr, dass schon jemand vor mir diesen Gedanken gehabt hatte, andererseits war es schön, dass jemand meine Ansicht teilte. Wieder einmal blühte ich auf in einer Umgebung, die mich anregte und mich zum Nachdenken zwang.

Nachdenken und Hinterfragen war in der Welt, die ich hinter mir gelassen hatte, nicht gerade sehr willkommen, und ganz sicher nicht in der Welt der etablierten Medizin. Ein großer Teil meiner Arbeit bestand aus »Reflex«-Medizin, wie ich es nannte. Wir lernten »Behandlungsschemata«, und nach einiger Zeit dachten wir auch in ihnen. In der Notfallmedizin, wo jede Minute zählt, kann das lebensrettend sein, aber es verhindert auch kreatives Denken, denn der Arzt kommt dadurch in der Regel auf die wahrscheinlichste, aber nicht unbedingt richtige Erklärung. Mit Dankbarkeit denke ich an die Gespräche, die ich während meiner Ausbildung mit erfahrenen Allgemeinärzten führen konnte, denn sie waren es, die mir die kleinen Tricks beibrachten und mir von Behandlungsmethoden aus einer anderen Zeit erzählten.

Einer meiner Professoren in Chirurgie hatte zusammen mit seiner Frau, einer Gynäkologin und Geburtshelferin, als Missionar in Indien gearbeitet. Was er mir erzählte, wie sie trotz aller Widrigkeiten in diesem Dritte-Welt-Land praktiziert hatten, trug viel dazu bei, dass auch ich mich im Ausland umsehen wollte. Der alte Chirurg schilderte, wie er Kleiderbügel aus Draht zu Wundhaken zurechtbog, um Körperhöhlen offen zu halten, und sich mit Hilfe von Löffeln durch Gewebeschichten vorarbeitete. Er musste Schicht um Schicht vorsichtig voneinander lösen, statt ins Gewebe zu schneiden, damit möglichst wenig Blutungen auftraten, denn es gab an seinem abgelegenen Krankenhaus keine Blutbank.

Solche scheinbar vorsintflutlichen Praktiken kamen mir in

den Sinn, wenn ich nach Alternativen zu den mir vertrauten Hightech-Methoden suchte. Ich war heilfroh, dass ich meine Ausbildung schon vor dem Aufkommen der Computertomographie abgeschlossen hatte. Hier am Südpol lernte ich die Dinge durch Ausprobieren, und zum Glück passierten mir nur sehr wenige Fehler.

Die Polies medizinisch zu betreuen war nicht meine einzige Aufgabe. Ich fungierte auch als offizielle Geschäftsführerin des Ladens und als »Postmeisterin«. Im Winter kümmerte sich der Arzt an zwei Abenden in der Woche um den Laden und die Post, er führte die Bücher und kontrollierte den Lagerbestand. Alle anderen Mitarbeiter mussten sich abwechselnd als »Hausmaus« betätigen, in der Küche mithelfen, die Tische putzen und vor dem Essen decken. Am Wochenende, wenn die Köche freihatten, mussten wir sogar die Mahlzeiten selbst zubereiten. Das galt auch für mich. Es war mir sogar sehr recht, dass ich zwischendurch etwas anderes tun konnte und die Menschen, die ich irgendwann behandeln würde, ein bisschen besser kennen lernte. Einmal machte ich am Samstagabend für die ganze Runde Pizza. Nachdem ich aufgeräumt hatte, hörten wir uns einige CDs an, die ich von zu Hause mitgebracht hatte.

Am nächsten Tag kam eine Wissenschaftlerin, die gerade auf der Station zu Besuch war, ins Biomed marschiert und klagte über Kopfschmerzen und Erbrechen. Sie war erst seit zwei Tagen im Eis und überzeugt, dass das Essen und die Musik von Willie Nelson sie krank gemacht hätten! Natürlich wusste sie nicht, dass die Ärztin, mit der sie gerade sprach, der große Country-Fan war, der am Abend zuvor für zweihundert Leute Pizza gebacken hatte. Ich bin mir sicher, dass es die Höhenkrankheit war, die ihr zu schaffen gemacht hatte.

Zusätzlich zu meiner eigentlichen Arbeit bemühte ich mich, so oft wie möglich zu Vorträgen und Freizeittreffen zu gehen. Einmal lautete das Thema des wissenschaftlichen Vortrags am Sonntagabend »Der Südpol und das Universum«. Hier unten beschäftigte uns das Universum natürlich sehr.

Im Eis und im Himmel stecken viele Geschichten – und auf

der Suche nach ihnen kommen die Wissenschaftler in die Antarktis, um sie anhand der Materie, die sie in dieser unberühr-
ten Welt vorfinden, zu entschlüsseln. Beispielsweise sind in
den Eiskernen, die man an der russischen Station Wostok mit
dem Bohrer aus der Tiefe holt, alle klimatischen Vorgänge aus
der Zeit, bevor es den Menschen gab, abgebildet. Die von
Schmelzwasser gebildeten Seen in den Dry Valleys nahe
McMurdo, wo es seit einer Million Jahren nicht geregnet hat,
haben mikroskopisch kleine Lebensformen bewahrt, die nirgendwo sonst auf der Erde zu finden sind.

In der Antarktis wurden inzwischen hunderte von wissenschaftlichen Projekten durchgeführt, während meiner Zeit am
Südpol jedoch nur neunzehn. Man musste schon einen sehr
guten Grund haben, um der Forschung willen in diese einzig-
artige, abgelegene Station zu kommen. Tatsächlich waren einige unserer Wissenschaftler exzentrische Gestalten, die ganz
in ihrer Arbeit aufgingen. Eines Freitagabends begleitete mich
ein Chemiker zur Schneecocktailparty, der im Eis Schwefel
gefunden hatte und mir nun freudestrahlend von seiner Ent-
deckung erzählte. Offenbar lagern sich bei einem Vulkanaus-
bruch Sulfide im Eis ein, anhand deren Wissenschaftler die
Proben datieren können.

Zu meinen besten Freunden zählten einige Alchemisten,
darunter Greg Griffin, ein hoch gewachsener Mann von Ende
zwanzig und brillanter Astronom, den wir nur »Giant Greg«
nannten. Er wollte am Südpol durch die Linse des VIPER-Teleskops den Ursprung des Universums erforschen. Ich lernte
Greg gleich in der ersten Woche kennen, als ich die drei Teleskope draußen auf dem Polarplateau besichtigte. Greg analy-
sierte die kosmische Hintergrundstrahlung, um Temperaturunterschiede bei Himmelskörpern von bis zu einem millionstel
Grad festzustellen und so der vom »Urknall« übrig gebliebenen Restwärme auf die Spur zu kommen. Er erläuterte mir
die verschiedenen Forschungsansätze zum Urknall auf eine mir
völlig neue Weise, denn er kannte sich so unglaublich gut in
dem Bereich aus, dass er seine Arbeit auch jemandem außerhalb seines Fachgebietes einfach und verständlich erklären
konnte. Beispielsweise schlug er vor, mir die Temperatur als

Farbe vorzustellen, und meinte, das Universum sei für die Astronomen lange Zeit wie ein weißes Blatt Papier gewesen. »Das Universum hat uns eine zwölf Milliarden Jahre alte Flaschenpost geschickt, und als wir die Flasche entkorkten, fanden wir nur ein leeres Blatt Papier darin«, sagte Greg. In den vergangenen zehn Jahren hätten die Forscher jedoch unglaublich feine Temperaturunterschiede in den Tiefen des Universums festgestellt, anhand derer Greg nun die Botschaft aus der Flasche zu entschlüsseln versuchte.

Giant Greg war auch ein großer Spaßvogel, mit dem jeder gern zusammen war. Unterstützt wurde er am VIPER-Teleskop von »Middle John« Davis, einem unserer Wartungsmonteure, mit einundsechzig Jahren der Älteste in der Wintermannschaft. Middle John, sowohl Techniker als auch Wissenschaftler, war früher Lehrer in Barrow, Alaska, gewesen und erzählte uns gerne vom Walfang und der Einsamkeit am anderen Ende der Welt. Wenn er nicht im Eis war, lebte er mit seiner Frau Peggy auf einer Farm in Indiana.

Ein weiteres astronomisches Experiment trug den Namen AMANDA, die Abkürzung für »Antarctic Myon and Neutrino Detector«. Allerdings schauten die Forscher in diesem Fall nicht nach oben, sondern tief hinein in das Eis unter unseren Stiefeln. Wie Nuclear Nick Starinski, unser eingebürgerter ukrainisch-kanadischer Atomphysiker erklärte, umfasst das AMANDA-Projekt über vierhundert ins Eis geschmolzene Löcher, manche mehr als zwei Kilometer tief, in die eine Reihe von »Photomultipliern« hinabgelassen wurden. Die Forscher hatten für dieses Projekt den Südpol ausgesucht, weil sie sich für Neutrinos interessierten, subatomare Teilchen, die so klein sind, dass sie den Eisenkern der Erde passieren können. Die Sensoren registrieren Myonen – beim Zusammentreffen von Neutrinos mit dem Eis entstehende blaue Lichtimpulse –, die den Wissenschaftlern Informationen über die Art der Teilchen liefern und möglicherweise über den Urknall, bei dem sie entstanden sind.

Der zweite Atomphysiker, der am AMANDA-Projekt mitarbeitete, hieß Bai Xinhua. Er stammte aus Peking, wo seine Frau, eine Zahnärztin, mit ihrem kleinen Kind lebte. Das For schungsjahr am Pol bedeutete für ihn nicht nur, dass er von seiner Familie getrennt war, sondern wegen der Sprachprobleme hatte er auch kaum Kontakt mit den anderen. Er musste unglaublich viel Mut aufgebracht haben, um sich auf dieses Unternehmen einzulassen.

Die Alchemisten arbeiteten im Auftrag der NOAA oder NSF, der führenden US-Organisation in der Antarktis. Ihre Gehälter und ihr Lebensunterhalt wurden aus Stipendien bestritten. Die von der ASA bezahlten Mitarbeiter – Wartungspersonal, Mechaniker, Köche und ein Arzt – sollten »der Wissenschaft dienen«. Trotz der Bedeutung der Polarforschung war uns bewusst, dass unsere Station als Etatposten ganz am Ende des Haushaltsplans stand. Unsere engen, schäbigen Unterkünfte, die veraltete Ausstattung und der Mangel an Ersatzteilen vermittelten uns oft genug das Gefühl, dass wir alles andere als wichtig waren. Wir lebten wie die Pioniere im Wilden Westen und würden wahrscheinlich noch mit Engpässen und Problemen zu kämpfen haben. Manchmal witzelten wir, das ganze Polarprogramm sei womöglich nur eine Tarnung für irgendeine andere Sache, wie eine Bäckerei mit einem illegalen Spielsalon im Hinterzimmer.

Wenn etwas kaputtging, vor allem im Winter, mussten wir es selbst reparieren oder neu anfertigen. Ersatzteile gab es nicht, die medizinische Ausrüstung war erschreckend dürftig. Uns fehlten bereits große Röntgenfilme, und auch McMurdo hatte keine mehr. Weil wir kein Ultraschallgerät besaßen, bat ich meinen dortigen Kollegen, uns sein altes zu überlassen, sobald er ein neues bekäme. Obwohl die Schweißer und Zimmerer tagtäglich Metall bearbeiten mussten, hatte ich keine Spaltleuchte, um notfalls Splitter aus ihren Augen zu holen. Zum Glück war wenigstens die Apotheke überraschend gut sortiert.

Ich betrieb einen regen Tauschhandel mit medizinischen Mitarbeitern, die zu Besuch kamen, und machte häufig Gebrauch von der »Guard Mail«, was bedeutete, dass man den Burschen von der Navy oder Air National Guard eine große Tüte mit Keksen in die Hand drückte und sie dafür persönliche Sachen von oder zu Freunden in McMurdo transportierten. Es gab noch andere Möglichkeiten, die Vorräte aufzustocken. Wenn ein Patient ein Medikament nicht ganz aufbrauchte, bat ich ihn, mir den Rest im Tausch gegen irgendetwas anderes zu überlassen, zum Beispiel eine angebrochene Flasche Hustensaft für ein Kissen. Der Schwarzmarkt für lebenswichtige Güter erstreckte sich auf den ganzen Kontinent.

Weit gereiste Leute meinen, dass der Südpol in vieler Hinsicht Russland gleicht. Mich erinnerte er an die *Mir*, die bejahrte, reparaturanfällige Raumstation, die, ständig am Rande der Katastrophe, durch das All raste. Es gab jedoch einen großen Unterschied zwischen der *Mir* und der Amundsen-Scott-Südpolstation: Trat im All ein lebensbedrohlicher Notfall auf, konnten die Kosmonauten durchaus mit einer Shuttle-Mission gerettet werden. Aber noch niemand hatte bisher ein Fluggerät erfunden, das im Winter am Südpol landen und wieder starten konnte. Hier gab es achteinhalb Monate im Jahr kein Entkommen.

Das Problem mit den Ersatzteilen verstärkte meine Hochachtung für Menschen, die alles Mögliche reparieren konnten. Wir nannten diese Künstler des Materialrecycling schlicht Reparaturgenies, und einer von ihnen war mein Zimmergenosse Ken Lobe, ein ausgezeichneter Handwerker. Er hatte in Vietnam als Labortechniker gedient, und wenn er nicht im Eis lebte, arbeitete er als Buschpilot in Alaska.

Floyd Washington, ebenfalls ein Reparaturgenie, nannte sich selbst gern den »unterkühltesten Schwarzen der Welt«. Er machte seine Arbeit so hervorragend, dass die ASA ihn unbedingt in der Wintermannschaft haben wollte und ihm einen Heimflug bezahlte, damit er vorher noch seine Familie in Virginia besuchen und seine Nintendo Playstation holen konnte. Floyd war früher bei der Navy gewesen, und als er sogar die Zuhaltungen im Schloss an meinem Medikamentenschrank wieder in Ordnung brachte, wusste ich, dass er wirklich alles reparieren konnte. Floyd spielte lieber auf seinem Nintendo oder surfte im Netz, als auf Partys zu gehen. »Alleinsein ist nicht dasselbe wie Einsamkeit«, erklärte er. Trotzdem ließ er uns mit seinem Rundbrief »Der Südpol auf einen Blick« jede Woche in den Genuss seines besonderen Humors kommen.

Um die neuesten Geheimnisse zu erfahren, drängten sich die Polics am Sonntagnachmittag erwartungsvoll in der Kantine, wenn er sein Blatt verteilte. Manchmal waren seine Enthüllungen unheimlich treffend. Hier ein typisches Werk – eines meiner liebsten – aus Floyds Feder:

Herr, lebe ich auch im Land der halbewigen Dunkelheit,
So fürchte ich doch keinen Ausfall der Maschinen.
Die Reparaturgenies mit ihrem Werkzeug beschützen mich.
Glykol und Öfen halten mich warm an allen Tagen,
Oder doch meistens.
Sie geleiten mich durch den Versorgungstunnel, wo grüne
Auen mich erwarteten, hätten wir einen Krümel Erde hier.
Sie werden mein Haupt mit Hammerschlägen salben,
Wenn ich ihnen überflüssige Arbeit mache.
Sie sind da, wenn meine Toilette überläuft.
Meine Tage sind gesegnet, solange sie nicht die
Schnauze voll haben.

Trotz der vielen Gefahren fühlte ich mich am Südpol und auch in unserer zum Teil schon recht heruntergekommenen Station, die wir liebevoll »Dome sweet Dome« nannten, bereits recht wohl. Es machte mich traurig, dass sie im Jahr 2005 aufgegeben werden sollte, wenn ein neues, größeres Gebäude fertig gestellt war. Die Kuppel sollte abgebaut und in die USA zurückgeschickt werden, um dort als Museum oder Lager zu dienen. Da ihre Tage ohnehin gezählt waren, wollte man nicht unbedingt noch Geld für Reparaturen ausgeben. Neben der bereits bestehenden Station wurde Stück für Stück eine neue aufgebaut, und es war ein Wettlauf mit der Zeit, das gigantische Bauprojekt rechtzeitig und innerhalb des veranschlagten Kostenrahmens durchzuführen. Ein Großteil der Transportflüge zum Pol – die ohnehin nur von Ende Oktober bis Mitte Februar möglich waren – blieb Maschinen und Baumaterial vorbehalten. Alles andere wurde als zweitrangig betrachtet, auch, wie wir bald spüren sollten, der Kraftstoff, den wir für die Energieversorgung der Station im Winter benötigten.
  Das zusätzliche Personal für den Neubau strapazierte unse-

re Kapazitäten in jeder Hinsicht, vom Abwassersystem bis zur Krankenstation. Der Sonderauftrag für unsere Saison im Eis (abgesehen davon, der »Wissenschaft zu dienen«) lautete, eine neue Maschinenhalle und eine Garage zur Wartung der Schwermaschinen zu errichten. Eine solche Arbeit war selbst unter besten Bedingungen in der normalen Welt gefährlich, am Pol jedoch ein geradezu abenteuerliches Unterfangen. Da ich aus einer Familie von Bauunternehmern stammte, hatten die Handwerker, die die Maschinenhalle bauten, einen besonderen Platz in meinem Herzen. Ich machte mir jedes Mal große Sorgen um sie, wenn ich eingemummelt zu einer Besichtigung des Bauprojekts ging.

Ich weiß noch gut, wie in meiner Familie darüber diskutiert wurde, was ich einmal werden sollte. Mein Vater sagte: »Kind, such dir eine Arbeit, bei der du dich zwischendurch mal aufwärmen kannst.« Was ihm an seiner Arbeit auf dem Bau nicht gefiel, war der Winter. Ich musste an meinen Vater denken, wenn ich sah, wie die Zimmerer sich mit ihren Sägen abmühten und die Monteure bei minus 40 Grad Celsius in klobigen Stiefeln Metallträger schleppten, während Kräne tonnenschwere Ladungen Stahl über ihre Köpfe hinwegbeförderten. Wir waren nicht in den USA. Wenn man hier einen Schraubenschlüssel fallen ließ, brach er glatt entzwei. Aber diese Burschen waren so abgehärtet, dass sie läppische Frostbeulen oder eine kleine Fleischwunde gar nicht behandeln ließen. Sie warteten erst einmal ab und kamen nur dann zu mir, wenn ihre Wunden nicht heilten oder so sehr schmerzten, dass sie nicht weiterarbeiten konnten.

Die vielen Verletzungen der Bauarbeiter hielten mich im Sommer, von November bis Februar, fast Tag und Nacht auf Trab, denn es wurde in drei Schichten gearbeitet. Ich hatte keine Zeit zum Lesen oder Lernen, oft nicht einmal zum Schlafen. Das Schlimmste war, dass ich kaum mehr nach draußen kam. Durch die geöffneten Holztore ergoss sich das Licht vom Polarplateau in die Kuppel, aber ich hockte drinnen wie ein Kind mit Stubenarrest. Ich konnte es gar nicht erwarten, mehr von der Antarktis zu sehen, und sehnte mich danach, einen Ausflug nach McMurdo machen zu können, wie es mir bei meinem Einstellungsgespräch in Denver versprochen worden war.

Anfang Dezember erhielt ich endlich Fahrstunden auf dem Schneemobil. Ich nahm jede Gelegenheit wahr, mit medizinischen Mitarbeitern und VIPs, die die Station besuchten und um die ich mich oft kümmern musste, eine Runde um die Nebengebäude zu drehen. Diese Spritztouren waren eine willkommene Abwechslung, wenn ich mich auch nicht zu weit von der Station entfernen durfte. Stets hatte ich mein Funkgerät dabei, das mich wie eine Kette mit meiner Arbeit verband. Als einziger Arzt weit und breit war ich eine Kostbarkeit, eine Bienenkönigin, die um jeden Preis beschützt werden musste. Ich war im Bienenstock gefangen, und wie eine Gefangene kam ich mir auch oft vor. Gleichzeitig gab es mir eine unglaubliche Sicherheit, von so vielen kompetenten Menschen umgeben zu sein. Als Kind hatte ich mich sicher gefühlt, weil ich überzeugt war, dass meine Eltern alles tun würden, damit mir nichts geschah. Zum ersten Mal seit meiner Kindheit hatte ich hier eine Umgebung gefunden, die mir das gleiche Gefühl vermittelte. Auch wenn die Versorgung oft nicht richtig klappte, wenn ich mich nicht auf das Wetter oder die veraltete Ausrüstung verlassen konnte, auf meine Kollegen war Verlass. Wir arbeiteten Hand in Hand, damit wir hier überhaupt überleben konnten, und würden alles füreinander tun, und wenn wir dabei unser Leben aufs Spiel setzten.

Ich bekam eine Menge E-Mails von Will Silva, der immer noch in Neuseeland auf besseres Wetter wartete, damit er klettern gehen konnte. Irgendwann gestand ich ihm, dass es mir schwer fiel, auf seine »Wie geht's?«-Mails zu antworten. Es ging mir offen gesagt gar nicht gut. Ebenso wie Dorianne ärgerte ich mich darüber, dass mein Arbeitgeber mir meine Aufgaben nicht genau genug beschrieben hatte, und war frustriert. Ich bat Will um einen Rat, wie ich meine Arbeitsbelastung verringern könnte, damit ich auch persönlich von dieser Erfahrung profitierte. Seine kluge und hilfreiche Antwort ließ nicht lange auf sich warten.

Absender: Will Silva<will@ISP.com>
Empfänger: nielsenje@spole.gov
Datum: 4. Dezember 1998 00:07:01
Betreff: Re: Bedrückte Grüße

Liebe Jerri,
ja, die Erwartungen der Leute, ich weiß, was du meinst. Ständig sollst du für die anderen da sein, und das kann keiner von uns wirklich leisten. Vielleicht hilft es, wenn du an alle eine Mail schickst und bei der nächsten allgemeinen Besprechung ankündigst, dass die Krankenstation von X bis Y geöffnet ist und man sich, abgesehen von Notfällen, bitte auf diese Zeiten beschränken soll. Du könntest auch Schilder malen und aufhängen. Du kannst deine Sprechzeiten selbst festlegen, musst aber eventuell mit Widerstand rechnen. Es ist eben so, dass die Leute überzogene Erwartungen haben. Eindeutig ein Problem der Grenzziehung.
Tu, was du tun musst, liebe Jerri, und denke daran, dass dir ein langer Winter bevorsteht. Mir schienen die Leute auf den ersten Blick kränker als im letzten Jahr. Aber wer weiß? Du musst einfach klare Grenzen setzen, zu deinem eigenen Schutz, damit du selbst bei Laune bleibst und nicht irgendwann durchdrehst.
Mach's gut und halt die Ohren steif. Grüße, Will

Inzwischen rückte Weihnachten näher, und ich bekam einen Anfall von Feiertags-Blues. Immer wieder schrieb ich meinen Kindern, aber bisher hatten sie noch mit keiner Zeile geantwortet. Allmählich fragte ich mich, ob meine Briefe und E-Mails sie überhaupt erreichten. Dass sie einige Geschenke von mir bekommen hatten, für die ich gesorgt hatte – zum Beispiel einen Pick-up für Ben zum sechzehnten Geburtstag –, wusste ich. Solange der Postdienst am Pol funktionierte, schickte ich ihnen weiter Andenken und Karten. Ich sandte ihnen Kopien aller persönlichen E-Mails meines »Familie und Freunde«-Verteilers, erhielt aber nie eine Antwort oder ein Dankeschön für die Geschenke. Wenn die anderen sich nach meinem früheren Leben und nach meinen Kindern erkundigten, rissen die Wunden der Trennung wieder auf. Zwar reagierte ich ausweichend, aber weil sie sich mit mir unterhalten wollten, fragten sie nach Einzelheiten. Wie sollte ich erklären, was mir selbst unvorstellbar erschien?

Ich vertraute mich meiner Mutter an, einem der wenigen Menschen, mit denen ich über die Gefühle zu meinen Kindern sprechen konnte.

Absender: Jerri Nielsen<nielsenje@spole.gov>
Empfänger: Mom@aol.com
Datum: 18. Dezember 1998 12:13:03 +1200
Betreff: Gespräch zwischen Mutter und Tochter

In den letzten zwei Tagen war ich furchtbar traurig wegen der Kinder. Warum, weiß ich nicht. Ich kann einfach nicht glauben, dass ich sie verloren haben soll. Ich verstehe das Ganze nicht, und es tut so entsetzlich weh! Nicht einmal ihre Fotos kann ich mir anschauen. Alle hier haben Familienfotos an der Wand in ihrem Zimmer. Ich ertrage es nicht. Ich habe Fotos aufgehängt und sie dann wieder abgenommen.
Hast du etwas von Ben über den Pick-up gehört?
Haben sie mich denn ganz vergessen?
Liebe Grüße, Duffy

Mein einziger Lichtblick war die Aussicht auf ein Wochenende in McMurdo, wo ich etwas Neues lernen, mit Freunden ausgehen und Medikamente eintauschen konnte und endlich aus dem Alltagstrott herauskäme. Ich freute mich riesig auf die Happy Campers School, wo ich lernen würde, wie man eine Eishöhle gräbt, ein Iglu baut und einige Tage in der Eiswüste überlebt. Vielleicht würde ich sogar Pinguine und Robben zu Gesicht bekommen.

Doch eines Tages kam der Stationsleiter in mein Zimmer/Büro und teilte mir mit, dass ich nicht nach McMurdo fliegen könne. Denver hatte ihn vorab nicht über den mir versprochenen Wochenendurlaub informiert, also genehmigte er ihn auch nicht. Er tat, als wollte ich mir hier ein schönes Leben machen, obwohl der medizinische Leiter der ASA dieses freie Wochenende bereits arrangiert hatte. Ein hirnloses Pochen auf Vorschriften. Man hatte mir gesagt, dass einige meiner Vorgänger die monatelange Dauerbelastung mit Rund-um-die-Uhr-Bereitschaft nicht verkraftet hätten und ein freies Wochenende deshalb die vernünftigste Lösung sei. Mir hätte nicht so viel daran gelegen, wenn es mir nicht versprochen worden wäre. Außerdem hatte man mir inzwischen mitgeteilt, dass ich niemand zur Unterstützung bei meiner Arbeit heranziehen dürfe, ohne dass diejenigen ausdrücklich dazu autorisiert worden waren. Warum hatte ich mir dann die Mühe gemacht, ein Helferteam auszubilden? Es kam mir langsam vor, als würden auch am Südpol ständig Entscheidungen getroffen, die nicht unbedingt zum Besten der Gemeinschaft waren, wie überall in der Welt. Da hatte man mir aber etwas ganz anderes erzählt.

Das Einzige, was mich davon abhielt, den Job hinzuwerfen, war die durch nichts zu erschütternde Überzeugung der Wintermannschaft, dass »alles in Butter sein wird, sobald die ganzen Sommergäste abgefahren sind«. Was sollte ich meinen Eltern sagen? Sie hatten mir ein aufmunterndes Fax geschickt, das jetzt bei mir an der Wand hing: »Lass dich nicht kleinkriegen!« hieß die Überschrift. »Nichts auf der Welt bringt mehr als Beharrlichkeit ...« Also spielte ich die Tapfere und machte meiner Enttäuschung in Briefen und E-Mails an Freunde und Angehörige Luft. Manchmal unterschrieb ich sie mit »Jerri Nielsen, Ärztin, Strafkolonie im Eis«.

Meine Familie sprach mir beharrlich Mut zu. Meine Mutter hatte beschlossen, dass dieses Jahr im Eis die beste Erfahrung meines Lebens sein sollte. Meine Brüder waren stolz auf mich, vor allem Scott, der nicht zu bändigende Junge, der wusste, was es hieß, in der Wildnis zu leben. Wir hatten uns schon immer sehr nahe gestanden, aber jetzt schrieben wir uns regelmäßig, und seine Kommentare waren wirklich ungewöhnlich. Als ich ihm einen traurigen Brief geschickt und über meine Einsamkcit geklagt hatte, kam von ihm folgende Antwort:

Absender: Scott Cahill<scotty@aol.com>
Empfänger: nielsenje@spole.gov
Datum: 16. Dezember 1998 20:11:45 0500
Betreff: Re: Liebe zum Pol

Ich bin sehr stolz auf dich, und du bist immer in unseren Gedanken. Klar, die Polstation ist kein Ferienlager, aber andererseits: Wer will schon etwas tun, was jeder kann? Natürlich vermisst du die Welt da draußen. Alle, die schon mal als Einhandsegler unterwegs waren, durch den Dschungel, die Tropen, die Sahara oder die Eiswüste an den Polen gezogen sind, haben die Welt vermisst und dem »Sensenmann« gegenübergestanden. Sie haben ihm ins Gesicht gelacht. Wenn sie wieder in diese Welt zurückkehrten, waren sie nicht mehr dieselben wie vorher. Sie sahen die Dinge, die sie ihr Leben lang vor der Nase hatten, auf einmal in einem ganz anderen Licht. Glaub es dem Mann, der nachts allein hundert Meilen über den Horizont hinausgesegelt ist, begleitet von Monstern und Engeln, Stille und Einsamkeit: Du bist, wo du bist. Du hast großes Glück, dass du dort sein kannst. Genieße jede Minute, koste sie aus. Spüre die Kälte, wenn der Winter kommt, spüre die Einsamkeit und die Stille. Atme sie tief ein, koste ihren Geschmack. DAS IST LEBEN. Das ist die Grenze, die Grenze ist alles.
Scott

Am Heiligabend bekam ich eine E-Mail von meiner Mutter, in der sie schrieb, was sie für diesen Abend alles vorbereitet hatte. Es sollte Austerncremesuppe und Roastbeef geben, Weihnachtsmusik bei Kerzenschein und natürlich Geschenke. Am ersten Weihnachtstag würden meine Brüder mit ihren Familien kommen. Ich fühlte mich so unendlich weit weg von alledem, dass ich kaum Heimweh hatte.

Ich versuchte, meine Probleme auszublenden und mich ganz auf die Gegenwart zu konzentrieren, und bald fand ich in Gestalt eines sechsundzwanzigjährigen Schweden namens Ola Skinnarmo einen Freund, der mir half. Er hatte von Patriot Hills aus, einem privaten Camp am Rand des Ronne Schelfeises in der Ostantarktis, allein die fast tausend Kilometer des Polarplateaus auf Skiern zurückgelegt und war nach siebenundvierzig Tagen am Südpol angekommen. Die Stationsleiter versuchten, Abenteurer und Touristen nach Möglichkeit davon abzuhalten, auf unserem Gelände zu zelten. Als nun kurz vor Weihnachten Ola auftauchte, durfte er sein Zelt zwar in der Nähe der Kuppel aufschlagen, bekam aber nur eine warme Mahlzeit am Tag aus der Kantine angeboten.

Als ich von dem jungen, hübschen Schweden hörte, versprach ich Dorianne, uns eine Einladung in sein Zelt zu besorgen. Sie traute es mir nicht zu. Also ging ich zu ihm und hieß ihn in perfektem Schwedisch am Südpol willkommen. Er lud uns in sein Zelt und zu ein paar schwedischen Armeekeksen ein. Ich brachte ihm heimlich Essen und Getränke, bis der Stationsleiter schließlich nachgab und er sich uns anschließen durfte. Er kam jeden Nachmittag ins Biomed, um mit mir zu plaudern, und wir lernten uns mit der Zeit recht gut kennen.

Ola hatte sich auf die Expedition körperlich wie geistig intensiv vorbereitet. Er hatte erkannt, dass geistige Stärke zum Überleben noch wichtiger war als körperliche Kraft. Er hatte Experten gefunden, die ihn lehrten, sich geistig so einzustellen, dass er Schmerz, Kälte, Hunger, Einsamkeit und Verzweiflung ausblenden konnte. Wir sprachen ausgiebig darüber, denn auch ich hatte lange und hart daran gearbeitet.

Am ersten Weihnachtstag fand die »Rallye um die Welt« statt, für die meisten der Höhepunkt des Polarsommers. Dabei umrundeten wir auf der Landepiste – einem rund vier Kilometer langen Kurs – zu Fuß oder motorisiert ein paar Mal den Südpol. Einer legte den ganzen Weg mit dem Schneemobil im Rückwärtsgang zurück. Einige Polies ließen sich auf einem Eisschlitten von der Drag Queen ziehen, auf den sie der Bequemlichkeit halber ein Sofa gehievt hatten. Es sah lustig aus, aber ich fühlte mich seltsam distanziert, wie ein Tiefseetaucher, der die Welt durch seine Maske betrachtet. Mich reizte eher der Winter. Die Vergnügungen des Sommers wie die Rallye oder ein Krocketspiel auf der Landepiste waren etwas für die Besucher, die bald abreisen würden. Ich war nicht hergekommen, um mir mit Spielen die Zeit zu vertreiben. Wir mußten den Sommer durchstehen, um das tun zu können, wozu wir hergekommen waren: am Südpol zu überwintern.

Absender: Jerri Nielsen<nielsenje@spole.gov>
Empfänger: Mom@aol.com
Datum: 25. Dezember 1998 00:59:35 +1200
Betreff: Re: Fröhliche Weihnachten, mein kleines Mädchen

Fröhliche Weihnachten, Ihr Lieben,
ich habe niemandem schreiben können, weil ich so viel Arbeit habe, dass ich nur die Hälfte schaffe und trotzdem jeden Abend todmüde ins Bett falle.
Heiligabend war nett hier. Heute haben wir verrückte Fahrzeuge gebaut und eine »Rallye um die Welt« veranstaltet. Die ganze Station hat daran teilgenommen. Ein paar sind gelaufen oder gegangen, andere mit Schlitten oder Schneemobilen gefahren. Wenn ich nicht zu müde bin, gehe ich heute Abend zu einer Weihnachtsfeier. Danke für die Päckchen. Ich habe die T-Shirts, den Haarföhn, die Heizdecken, die Kekse, Bonbons und den Weihnachtsschmuck bekommen. Die Orangen und Äpfel haben wunderbar geschmeckt.
Liebe Grüße, Duffy

Mich bedrückte auch, dass sich eine Art Meuterei zusammenbraute. In der letzten Dezemberwoche kündigten sechs Leute, darunter fast alle Mitarbeiter der Frachtabteilung und meine beste Freundin Dorianne. Ich habe nie erfahren, was bei der Fracht vor sich ging, doch ich wusste, dass mir Dorianne sehr fehlen würde. Sie war auf die viele Arbeit, die von ihr erwartet wurde, nicht vorbereitet gewesen, und ich konnte ihre Enttäuschung gut nachempfinden. Trotzdem war ich überzeugt, dass sie sich hier wohl fühlen würde, sobald die »Sommergäste« abgereist wären und die Station geschlossen würde.

Ich wusste, dass es Unsinn war, jemand zum Überwintern zu überreden – man muss es selbst ohne jeden Vorbehalt wollen. Aber ich musste etwas unternehmen, um sicher zu sein, dass sie keinen Fehler machte. Deshalb lud ich ihre guten Freunde, die sich für den Winter verpflichtet hatten, in mein Zimmer ein, um gemeinsam zu überlegen, welche Möglichkeiten es für Dorianne gab. Alle kamen: Andy, der Alchimist im Blaumann, die Meteorologin Loree, Joel und Big John. Jeder von uns würde einen Grund nennen, warum sie bleiben sollte, und jemand anders würde ein Gegenargument vorbringen.

Loree machte den Anfang. »Wir brauchen dich, Dorianne. Die besten Freunde, die du je hattest, sind in diesem Zimmer versammelt. Wir sind hier, um diese Sache gemeinsam durchzuziehen.«

»Es wird das beste Jahr deines Lebens sein«, fuhr Big John fort.

Dann kam ich an die Reihe. Ich hatte ihr immer zugeredet, doch bei uns zu bleiben, aber jetzt wollte ich fair sein und schilderte ihr den schlimmsten aller Fälle.

»Weißt du, wovor mir am meisten graut?«, sagte ich. »Was ist, wenn jemand von uns sich verletzt oder schwer krank wird und ich fast nichts tun kann? Du müsstest mir vielleicht helfen, jemand zu pflegen, den du auch gern magst, der mit einer schlimmen Kopfverletzung bewusstlos daliegt, den ganzen Winter über. Wir müssten abwechselnd neben ihm schlafen, wachen, auf das Frühjahr warten. Und das immer mit dem Gedanken im Hinterkopf, dass es für ihn Hoffnung gäbe, wenn wir zu Hause in einem richtigen Krankenhaus wären. Einer oder mehrere von uns können hier jederzeit sterben. Wenn die Generatoren ausfallen, erfrieren wir alle. Wenn in der Kuppel ein Brand ausbricht, wird ein Überleben furchtbar schwer werden, vielleicht sogar unmöglich.«

Über diese Ängste sprachen wir kaum, obwohl uns ständig mehr oder weniger bewusst war, dass eine solche Katastrophe durchaus passieren konnte. Ich stellte die Dinge nur ungern so drastisch dar, aber ich fand, dass wir Dorianne unmöglich zum Bleiben überreden konnten, ohne auch die Risiken anzusprechen.

»Ich muss wissen, ob ich es schaffe, ob ich es durchstehe, Dorianne. Das ist mir wahnsinnig wichtig. Und wie wichtig ist es dir?«

Sie wollte darüber schlafen und am nächsten Morgen ihre Entscheidung treffen. Aber ich kannte ihre Antwort schon. Ich war todunglücklich. Jetzt würde ich im Winter ohne eine gute Freundin auskommen müssen, die mich zum Lachen brachte, ohne eine Vertraute in dunklen Tagen.

Gerade als ihr Abflug festgesetzt wurde, verschlechterte sich das Wetter an der Küste. Sämtliche Flüge von und nach McMurdo waren eingestellt worden, die Zerreißprobe ging erst einmal weiter.

Als Dorianne noch am Packen war, bettelten ihre Freunde sie bereits um das eine oder andere Stück an. Wir nahmen alles, wovon sie sich trennen konnte: Kleidung, Video- und Musikkassetten, Einrichtungsgegenstände. Wenn sie in der Station unterwegs war, sprachen Leute sie an und baten sie um ihre Mütze oder ihren Gesichtsschutz. Ich als ihre beste Freundin kam sehr gut dabei weg und ergatterte ein Daunendeckbett, Flanelllaken, ein paar schöne Bücher und Lebensmittel. Auch an ihrer Daunenweste bekundete ich Interesse und hoffte, dass sie sich in letzter Minute doch noch davon trennen konnte. So lief das bei uns. Wir losten aus, wer ein Zimmer bekam, obwohl der Betreffende noch gar nicht fort war. Die Leute rissen ihm sogar schon Bilder von den Wänden.

Als Doriannes Flug nach McMurdo gestrichen wurde, musste sie sich von mir Anziehsachen leihen – sie hatte alles verschenkt. Sie besaß kein Handtuch mehr und keine Seife. Zum Schlafen trug sie mein T-Shirt, und ich passte genau auf, dass sie es nicht in ihren Koffer packte! Jemand nahm in dieser

Nacht ihre Hausschuhe mit. In jedem Zimmer, in das man kam, fand man etwas von ihren Habseligkeiten.

Als Doriannes Flugzeug schließlich am Pol landete, verabschiedete ich sie mit einer herzlichen Umarmung und sah zu, wie sie den Heart Attack Hill zur Landepiste hinaufkletterte. Ich musste an die Geschichte vom »Sündenesser« denken. In manchen irischen und walisischen Dörfern legte man dem Verstorbenen bei der Totenwache etwas Essbares auf den Körper, ein Symbol für seine ungebeichteten Sünden. Der Sündenesser verspeiste es und nahm so die Sünden auf sich, damit der armen Seele das Fegefeuer erspart blieb. Dann, wenn auch für den Sündenesser die Zeit gekommen war, aß jemand, der ihm sehr nahe gestanden hatte, seine Sünden – sonst hätte er die Sünden aller Dorfbewohner mit ins Grab nehmen müssen und wäre auf alle Ewigkeit zu den schlimmsten Höllenqualen verdammt gewesen. Dieser Mensch war dann der neue Sündenesser.

Ich war schon immer der Meinung, dass ein Arzt viel von einem Sündenesser hatte. Man bewahrte all die Schmerzen, all die Geheimnisse seiner Patienten in seinem Herzen auf und hatte niemand, mit dem man darüber reden, mit dem man diese Last teilen konnte. Hier, am Südpol, war ich als Ärztin mit meinem Wissen noch viel verlassener als an allen anderen Orten, wo ich je gewesen war. Tja, dachte ich, als die Hercules in den wolkenlosen Himmel abhob, nun hat der Sündenesser hier niemanden mehr, der ihn liebt.

Nicht lange nachdem Dorianne abgeflogen war, schaute Big John bei mir herein und sagte: »Doc, was du brauchst, ist eine Spritztour auf dem Bike.« Wir nannten die Schneemobile Bikes – ein weiteres Beispiel für Polie-Jargon –, und Big John war der Biker-König. Da er für die Wartung der Gefährte zuständig war, hatte er Zugang zu allen Schneemobilen und hatte sich als privaten Feuerstuhl das beste von allen ausgesucht (obwohl es offiziell einem der Alchemisten gehörte).

Big John wusste, was es heißt, hier seinen besten Freund zu verlieren, schließlich war Nelson erst vor ein paar Wochen ausgeflogen worden. Ich erlaubte ihm, mich aus der Station zu entführen, zog meinen Parka über, kletterte hinter ihm auf das

Schneemobil, und schon schossen wir dahin. Der Wind brannte wie Feuer, und wir flogen über die scharfkantigen Wellen aus Eis, hinein in die unendliche Weite des Polarplateaus.

Etwa acht Kilometer von der Station entfernt, wo man rundherum nichts anderes mehr sah als den Horizont, hielten wir an, stellten für einen Augenblick den Motor ab und lauschten der absoluten Stille des Eises. Der Platz war so schön, so rein und vollkommen! Langsam lernte ich die Bedeutung der feinen Veränderungen in Farbe und Textur erkennen, die sich am endlosen Horizont zeigten, die Tönung der Sonne hinter einem dünnen Wolkenschleier, die Richtung, aus der der Wind kam. Man kann sich kaum vorstellen, wie viele Schattierungen von Weiß und Blau es gibt, bis sie das Einzige sind, was deiner Welt Konturen verleiht. Auf einmal spürte ich, wie sich in meinem Herzen etwas bewegte, als würde der passende Schlüssel in ein Schloss gesteckt. Ich begann mich der Leere zu öffnen, die sich mir hier enthüllte.

Absender: Roger Hooker<hookerro@spole.gov>
Empfänger: #Xpole
Datum: 28. Dez. 1998 02:46:03 +1200
Betreff: Neujahrsfest

Herzlich willkommen …
Roger und Donna laden euch hiermit zu ihrer Hochzeit ein. Die beiden werden sich am Neujahrstag um 15.00 Uhr am Ceremonial Pole das Jawort geben.
Sie wünschen sich, dass die Gäste sich an den Händen halten und so einen Kreis »um die Welt« bilden, mit Braut und Bräutigam in der Mitte. Bei dem anschließenden Empfang in »Sally's Kantine«, dem besten Restaurant am Ort, wird gegen 17.00 Uhr Pizza serviert.
Für Live-Musik sorgen ab 19.00 Uhr »Die Eismänner« vom Südpol, Antarktika. Geschenke sind überflüssig …
Bringt einfach gute Laune und Glückwünsche für das neue Paar mit.
U.A.w.g.

Donna, Köchin der Wintermannschaft, und Roger, ein Elektriker, zogen zur Feier des Tages ihre besten, farblich aufeinander abgestimmten Daunenparkas »Made in McMurdo« an. Die schönen Eheringe hatte Ken Lobe, der Buschpilot aus Alaska, aus einem Stück Messing in der Werkstatt hergestellt. Ken vollzog auch die Trauung. Jeder Einwohner Alaskas darf nämlich kommissarisch eine Trauung vornehmen, ein kaum bekanntes, aber sympathisches Gesetz. Vermutlich wurde es erlassen, weil die Lebensumstände in Alaska unseren recht ähnlich sind, das heißt, es herrscht ein ausgesprochener Mangel an Friedensrichtern.

Das zweite große Ereignis am Neujahrstag war die jährliche Versetzung der Marke für den geographischen Südpol. Die Amundsen-Scott-Südpolstation steht auf einer Eisplatte, die sich jedes Jahr um rund neun Meter verschiebt. Damit wandert auch die offizielle Markierung und muss am richtigen Punkt neu gesetzt werden. Als ich meiner Familie von diesen Ereignissen berichtete, versuchte ich ihnen auch zu erklären, welche Veränderungen in mir selbst vorgingen.

Absender: Jerri Nielsen<nielsenje@spole.gov>
Empfänger: Mom@aol.com
Datum: 6. Januar 1999 8:46
Betreff: Januar, der Neubeginn

Es sieht aus, als wäre die Meuterei vorbei. Dorianne ist fort, und sie fehlt mir sehr. Ihr Daunendeckbett wärmt und tröstet mich. Ihr Zimmer hat sich jemand geschnappt, der vorher im Zelt geschlafen hat, und das Leben geht wieder seinen gewohnten Gang. Ich bin in letzter Zeit öfter mit Big John und Joel, unserem tanzenden NOAA-Repräsentanten, zusammen.

Am Neujahrstag hatten wir hier eine Hochzeit. Außerdem haben wir den geographischen Südpol versetzt. Traditionsgemäß wechseln sich die Teammitglieder dabei ab, die Stange mit dem Hammer ins Eis zu schlagen. Die Marke wird jedes Jahr versetzt und von jeder Mannschaft

signiert. Ich habe euch Bilder geschickt. Auf unserer Mar-
ke steht mein Lieblingssatz von Captain Scott: »Großer
Gott, welch schauriger Ort!«
Er ist schaurig und wunderschön zugleich. Er bringt dich
um, wie er es mit Scott getan hat, oder er verwandelt
dich, oder was auch immer gerade mit mir geschieht.
Aber er ist nicht das Paradies. Nichts, was gut ist, ist das
Paradies. Ich möchte bleiben.
Alles Liebe aus dem Eis
Jerri Lin

KAPITEL 5

Die Polarnacht rückt näher

Absender: Thom Miller<cyprus/millerge>
Empfänger: cyprus/nielsenje
Datum: 28. Dezember 1998
Betreff: Pfui, pfui, pfui!

Hallo Jerri,
Wasser machen kostet hier ein Schweinegeld. Wir alle
haben von deiner »Hollywood-Dusche« gehört, die letzte Nacht den Feueralarm ausgelöst hat. Es gibt Regeln
bei uns, an die sich alle zu halten haben, sogar ich, und
ich mache das Wasser. Zwei Minuten, zwei Mal pro Woche. Außerdem sind mir Gerüchte zu Ohren gekommen,
dass du eine Höhensonne gefunden hast. Benutzung absolut VERBOTEN! Was mehr als hundert Watt verbraucht, ist untragbar. Eine Kilowattstunde kostet uns
ungefähr neunzig Cents (zu Hause bezahlst du neun bis
fünfzehn Cents), und ein Gerät dieser Stärke würde unseren Generator viel zu sehr belasten. Wir überprüfen
jedes Gebäude per Computer im Ein-Minuten-Takt,
können also sofort feststellen, ob du sie benutzt, und
dann müssen wir sie konfiszieren. Das möchte ich vermeiden, deshalb benutze sie bitte nicht!
(Sobald all die Leute, die nicht zu unserem Trupp gehören, endlich Leine gezogen sind, können wir viel mehr
machen, keine Sorge. Aber im Sommer müssen wir uns
an die Spielregeln halten!)
Danke!
Power Plant, dein Energieversorger

*I*ch war unschuldig. Ein defekter Rauchmelder, der überempfindlich auf Wasserdampf reagierte, hatte den der »Hollywood-Dusche« angelasteten Feueralarm ausgelöst. Ich hatte die vorgeschriebenen zwei Minuten nicht überzogen und achtete sogar peinlich genau auf meinen Wasserverbrauch. Was aber nichts daran änderte, dass die Polies mich nach diesem Vorfall nur noch »Doc Hollywood« nannten. (Zum Thema Höhensonne möchte ich lieber nichts sagen.)

Duschen war ein solcher Luxus, dass ich meine Wasserration vor allem zum Haarewaschen nutzte. Meine Haare waren immer so schmutzig, dass ich sie sogar in der Freizeit zu einem Knoten zusammengebunden trug. Um den Rest meines Körpers kümmerte ich mich nicht mehr. Wenn alles außer dem Gesicht in zwanzig bis dreißig Pfund Daunenkleidung verpackt ist, erübrigen sich kosmetische und ähnliche Probleme.

Unsere Kleidung war sogar noch schmutziger als wir selbst, denn wir trugen die Sachen, bis sie stanken. Weil das Wasser rationiert war, überlegte man sich sehr genau, was in die wöchentliche Waschladung kam. Man durfte das kostbare Wasser nicht zum Waschen der Daunenparkas verwenden, und so wurden sie immer schwärzlicher. Die meisten Männer arbeiteten zehn Stunden am Tag und hantierten dabei mit Schmieröl und Kraftstoff. Ich als »Kuppelschnecke« wirkte dagegen, relativ betrachtet, blitzsauber. Im Wilden Westen musste es ähnlich gewesen sein. Wenn man richtig schmutzig wird, beginnt sich die Haut zu schuppen – gewissermaßen die natürliche Form der Trockenreinigung. Der einzige Ort, an dem ich keinen Schmutz duldete, war meine Krankenstation. Einmal habe ich meine Nachbarn fast mit Chlordämpfen vergiftet, weil ich den Boden mit desinfizierendem Bleichkalk schrubbte. Allerdings hatte ich zu viel Konzentrat in meine Mischung gegeben, so dass die Mixtur explodierte, der Gummipfropfen aus der Flasche schoss wie ein Champagnerkorken und das Ganze an die Decke spritzte.

Für die ersten Wochen des neuen Jahres waren eine Reihe »hochrangiger Besucher« – Kongressmitglieder und andere Regierungsvertreter – angekündigt. Für mich bedeuteten diese Besuche zusätzliche Arbeit und lange Tage. In der Regel wurde nicht überprüft, ob sie für das raue Klima der Antarktis fit genug waren, deshalb hatten sie auch mehr gesundheitliche Probleme als der durchschnittliche Polie. Viele wurden höhenkrank, und das hieß, dass sie in meine kleine Klinik eingewiesen wurden. Am schlimmsten fand ich jedoch, dass auch Journalisten dabei sein würden. Daheim in Ohio berühmt zu werden, darauf konnte ich sehr gut verzichten, denn ich wusste, es würde bei meinem Exmann nur Neid auslösen. Er hatte es mir schon früher übel genommen, wenn ich in irgendeiner Weise Aufmerksamkeit bekam, und seinen Ärger dann an den Kindern ausgelassen. Ich hatte vor langer Zeit beschlossen, gewissermaßen unter der Reichweite seines Radars zu fliegen, mich quasi unsichtbar zu machen oder zumindest immer ein bewegliches Ziel zu bleiben, denn das war für mich die einzige Möglichkeit, seinem Zorn zu entgehen.

Zu Jahresbeginn erhielt die Polmannschaft die folgende Nachricht:

Absender: Mike Masterman<cyprus/masterman>
Empfänger: #Alle
Datum: 7. Jan 1999 19:03:15 +1200
Betreff: Umgang mit den Medien

Liebe Polies,
in diesem Monat werden mehrere Journalisten zum Pol kommen. Hier ein paar Tipps und Hinweise von der NSF. Bitte nutzt die Gelegenheit, mit den Leuten zu sprechen.

——Ursprüngliche Nachricht——

Im Januar werden auf Einladung der NSF Journalisten von fünf verschiedenen Medien McMurdo und den Südpol besuchen. Sie sollen hauptsächlich über die wissenschaftliche Arbeit berichten, einige werden aber auch »menschlich interessante« Geschichten über das Leben im Eis schreiben wollen.

132

Als Kontaktleute zur amerikanischen Öffentlichkeit sind sie für uns ausgesprochen wichtig, denn sie helfen uns, die Geschichte der faszinierenden Antarktis zu erzählen. Sollen Sie mit ihnen sprechen? Auf jeden Fall. Es gibt keinerlei Einwände seitens der NSF, mit diesen Journalisten zu reden. Das gilt auch für Mitarbeiter am Bauprojekt und militärisches Personal. Im Gegenteil, es wird sogar befürwortet. Wir bitten Sie jedoch, bei allen grundsätzlichen oder taktischen Fragen auf die NSF zu verweisen und sich ansonsten auf Ihr eigenes Fachgebiet zu beschränken.

Ein paar allgemeine Ratschläge:

1. Vermeiden Sie jeglichen Jargon.

2. Fassen Sie sich kurz.

3. Drücken Sie sich präzise aus.

4. Seien Sie natürlich (und zeigen Sie Ihre Begeisterung, wenn Sie solche empfinden).

5. Lassen Sie sich Zeit mit Ihren Antworten. Zuerst denken, dann reden.

6. Scheuen Sie sich nicht, im Zweifelsfall mit »das weiß ich nicht« zu antworten (und verweisen Sie auf die NSF).

7. Übertreiben Sie nicht.

8. Denken Sie daran, dass Sie sich im Gespräch mit den Journalisten praktisch immer »öffentlich« äußern (auch bei zufälligen Begegnungen in der Kantine oder in der Bar).

9. Sagen Sie nichts, was Sie nicht in gedruckter Form sehen möchten.

Jerry Bowen, ein Nachrichtenjournalist von der CBS, und seine Leute besichtigten mehrere Tage lang die gesamte Station, um eine Geschichte über das Leben »am Ende der Welt« zu drehen. Ständig bedrängten sie uns wegen eines Interviews, beim Essen in der Kantine, in den Jamesways und den Forschungslabors. Ich ging ihnen möglichst aus dem Weg. In einer E-Mail an meine Eltern erzählte ich von unseren Besuchern: »Wenn es irgendwie geht, werde ich nicht mit ihnen reden. Ich möchte nicht, dass Dan Rather vor meiner Tür steht.«

Eine mir hochwillkommene Besucherin war Betty Erickson, die »Krankenschwester meiner Träume« aus McMurdo. Man hatte sie zur Polstation geschickt, um mir noch einige praktische Dinge beizubringen, beispielsweise wie man den Injektionsapparat bediente und Spritzen setzte, ohne Schaden anzurichten. Dank Betty fühlte ich mich nicht mehr so allein. Ich musste ihr nichts erklären, denn sie verstand auch ohne Worte, womit ich als Ärztin im Eis zu kämpfen hatte. Wir unterhielten uns prächtig, während wir den Bestand an Medikamenten für Wurmbefall und Malaria aufnahmen (viele Polies waren auch in die Tropen gereist) und nach Antibiotika suchten (die wir schließlich auch fanden). Betty führte mir immer wieder vor Augen, wie unvollkommen ein Arzt ohne Krankenschwester ist und warum sich unsere Berufe parallel entwickelt haben – um uns gegenseitig zu unterstützen.

Mir lag viel daran, dass Betty ihren Aufenthalt bei uns genoss, und wir schafften es sogar, eine sensationelle Fahrt mit dem Schneemobil über das Polarplateau einzuschieben. Leider mussten wir jedoch die meiste Zeit zusammen in der Krankenstation verbringen – Betty als meine Patientin, der ich wegen Höhenkrankheit Sauerstoffgaben und Bettruhe verordnen musste. Niemand war immun dagegen.

Mittlerweile fühlte ich mich am Südpol mit jedem Tag wohler, was zum Teil auch daran lag, dass ich neue Freundschaften schloss.

John Wright von der Sommermannschaft lernte ich kennen, als er sich eine Erfrierung zugezogen hatte. John, der Bergmann aus Colorado, grub nun Eistunnels am Südpol. Wir nannten ihn »Master Blaster«, weil er so gut mit Sprengstoffen umgehen konnte, aber er war auch ein Künstler im Umgang mit dem Eis. Er baute uns einen Tunnel von vollkommener Symmetrie, nur mit Hilfe einer Kettensäge und Spitzhacke, nicht viel anders als in babylonischer Zeit. Beim nächsten Mal wollte er Dynamit ausprobieren und dann eine neue Bohrmaschine, um zu sehen, welche Methode am besten funktionierte. Die Erfrierungen an seinen Fingern erwiesen sich jedoch als so schlimm, dass er eines Tages ins Biomed kam, um sich behandeln zu lassen. Mir war klar, dass die Lederhandschuhe von der ASA nicht ausreichend wärmten, deshalb überlegte ich mir selbst etwas. Ich hatte aus Neuseeland ein Opossumfell mitgebracht, aus dem ich mir ursprünglich einen Gesichtsschutz für den Winter hatte nähen wollen. Nun schnitt ich das Fell in kleine Stücke und stopfte die Finger der Handschuhe damit aus. Es war das einzige »Rezept«, das mir einfiel, und es schien tatsächlich zu helfen. Nebenbei wurden wir auch gute Freunde.

Big John verstand sich ebenfalls sehr gut mit John Wright, und wir drei teilten eine Liebe zur Lyrik. Nach dem Abendessen oder am Wochenende saßen wir oft in der Kantine und trugen uns gegenseitig Gedichte vor. John Wright besaß eine tiefe, volle Stimme und konnte lange Passagen von Robert Service auswendig hersagen. Auch Big John gehörte zu dessen Anhängern. Meine liebsten Lyriker waren Yeats, T. S. Eliot, Emily Dickinson und Edna St. Vincent Millay. Es dauerte nicht lange, und wir waren umringt von Leuten, die zuhörten und sich über unseren literarischen Wettstreit amüsierten.

Nachdem Wright einige Strophen über Bergleute und kraftstrotzende Holzfäller zitiert hatte, las ich einen Vers über verlorene Liebe und Jugend vor. Wright bemerkte mit einem theatralischen Seufzer: »Ach, Gedichte von Frauen sind immer voller Sehnsucht!«

»Das stimmt überhaupt nicht«, gab ich erbost zurück, »hör dir doch mal das an.« Daraufhin trug ich den »Wild Women Blues« vor, einen Song von Ida Cox:

> I've got a different system
> And a way of my own.
> When my man starts kicking
> I let him find another home …
> I want to tell you something
> I wouldn't tell you no lie.
> Wild women are the only kind
> That really get by,
> 'Cause wild women don't worry,
> Wild women don't have the blues …

Allgemeines Gelächter in der Runde. Unser Wettstreit zog sich noch die ganze Nacht hin und wurde am folgenden Wochenende fortgesetzt. Schließlich fragten einige Leute, ob sie nicht eigene Gedichte vortragen könnten. So war zum Ende des Sommers eine neue Tradition am Südpol geboren, die Lyrik-Nächte.

Ich gewöhnte mich mit jedem Tag besser an das seltsame Leben hier am Ende der Welt. Selbst das Wetter empfand ich nicht mehr als ungewöhnlich, bis es mir an einem strahlenden Nachmittag eine Lektion erteilte. Joel und ich hatten beschlossen, zu Wrights Tunnel ungefähr eineinhalb Kilometer von der Station entfernt zu gehen. Das blaue Eisgebilde war so schön und wirkte so friedvoll, dass es bei uns zu einer Art Ausflugsziel wurde. Als wir den Rückweg bereits zur Hälfte hinter uns hatten, ganz ins Gespräch vertieft und ohne einen Blick in den Himmel zu werfen, nahm der Wind über die hunderte von Kilometern ebener Eisfläche des Polarplateaus plötzlich so rasch an Stärke zu, dass wir innerhalb von Sekunden mitten in einem ausgewachsenen Schneesturm steckten. Wir konnten keinen einzigen Orientierungspunkt ausmachen und hatten keine Ahnung, in welcher Richtung die Kuppel lag. Zum ersten Mal, seit ich in der Antarktis war, spürte ich meine Sterblichkeit. Mir wurde bewusst, dass man innerhalb einer Sekunde sterben konnte, vor allem wenn man seiner Umgebung nicht die nötige Aufmerksamkeit schenkte. Joel und ich ließen uns auf alle viere nieder und begannen, durch das Schneegestöber zu kriechen. Wir hatten unglaubliches Glück, denn wir stießen auf frische Bulldozerspuren, denen wir wie Hänsel und Gretel den Brotkrumen folgten, bis wir schließlich bei der Station ankamen.

Inzwischen war mir klar, dass ich seit meiner Ankunft am Pol eine tief greifende Veränderung durchgemacht hatte. In den ersten Wochen war ich noch davon ausgegangen, dass diese Zeit in der Antarktis lediglich so etwas wie ein Forschungsurlaub sein würde, dass ich anschließend nach Ohio zurückgehen und wieder mein altes Leben leben würde – als stärkerer, klügerer, im Wesentlichen aber derselbe Mensch wie zuvor. Ich erkannte jedoch ziemlich bald, dass ich nicht mehr in den Medizinbetrieb zurückkehren wollte. Geld, Prestige und Nimbus des Arztberufes hatten für mich jeden Reiz verloren. Ich hatte die taktischen Spielchen, ohne die man auf der Karriereleiter nicht vorankommt, gründlich satt. Karriere machen interessierte mich nicht mehr. Stattdessen wollte ich mich dem Friedenskorps anschließen oder in Länder der Dritten Welt reisen, um zu sehen, ob ich mich an den ärmsten Orten mit meinen Fähigkeiten nützlich machen konnte. Inzwischen hatte ich begriffen, dass meine Kinder so lange nicht bei mir leben würden, bis mein Exmann das Interesse an ihnen verlor. Sie würden mir jederzeit willkommen sein, wo immer ich mich befand, aber ich konnte meine Zukunft nicht länger von falschen Hoffnungen abhängig machen. Ich versuchte meiner Familie zu erklären, was in mir vorging.

Absender: Jerri Nielsen<nielsenje@spole.gov>
Empfänger: Mom@aol.com
Datum: 17. Jan 1999 10:30:03 +1200
Betreff: Neueste Nachrichten aus dem Eis

Ihr Lieben,
das Leben hier macht wieder Spaß. Die Welt hier ist so anders, dass man jede Orientierung verliert. Die Zeit wird völlig bedeutungslos. Sie dehnt sich aus und zieht sich zusammen, wie sie will, und es gelingt einem trotz aller Mühe nicht, sie zu einem Gleichmaß zu zwingen. Dinge, die gestern passiert sind, könnten schon vor Monaten geschehen sein, und was Monate her ist, scheint sich erst heute Morgen ereignet zu haben. So geht es allen hier. Wahrscheinlich liegt es auch daran, dass wir keine neuen Anregungen von außen bekommen.
Nicht anders muss es vor dem Zeitalter der schnellen Kommunikations- und Reisemöglichkeiten gewesen sein, als kleine Volksstämme ihre eigene Religion und ihr eigenes Glaubenssystem entwickelt haben. Die Flugzeuge verbinden uns nur physisch mit der Außenwelt. Doch die Maschinen, die Besatzung und die Ladung sind

immer dieselben. Auch sie gehören zu unserer kleinen Welt.

Die Coasties, die zu uns kommen, machen uns Angst. Wie man mir sagt, werden uns alle Menschen Angst machen, wenn das Jahr vorüber ist. Man kann es sich kaum vorstellen, denn die Leute hier erscheinen mir normal, während ich die anderen, die von draußen kommen, seltsam finde.

Jetzt bin ich ein richtiger Polie, und ich weiß, dass es draußen nichts gibt, was ich brauche. Alles, was ein Polie braucht, hat er hier. Wir haben Essen. Wir haben all die abgetragene Kleidung, die wir brauchen. Wir reparieren die Sachen mit Isolierband, das wir mit einer Lötpistole anwärmen, damit es hält. Meine Stiefel sind rundherum verklebt. Manche Leute befestigen damit sogar die Hosen an den Beinen. Besonders beliebt ist es, Isolierband in verschiedenen Farben zum Reparieren zu nehmen, aber ich hamstere, so viel ich bekommen kann, um damit Wunden zu versorgen.

Wir haben wirklich alles, was wir brauchen, denn wir brauchen immer weniger. Nach einer Weile denkst du fast nicht einmal mehr an Sex.

Ich möchte nur noch, dass die Sonne endlich untergeht und damit die ganze Sommermannschaft abfährt. Langsam sind sie für mich wie liebe Gäste, die man eingeladen hat und wirklich gern mag, die aber schon vor drei Tagen hätten abreisen sollen. Die anderen sagen, dass sich um diese Zeit jeder so fühlt, der den Winter über bleibt. Wir sind gekommen, um eine Aufgabe zu erfüllen, und wir können erst damit beginnen, wenn das letzte Flugzeug abgeflogen ist. Dann endlich fängt hier das richtige Leben an.

Ich bin auf den Winter vorbereitet. Zuerst haben wir immer ein bisschen ängstlich davon gesprochen. Der kalte, dunkle, einsame, harte Winter lag vor uns. Jetzt sehnt sich jeder nach der Wärme unter der Kuppel – wir werden wie eine große Familie sein, trotz aller Probleme –, nach Alleinsein, Ruhe, Nachdenken. Ich bin froh, wenn

das letzte Flugzeug endlich abhebt. Richtig froh. Ich sehne mich nach der Dunkelheit.
Ich hab euch lieb.
Eure sehr veränderte Duffy

Im Laufe des Januar nahmen die Leute von der ASA, die am Pol überwintern wollten, ihren einwöchigen Urlaub in McMurdo – vermutlich das letzte große Ereignis für lange Zeit. (Die Alchemisten mit ihren Luxusstipendien flogen nach Christchurch.) Mitte Januar fuhren Big John, Mike Masterman und noch ein paar andere aus der Wintermannschaft zusammen in Urlaub. Big John hatte sehr genaue Pläne, bei denen gewaltige Mengen Bier im Mittelpunkt standen. Bald bekam ich euphorische E-Mails über die Freuden, die McMurdo zu bieten hatte:

Absender: JohnW.Penney<guest10@mcmurdo.gov>
Empfänger: nielsenje@spole.gov
Datum: 19. Januar 1999 13:31:41
Betreff: Urlaubsgrüße

Hey Doc,
ich habe 51 Minuten lang geduscht! Ich habe mir einen Stuhl in die Dusche gestellt, einen Sechserpack Bier getrunken und das Wasser über mich laufen lassen. Mann, war das super!
Komme gerade aus der Bar. Die Jungs machen schon um ein Uhr dicht. Haben keine Ahnung vom Feiern, im Gegensatz zu uns. Von den Dingen, die ich mir vorgenommen habe, habe ich schon drei geschafft: zu viel trinken, zu viel rauchen, zu spät ins Bett gehen. Mal sehen, ob ich es auch noch schaffe, morgen auszuschlafen.

Und ein paar Tage später:

Hallo Doc,
gestern und heute haben wir es so richtig krachen lassen. Beim Friseur fing es an. Mehr kann ich nicht sagen,
weil ich geschworen habe, dass ich nichts erzähle. Aber
du wirst es sehen, wenn wir zurück sind. Die geniale Idee
stammt von mir. So viel ist sicher.
Big John

Als die Urlauber aus McMurdo zurückkamen, trugen sie alle,
sogar Mike, einen Irokesenschnitt. Ein Bild für die Götter! Es
tat so gut, sie wieder zu sehen. Ich hatte gar nicht gewusst,
wie sehr sie mir fehlen würden und wie leer die Station wirkte, wenn ein paar von den »Brüdern« und »Schwestern« fort
waren. Vor allem Big John hatte ich vermisst, der es sich natürlich besonders gut hatte gehen lassen und mich mit Erzählungen von seinen Abenteuern an der Küste zum Lachen
brachte. Er hatte sich sogar ein paar »Ausflüge auf Staatskos-
ten« verschafft – nicht genehmigte, verbotene Touren außerhalb des Stützpunkts –, unter anderem einen Flug mit dem
Hubschrauber zu den Dry Valleys und eine Fahrt auf dem Eis-
brecher der Küstenwache.
Ich war furchtbar neidisch, denn mein Urlaub würde, wenn
es endlich so weit war, sicher nicht so unterhaltsam sein. Keiner aus der Wintermannschaft hatte zu dieser Zeit Urlaub, also würde ich niemanden zum Feiern haben. Obwohl mich der
Arzt aus McMurdo vertreten würde, musste ich ständig in Bereitschaft sein. Kein besonders schöner Urlaub.
Ende Januar, als es endlich losging, stellte sich heraus, dass
ich wenigstens auf dem Flug nach McMurdo nicht allein war,
denn Andy wollte noch einmal nach Christchurch fahren, ehe
die Station für den Winter geschlossen wurde. Andy und ich
stiegen in die LC-130 und gingen in den Frachtraum, um es
uns bequem zu machen. Ich lag auf einer leeren Palette, starrte an die Decke und hörte mir mit Kopfhörern auf meinem
CD-Player »For My Lover« von Tracy Chapman an, als jemand
vom Cockpit nach hinten kam und mich am Parka zog.
»Dr. Nielsen? Sind Sie Dr. Nielsen?«, fragte er.

»Ja«, schrie ich, um mich im Motorenlärm verständlich zu machen, und dachte: Verdammt, jemand ist krank, das bedeutet Arbeit.

»Wir brauchen Sie im Cockpit, Dr. Nielsen.«

Ich ging nach vorne. Durch die großen Fenster des Cockpits sah ich, dass wir das Transantarktische Gebirge überflogen. Der Pilot grinste mich an und sagte fragend: »Dr. Nielsen?« Ich nickte. »Halten Sie sich fest!« Er wies auf einen Griff. Dann ging er in Sinkflug und steuerte die Maschine in einen Canyon zwischen zwei Gletschern. »Das ist ein Geschenk von Big John!«

Ich war schon immer gern niedrig und schnell geflogen. Als wir tiefer gingen, erkannte ich den Beardmore-Gletscher, der mit einem Ausläufer ein tiefes, Y-förmiges Tal bildete. Die hohen schwarzen Gipfel lugten durch die endlose Eisdecke wie Krokusse im Märzschnee. Deutlich erkannte man die Gletscherspalten, so groß, dass ein Schneemobil darin verschwinden konnte. Aus der Luft wirkten sie jedoch wie die Falten eines Buttertoffees. Zum ersten Mal bekam ich ein Gefühl für die Ehrfurcht gebietende Weite des Kontinents, für seine wilde, faszinierende Schönheit.

Die Piloten behielten mich bis zur Landung in McMurdo im Cockpit. Sie schuldeten Big John, der ihnen einmal bei einem technischen Problem geholfen hatte, einen Gefallen. Dieser Tiefflug war sein Geschenk an mich – das schönste, das ich je bekommen habe.

Am Ende des Sommers hatte McMurdo viel von Casablanca während des Krieges. Überall traf man Polflüchtlinge, die auf den nächsten Flug nach Norden warteten, da wegen des schlechten Wetters seit Tagen keine Maschine mehr in Christchurch gestartet war. Da die Flugzeuge nicht kamen, hingen sie nächtelang in den Schnapsläden herum wie die Gäste in Rick's Café.

Andy konnte ebenso wenig weiterfliegen wie die anderen, deshalb beschlossen wir, zusammen auszugehen. Zwar hatte mich direkt nach der Ankunft das Heimweh nach dem Dome gepackt, aber da es mein erster Abend in der »großen Stadt« war, wollte ich ein bisschen Spaß haben. Wir stießen auf eine

Bar voller Fremder, die rauchten und tranken, was das Zeug hielt. »Wo willst du sitzen?«, fragte Andy. Ich wies auf einen kleinen Tisch mit zwei Stühlen in einer dunklen Ecke, etwas abseits von den anderen. »Den Platz hätte ich mir auch ausgesucht«, meinte Andy.

Es war uns zwar noch nicht bewusst, aber Andy und ich hatten uns während der Zeit am Pol bereits stark verändert. Wir bestellten uns etwas zum Trinken, und ich fing an, laut nachzudenken und die Situation zu analysieren, meine übliche Art, eine Unterhaltung zu führen. »Ist es nicht interessant, dass wir uns nicht zu den anderen setzen?«, fragte ich. »Dass wir für uns bleiben wollen und uns diese Ecke aussuchen, wo wir doch endlich mal richtig feiern könnten?«

»Na ja«, meinte er mit einem Seitenblick auf die Menge, »das sind eben keine Polies.«

Mir fiel ein dicht besetzter Tisch auf, an dem Männer auf dem Schoß von Männern saßen, Frauen auf dem Schoß von Frauen, und auf irgendwelchen Kanten noch ein paar Leute mehr, weil es nicht genug Stühle gab. In der Mitte des Tisches stand eine Pyramide aus Bierdosen.

»Aber die dort könnten Polies sein«, sagte ich. Dann brachen wir in Lachen aus. »Klar! Das sind Polies!«

Es waren alte Freunde von der Sommermannschaft, die auf dem Rückweg in die normale Welt ein bisschen auf Casablanca machten. Also gingen wir zu ihnen.

Andy saß einige Tage in McMurdo fest. Er wohnte im »Hotel California«, in dem auch eine Horde verrückter Russen aus Wostok logierte. Andy nannte sie »die russischen Ameisen«, weil sie überall herumliefen, Tag und Nacht, und dauernd tranken, lachten und Poolbillard spielten. Konnte man ihnen das vorwerfen? Sie hatten zwei Jahre keinen Urlaub gehabt! Freunde, die Wostok kannten, hatten erzählt, dass die russische Station sogar in noch schlechterem Zustand war als unsere. Außerdem gab es dort keine Frauen.

Deshalb ließen die Russen, während sie auf ihren Heimflug warteten, in dieser amerikanischen Konsumoase die Puppen tanzen. Als Erstes verkauften oder tauschten sie ihre gesamte Kleidung. Einer bot eine wundervolle Bärenfellmütze für eine Baseballkappe mit der Aufschrift »South Pole«. Sobald sie ihre russische Kluft los waren, durchstöberten sie die »Skua-Haufen«, benannt nach den gleichnamigen Raubmöven, die im Sommer scharenweise die Küste der Antarktis nach Futter absuchten. Diese Haufen waren eigentlich Tonnen, in die die Polies jenen schäbigen Rest warfen, den sie nicht in die USA mitnehmen wollten, und jeder durfte sich davon nehmen, was er haben wollte. So konnte es durchaus passieren, dass einem in der Stadt Russen mit einer karierten Holzfällerjacke und mit Hausschuhen entgegenkamen. Natürlich versuchten diese wilden, verrückten Kerle, die kein Wort Englisch sprachen, in den Bars Mädchen aufzugabeln. Wo sie auftauchten, war der Bär los.

Alle bewunderten die Leute von Wostok und bemühten sich, ihnen zu helfen. Einmal spielte ich abends Poolbillard mit ihnen. Meine Freundin Mandy, die in der Nachtküche arbeitete, machte eine Platte mit Sandwiches zurecht, und ich brachte sie den Russen ins Billardzimmer. Einer, der ziemlich gut Englisch sprach, dolmetschte für die anderen. Sie wollten wissen, wie viele Frauen es auf unserer Station gebe, und ich antwortete, dass wir im Winter zu neunt seien.

Darüber diskutierten sie eine Weile auf Russisch, dann wandte sich der Dolmetscher wieder an mich: »Wie ist das, teilen sich eure Männer die Frauen?«, fragte er.

Ich versicherte ihm, das sei nicht der Fall.

Die Russen verließen McMurdo schließlich mit demselben Flug wie Andy. Normalerweise kommt niemand an Bord einer Militärmaschine, wenn er betrunken ist, aber die Kerle waren nach ihrer Non-Stop-Party einfach fertig. Einer war so voll, dass er ins Flugzeug getragen werden musste. Die Besatzung hatte Mitleid mit ihnen. Alle, selbst hart gesottene Polies, bewunderten die Wintermannschaft von Wostok, die härtesten Jungs von der hoch gelegenen Station. Also packte der Lademeister den halb bewusstlosen Russen und schnallte ihn fest. Natürlich versuchten die restlichen Passagiere, vor allem Andy, einen Platz zu erwischen, der nicht gerade neben diesen Leuten war. Aber er landete mitten unter ihnen. Später berichtete er mir, dass sie auf halbem Weg aufgewacht waren und, tapfer bis zum Ende, wieder die Schnapsflaschen hatten kreisen lassen. Es war ein langer Flug.

Leider schaffte ich es nicht, die Happy Campers School zu besuchen oder, wie andere Südpol-Ärzte vor mir, zu den Forschungscamps draußen im Eis oder den Dry Valleys zu fahren, wo seit einer Million Jahren kein Regen gefallen war. Da ich jederzeit abrufbereit sein musste, konnte ich mich nicht sehr weit entfernen. Einen Tag musste ich sogar in der Klinik von McMurdo arbeiten, da Hugh Cowan, der während des Winters in McMurdo stationierte Arzt, mich auf der Station vertrat. Nach ein paar Tagen hatte ich eigentlich alles gesehen, was ich sehen wollte: Ich war in allen drei Bars gewesen, ebenso im Café. Ich hatte das Kraftwerk besichtigt und die Anlage, in der mittels umgekehrter Osmose Süßwasser produziert, also Meerwasser unter Druck durch eine halb durchlässige Membran gefiltert wurde. Ich inspizierte die Taucherkammer, in der Biologen mit Atemgerät unter dem Eis schwammen, um das unbekannte Leben unter Wasser zu studieren, zum Beispiel die Eisfische, die nur weiße Blutkörperchen haben und unter der Eisdecke im Meer leben können, weil ihr Körper ein natürliches Frostschutzmittel erzeugt. Ich besuchte das Crary-Labor, eine hochmoderne Einrichtung mit Kühlräumen, in denen die Wissenschaftler die antarktischen Lebensbedingungen simulierten. Es gab dort sogar ein kleines Aquarium mit Lebewesen aus dem Ross-Meer.

Als Nächstes schaute ich in der Kapelle bei John Coleman, dem neuseeländischen Pfarrer, auf einen Saft und Kekse vorbei. Er hatte kürzlich in unserer Station die letzte Messe vor den neun Wintermonaten gelesen, und bei dieser Gelegenheit hatten wir Freundschaft geschlossen.

Als ich in McMurdo ankam, schien es mir im Vergleich zum Pol sehr warm. Oft schwitzte ich in meiner Wetterkleidung, und die sauerstoffreiche Luft auf Meeresniveau gab mir einen richtigen Energieschub. Eines Morgens zog ich nur Jeans, ein T-Shirt und Wanderstiefel an und machte mich von meinem Wohnheim auf den Weg zu »Scotts Hütte«, einem der ältesten Wahrzeichen des Kontinents. Die Hütte steht auf einer kleinen Halbinsel im McMurdo-Sund, nur einen guten Kilometer vom Stützpunkt entfernt. Ich ging einen Trampelpfad an einem halb zugefrorenen Meeresarm entlang und genoss, was mir wie ein frischer, aber sonniger Frühlingstag vorkam.

Der amerikanische Stützpunkt McMurdo wurde 1956 errichtet, aber die Ross-Insel selbst hatte englischen Forschern schon seit Ende des 19. Jahrhunderts als Zwischenstation gedient. Das Besondere an ihr war die Lage im mehr oder weniger befahrbaren McMurdo-Sund an der Grenze zum massiven Ross-Schelfeis, das tief ins Innere der Antarktis hineinreicht. Von der verlassenen Hütte auf der felsigen Halbinsel, die Captain Scotts Mannschaft bei ihrer ersten Antarktis-Expedition im Jahr 1902 errichtete, reichte mein Blick weit auf die Eisfelder im Süden hinaus. Mehrere spätere Expeditionen hatten hier Unterschlupf gesucht. Auf der verwitterten Veranda lag eine mumifizierte Robbe, gefroren und nicht mehr bewegt, seit sie hier als Fleischvorrat gelagert wurde, vielleicht von Shackletons Mannschaft oder sogar noch während Scotts verhängnisvoller Terra-Nova-Expedition im Jahr 1911.

Die Tür der Hütte war verschlossen, deshalb spähte ich durch die Fenster hinein. Hier verweste nichts, war nichts verändert. Die an den grob behauenen Holzwänden gestapelten Proviantkisten schienen wohl gefüllt, die zerdrückten Wolldecken auf den Kojen hätten müde, erwartungsvolle Männer noch warm halten können.

Plötzlich zitterte ich vor Kälte, und mir wurde wieder bewusst, wo ich mich befand. Die Antarktis hatte mir einen Streich gespielt. Dies war kein Frühlingstag, die Temperatur lag einige Grad unter null, und ich war hier allein und ohne Mantel oder Mütze. Ich legte meine Hände auf die Ohren, um sie vor der Kälte zu schützen, und begann einen Dauerlauf zurück zur Station, über mir ein strahlend blauer Himmel. Ich verschwand im ersten Gebäude, auf das ich stieß, und blieb in der Heizungswärme sitzen, bis ich mein Gesicht wieder spüren konnte.

Kurz vor Ende meines Urlaubs fuhr ich mit einem Bus zur neuseeländischen Antarktis-Station Scott Base, ein paar Kilometer außerhalb von McMurdo gelegen, um Jude Winter, die dortige Ärztin, zu besuchen und ihr eine Südpol-Mütze zu bringen. Die Scott Base, eine Ansammlung hellgrüner, neuer und sauberer Häuschen, war ein hübscher Ort. Jude zeigte mir ihre Klinik und ihre medizinische Ausrüstung, wie alles in Neuseeland blitzsauber und gut organisiert. Sie lud mich ein, mit der gesamten Mannschaft in der Kantine, deren Panoramafenster einen wunderbaren Blick auf den Sund boten, zu Abend zu essen. Man konnte vom Tisch aus sehen, wie die Robben an Luftlöchern im Packeis zum Atmen an die Oberfläche kamen. Anschließend gingen wir in die Bar, und sie stellte mich ihren Kollegen vor. Unter den Leuten im Eis hieß es, die Neuseeländer seien die gastfreundlichsten Menschen der Welt. Das konnte ich nur bestätigen, denn ich fühlte mich bei ihnen wie zu Hause. Ich lernte auch den Kurator der Antarktis-Abteilung des Canterbury-Museums in Christchurch kennen und versprach ihm, auf meiner Heimreise etwas von der ersten Polstation mitzubringen, die man aufgegeben hatte und die nun unter dem Eis begraben liegt. Sein Museum besaß noch keine Gegenstände von dort. Jude versprach ich, den Winter über per E-Mail mit ihr Kontakt zu halten.

Der letzte Bus nach McMurdo stand schon abfahrbereit, aber wir unterhielten uns so gut, dass ich beschloss, auf der neuseeländischen Station zu übernachten. Ich hatte das Gefühl, in einem anderen Land aufzuwachen. Dieser Besuch war der Höhepunkt meines Urlaubs.

Als ich in mein vorübergehendes Quartier in McMurdo zurückkam und aus dem Fenster sah, empfing mich eine hinreißende Aussicht auf die mächtigen Vulkanberge. Trotzdem hatte ich auf einmal so großes Heimweh nach der endlosen flachen Eiswüste des Polarplateaus, dass ich es kaum ertrug. Ich sehnte mich danach wie ein junges Mädchen nach seinem Prinzen. Hier, in dieser schmutzigen Stadt voller Menschen, wollte ich trotz der schönen Ausblicke nicht mehr bleiben. Ich wollte nach Hause, zum Pol.

Ich ging in die Funkzentrale, schnappte mir ein Funkgerät und stellte eine Verbindung zu Dave Fischer her.

»Dave, hier ist Jerri, over. Ich möchte nach Hause, over.«

Wie sich herausstellte, lief gerade eine internationale Rettungsaktion, bei der ein Wissenschaftler, der auf einem weit entfernten Forschungsschiff einen Schlaganfall erlitten hatte, quer über den Kontinent ausgeflogen wurde. Er sollte über McMurdo nach Christchurch gebracht, jedoch bei einem Zwischenstopp am Südpol stabilisiert werden. Dr. Hugh Cowan, der mich auf der Polstation vertrat, würde den Patienten nach McMurdo begleiten, was die Sache für alle Beteiligten wesentlich einfacher machte. Ich durfte mit dem nächsten Flug zurück zum Pol, weil man mich dort brauchte.

Inzwischen war es Februar geworden, und die antarktische Welt veränderte sich. Ich spürte es an der Luft und sah es an den langen Schatten, die über das Eis krochen. Die Sonne, die im Sommer als höchsten Punkt 23 Grad über dem Horizont erreicht, stand mit jedem Tag ein wenig tiefer. Die unteren Luftschichten nahmen eine blassrosa Farbe an, und es wurde stetig kälter. Big John meinte, er verspüre den Drang, durch Blätterhaufen zu stapfen und für die kalten Tage Holz zu hacken. Es war Herbst auf dem Polarplateau, und die ganze Mannschaft schien sich auf den Rückzug in die Winterhöhle vorzubereiten. Wir sichteten unsere Vorräte und schrieben Wunschlisten für die letzten Versorgungsflüge der Saison. Am 15. Februar, wenn wegen der niedrigen Temperaturen und Stürme in McMurdo keine Frachtflugzeuge mehr starten konnten, sollte die Station geschlossen werden.

In den Sommermonaten fiel gleißend helles Licht durch die geöffneten Eingangstore in den Dome, und ich konnte, sobald ich die Krankenstation verließ, den Himmel sehen und sagen, wie das Wetter auf dem Polarplateau gerade war. Als jedoch ein heftiger Schneesturm über den Pol fegte, war es an der Zeit, die Tore zu schließen, ein sicheres Zeichen, dass der Sommer zu Ende ging. Die Holztore maßen etwa drei Meter in der Breite und fast fünf Meter in der Höhe, groß genug, dass ein Gabelstapler hindurchfahren konnte. Da aber im Winter alle Versorgungsflüge eingestellt und deshalb keine Paletten mehr in die Kuppel zu befördern waren, brauchten wir auch keine Gabelstapler mehr. Wer zu den Teleskopen oder anderen Gebäuden wollte, konnte durch eine kleinere Tür in einem der Holztore hinaus. Von jetzt an würde ich jedes Mal, wenn ich den Himmel sehen wollte, meine Wetterkleidung überziehen müssen. Als sich die Tore mit einem Ächzen schlossen, fanden wir uns plötzlich in vollkommener Dunkelheit wieder, bis sich unsere Augen an das Licht der über die ganze Kuppel verteilten schwachen Glühlampen gewöhnt hatten, die den Winter über brennen würden.

Am 4. Februar, bei der ersten Besprechung der Wintermannschaft, erfuhren wir – sozusagen amtlich –, dass unsere Treibstoffvorräte nicht für den ganzen Winter reichen würden. Thom Miller, verantwortlich für die Stromversorgung und die Kontrolle der Kraftstoffvorräte, hatte hochgerechnet, dass in den kommenden zehn Tagen noch einundvierzig Tankflugzeuge mit wirklich nichts anderem als Brennstoff an Bord am Pol landen müssten, wenn wir durch den Winter kommen wollten.

Alle Maschinen des US-amerikanischen Antarktik-Programms – von Traktoren über Flugzeuge bis zu Generatoren – wurden mit JP8 betrieben, dem am besten brennbaren Kraftstoff der Welt. (Zum Vergleich: Learjets flogen mit JP4.) Die Hercules Turboprop-Transportmaschinen konnten in ihren riesigen Zusatztanks in den Tragflügeln zehntausend Gallonen unterbringen, benötigten für den Flug von McMurdo zum Südpol und zurück im Durchschnitt jedoch nur fünftausend Gallonen. Unsere »Tankwarte« pumpten bei jedem ankommenden Flug den überschüssigen Treibstoff ab, der dann in großen Fässern gelagert wurde. Aber je schwerer die Fracht, desto mehr Treibstoff verbrauchte das Flugzeug und desto weniger blieb für uns übrig. Wegen des Baus der neuen Polstation transportierten die Flugzeuge Baumaterial statt zusätzlichen Treibstoffs. In diesem Monat waren immer weniger Flüge gekommen, weil sich das Wetter an der Küste verschlechtert hatte. Wir sahen einem katastrophalen Brennstoffmangel entgegen.

Diese Nachricht wurde von der Wintermannschaft nicht gerade gut aufgenommen. Einige waren ziemlich wütend und fragten sich, ob die ASA ihre Verpflichtung, uns am Leben zu halten, wirklich ernst genug nahm. Etliche Polies hatten sogar schon ihre Sachen gepackt und wollten die Station verlassen, falls wir nicht bis zum 15. Februar ausreichend Brennstoff bekämen. Andere, auch ich, waren bereit, unter allen Umständen durchzuhalten. Ich konnte meine Kollegen nicht im Stich lassen, selbst wenn nur noch einer von ihnen blieb. Es hieß, dass möglicherweise alle Baumaßnahmen für die neue Station gestoppt und die Arbeiter nach Hause geschickt würden. Nur ein paar sollten die Stellung halten. Die Zentrale in Denver würde bald eine Entscheidung treffen müssen, wie man uns durch den Winter bringen wollte.

An jenem Abend berichtete ich meiner Mutter vom neuesten Stand der Dinge, bemühte mich aber, meine Besorgnis nicht durchklingen zu lassen.

Absender: Jerri Nielsen<nielsenje@spole.gov>
Empfänger: Mom@aol.com
Datum: 4. Februar 1999 09:29:58 +1200
Betreff: Bald beginnt der Härtetest

So viel passiert hier, und trotzdem ändert sich im Grunde nichts. Das Wetter wird langsam richtig scheußlich. Heute haben wir die Tore der Kuppel geschlossen. Sozusagen die Zugbrücke hochgezogen und die Burg verrammelt. Ich spüre, was auf uns zukommt: der Tod der Sonne, die Herrschaft von Dunkelheit und Wind. Wir sind innerlich darauf eingestellt. Wir warten auf die wichtigste Erfahrung unseres Lebens und wissen gleichzeitig, dass irgendwo, in einer Ecke, in der wir es gar nicht vermuten, etwas Hässliches und Dunkles lauern könnte. Vor zwei Tagen habe ich nachts im Bett zum ersten Mal, seit dieses Abenteuer begonnen hat, Angst gehabt. Nur ein paar Minuten, dafür aber intensiv und sehr real. Einer meiner Freunde hier hat erzählt, dass es ihn genauso überfallen hat, nachts …
Liebe Grüße, die Medizinfrau

Absender: Mom@aol.com
Empfänger: nielsenje@spole.gov
Datum: 5. Februar 1999 08:39:11
Betreff: Hallo Duffy

Liebe Duffy,
uns gruselt es bei dem Gedanken, dass zwischen dir und
der ewigen Eiseskälte kein anderer Schutz ist als diese
Tore und die mickrige kleine Kuppel. Aber du bist schon
immer in jeder Hinsicht eine Kämpferin gewesen und
bestimmt eine der Stärksten in der kleinen Gemeinschaft
dort in der kalten Unterwelt. Wir sind sehr stolz auf dich,
Duffy.
Momma

Es herrschte eine eigenartige, angespannte Stimmung auf der
Station, als die Schließung näher rückte und wir unsere Sommerfreunde einen nach dem anderen verabschiedeten. Ich besaß inzwischen eine Videokamera, die meine Mutter in einem
»Carepaket« mitgeschickt hatte. Eine der Aufnahmen aus dieser Zeit zeigt eine Freitagabend-Party in der 90 South Bar mit
einer Discokugel im Stil der siebziger Jahre, die den Raum in
wechselnde Schatten taucht, und aus dem Lautsprecher dringt
Jim Morrisons düsterer Song »This is the end, my friend«.

Zu unserer Erleichterung konnten nun doch jeden Tag mehr
Flüge aus McMurdo kommen, und Power Plant Thom meinte, die Brennstoffsituation für den Winter sehe langsam besser
aus. Am 14. Februar landete das letzte Flugzeug der Navy am
Südpol, und damit ging eine Ära zu Ende. Seit der Operation
»Deep Freeze« im Jahr 1955 hatte die Naval Air Squadron
VXE-6, die so genannten Eispiraten, die Versorgung der Süd-
polstationen gesichert. Im Laufe der letzten Jahrzehnte hatte
man die Militärpräsenz auf dem Kontinent – hauptsächlich aus
wirtschaftlichen Gründen – langsam abgebaut. Die zivile National Science Foundation, die im Auftrag der Regierung das
Antarktis-Programm der USA betreut, beauftragte die Air National Guard 109th Airlift Wing aus New York mit den Ver-

sorgungsflügen in die Antarktis. Als sich die letzte Crew der Navy nun verabschiedete, zauberten die Köchinnen in der Kantine einen wunderbaren Schichtkuchen hervor, den sie mit einer Nachbildung der Kuppel und den Abzeichen der Eispiraten dekoriert hatten.

Am 15. Februar, als sich die letzte Maschine, die noch Passagiere am Südpol abholen sollte – eine Hercules von der Air Guard – bereits im Landeanflug auf den Südpol befand, hielten wir die traditionelle Zeremonie zur Schließung der Station ab.

Fast alle, die noch am Pol waren – die Letzten von der Sommermannschaft und die Überwinterer – versammelten sich in der Kantine. Welder Walt Fischel, ein stets zu Scherzen aufgelegter Bauarbeiter, trug einen übergroßen Zylinder, auf dem das Guinness-Emblem prangte, einer meiner Sommerfreunde saß in der ersten Reihe und hatte eine regenbogenbunte Afroperücke auf dem Kopf. Jerry Marty, der Vertreter der NSF, dankte uns mit ein paar kurzen Worten dafür, dass wir unserem Land dienten, und verabschiedete sich bis zum 25. Oktober, dem Tag, an dem die Südpolstation traditionell wieder geöffnet wurde.

Ich nahm mit der Videokamera auf, wie die Mannschaft ihm zurückhaltend applaudierte. Dann trat Jim Chambers von der ASA nach vorne. »Nur etwa eintausendzweihundert Menschen haben bisher am Südpol überwintert«, sagte er. »Sie werden also bald zu einer ganz auserlesenen Gruppe gehören …«

In diesem Moment wurde er durch den Lautsprecher unterbrochen: »Flugzeug startbereit.« Plötzlich machten sich Aufregung und Unruhe breit. Nun war es so weit. Chambers beeilte sich, seine Rede zu beenden. Dave Fischer, der bisherige Stationsleiter, ging nach Denver zurück. Ab sofort übernahm Mike Masterman die Verantwortung für die Station. Dave Fischer stand auf, um noch einige aufmunternde und lobende Worte zu sagen.

»Dieser Winter wird anders sein«, begann er. »Diesmal überwintern hier einundvierzig Leute statt wie bisher siebenundzwanzig oder achtundzwanzig. Ihr seid mehr, und ihr habt mehr Arbeit zu erledigen als alle Mannschaften vor euch.« Er schien jeden Augenkontakt zu dem Mann mit der bunten Afroperücke angestrengt zu vermeiden. »Bitte schreibt, bitte meldet euch, wenn ihr irgendetwas braucht ... Ihr übernehmt den härtesten Job des Antarktis-Programms, und wir sind da, um euch zu helfen. Darum: Applaus für die Überwinterer!«

»Packen wir's an!«, rief Big John aufgekratzt.

»Ja, deshalb sind wir hier!«, ergänzte ich. »Packen wir's an!«

»Aber lasst uns erst mal diese Clowns loswerden«, meinte Dar, der Meteorologe, mit einem Seitenblick auf den Mann mit der Perücke.

»Gehst du oder bleibst du?«, fragte ich Comms Tom, während ich ihn mit der Kamera ins Visier nahm.

»Nicht mal eine Horde wild gewordener Pinguine bringt mich von hier weg«, antwortete er grinsend.

Wir zogen unsere warmen Parkas und Moonboots an und gingen nach draußen, um die Sommerleute gebührend zu verabschieden. Meine besten Freunde aus der Sommergruppe, unter ihnen John Wright, waren bereits früher abgeflogen, und ich konnte es kaum erwarten, dass auch die anderen uns verließen. Bei minus 45 Grad Celsius umarmten wir unsere abreisenden Kollegen. Zwischendurch tanzten wir miteinander, um uns warm zu halten, dabei hofften wir, dass sie endlich ins Flugzeug stiegen. Kurz darauf brauste die Hercules die Startbahn entlang, hob mit röhrenden Motoren ab, drehte in Schräglage noch eine Runde über der Station und stieg in den blauen, von Wolkenstreifen durchzogenen Himmel. Auf dem Polarplateau herrschte wieder Ruhe. Einige blieben noch draußen, bis das Flugzeug am Horizont verschwunden war. Ich jedoch war bereits hineingegangen und trank eine Tasse Tee.

Während die restlichen von der Wintermannschaft nach und nach in die Kantine zurückkamen, durchflutete mich ein warmes, beruhigendes Gefühl. Die Leute, die sich den Sommer über bei uns eingenistet hatten, waren fort, nun konnte das Leben weitergehen. Langsam füllte sich die Kantine mit Freunden. Einige spielten Yahtzee und teilten sich eine der letzten Dosen Nüsse, die es auf dem Planeten – unserem Planeten – noch gab. Ich glaube, seit meiner Kindheit war ich nicht mehr so glücklich gewesen.

An jenem Abend folgten wir einer neu geschaffenen Süd-pol-Tradition und versammelten uns im Fernsehzimmer, um uns die beiden Science-fiction-Filme »Das Ding aus einer anderen Welt« aus dem Jahr 1950 und sein noch grausigeres Remake mit dem schlichten Titel »Das Ding« von 1982 anzusehen. Beide spielen auf einer von der Außenwelt abgeschnittenen Polstation, die genau zu Beginn des Winters von einem bösen Außerirdischen überfallen wird.

Inzwischen sank die Temperatur rapide, trotzdem landeten in den vier Tagen, nachdem die Station offiziell geschlossen worden war, täglich noch fünf Flugzeuge mit Brennstoff, um unsere Vorräte für den Winter aufzustocken. Der ständige Flugverkehr in dieser Woche machte den Übergang zum winterlichen Eingeschlossensein etwas weniger dramatisch. Wir konnten uns dadurch wenigstens noch ein paar lebenswichtige Dinge bringen lassen, ehe wir wirklich ganz auf uns allein gestellt waren.

Noch war nicht alles eingetroffen, was ich an medizinischem Material bestellt hatte. Vor allem machte mir Sorgen, dass ich kaum noch Röntgenfilme hatte. Meine Färbemittel für Blutuntersuchungen waren so alt, dass ich bezweifelte, ob sie überhaupt noch zu verwenden waren. Am allerschlimmsten jedoch war, dass die Verhütungsmittel auszugehen drohten. Ich brauchte sowohl Antibabypillen als auch Kondome. Während des Sommers hatte ich in allen Toiletten auf der Station Kondome ausgelegt, die sich jeder mitnehmen konnte. Das Haltbarkeitsdatum war zwar schon abgelaufen, aber das galt für fast alle Dinge auf der Station, und sie hatten trotzdem großen Anklang gefunden. Allerdings vermutete ich, dass man sie als Wasserballons missbraucht hatte. Als einer der Verwaltungsleute erfuhr, dass die letzte Ladung Kondome in einem Tag aufgebraucht worden war, drohte er mir im Scherz, er werde jetzt über Lautsprecher bekannt geben, dass in den Toiletten keine Kondome mehr ausgelegt würden, bis jemand die Frau Doktor flachgelegt habe. Sie könne sich nämlich nicht vorstellen, dass die Kondome ihrem Zweck gemäß verwendet würden. Ich konnte diese Durchsage gerade noch verhindern.

Als die Ladung für den letzten Versorgungsflug zur Polstation zusammengestellt wurde, meldete sich Hugh Cowan bei mir, der Arzt in McMurdo, um zu fragen, welche Dinge ich wirklich bräuchte. Die vorigen zwei Maschinen, die am Pol gelandet waren, hatten nämlich durch die extreme Kälte Schaden genommen, und deshalb wollten sie jetzt prüfen, ob ein weiterer Flug das Risiko überhaupt lohnte. Die Ladung sollte zum größten Teil medizinisches Material umfassen, jedoch auch unsere letzte private Post und eine weitere Lieferung Zigaretten für den Winter.

Hugh öffnete die Kartons und befragte mich über Funk zu jedem einzelnen Artikel. Könnte ich nicht vielleicht doch ohne Brevacol, Antibabypillen und Färbemittel für Blutuntersuchungen auskommen?

»Hugh«, seufzte ich, »wir brauchen die Pille. Meine Kenntnisse in Geburtshilfe möchte ich hier nicht unter Beweis stellen müssen!«

Er fragte so lange nach, ob sich das Problem nicht anders lösen ließe, dass ich ihn schließlich anblaffte: »Na sicher, ich kann den Leuten ja Enthaltsamkeit verordnen … Das hilft bestimmt!«

Schweigen am anderen Ende. Vielleicht hatte ich ihn mit meiner Bemerkung in Verlegenheit gebracht. Doch Tatsache war, dass zweiunddreißig Männer und neun Frauen, eingeschlossen in einer dunklen Kuppel und abgeschnitten von der Außenwelt, neun Monate miteinander verbringen würden. Da ich als Ärztin auch für ihre psychische Gesundheit zuständig war, lag mir sehr viel daran, dass sie ihre Grundbedürfnisse – einschließlich erlaubter Süchte wie Rauchen und Alkohol – befriedigen konnten, damit sie gut durch den Winter kamen.

»Wir brauchen auch mehr Zigaretten«, fügte ich hinzu. »Ich habe nicht genug Valium, um zwanzig Polies auf Nikotinentzug ruhig zu stellen!«

Letztlich spielte es keine Rolle mehr, was auf meiner Wunschliste stand, denn die Maschine musste wegen schlechten Wetters auf halbem Weg umkehren und flog mitsamt unseren Rauchwaren, dem medizinischen Material und unserer Post nach McMurdo zurück. Zwei Stunden später wurde Mike in die Funkzentrale gerufen, weil der befehlshabende

Offizier der Air National Guard in McMurdo mit ihm sprechen wollte. Er teilte Mike mit, dass ab sofort alle Flüge eingestellt seien. Bis Oktober würde niemand mehr zum Pol kommen.

»Wir können das Risiko nicht eingehen«, sagte er. »Das war
unser letzter Flug. Sie sind jetzt auf sich allein gestellt. Viel
Glück.«

Wie Mike mir später erzählte, saßen die Männer in der Funkzentrale eine Weile nur da und sahen sich schweigend an, um
diese Nachricht zu verdauen.

»Damit gibt es kein Zurück mehr«, sagte Mike.

Ich nickte ernst, um Mikes Gefühle nicht zu verletzen. Aber
innerlich jubelte ich und dachte: Es wird auch langsam Zeit!

KAPITEL 6

... gegen dieses Leben, diesen Tod

Absender: Jerri Nielsen<nielsenje@spole.gov>
Empfänger: #Familie und Freunde
Datum: 27. Februar 1999
Betreff: Die letzten Herbsttage

Langsam wird es immer dunkler, kälter und unheimlicher. Der Sturm treibt so viel Schnee vor sich her, dass man die Station nicht mehr sehen kann, wenn man draußen ist. Ich bin mit meiner Arbeit im Rückstand, weil ich alle Hände voll zu tun habe, um meine Ausrüstung einsatzbereit zu halten. Aber noch nie bin ich so glücklich gewesen und habe mich lebendiger gefühlt.
Ich fürchte nichts und niemanden, denn ich bin im Kreis meiner Freunde. Jetzt erkenne ich auch, das ich mit meinen siebenundvierzig Jahren schon ein ganzes Leben hinter mir habe. Niemand hier hat Angst vor dem Tod, obwohl er uns sicher erwartet, wenn wir uns zu lange draußen aufhalten. Eine komische Sache.
Liebe Grüße, Doc Holliday

Das Leben war in gewisser Hinsicht schwerer geworden, doch zugleich hatten wir nun, da wir endlich allein waren, auch mehr Spaß miteinander. Mittlerweile war die gesamte Wintermannschaft unter die Kuppel oder in den oberen Schlaftrakt nebenan gezogen. Wir versammelten uns draußen in der Dämmerung zu einem Arbeitseinsatz, um die Wege zwischen den Gebäuden mit Seilen zu sichern, damit sich in der bevorstehenden Dunkelheit niemand verirrte. Alle Verbindungsgänge wurden mit knapp zwei Meter hohen Bambus-

156

stangen markiert, zwischen die wir Seile spannten. An ihnen hingen verschiedenfarbige Wimpel, die man auch im Licht der Taschenlampe erkennen konnte. Grüne Wimpel bedeuteten eine sichere Route, rote markierten Gefahren wie Eisspalten, und schwarze standen für »nicht betreten«. Sobald die Sonne untergegangen und der Wind stärker geworden war, konnten wir uns an ihnen entlanghangeln und mussten nur darauf achten, dass wir den Weg nicht verließen. Inzwischen herrschten in Innern der Kuppel minus 48 Grad Celsius, und ohne Mantel konnte man nicht mehr von einem Container zum anderen gehen. Wenn ich den Abfall hinausbrachte, wurden meine Hände taub. Wenn ich eine Dusche nahm und dann in die Kantine lief, gefror mir das Haar, ehe ich dort angekommen war.

Die untergehende Sonne warf lange Schatten auf die Station. Eine eigenartige Stimmung breitete sich aus, als würde sich ein rätselhaftes Nachttier jenseits des Eises auf sein Erscheinen vorbereiten. Begleiten würde es die Dunkelheit, Wochen und Monate der Dunkelheit. Wir waren dabei, eine Reise ins Unbekannte anzutreten, und alle Mitglieder der Mannschaft wirkten aufgeregt und voller Vorfreude. Wir hatten das Gefühl, vor etwas ganz Besonderem zu stehen.

Arbeit gab es mehr als genug. Zunächst mussten wir das Sommercamp schließen, solange es noch hell war. Wir ließen einen Tag lang unsere üblichen Pflichten liegen und putzten und saugten die Jameways, zogen die Bettwäsche ab und schlossen die Luken. Ich übernahm die Aufgabe, die Laken und Decken zu waschen. Das dauerte drei Tage; ich setzte in jener Woche vielleicht hundert Mal die Waschmaschine in Gang. Alles, was wir bis zum nächsten Sommer nicht brauchen würden, verstauten wir draußen im Außenlager.

Dann überprüften Mike und ich unsere medizinische Notausstattung, die bereitstehen musste für den Fall, dass die Kuppel brannte oder eine andere Katastrophe uns zwang, sie zu verlassen. Stapelweise wurden Truhen aus schlagfestem Metall am Notgenerator untergebracht, sie enthielten alles, was man im Notfall brauchte: Medikamente, Bandagen, Verbandmaterial, Infusionslösung, Sauerstoff und Beatmungsgeräte, chirurgische Instrumente und Tragen. Ich notierte mir, was fehlte, und holte es aus dem Biomed. Zudem verzeichnete ich die einzelnen Dosierungen der Medikamente auf den jeweiligen Packungen und legte medizinische Bücher dazu, so dass die anderen sich selbst helfen konnten, falls mir etwas zustieß und ich nicht mehr einsatzfähig war.

Zuletzt überprüften Mike und ich den Vorrat an Ersatzschlafsäcken im Außenlager. Donna und Wendy ergänzten inzwischen bei unbarmherzigen Temperaturen die gefrorenen Notvorräte an Lebensmitteln, die draußen in Metallcontainern, den so genannten »Millvans«, aufbewahrt wurden.

Mike ordnete außerdem an, dass wir eine persönliche Notausrüstung zusammenstellen sollten. Zwar hatte es in der Kuppel noch nie gebrannt, doch ein paar Mal hatte nicht viel gefehlt, zumal in den letzten Jahren einige der Außengebäude abgebrannt waren. Da die Luftfeuchtigkeit praktisch gleich null war, lebten wir in ständiger Angst vor einem Feuer. Jeder sollte eine Tasche packen, die im Sommercamp gelagert wurde. Mir fiel es schwer zu entscheiden, was ich für den Fall des Falles mitnehmen sollte. Was brauchte eine gut gekleidete Polie-Frau? Sollte ich auf einen meiner beiden Wollpullover verzichten? Was zog ich zum Schlafen an? Nahm ich die Bücher mit? Bonbons? Eine gute Flasche Scotch (die ich dann irgendwann gegen eine Zahnbürste eintauschen konnte)? Verzichtete ich auf all das und nahm lieber ein Kopfkissen? Am Schluss erinnerte ich mich an das Motto: »Lass die Hälfte zurück und stecke doppelt so viel Geld ein.« Ich füllte Glenfiddich in Plastikflaschen, die eigentlich für Kochsalzlösung gedacht waren, packte einen Karton Schokoriegel, ein Spiel Karten und einige typisch weibliche Toilettenartikel dazu. Damit konnte ich mir eintauschen, was ich vergessen hatte. Als Nahrung für den Geist kamen noch ein medizinisches Fachbuch und eine Weltgeschichte auf den Stapel. Zum Schluss meine gesamte wetterfeste Ersatzkleidung.

Uns blieb nur noch eine kurze Frist, bis wir die Schneemobile und Zugmaschinen für den Winter einlagern mussten. In der extremen Kälte, die uns erwartete, konnten sie nicht mehr eingesetzt werden. Unter minus 60 Grad Celsius verwandelte sich JP8, der Flugzeugkraftstoff, mit dem ihre Heizungen und Motoren betrieben wurden, in eine klebrige, gelartige Masse. Ihre Glasfenster zerbrachen bei der kleinsten Erschütterung, und ihre Hydraulikschläuche zerbarsten.

Die Schneemobile beklagten sich bereits bitterlich. Sie ließen sich nur unter Schwierigkeiten starten, und man musste sie mit einer Geschwindigkeit von über dreißig Kilometer pro Stunde anschleppen. Wenn sie endgültig den Dienst versagten, würden wir alles selbst mit dem Schlitten ziehen müssen, so wie die Entdecker vergangener Tage. Ein Großteil der schweren Maschinen war bereits auf dem so genannten Schrottplatz eingelagert worden. Im Augenblick verdankten wir es nur der Kunstfertigkeit von Big John, dem Pferdeflüsterer für Motoren, dass sie überhaupt noch liefen. Den gesamten Winter über zog er eine nach der andern von dem im Freien gelegenen Schrottplatz zu ihrer alljährlichen Überholung in die Garage. Er wechselte das Öl und andere Flüssigkeiten, schmierte die Lager und überprüfte jeden Winkel und jede Ritze, um zu sehen, ob es Teile gab, die repariert oder ersetzt werden mussten.

Mittlerweile waren die anderen damit beschäftigt, die Unmengen an Lebensmitteln und Ersatzteilen zu verstauen, die mit den letzten Flügen hereingekommen waren. Im Biomed stapelten sich Kisten mit Medikamenten und anderen Dingen, die darauf warteten, in das viel gefürchtete und komplizierte Mapcon-Inventurprogramm aufgenommen zu werden. Eines war klar: Was ich jetzt nicht hatte, würde ich selbst herstellen, leihen oder stehlen müssen.

Die letzten Wochen vor Wintereinbruch boten die beste Gelegenheit, auf »Skua-Tour« zu gehen. Dies ist die antarktische Variante des »Geierns« – benannt nach den Möwen, die im Sommer die Küste der Antarktis bevölkern und in den Mülltonnen von McMurdo nach Fressbarem suchen – und bedeutete, dass man für sich ergatterte, was die anderen zurückgelassen hatten. Schon bald war ich mit Feuereifer bei der Sache. Es machte mir Spaß, den Abfall nach Dingen zu durchstöbern, die ich säubern und wieder herrichten konnte. Auf den Containerdächern in der Kuppel fand ich Spiele und Halloween-

Kostüme, und draußen im Außenlager Dinge, die man zum Basteln verwenden konnte. Sobald es um medizinische Vorräte oder Ausrüstungsteile ging, hatte ich keinerlei Skrupel, sie für meine Krankenstation zu konfiszieren.

Die Sommermannschaft hatte für versierte »Geier« eine Unmenge an Schätzen zurückgelassen. Schon beim Putzen der Jameways hatte ich vom Bettzeug die besten Teile für die Wintermannschaft und die Klinik aussortiert und mitgenommen. Ich fand einige wunderbare Flanelllaken. Die schönsten verschenkte ich, die zerschlissenen wurden als Überzüge für Wärmflaschen und Eisbeutel verwendet. Im Müll entdeckte ich einen einteiligen Schlafanzug, der so aussah, als könnte er der zierlichen Yubecca Bragg passen, einer unserer Mechanikerinnen für die Großmaschinen. Hier und da war ein Luftbefeuchter zurückgeblieben, der mir im Kampf gegen die trockene Polarluft sicher noch gute Dienste leisten würde.

Mein bester Fund jedoch war ein Stapel unbenutzter grüner Notizbücher, in denen wir festhielten, was alles zu tun war. Wir alle litten unter Konzentrationsschwäche, da durch den chronischen Sauerstoffmangel Gehirnzellen zu Grunde gingen. Untersuchungen in der Antarktis hatten gezeigt, dass sich bei Menschen, die den Winter dort verbrachten, das Kurzzeitgedächtnis um 13 Prozent verschlechterte. Diese Studie wurde jedoch auf Meereshöhe durchgeführt! Die Langzeitwirkung auf das Gedächtnis ist noch nicht untersucht worden.

In unserer abgeschlossenen Welt wurde nichts verschwendet. Wenn jemand doch einmal achtlos war, meldete sich unverzüglich James Evans alias Pic zu Wort, der Mann, der am Pol für das Recycling zuständig war. Für Pic war das Sortieren des Mülls eine Glaubensfrage. Sobald jemand die Drei-Fächer-Tonnen falsch benutzte oder sonst irgendwie gegen die strengen Recycling-Vorschriften verstieß, schickte Pic uns eine E-Mail, die es in sich hatte.

Absender: James Evans<cyprus/evansja>
Empfänger: #Winter
Datum: 26. März 1999 01:14:57 +1200
Betreff: Zum Thema Müll

Hallo,
heute sprechen wir über eine besonders schwierige und
verwirrende Art von Abfall: HOLZ.
Erste Voraussetzung, um in diese Kategorie eingeordnet
zu werden: Das fragliche Objekt MUSS AUS HOLZ BE-
STEHEN!!! Leider kann ich euch keinen Baum vorfüh-
ren, um zu illustrieren, was ich meine. Es sieht aber bestimmt NICHT aus wie SCHWARZES STYROPOR und
fühlt sich auch nicht so an. Trotzdem habe ich so was
vor ein paar Minuten in der Holztonne der Kuppel gefunden.
Holz stammt aus dem Wald. Styropor stammt aus der
Giftküche.
Verstanden?
Vielen Dank,
Pic, euer Mülltyrann

Pic Evans fand seinen offiziellen Titel »Umweltspezialist« viel
zu bombastisch. Er selbst nannte sich lieber Müllmann. Das
Recycling war ihm in Fleisch und Blut übergegangen und stand
im Mittelpunkt seiner Lebensphilosophie. Verschwendung
und Gier waren ihm verhasst. In seinen Jahren als Freiwilliger
des Friedenskorps in Afrika hatte er gelernt, mit wenig auszu-
kommen und nichts umkommen zu lassen. Als junger Mann
war er mit drei Dollar pro Tag durch die Dritte Welt gereist,
und noch jetzt kam er mit dem absoluten Minimum aus. Nach
seinem Aufenthalt in Afrika hatte er sich für die Antarktis verpflichtet, weil er nach dem einen Extrem auch das andere erleben wollte.

»Komfort ödet mich an«, erklärte er mir einmal. »Reiche
Leute langweilen mich. Die Armen finde ich viel interessan-
ter.« Er war der Inbegriff des Polie, ihn hatte nicht das Geld

an dem Job gereizt. Je mehr Arbeit, je schlechter die Lebensumstände, desto wohler fühlte er sich. Früher war er bei den
Eagle Scouts und den US-Marines gewesen. Doch er war kein
Heiliger, und das sollten die anderen auch wissen. »Ich bin
nicht Gandhi«, lautete sein Spruch. Als ehemaliger Alkoholiker blieb er unseren Partys am Pol fern, denn nach acht Jahren schwer errungener Abstinenz wollte er nicht riskieren,
rückfällig zu werden. Er lebte wie ein Einsiedler, las viel, machte Yoga und war unser Gewissen, was den Müll betraf.

Sein Spitzname Pic stammte daher, dass er dünn war wie
ein Zahnstocher. Wie die meisten Extremtouristen hatte auch
er sich im Laufe der Jahre mit zahlreichen Tropenkrankheiten
angesteckt. Einmal zeigte er uns, wie man in Afrika Wasser
durch ein Taschentuch filtert, um zu verhindern, dass man sich
mit Fadenwürmern infiziert. Er litt unter chronischer Sinusi-
tis, weil ein Zahnarzt in Uganda versehentlich einen Zahn in
seine Nebenhöhlen getrieben hatte, während er einen anderen Zahn plombierte. Pic trug es mit Fassung. Wenn er ins Biomed kam, um sich die Medikamente für seine verschiedenen
Leiden zu holen, brachte er den Plastikbeutel mit, den ich ihm
beim letzten Mal gegeben hatte: gewaschen, getrocknet, glatt
gestrichen und die Löcher mit Klebeband geflickt.

In der normalen Welt wäre ich Menschen wie Pic oder vielen anderen, die am Pol meine Freunde wurden, nie begegnet.
Zu ihnen gehörte Heidi Schernthanner, eine Frau in den Drei-
ßigern, die im Verlauf des Winters meine Freundin und Vertraute wurde. Wie Loree, die Meteorologin, schickte Heidi mir
als Zeichen der Freundschaft Kurzgeschichten, Sonette und
Sprüche. Ich revanchierte mich mit einer Sammlung von Gedichten, die auch den »Wild Women Blues« enthielt. Heidi und
Wendy Beeler, die Köchin, hießen bei uns allgemein nur die
»Zwillinge«. Sie waren gute Freundinnen und kannten sich bereits aus den Vereinigten Staaten. Hoch gewachsen und
schlank, mit kurzem blonden Haar, sahen sie sich sogar ähnlich.

Heidi war als Tochter eines österreichischen Skilehrers in
Idaho aufgewachsen. Die Leidenschaft für das Eis lag bei ihnen in der Familie. Außer ihr verbrachten noch zwei ihrer

Schwestern dieses Jahr am Pol, die eine in Palmer Station, die andere in McMurdo. Heidi war ursprünglich Sportlehrerin, in der Antarktis wurde sie zunächst als Arbeiterin und später als Mechanikerin für die schweren Maschinen eingesetzt. Das hieß jedoch auch, dass sie um ihren Platz in dieser »Männerdomäne« ständig kämpfen musste. Die Hindernisse, die man ihr in den Weg legte, kannte ich aus eigener Erfahrung.

Ende Februar, zwei Wochen nachdem die Station geschlossen worden war, wurde ich zum ersten Mal seit meiner Ankunft am Südpol krank. Es erschien mir wie eine Bronchitis; ich war müde und hatte Fieber. Da draußen ein heftiger Schneesturm blies und der Himmel ständig bedeckt war, blieb ich einige Tage lang im Innern der Kuppel. Offenbar hatte ich die Infektion schon eine Zeit lang mit mir herumgeschleppt, denn da keine Flugzeuge und somit keine neuen Gäste mehr eintrafen, konnte ich mich auch nicht angesteckt haben. An unsere eigenen Krankheitskeime hatten wir uns mittlerweile gewöhnt. Die Wintermannschaft reagierte wie ein einziger großer Organismus mit einem einzigen Immunsystem und, in gewisser Weise, auch einem einzigen Nervensystem.

Wir entwickelten eine Sensibilität füreinander, die im Laufe der Wochen immer intensiver wurde. Wenn ein Einzelner krank oder unglücklich war, spürte es die ganze Gruppe. Es gab keine Möglichkeit, den anderen aus dem Weg zu gehen, selbst wenn man Ungestörtheit suchte. Geheimnisse gab es nicht am Pol. Man hörte, wie sich die Leute im Nachbarzimmer im Bett umdrehten. Man konnte auch nicht die Stereoanlage aufdrehen, um ein Privatgespräch zu übertönen. Fast immer wussten die anderen, wo eine bestimmte Person sich gerade aufhielt. Wenn man es darauf anlegte, ihnen zu entwischen, merkten sie sofort, dass jemand fehlte. Um all dem zu entkommen, versuchten einige, gegen den Rhythmus der anderen zu leben, oder sie verkrochen sich an unzugänglichen Orten, legten sich beispielsweise im Schlafsack unter das Teleskop.

Dies war ein Hinweis darauf, dass jemand »verbrannt« war, ein unter Fachleuten bekanntes Syndrom. Der Betroffene kapselt sich von seinen Mitmenschen ab, starrt ins Leere, leidet unter Gedächtnisverlust und Konzentrationsschwäche. Wir alle hatten »verbrannte« Polies gesehen, als wir auf der Station eintrafen und die Mannschaft des letzten Winters auf ihre Abfahrt wartete. Sie vermieden jeglichen Augenkontakt mit uns und hielten sich nur in Gesellschaft ihrer Kollegen auf. Mitten im Satz ließen sie uns stehen und gingen fort. In der Kantine hörte ich zufällig ein Gespräch zwischen zwei »verbrannten« Polies; der eine fragte den anderen: »Wie heißt noch mal das Land, das im Mittelmeer, du weißt schon, das wie ein Stiefel aussieht?« Der andere konnte es ihm nicht sagen.

Ich hatte bereits im Polarhandbuch der US-Navy über diesen Zustand gelesen. Dort vermutete man, er entstehe durch den fortdauernden Mangel an intellektueller und sensorischer Stimulation. Der Grad des Leidens konnte variieren. Aber immer zogen sich die betroffenen Personen zurück und unternahmen praktisch gar nichts mehr. Man traf sie scheinbar in Gedanken versunken an, nur dass sie an nichts dachten; sie starrten auf einen Horizont, der nicht sichtbar war. Im Allgemeinen setzte dieses Phänomen im August ein, in unserer Truppe begann es jedoch schon früher. Als wir im Januar nach McMurdo in Urlaub fuhren, hatten wir bereits ein starkes Bedürfnis nach Zurückgezogenheit und fühlten uns in der Gegenwart von Nicht-Polies unwohl. (Diese Symptome konnten unter Umständen mehrere Monate nach der Rückkehr ins normale Leben anhalten.)

Joel, der tanzfreudige NOAA-Vertreter, verwandelte sich in einen Einsiedler, kaum dass die Sonne untergegangen war. Andy, der mit ihm zusammenarbeitete, bemerkte es als Erster.

»Joel wird langsam zum Roboter«, verkündete Andy eines Morgens beim Frühstück. »Er macht nichts anderes mehr als essen, schlafen und jeden Tag zur Arbeit gehen.«

Er war jedoch nicht der Einzige. Pakman, der rockende Elektriker, fiel mit großer Regelmäßigkeit nach dem Abendessen in Tiefschlaf. Andere, die wir als die »wandelnden Toten« bezeichneten, schliefen hingegen kaum noch.

Um der Monotonie der sonnenlosen Arbeitstage etwas entgegenzusetzen, bemühten wir uns, so aktiv und motiviert wie möglich zu bleiben. Schließlich hatte das Ende des Sommers den Vorzug, dass uns mehr Platz und Zeit blieb, unseren Hobbys zu frönen. Zu diesem Zweck stellten wir in der Kantine im oberen Stock große Tische auf. Big John, Ken und Charlie fertigten Modellflugzeuge, Mike baute ein großes viktorianisches Puppenhaus. Wie eine arktische Ausgabe der Walton-Familie nähten Yubecca und Liz einen großen Quilt, Donna und ich Kleider, und Heidi und Wendy strickten. Captain Kirk Spelman, der Leiter der Frachtabteilung, bastelte Lochkameras, mit denen er surreale Schwarzweißbilder von unserem surrealen Leben schoss.

Außerdem boten die Themenabende Abwechslung im eintönigen Wochenrhythmus. Der Dienstag gehörte schlechten Science-fiction-Filmen, zu denen wir uns im Fernsehzimmer versammelten. Zwar standen bei uns einige der mächtigsten Teleskope der Welt, die von den weltbesten Astronomen genutzt wurden, doch große Astronomen haben offenbar einen seltsamen Geschmack, wenn es um Filme geht. In der einen Woche sahen wir »Godzilla gegen Megagodzilla«, in der nächsten »Die Reise zum Mittelpunkt der Erde«. Am liebsten mochten wir allerdings Folgen der Kultserie »Mystery Science Theatre 2000« (Ich nannte sogar mein Röntgengerät nach einer der Figuren »Tom Servo«.)

Samstagabends sahen wir uns Actionfilme an. Um auf einem der drei Sofas, die wir »Doppelschlitten« nannten, einen Platz zu bekommen, trafen wir möglichst früh im Fernsehzimmer ein. Drei bis fünf Personen quetschten sich nebeneinander auf die Sitzfläche, und die anderen setzten sich zwischen deren Beine, so dass sie sich bei ihnen anlehnen konnten. Eigentlich sollten auf der Station siebzehn Menschen überwintern, wir jedoch waren einundvierzig.

Montags- und donnerstagabends öffnete ich meinen »Polmarkt«, den Laden der Station, wo man Süßigkeiten, Zigaretten und Getränke einschließlich Bier, Wein und Spirituosen kaufen konnte. Einige Polies bezahlten in bar, die meisten ließen jedoch wie die Bergwerks- und Wanderarbeiter in der alten Zeit bei der Gesellschaft anschreiben. Ich fand diese Aufgabe anstrengend und war eine schlechte Geschäftsführerin.

Zwar machte es mir nichts aus, Zigaretten und Alkohol zu verkaufen (meiner Meinung nach sollten Erwachsene selbst entscheiden, womit sie sich über die Runden halfen), doch viele von uns bemängelten, was es sonst noch im Angebot gab. Vor unserer Abreise hatte man uns darauf hingewiesen, dass am Pol strenge ökologische Vorschriften galten, man beispielsweise aufladbare Batterien mitbringen musste und kein Parfüm benutzen durfte. Hier jedoch verkaufte ich ökologisch so unsinnige Dinge wie dreißig kleine Brezeln in einer Vakuumdose! Man hatte uns in Denver gebeten aufzulisten, was wir im Laufe eines Jahres konsumieren würden. Die Brezeln hatte Pic bestellt, doch auf Grund der Verpackung brachte er es nicht über sich, sie zu essen.

Lästig war mir vor allem die Buchführung. Zum Glück hatte Donna früher in Vermont einen Laden betrieben, und Liza Lobe hatte im vergangenen Winter im »Polmarkt« gearbeitet. In unserer Mannschaft gab es fast immer jemanden, der sich in bestimmten Dingen gut auskannte, so dass er einem beispringen konnte, und alle waren gern dazu bereit.

Zu meinem Glück gab der Computer des Ladens in den ersten Wintermonaten den Geist auf, und die Buchführung auf dem Papier fiel mir nicht so schwer. Selbst Lisa Beal, eine Informatikerin mit Hochschulabschluss konnte das Gerät nicht reparieren. Lisa war eine meiner besten Freundinnen am Pol, und sie kam oft vorbei, um mir im Laden zu helfen. Wir beobachteten für unser Leben gern die Kaufgewohnheiten der Leute. Nachdem die Station geschlossen worden war, holten sich zum Beispiel manche so viel Guinness, wie sie nur tragen konnten, weil sie befürchteten, die Vorräte könnten zu Ende gehen. Einige Wochen später murmelte Lisa, als wir den Laden zumachten: »Ich glaube, wir haben uns von Jägern und Sammlern zu Trinkern und Hamsterern entwickelt.«

Die Sorge der Männer war jedoch nicht unbegründet. Wie wir alle wussten, war der Vorrat an gutem Bier im letzten Winter schon recht früh aufgebraucht gewesen. Jemand aus McMurdo hatte nämlich das gesamte Guinness, das für den Pol bestimmt war, gegen eine Palette mit einem schrecklichen Gebräu aus Neuseeland ausgetauscht. Es hieß Mr. Pibb und war nur ein billiger Abklatsch des irischen Originals. Dieses Ereignis gab den Anstoß, die Gesellschaft der »Dome-Brauer« zu gründen. Jeden Donnerstag brauten ihre Mitglieder aus Hopfen und anderen Zutaten, die uns aus Christchurch geliefert worden waren, frisches Bier. Außerdem besaßen wir ein Destilliergerät, das uns eine Militärmaschine heimlich aus Neuseeland mitgebracht hatte. Darin entstand unser »South Pole Moonshine«, ein Fusel, der aus allem hergestellt wurde, was wir erübrigen konnten. Beispielsweise entdeckte Liza Lobe, die genau über unseren Warenbestand Bescheid wusste, eine Ladung Maissirup, der nicht auf der Inventarliste stand und eigentlich in die Staaten zurückgeflogen werden sollte. Wir waren ihr äußerst dankbar, denn so konnten wir verhindern, dass die Männer unseren gesamten Vorrat an tief gefrorenem Mais aufbrauchten.

Wie meine letzte Freundin Dorianne brachte auch Lisa Beal mich ständig zum Lachen. Wenn wir zusammen waren, stieg der Geräuschpegel um zehn Punkte. Sie war äußerst schlagfertig, und ich gab ihr Paroli. Lisa verbrachte ihre achte Dienstzeit im Eis, jedoch zum ersten Mal einen Winter. Zuvor hatte sie auf den Stationen Palmer und McMurdo gearbeitet und war auf Forschungsschiffen mitgefahren. Nach dreizehn Monaten in der Antarktis wusste sie genau, was sie brauchte. Deshalb hatte sie kaum Ersatzkleidung mitgebracht, sondern lief meist in Latzhosen und Moonboots herum. Ihr Freigepäck hatte sie stattdessen für einen Musiksynthesizer, einen PC und ein erstaunliches Sortiment scharfer Soßen genutzt. Sie träumte davon, nach ihrer Rückkehr in die Vereinigten Staaten durch Oklahoma zu fahren und Tornados aufzuspüren.

Im Winter blieb mir endlich Zeit, mich einigen Aktivitäten anzuschließen, die von anderen Mitgliedern unserer Mannschaft organisiert wurden. Den Unterricht im Swing-Tanzen, der von Joel veranstaltet wurde, und die Karatekurse von Nuclear Nick ließ ich aus, stattdessen besuchte ich die Computerkurse, die Lisa donnerstagabends nach Ladenschluss abhielt. Außerdem lernte ich montags unter Anleitung von Comms Tom, wie man aus Toilettenpapierrollen Bechertelefone baut.

Tom hatte aber noch etwas anderes erfunden: den ersten Radiosender am Südpol, den Lisa KOLD taufte. Irgendwie war es ihm und Nuclear Nick gelungen, ein Sendegerät zusammenzubasteln (das unter anderem die Konstruktion der Kuppel als Antenne benutzte), so dass alle auf der Station, die einen Empfänger besaßen, die von ihnen hin und wieder ausgestrahlten Musik-CDs hören konnten.

Tom Carlson war einer der »Oldies«. Wie Big John, Ken Lobe, ich und andere, die die vierzig überschritten hatten, brachte er die Erfahrungen eines halben Lebens an den Pol mit. Tom stammte aus der Umgebung von Minneapolis, Minnesota, doch er hatte bereits mehr als fünfundsiebzig Länder bereist, ehe er die Betreuung des Kommunikationssystems am Pol übernahm. Als ausgebildeter Elektroingenieur hatte er eine recht abwechslungsreiche Berufslaufbahn vorzuweisen – unter anderem hatte er Bodenstationen für Mystic Star, das Kommunikationssystem der Air Force One, geleitet. Nun war er verantwortlich für unsere Verbindung zur Außenwelt. Außerdem wartete er das Kopiergerät und reparierte immer wieder meine Röntgenmaschine.

Comms Tom war ein energiegeladener, fröhlicher Mensch, immer bereit zu einem Spaß oder einem Abenteuer. Er war ein ausgezeichneter Musiker, besonders auf seiner altertümlichen Fiedel. Er brachte Joel und Dar das Banjospielen bei, weil er gern eine Band zusammengestellt hätte. Wie ich interessierte sich Comms Tom schon seit seiner Kindheit für fremde Länder, und beide waren wir im Jahr 1969 als Austauschstudenten des Rotary Clubs ins Ausland gegangen. Diese Neugier, die uns an den Südpol geführt hatte, begründete auch unsere Freundschaft. Wir hatten uns schon im Sommer im Spanish Club kennen gelernt. Eines Abends, als ich in meinem kümmerlichen Spanisch eine Geschichte erzählen wollte und verzweifelt nach Worten suchte, verfiel ich – wie immer, wenn ich in einer Fremdsprache stecken blieb – unbewusst in die erste Sprache, die ich als Erwachsene gelernt hatte, nämlich ins Schwedische. Comms antwortete mir in fehlerfreiem Schwedisch: »Wo hast du denn das gelernt?« Seine Vorfahren stammten aus Schweden; Spanisch hatte er sich im gleichen

Jahr, als ich in Schweden war, als Austauschstudent in Argentinien angeeignet.

Ursprünglich hatte ich gehofft, von ihm bis zum Ende des Winters genug über das Morsen zu lernen, um die Funklizenz erwerben zu können, doch nach einiger Zeit musste ich es aufgeben. Ernst nahm ich aber auch den Russischunterricht bei Nuclear Nick, einem unserer Alchimisten. Nick Starinski, ein Nuklearphysiker, stammte ursprünglich aus der Ukraine. Inzwischen besaß er die kanadische Staatsbürgerschaft und wohnte mit seiner Frau und seinem Kind in Montreal. Er war nicht nur ein ausgezeichneter Wissenschaftler, sondern besaß auch den schwarzen Gürtel in Karate, schrieb Lieder und konnte Porträts zeichnen.

Ich machte es mir zur Aufgabe, darauf zu achten, dass die Geburtstage, die in unseren Aufenthalt im Eis fielen, auch gebührend gefeiert wurden. So weit weg von zu Hause sollte jeder die beste Party ihres oder seines Lebens haben. Als Andys und Choo Choo Charlies Geburtstage in ein- und dieselbe Woche fielen, gab ich im Biomed eine M*A*S*H-Party. Ich forderte die Gäste auf, in OP-Kleidung zu erscheinen. Die Rollbahre diente als Buffet, Chips und Dips wurden auf sterilisierten Bettpfannen und Instrumententabletts angeboten. Zuvor war ich im gesamten Dome »einkaufen« gegangen, und so konnte ich falsches Krabbenfleisch mit einer Soße aus Meeresfrüchten, Cream Cheese und Triscuits anbieten. Der Rot- und Weißwein und der Martini flossen aus Infusionsbeuteln. Unsere Alchemisten bekamen ein Reagenzglas statt eines Trinkbechers in die Hand gedrückt, als sie auf der Party eintrafen.

Im Hintergrund lief der Titelsong zu dem Film M*A*S*H, und die Gäste kicherten wie die Teenager, als ich jedem einen Schuss reinen Sauerstoff aus einem großen grünen Tank anbot und dazu sagte: »Ein Hauch von Heimat!« Einen Moment lang erwog ich sogar, meine tragbare Überdruckkammer aus dem Lager zu holen und in einer Tombola »einen kurzen Ausflug zurück auf Meeresniveau« zu verlosen. Doch weil ich nicht riskieren wollte, dass jemandem dabei versehentlich das Trommelfell platzte, ließ ich den Gedanken wieder fallen.

Ich gab mir Mühe, jedes Geburtstagskind am Pol mit einem ganz besonderen Geschenk zu überraschen. Big John und ich kochten, als Wendy an der Reihe war, das Abendessen für die gesamte Mannschaft, so dass unsere Chefköchin an diesem Abend freihatte. Giant Greg bekam ein wissenschaftliches Buch des Astronomen Carl Sagan, das ich an den Pol mitgebracht hatte. Ich packte die Geschenke immer so schön wie möglich ein. Mein bevorzugtes Geschenkpapier bestand aus ausrangierten Notfalldecken, die Marinesoldaten in der Umgebung der Kuppel in Holzkisten hatten liegen lassen. Wie sie bei einer Temperatur von minus 70 Grad gegen Erfrierungen helfen sollten, war mir ein Rätsel, doch mit ihren glänzenden Gold- und Silberseiten ließen sie ein Geschenk wirklich prächtig aussehen. Isolierband zusammen mit gebrauchten Infusionskanülen ergab sehr hübsche Schleifen.

In der 90 South Bar spielte man Karten und Darts, und in dem kleinen Fitnessraum mit angeschlossener Sauna konnten sich alle, die Lust darauf hatten, körperlich betätigen. Ich machte es mir in meiner Freizeit am liebsten im Zimmer irgendeines Freundes oder einer Freundin gemütlich und unterhielt mich mit ihnen. Jeder hatte eine Geschichte zu erzählen, und ich wurde nie müde, ihnen zuzuhören.

Einem Außenstehenden mögen all die Spielchen, die Partys und die albernen Spitznamen vor dem Hintergrund einer so bedeutungsvollen Aufgabe vielleicht ein wenig kindisch erscheinen, doch letztlich hatte dieses Verhalten eine lange und durchaus begründete Tradition. Die ersten Polarforscher taten das Gleiche, um in der Einsamkeit und unter den harten Bedingungen hier zu überleben. Scotts Männer erfanden komplizierte Theaterstücke, um die Zeit totzuschlagen, einige verkleideten sich für bestimmte Rollen sogar als Frauen. Shackletons Männer spielten, während ihr Schiff langsam versank, nicht weit davon entfernt auf dem Packeis Fußball. Dass man der Gefahr besser lachend ins Auge sieht, ist gewiss keine unsinnige Weisheit.

Desgleichen gehören seit jeher Spitznamen zur Kultur der Antarktis, von »Birdie« Bowers bis zu »Titus« Oates. Die jüngeren Generationen von Polies wurden ermutigt, dieser Tradition zu folgen. Es schweißt die Gruppen zusammen, denn man gibt seine alte Identität auf und nimmt als Mitglied des Stammes eine neue an. Wir Polies gaben uns Spitznamen schon in der Vorbereitungszeit in Denver, und einige von uns – wie Choo Choo Charlie – behielten sie bei. Einen der lustigsten Spitznamen hatte der Zimmermann Rich Higgins. Er war in seiner Jugend in New England Skirennen gefahren, hatte dann Buchhaltung gelernt und nach seinem Umzug nach Snowmass in Colorado als Zimmermann Fertighäuser zusammengebaut. Ursprünglich hatten wir ihn Richie Rich getauft, doch als er sich ständig die Hände verletzte, hieß er erst Neun-Finger-Rich, dann Acht-Finger-Rich und schließlich sogar Sieben-Finger-Rich.

Absender: John Davis<cyprus/davisjo>
Empfänger: #Winter
Datum: 1. März 1999 02:07:40 +1200
Betreff: Wo liegt zu Hause?

Hallo Leute:
Das Erste, was ich nach meiner Ankunft hier tat, war zu überlegen, wo die Heimat liegt. Ich nehme an, ihr habt bereits herausgefunden, in welche Richtung ihr schauen müsst, falls jedoch nicht, gebe ich euch eine einfache Anleitung: Stellt fest, auf welche Uhrzeit am Pol der Mittag in eurem Heimatort fällt. Geht nach draußen, wenn bei euch zu Hause Mittag ist, und seht zur Sonne. Euer Zuhause liegt genau darunter. Wenn sich euer Heimatort in einer Zone befindet, in der es Sommerzeit gibt, liegt er jetzt fünfzehn Grad links von der Sonne.
So einfach ist das, Leute.
Nirgendwo ist es so schön wie zu Hause.
John Davis

Middle Johns Nachricht traf an meinem siebenundvierzigsten Geburtstag ein. Wahrscheinlich hätte ich an diesem Tag an mein früheres Leben in Ohio denken sollen, doch es fiel mir schwer, einen anderen Ort als die Polstation als mein Zuhause anzusehen. Meine Mutter, die sich meinen Laptop ausgeliehen hatte und mit ihren langen E-Mails voller Familientratsch und ausführlichen, wunderschönen Beschreibungen des Lebens in den USA beinahe die Tastatur aufarbeitete, hielt täglichen Kontakt mit mir. Liebevoll schilderte sie alle Einzelheiten: Die üppigen, schweren Regenschauer in Florida, wo meine Eltern sich einen Zweitwohnsitz gekauft hatten und Dad sich nun von seiner Krankheit erholte, die leckeren Mahlzeiten, die sie kochte, ihre Besuche auf Flohmärkten und in Antiquitätengeschäften, wo sie nach unentdeckten Schätzen suchte. Von meinen Kindern hatte sie – ebenso wie ich – nichts gehört, und so gab es zu diesem Thema nicht viel zu sagen. Stattdessen berichtete sie vom politischen Geschehen in den Vereinigten Staaten, über das Steigen der Aktienkurse und über mit mir befreundete Ärzte und deren Arbeit.

Zwar freute ich mich auf diese Mails, doch das, was sie beschrieb, verlor für mich mehr und mehr an Bedeutung. Ich lebte in meiner neuen Welt voll und ganz in der Gegenwart, ohne richtige Vergangenheit und planbare Zukunft. Meine Heimat war das Hier und Jetzt.

Als Geburtstagsgeschenk lud Big John mich zu einer Fahrt mit dem »Bike« auf das blassrosa schimmernde Polarplateau ein. Obwohl ihre übliche Zeit für den Winterschlaf schon längst gekommen war, brachte er die Schneemobile noch zum Laufen. Und so sausten wir wieder einmal über die Sastrugi, unser Ziel: das Ende der Welt.

Ich klammerte mich von hinten an Big John und benutzte seine breiten Schultern als Windschutz. Es war eine wilde, atemberaubende Fahrt über die von Menschen geschaufelten Abhänge am Außenlager. Jeden Hügel nahmen wir mit einem Tempo, als sei diese Fahrt unsere letzte. Trotz der hohen Geschwindigkeit fühlte ich mich sicher bei Big John. Wenn man sich weiter vom Stützpunkt entfernte, war es beruhigend zu wissen, dass man seinen eigenen Mechaniker dabeihatte.

Aber wir hatten auch unsere Erlebnisse miteinander. Ein-

172

mal, als ich gedankenlos meine Sommerstiefel angezogen hatte, froren mir die Füße ein. Knapp acht Kilometer vom Dome entfernt merkte ich, das ich von den Knöcheln abwärts kein Gefühl mehr hatte und nicht mehr laufen konnte. Zu meinem Entsetzen riss John mir Stiefel und Socken herunter und steckte meine eiskalten Füße in seine Achselhöhlen, bis ich sie wieder spürte.

Danach hatte ich meine Lektion gelernt und war für meinen Geburtstagsausflug über die Sastrugi warm angezogen. Die Sonne stand mittlerweile tief am Himmel, und das Licht war so blass und traf so flach auf die Erde, dass man in der Eiswüste selbst aus nächster Nähe kaum noch Konturen erkennen konnte. Irgendjemand hatte an einer Stelle, wo man es nicht vermuten konnte, mit einer Zugmaschine eine tiefe Spur hinterlassen. Als Big John die Rillen sah, war es schon zu spät.

Ich merkte noch, dass er das Schneemobil zur Seite riss, ehe wir beide durch die Luft flogen. Die Arme wie ein schwebender Engel ausgebreitet, landete ich auf dem Bauch, rutschte noch knapp drei Meter weiter und schluckte dabei jede Menge Schnee. Als ich vorsichtig mit einem Auge blinzelte, sah ich Big John auf mich zukriechen. »Doc, Doc, bist du okay?«, rief er.

Ich rappelte mich auf, spuckte den Schnee aus und bewegte vorsichtig meine Schulter, um zu sehen, ob sie gebrochen war. Zum Glück nicht. Ich stand auf und streckte Big John die Hand entgegen.

»Gib mir den Schlüssel«, sagte ich. »Jetzt fahre ich.«

Später feierte ich meinen Geburtstag mit ein paar Freunden draußen im Clean Air Building. Joel und Andy besaßen ein fünf Stunden dauerndes Video von einem flackernden Kaminfeuer, das sie abspielten, um für gemütliche Stimmung zu sorgen. Vom CD-Spieler erklang die von mir so geliebte keltische Musik. Wir trugen falsche Brillen mit Pappnasen und lustige Hüte, wie sie bei einem amerikanischen Geburtstag üblich sind. Loree und Andy kochten Kaffee, und wir erzählten uns Geschichten. Es war der schönste Geburtstag seit meiner Kindheit. Jetzt, mit meinen siebenundvierzig Jahren, befand ich mich im Kreis von Freunden, in einer Gemeinschaft, die mich brauchte, an einem Ort, den ich liebte, und ich entdeckte mit jedem Tag mehr, worauf es im Leben wirklich ankam. Ich hatte eingesehen, dass ich an meiner Vergangenheit nichts ändern konnte; sie war vorbei. Doch meine Zukunft war voller wunderbarer Möglichkeiten.

In den letzten Tagen vor Sonnenuntergang wurde uns mit aller Deutlichkeit bewusst, wie allein wir waren. Einzig über E-Mail und einen täglichen Funkkontrollruf nach dem fast tausenddreihundert Kilometer entfernten McMurdo hielten wir Kontakt zum Rest der Welt. Die Station in McMurdo war gleichfalls geschlossen; nur zweihundert Coasties überwinterten dort. Kein einziges Flugzeug war auf dem Kontinent geblieben.

Die Landebahnmarkierungen am Pol waren entfernt worden, damit die Schneestürme sie nicht fortbliesen und es dadurch im kommenden Frühjahr noch schwieriger werden würde, wieder eine Piste anzulegen. Die roten Eckmarken, die man wegen der Umweltverträglichkeit mit Erdbeerlimonade aufgetragen hatte, waren bereits mit Schnee und Sastrugi bedeckt. Bis auf vereinzelte Bambusstangen, die den Radius kennzeichneten, deutete nichts mehr darauf hin, dass hier auf dem Polarplateau vor kurzem noch Flugzeuge gelandet waren. Dies führte uns vor Augen, dass sich das Eis letztlich alles zurückholte.

Als Erstes lernte man am Südpol, dass es den sicheren Tod bedeutete, wenn unser Stromaggregat ausfiel. Die drei 475-Kilowatt-Generatoren im Generatorenraum versorgten die Station nicht nur mit Strom, sondern beheizten auch die Kuppel. Ohne sie wäre alles und jeder in den Hauptgebäuden innerhalb weniger Stunden erfroren. Um zu überleben, hätten wir den Dome evakuieren und uns im oberen Schlaftrakt versammeln müssen, der mit einer separaten Ofenheizung ausgestattet war und über ein Notaggregat versorgt wurde. Wir müssten uns irgendwie über die Runden helfen, bis man uns am Ende des Winters rettete (vorausgesetzt, diese Generatoren versagten nicht auch den Dienst). Deshalb nahmen wir unsere Notfallübungen äußerst ernst.

Als einzige Ärztin der Station würde ich bei einem »Vorfall« wie beispielsweise dem Versagen der Generatoren im Biomed bleiben und auf Verletzte warten müssen. Manager Mike, Big John und Power Plant Thom hingegen sollten in den Generatorenraum laufen und versuchen, unsere Stromversorgung wiederherzustellen.

Thom Miller war ein Grateful-Dead-Fan von fünfundzwanzig Jahren aus Connecticut, der sein Snowboard an den Südpol mitgebracht hatte. Er gehörte zu den Verlässlichsten in unserer Mannschaft. Dies war seine dritte Saison im Eis, allerdings der erste Winter. Zuvor hatte er in abgelegenen Außenposten als Maschinenmechaniker Dienst getan, einmal sogar einen kompletten Bulldozer aus Ersatzteilen zusammengebaut. Wie einige andere auch stand er in Kontakt mit einer Highschool-Klasse in den Vereinigten Staaten, deren Bilder in seinem Büro hingen.

Thom tat regelmäßig in der 90 South Bar als Barmixer Dienst und leitete unsere Bierbrauergesellschaft. In seinem früheren Leben hatte er bei Pizza Hut gearbeitet, deshalb buk er oft unsere Pizza für den Samstagabend. Es machte Spaß, mit ihm zusammen zu sein, zumal er reifer war, als seine Lebensjahre vermuten ließen, ein »cooler Typ«, wie Big John meinte. Indem wir ihm unsere Stromversorgung anvertrauten, gaben wir ihm unser Leben in die Hand.

Unsere erste Notfallübung fand wenige Tage nachdem die Station geschlossen worden war statt. Zunächst lief alles wie geplant. Wie Big John mir später berichtete, kam er in den Generatorenraum und leitete die notwendigen Schritte ein, um den defekten Generator abzuschalten, falls er noch lief, und mit dem nächsten ans Netz zu gehen. Er konnte den zweiten Generator ohne Schwierigkeiten anschalten. Plötzlich jedoch füllte sich der Raum mit dichtem weißen Rauch. Hektisch suchten die Anwesenden nach der Ursache, bis sich herausstellte, dass es kein Rauch war, sondern Glykoldampf, der durch die Frischluftzufuhr im Dach hereindrang.

Ein Wärmetauscher im Dach hatte ein Leck. Dieses Gerät leitete die ungenutzte Maschinenwärme des Generators durch ein mit Glykol – unserem wichtigsten Frostschutzmittel – gefülltes Rohr in einer engen Schleife zum »Rodwell«. Wie Wasser in einem normalen Heizkörper einen Raum aufheizt, wurde das erwärmte Glykol dazu genutzt, Eis für unseren Frischwasservorrat zu schmelzen.

Big John rief Power Plant Thom, der sich beim Notaggregat befand, und erklärte ihm, dass die Glykolschleife ein Leck habe. Darauf ordnete Thom an, die Hauptgeneratoren abzuschalten, bis sie die notwendigen Reparaturen vorgenommen hätten, und die Station inzwischen mit einem der Notgeneratoren zu versorgen. Es war eine bedrohliche Situation. Die Wasserversorgung musste so schnell wie möglich wiederhergestellt werden, denn wenn sie zu lange unterbrochen war, würden die Leitungen einfrieren, was bedeutete, dass die Station in Zukunft ohne Wasser auskommen musste.

Während Big John, Boston Bob, unser verantwortlicher Elektriker, und Mike noch damit beschäftigt waren, das Leck in der Glykolschleife zu suchen, rief Power Plant Thom nach Big John, er solle sofort zum Notaggregat kommen. Einer der zwei Notgeneratoren hatte sich abgeschaltet, weil die Maschine Überhitzungsfehler meldete. Somit blieb nur noch ein Generator, um die Station zu versorgen, und das war nicht genug. Wenn nicht innerhalb der nächsten Stunde etwas geschah, würden wir die Kuppel evakuieren müssen.

Big John sauste auf seinem schnellsten Schneemobil hinüber zum Notaggregat. Als er dort eintraf, standen die Dinge nicht gerade zum Besten. Die eine Einheit lief mit höchster Kraft. Zwar würde sie wohl noch eine Weile durchhalten, doch ohne einen Generator in Reserve durfte man sich jetzt keinen Fehler mehr leisten. Eine halbe Stunde war seit dem Ausfall schon vergangen, die Zeit wurde allmählich knapp. Big John vergrub sich im Innenleben des »überhitzten« Generators, um nach der Ursache des Fehlers zu suchen (der sich als lockere Schraube im Thermostat erwies). Zum Glück meldeten die Jungs aus dem Generatorenraum, sie hätten das Leck in der Glykolschleife repariert und könnten die Hauptgeneratoren wieder anschalten.

Es war eine heikle Situation, doch jeder hatte sein Bestes getan, so dass Schlimmeres verhindert werden konnte. Eins machte uns jedoch Sorge. Niemand wusste, warum die Glykolschleife ein Leck bekommen hatte. Es konnte jederzeit wieder passieren.

Eines Freitagabends fand in der Kantine unsere erste Lyrik-Nacht statt. Big John hatte die Rolle des Conferenciers übernommen. Er trug zwar noch immer seinen Irokesenschnitt und seine unvermeidliche Lederjacke, hatte zu diesem Anlass jedoch seine »feinen« Shorts (die saubere Variante der Arbeitsshorts) angezogen. Der Abend war gut besucht und die Qualität der Gedichte erstaunlich.

Loree machte den Anfang mit einem herzzerreißenden Liebesgedicht von Keats. Sie bekam großen Applaus. Big John sprang vor die versammelte Mannschaft, als stiege er auf eine Varietébühne in Las Vegas. »Und? Braucht man Mut, um vor dieses Publikum zu treten?«, rief er klatschend.

Der Nächste war Pakman, der immer wieder von seiner Pizza abbiss, während er sein Gedicht von einem Zettel ablas. »Ich weiß noch nicht, wie ich es nenne«, sagte er zur Einleitung.

In McMurdo machten wir 'ne Sause
Und Big John, der feierte ohne Pause.
Die Uhr war vergessen,
Keine Kneipe zu weit,
Und nicht mal zum Schlafen,
Da reichte die Zeit.
Zuerst haben wir uns aus den Augen verloren
Und dann auch noch die Köpfe geschoren.
Und flogen die Tage auch nur so davon,
Die Zeit, die war dufte, mein lieber Big John!

Wie ein großer Bär schloss Big John ihn in die Arme. Er war so gerührt, dass er sich zu einer kurzen Ansprache genötigt fühlte. »Ich bin wirklich glücklich, wie sich unsere Gemeinschaft hier entwickelt. Es ist ungeheuer wichtig, dass wir zusammenhalten und alles miteinander teilen. Das gibt es so selten, dass ich nur sagen kann: Ich bin begeistert!«

»Ja, es ist super«, rief jemand.

177

»Mann, du bist klasse!«, tönte es von Dar.

Big John grinste und trank einen Schluck von seinem Wild Turkey. Nun war er an der Reihe.

»Dies ist ein Gedicht von Robert Service, das mir John Wright geschickt hat, unser Master Blaster, ein echter Kerl«, setzte er an. »Es spielt am gegenüberliegenden Pol, auf der anderen Seite des Globus. Es ist etwas Besonderes …« Dann begann John mit viel Gefühl »The Men That Don't Fit In« zu lesen:

Dieser Schlag von Männern passt nirgendwo hin,
Ein Schlag, der nirgendwo bleiben kann.
Zum Kummer der Ihnen Zugetan'
Müssen sie die Welt durchstreifen.
Sie durchqueren die Felder, durchrudern den Fluss,
Ersteigen die Gipfel der Berge.
Dies ist der Fluch des Zigeunerbluts:
Nie, niemals finden sie Ruhe.

Nachdem Big Johns tiefe Stimme verstummt war, erhob sich schüchtern Nuclear Nick. Er hatte ein Gedicht von Puschkin mitgebracht.

»Eigentlich gibt es zwei Dinge, die ich niemals tun wollte«, sagte er in seinem weichen ukrainischen Akzent. »Ich wollte niemals Steuern zahlen, und ich wollte niemals ein russisches Gedicht vor einem englischsprachigen Publikum vortragen!«

»Aaaaaber …«, schrien seine Zuhörer.

»Aber Big John hat mich persönlich darum gebeten. Außerdem hat er mir ein Glas Wild Turkey gegeben, und das wird mir wohl über meine Verlegenheit hinweghelfen.«

Er strich sich durch die langen dunklen Haare und erklärte uns, sein Gedicht handele von »Eichen, die an einem Bachlauf stehen, von goldenen Ketten in ihren Zweigen …« Kopfschüttelnd gab er es auf, die Worte für uns zu übersetzen. »Hört einfach nur auf den Klang«, meinte er. Dann las er die Verse des Dichters, der die russische Sprache wie Musik zum Klingen bringen konnte.

Als Nächste war ich an der Reihe, vorzutragen. Ich hatte

mich für mein Lieblingsgedicht von meinem Lieblingsdichter
entschieden. Jetzt musste ich meine Wahl erklären. »Ich trage
euch dieses Gedicht vor, weil ich für mein Leben gern fliege,
weil ich irischer Abstammung bin und weil ich diesen ›einsamen entzückenden Drang‹ nur allzu gut nachempfinden kann.
Es stammt von Yeats und heißt: »Ein irischer Flieger erwartet
seinen Tod.«

> Ich weiß, ich ende irgendwo
> Da oben in der Wolkenschicht.
> Die ich bekämpfe, hass ich nicht,
> Die ich beschütze, lieb ich nicht.
> Kiltartan ist mein Heimatort,
> Meine Leute sind die Armen dort,
> Geht's schlecht, geht's gut, es wird doch nie
> Verlust sein oder Glück für sie.
> Zum Kampf bestimmte mich nicht der Zwang,
> Nicht Politik, nicht Massenkult –
> Ein einsamer entzückender Drang
> Riss mich in diesen Lufttumult.
> Erwogen hab ich alles sehr.
> Vergeudung schien die Zeit bisher,
> Vergeudung, was die Zukunft bot,
> gegen dieses Leben, diesen Tod.

Es war März, und wir kannten uns noch nicht gut genug, als
dass ich ihnen hätte erklären mögen, warum mich die letzten
vier Zeilen so faszinierten. Bald würde das anders sein. Bald
würden wir die Sehnsucht der anderen nach der »Vergeu-
dung«, die Dämonen unserer Vergangenheit und die Gunst des
Schicksals, die uns an das Ende der Welt geführt hatte, einschätzen können und verstehen. Einige Monate später würde
ich nicht mehr erklären müssen, warum mir die Zeit, die noch
kommen würde und die, die vergangen war, nicht der Rede
wert schienen, wenn man sie mit diesem Leben, mit diesem
Tod verglich. Bis dahin würde jeder wissen, wer ich war und
was mich hierher gebracht hatte.

Nicht lange nach unserer Lyrik-Nacht, wohl nur wenige Tage später, entdeckte ich einen Knoten in meiner Brust. Als ich im Bett saß und las, strich ich mir geistesabwesend über den oberen Teil meiner Brust. Plötzlich stießen meine Finger auf eine kleine harte Masse. Sie lag auf der rechten Seite dicht unter der Oberfläche. Ich knetete das umgebende Gewebe, versuchte abzuschätzen, wie groß der Knoten war und woraus er bestand. Ich hatte auch schon früher hin und wieder gutartige Bindegewebsknoten in den Brüsten gehabt. Sie bildeten sich im Einklang mit meinem Menstruationszyklus und verschwanden nach einigen Wochen von selbst wieder. Es lag bei uns in der Familie, meine Mutter hatte sich schon mehrmals einer Biopsie unterzogen, um festzustellen, ob diese Knoten bösartig waren. Da meine Mammographie vor nicht einmal sechs Monaten negativ gewesen war, machte ich mir jedoch keine großen Sorgen. Ich beschloss, den Knoten im Auge zu behalten und einen Monat abzuwarten, ob sich etwas änderte.

KAPITEL 7

Die drei Stufen der Dämmerung

Beim Abendessen setzte ich mich gern an den Tisch von Roopesh Ojha, genannt Roo. Er stammte aus der nordindischen Provinz Darjeeling, mochte aber keinen Tee.

»Hier, Roo«, sagte ich manchmal und hielt ihm eine Kanne frisch aufgebrühter Teeblätter unter die Nase. »Der Duft der Kindheit!«

Der Geruch regte jenen Teil seines Gehirns an, in dem die Vergangenheit gespeichert war, und er erzählte mir Geschichten aus seiner Heimat: von Bergen und kleinen Dörfern, von bunt geschmückten Flößen, auf die man die Toten legte, bevor die Angehörigen sie auf den Fluss stießen, damit sie ihre letzte Reise antraten. Sein Vater, ein Brahmane, war Arzt gewesen; als sein Sohn verstand Roo mich auch ohne viele Worte. Vielleicht lag es aber auch an seiner großen Sensibilität. Er war Astronom mit Harvard-Abschluss, der sich ganz seinem Forschungsgebiet verschrieben hatte. Durch unser ASTRO-Radioteleskop im Dark Sector beobachtete er kalte Molekularwolken, um die Entstehung von Sternen zu erforschen.

Wenn Roo sich für etwas begeisterte, ließ er alle daran teilhaben. Er war Initiator und Vorsitzender eines kleinen Investment-Clubs, der seine Mitglieder über E-Mail mit Informationen zu den Hightech-Firmen an der Börse versorgte. Später wandelte sich der Club allerdings in ein Diskussionsforum für Fragen der Philosophie und der Religion. Giant Greg, der nach Spuren des Urknalls forschte, Nuclear Nick, der im Eis die Neutrinos studierte, Loree, eine Meteorologin, die Gottes Werk in den Wolken suchte und Roo, der Sternenforscher, führten anregende Streitgespräche, in denen es um Glauben versus Wissenschaft und die Existenz Gottes ging.

Obwohl wir uns räumlich so nah waren, dass wir den an-

181

deren im Schlaf husten, sich umdrehen und atmen hörten, fand ein Großteil unserer Kommunikation in schriftlicher Form statt. Das Informationszeitalter ermöglichte es uns, wieder die Kunst des Briefeschreibens zu pflegen, um uns mit unseren Freunden auszutauschen. Da auf jedem Schreibtisch ein Computer stand, stürzten wir uns begeistert auf die neue Technologie – und das in einer Wildnis, die so lebensfeindlich und unzugänglich war wie in den Tagen der Holzschiffe und Forschergruppen mit Hundeschlitten!

Eines Tages fragte ich ihn: »Hör mal, Roo, du bist doch Astronom. Wann wird es hier wirklich dunkel?« Er freute sich so über meine Frage, dass er ein »Kurzinfo« verfasste, in dem er in einfachen Worten beschrieb, was uns mit Einsetzen der Dämmerung erwartete.

Absender: Roopesh Ojha<cyprus/ojharo>
Empfänger: #Winter
Datum: 15. März 1999 07:35:24 +1200
Betreff: Anbruch der Nacht

Hallo, liebe Polies,
unser Sonnenuntergang findet am 21. März, einem Sonntag, um 10.00 Uhr statt. Der untere Rand der Sonne trifft am 20. März (Samstag) etwa um 03.30 Uhr auf den Stundenkreis, der unser Horizont ist. Der Mittelpunkt der Sonne wird am gleichen Tag um 18.40 Uhr am Horizont stehen. Der obere Rand der Sonne trifft den Horizont am Sonntag um 10.00 Uhr (der zuvor erwähnte offizielle Sonnenuntergang).
Aber wann wird es dunkel?
Man unterscheidet drei Arten von Dämmerung, die zivile, nautische und astronomische, die einsetzen, wenn die Sonne jeweils 6, 12 und 18 Grad unter dem Horizont steht. Um euch eine Vorstellung zu geben, wie dunkel es in diesen Stufen ist: Gegen Ende der zivilen Dämmerung sind schon die hellsten Sterne sichtbar, aber der Horizont zeichnet sich noch als klare Linie ab. Am En-

de der nautischen Dämmerung ist der Horizont nicht mehr erkennbar, und am Ende der astronomischen Dämmerung ist das Licht der Sterne heller als der indirekte Schein der Sonne.

Für uns gilt:

Die zivile Dämmerung endet am 5. April gegen 05.00 Uhr.

Die nautische Dämmerung endet am 21. April gegen 19.00 Uhr.

Die astronomische Dämmerung endet am 11. Mai gegen 21.00 Uhr.

Ab dem 11. Mai umgibt uns also völlige Dunkelheit!

Der nette Astronom von nebenan

Roo

Ich war sehr gespannt auf die drei unterschiedlichen Stadien der Dämmerung. Aber zunächst einmal stellte ich fest, dass die Welt draußen vor der Kuppel mit jedem Tag schöner und fremdartiger wurde. Der Himmel hatte inzwischen eine tiefrote Farbe angenommen, die lediglich von orangeroten Streifen am Horizont unterbrochen wurde. Als ich eines Tages draußen stand und den Himmel bewunderte, sah ich zum ersten Mal eine Aurora. Sie ähnelte einem schimmernden grünen Vorhang, der vom Sonnenwind bewegt wurde, mit hellrosa Leuchtfeuern, die in die Atmosphäre flammten. Sonst umgab mich nur Stille und Frieden.

Allmählich konnte ich Admiral Richard Byrd verstehen, der in seinem Tagebuch der Antarktis mit dem Titel *Alone* über den Sonnenuntergang geschrieben hatte: »Über mir erlosch der Tag, und die Nacht nahm seine Stelle ein … Dies muss der Anblick sein, der sich dem letzten Menschen in der Stunde seines Todes bietet.« Ich begriff seine Faszination wie auch seine Furcht. Die Antarktis an sich war so lebensfeindlich, so fremdartig, dass das Leben triumphierte und jeder einzelne Atemzug einen Sieg über das Nichts bedeutete. Wir standen hier vor der Wahl, entweder uns neu zu erschaffen oder von der Leere aufgesogen zu werden. So war der Weg zum Südpol letztlich auch eine Reise nach innen und die Antarktis ein leeres Blatt, das auf die Inschrift unserer Seelen wartete.

Seit wir Anfang März wegen des Glykollecks auf Notbetrieb geschaltet hatten, war unsere »Unterbrechungsfreie Stromversorgung« unterbrochen. Niemand kannte den Grund dafür. Die USV in der Funkzentrale bestand aus zehn Bleiakkus, die im Falle eines Energieausfalls sicherstellen sollten, dass unsere Funkgeräte einsatzfähig blieben. Comms Tom versuchte verzweifelt, die Batterien wieder aufzuladen und gleichzeitig die Ursache des Fehlers zu finden. Wenn der Strom jetzt ausfiel, wären wir von der Welt abgeschnitten, und niemand würde erfahren, was sich bei uns ereignet hatte.

Gleichzeitig wurde die Station von einer Kette seltsamer Unfälle heimgesucht. Ab Mitte März fragte unser Büro in Denver nur noch nach dem »Desaster der Woche«, wenn man dort unsere Lageberichte erhielt. In einer Woche häuften sich die rätselhaften Missgeschicke ganz besonders.

Zuerst schnitt sich Wendy beim Schnittlauchhacken die Fingerkuppe ab und kam, die Fingerspitze in eine Serviette gewickelt, ins Biomed gelaufen. Das abgetrennte Stück war nicht mehr lebensfähig; Wendy würde eher ein Gefühl in der Fingerspitze behalten, wenn sie die Wunde einfach heilen ließ. Ich legte einen Verband an und schickte Wendy zurück in die Küche. (Wir brauchten sie dort, weil es in Kürze Abendessen geben sollte. Unbarmherziger Kontinent, wie wir gern sagten.)

Etwa eine Stunde später, als ich mich nach ihrer Verfassung erkundigen wollte, sah ich beim Betreten der Küche gerade noch, wie sie ausrutschte und sich mit einer großen Fleischgabel ins Nasenloch stach. Zwar ging die Verletzung nicht sonderlich tief, doch Wendy blutete heftig, und weil sie sich einen Gesichtsnerv verletzt hatte, wurden einige Zähne taub.

Da wir mit dem Abendessen reichlich in Verzug waren, half ich beim Abgießen der Nudeln und kümmerte mich um die Hähnchen, während Wendy versuchte, die Blutung zu stillen und dafür zu sorgen, dass das Essen auf den Tisch kam.

Plötzlich stürzte die sonst so fröhliche Lisa mit kreidebleichem Gesicht in die Küche.

»Doc, lass die Hähnchen liegen und lauf zu den Funkern«, rief sie. »Sie baden dort in Schwefelsäure.« Ich rannte so schnell wie möglich quer durch den Dome in die Funkzentrale. Der Raum sah aus, als hätte man das Innere mit Backsoda bestäubt oder als hätte darin ein Schneesturm gewütet. Manager Mike und Pic, beide in ihren atomaren Schutzanzügen, beschäftigten sich bereits mit den Geräten. Comms Tom war nicht zu sehen – er war bereits in den Anbau geeilt, um sich zu duschen.

Liza und Donna, die unverletzt in der Funkzentrale vor ihren Computerterminals saßen, erzählten mir, was geschehen war. Comms Tom arbeitete im Nachbarzimmer am UVS, als etliche der Batterien explodierten. Mit gewaltigem Druck verteilte sich die Säure im Raum. Glücklicherweise hatte Tom gerade hinter einem Stahlschrank gekauert, um eine defekte Leitung zu reparieren, außerdem trug er ein langes Hemd, Jeans, einen Hut mit Krempe und einen Augenschutz. Weil er rasch reagierte, zog er sich nur eine leichte Verätzung am Arm zu; er hätte jedoch auch schwer verletzt werden können. Seine Jeans waren von der Säure so durchlöchert, dass wir sie später, für alle sichtbar, an die Wand der Kantine nagelten.

An diesem Punkt entschieden wir, das Notaggregat nicht länger zu benutzen. Es war viel zu gefährlich. (Innerhalb weniger Wochen hatte Comms Tom jedoch wieder eine Reihe schwächerer Behelfsakkus für unser Funkgerät und die anderen Kommunikationssysteme zusammengebastelt.)

Einige Tage später wurde ich dadurch geweckt, dass Comms Tom an meine Schlafzimmertür hämmerte. Während ich nach meiner Brille tastete, rief ich ihm zu, er solle hereinkommen.

»Mike hat gesagt, ich soll dich wecken«, stieß er atemlos hervor. »Big John ist durch das Dach der Garage gebrochen. Sie bringen ihn gerade rein.«

O mein Gott! Jetzt kommt das, was ich immer am meisten gefürchtet habe, dachte ich, während ich über das kurze Stück Flur zum Untersuchungsraum eilte. Der Schrecken eines Arztes in der Antarktis: Einer deiner Freunde (und das bedeutete praktisch jeder aus der Mannschaft) ist ernstlich krank oder verletzt, und du kannst nicht viel tun. Mein erster echter Notfall, und das war ausgerechnet mein bester Kumpel, mein privater Schneemobilfahrer. Ich legte mir die Instrumente zurecht, schaltete die Heizdecken und das Sauerstoffgerät an, und dann trafen auch schon die Sanitäter ein. Erleichtert sah ich, dass Big John, gestützt auf die Schultern von Roger Hooker und Bill Johnson, dem Vorarbeiter des Bautrupps, noch in der Lage war zu laufen. Doch meine Freude währte nicht lange. Big John redete wirres Zeug. Irgendwas stimmte hier nicht.

Ich nahm an, dass er an Unterkühlung litt – irgendwie taten wir das alle, auch ohne Verletzung. Deshalb wickelte ich ihn in Heizdecken, nachdem wir ihn dazu gebracht hatten, sich auf den Untersuchungstisch zu legen. Ich zog ihn aus und untersuchte ihn auf Kopfverletzungen und andere Traumata. Ich fand Abschürfungen, jedoch keine erkennbaren Brüche. Um seine geistige Verfassung zu prüfen, stellte ich ihm ein paar Fragen.

»Zähle bitte in Siebenerschritten von hundert rückwärts, Big John!«

»Siebenundneunzig ...«

Als ich ihn skeptisch anblickte, merkte er offenbar, wie besorgt ich war.

»Ehem ... dreiundneunzig«, sagte er.

»Gut, weiter!«

Eine ganze Weile dachte er angestrengt nach. Dann runzelte er die Stirn. »Oje«, sagte er. »Probiere es lieber mit was anderem!«

»Gut. Was bedeutet der Spruch: Ein Spatz in der Hand ist besser als die Taube auf dem Dach?«

»Fragen wie diese mag ich überhaupt nicht«, antwortete er. »Hast du nichts Besseres für mich?«

Mittlerweile war ich ernstlich beunruhigt. Immerhin kam er langsam wieder zu sich. Wir durchleuchteten ihn mit unserem launischen Röntgengerät, steckten ihn ins Bett und deckten ihn gut zu.

Bald war er in der Lage, mir den Vorfall zu schildern:

Es ging ihm an diesem Morgen ausgesprochen gut. Er reparierte eines seiner Lieblingsgeräte aus dem Maschinenpark, Cassie Rose, einen Vorderlader. Als er ein Ersatzteil brauchte, ging er aufs Dach des Gebäudes, wo die Ersatzteile gewöhnlich lagerten. Zwar befand sich der Maschinenpark im Innern der Wartungshalle, doch auf seinem Dach war es fast genauso kalt wie draußen auf dem Plateau. Da Big John sich dort nicht länger hatte aufhalten wollen, hatte er lediglich seine mitteldicke kälteisolierte Jacke angezogen, sich seine Taschenlampe geschnappt und war aufs Dach des Metallcontainers gestiegen. Er sah das benötigte Teil hinten auf einem langen Regal liegen, doch als er sich reckte, um es zu holen, brach er mit dem rechten Bein durchs Dach. Jemand hatte ein Loch repariert, indem er von innen ein Stück Sperrholz dagegen genagelt hatte. Es war stockfinster, und Big John dachte, er würde nach unten stürzen. In einem ersten Impuls hielt er sich mit der linken Hand am Regal fest, verrenkte sich im Fallen jedoch den Arm. Das Loch war nicht so groß, dass er nach unten stürzte, doch sein Bein war in der Höhe des Oberschenkels eingeklemmt, so dass er sich nicht mehr befreien konnte. Außerdem hatte er sich beim Sturz offenbar den Kopf angestoßen, doch zum Glück trug er seine dicke Biberfellmütze.

Er brauchte ein, zwei Minuten, um zu begreifen, was geschehen war. Er merkte, dass irgendetwas mit ihm nicht stimmte, er fühlte sich schlecht und begann zu frieren. Da er sein Funkgerät bei sich hatte, versuchte er, Manager Mike zu rufen. Als er ihn nicht erreichte, funkte er Captain Kirk an.

»Hallo, Big John, was gibt's?«, fragte der Captain.

»Ich glaube, ich bin verletzt …«, antwortete Big.

»Wirklich? Was ist passiert?« Der Captain ließ sich seine Sorge nicht anmerken.

»Ich bin durch ein Loch im Dach gefallen und kann nicht mehr richtig denken. Ich glaube, ich brauche Hilfe.«

»Gut … Rühr dich nicht. Ich rufe Mike.«

Nachdem Big John mit Mike gesprochen hatte, schaltete er sein Funkgerät ab. Er lag im tödlichen Frost, zu keinem vernünftigen Gedanken mehr fähig, bis er Schritte auf dem Garagendach und die Männer seinen Namen rufen hörte. Drei Sanitäter waren erforderlich, um ihn aus dem Loch zu ziehen. Zunächst überlegten sie, ihn auf eine Trage zu legen und nach unten zu schaffen, doch weil Big John befürchtete, die anderen könnten selbst zu Schaden kommen, wenn sie seine zwei-hundertzwanzig Pfund über eine Leiter nach unten hievten, erhob er Einspruch. Vor Jahren hatte man ihn einmal in einem Korb von einer Ölplattform im Ozean auf ein Schiff heruntergelassen. Obwohl er sich damals bei einer elektrischen Explosion schwere Verbrennungen zugezogen hatte, fand er den Transport beängstigender als den fast tödlichen Stromschlag. Deshalb rappelte er sich diesmal hoch und humpelte, gestützt auf seine zwei Kollegen, in die Station zurück.

Da ich keine Hinweise auf eine Kopfverletzung finden konnte, war mir seine Verwirrung ein Rätsel. Ich schrieb sie seiner Unterkühlung zu. Seine restlichen Blessuren waren zwar schmerzhaft, aber nicht gravierend: Er hatte sich das Knie verrenkt, Sehnenzerrungen an Schulter und Ellenbogen und unbedeutende Abschürfungen am Rücken. Ich verordnete ihm Bettruhe in der Krankenstation.

Den ganzen Tag behielt ich ihn im Auge. Er schlief zwölf Stunden. Als er aufwachte, holte ich ihm eine Mahlzeit aus der Kantine, und Lisa steuerte einen Stapel Western-Videos bei, um ihn bei Laune zu halten. Loree schleppte ihre gesamte CD-Sammlung an, und Larry Fordyce, einer der Zimmerleute, kam mit einem Fünftel Wild Turkey (der von mir konfisziert wurde). Comms Tom zog seinem einsfünfzig großen, aufblasbaren Pinguin namens Monica Penguinski eine Krankenschwesterntracht an und legte ihn ins Nachbarbett von Big John.

»Wie fühlst du dich?«, fragte ich ihn, nachdem er wach geworden war.

»Wie nach einem Straßenkampf, von dem ich nicht weiß, ob ich ihn gewonnen oder verloren habe«, erwiderte er grinsend. »Das ist meine Version, und bei der bleibe ich.«

In der Nacht hatte er Atembeschwerden, und ich fürchtete schon, er hätte eine Lungenembolie. Da sich sein Blutsauerstoff auf wenig erfreuliche, wenn auch nicht beängstigende 88 Prozent (97 bis 100 sind optimal) belief, verabreichte ich ihm über eine Nasenkanüle Sauerstoff, was ihm sichtlich half. Er blieb drei Tage in der Krankenstation, mit Eisbeuteln gegen die Schwellungen und zugleich unter der elektrischen

Heizdecke. Wer sagt denn, dass die medizinischen Maßnahmen immer logisch sein müssen?

Ich hätte ihn länger auf meiner Station behalten, wäre nicht etwas Unfassbares geschehen. Seit Big John verletzt war, arbeiteten die Maschinen nicht mehr richtig, und niemand konnte sie reparieren.

Power Plant Thom und Ken Lobe, beide ausgezeichnete Mechaniker, versuchten neben ihren normalen Pflichten, Big John in der Garage so gut wie möglich zu ersetzen. Thom funkte uns fünf-, sechsmal am Tag an und fragte, wo dieses oder jenes Teil zu finden war oder wie dieses oder jenes funktionierte. Ich gab nur die wichtigsten Gespräche an Big John weiter.

»Doc, wir kriegen die Baldersons nicht in Gang«, sagte Thom beispielsweise. »Kann ich mit John sprechen?«

Die Baldersons waren Zusatzgeräte an den Gabelstaplern, die es dem Fahrer ermöglichten, von Gabel auf Schaufel umzuschalten und zurück. Nach dem zweiten Tag erlaubte ich Big John, für ein paar Minuten zu ihnen zu gehen. Wenn er zu lange fortblieb, lief ich selbst hinüber und kommandierte ihn zurück ins Bett. Schließlich musste ich ihn wieder zur Arbeit entlassen, weil wir sonst alle Zugmaschinen und Schneemobile hätten aufgeben müssen. Es erinnerte mich an das Kinderlied von dem Uhrmacher, dessen Uhren stehen blieben, als er starb. Big John glaubte fest daran, dass Maschinen eine Seele hatten. Zwischen ihm und seinen Maschinen bestand eine ganz besondere Beziehung, als würde er spüren, wie sie funktionierten, oder als könnte er den Gedankengang ihrer Konstrukteure nachempfinden. Ich hatte so etwas noch nie erlebt. Vielleicht besaßen Maschinen ja tatsächlich Gefühle. Nachdem Big John nämlich an die Arbeit zurückgekehrt war, lief wieder alles wie geschmiert.

Am St. Patrick's Day, dem irischen Nationalfeiertag, hatte er sich wieder so weit erholt, dass er an unserem Fest in der 90 South Bar teilnehmen konnte. Der Besitzer des Bailie's Pub in Christchurch hatte uns zu diesem Anlass ein Fässchen Guinness gespendet, das mit einer Frachtmaschine zu Welder Walt an den Südpol gebracht worden war. Der Bailie's Pub war ein beliebter Treffpunkt für Antarktis-Reisende aller Nationen –

Italiener, Russen, Neuseeländer und andere, die im Kreis von Freunden ein Pint stemmen und Darts spielen wollten.

Wie verabredet zogen wir unsere offizielle Kluft an – die schwarz-grünen Parkas mit der Aufschrift »South Pole«, die nicht besonders gut wärmten und die niemand so recht mochte – und gingen zur Feier des Tages an den Pol, um dort das Bierfass zu leeren und für die Wand in Bailie's Pub ein Erinnerungsfoto zu schießen. Wir waren mit Flaggen, dem Fässchen Bier, Schirmen mit dem Guinness-Schriftzug, einem Tisch und Stühlen ausgerüstet. Welder Walt hatte sich außerdem noch seinen Guinness-Hut aufgesetzt. Nach dem Foto kehrten wir jedoch gleich in die Kuppel zurück, um unser Fest dort fortzusetzen. Wir hatten nämlich 65 Grad unter null.

Da wir wussten, dass man im Bailie's an diesem Abend ausgelassen feiern würde, taten wir Iren und Möchtegern-Iren am Südpol unser Bestes, zur guten Stimmung beizutragen. Nicht nur das Guinness floss in Strömen, sondern auch unser selbst gebrannter Fusel, der »South Pole Moonshine«.

Mit fortgeschrittener Stunde begannen die Leute, mit den Löffeln zu schlagen, zu trommeln und mit aufgeblasenen Kondomen Ball zu spielen (hatte ich's doch gewusst …). Comms Tom brachte als Tischdame seine Monica Penguinski mit, nur dass sie heute eine Militärkappe auf dem Kopf und eine Zigarre im Schnabel hatte. Larry versuchte, Roo den irischen Jig beizubringen, während Reza die Musik auf seiner Mundharmonika begleitete.

Reza war ein weiterer Polie, den ich ins Herz geschlossen hatte. Er stammte aus einem abgelegenen Dorf in Bangladesch und arbeitete als wissenschaftlicher Techniker am Südpol, und zwar im Sky Lab, einem dreistöckigen Gebäude, das mit dem Dome durch einen kleinen Gang verbunden und mit Beobachtungsfenstern und einem Labor zur Messung kosmischer Strahlung ausgestattet war. Sein zweiter Einsatzort war die seismologische Kuppel. Als frommer Moslem rauchte und trank er nicht, trotzdem brachte er Leben in jede Party. Beispielsweise drohten wir gern, ihn festzuhalten, ihm ein Bier in die Hand zu drücken, mit der Digitalkamera ein Foto zu schießen und das dann an seine Mutter in Bangladesch zu senden. Natürlich war es nicht ernst gemeint, denn das Dorf, in dem sie wohnte, lag so abgeschieden, dass es dort keinen Internetanschluss und nicht einmal ein Telefon gab. Roo schickte sein gesamtes Geld nach Hause, um seine zahlreichen Angehörigen zu unterstützen. Seine Eltern wünschten sich, dass er irgendwann einmal eine eigene Familie gründete, doch obwohl er schon vierzig war, hatte er bisher nicht geheiratet.

Ich lernte ihn besser kennen als die anderen, weil er unter Schlaflosigkeit litt. Alle meine Versuche, ihm zu helfen, blieben zunächst erfolglos. In dem gigantischen Tiefdruckgebiet, das über dem Südpol lag, reagierte der menschliche Körper, als befände man sich auf einer Höhe von 3 300 Meter. Jeder hatte Schlafstörungen, doch Reza übertraf uns alle. Zwei Monate lang schlief er offenbar nie länger als zwei Stunden am Stück.

Unser Gelage an St. Patrick's Day wäre eigentlich ein guter Anlass gewesen, meine keltische Harfe hervorzuholen und mich den Musikern anzuschließen. Doch ich hatte sie seit Monaten nicht mehr gespielt. Bei all den Kursen, an denen ich teilnahm, und den vielen gemeinsamen Aktivitäten blieb mir kaum noch Zeit dazu. Sie hing an der Wand in meinem Schlafzimmer, und irgendwie wirkte sie fehl am Platz, wie ein Souvenir aus einer anderen Welt

Absender: Mosaddeque Reza<cyprus/mosaddeque>
Empfänger: #Winter
Datum: Donnerstag, 19. März 1999 22:14:41 +1200
Betreff: Krachen im Eis

Hallo, ihr alle,
in den letzten Tagen haben wir draußen ein lautes Krachen gehört. Ich glaube, es liegt daran, dass sich das Eis verschiebt. Wenn ihr es hört, schreibt euch bitte die Uhrzeit auf. Ich möchte nämlich feststellen, ob diese Vorgänge mit seismologischen Bewegungen zusammenhän-

gen. Ich sehe Ausschläge auf dem Seismographen, die eventuell davon herrühren, doch ohne konkrete Uhrzeit kann ich das nicht mit Sicherheit sagen.

Reza

Die Temperaturen auf dem Polarplateau stürzten rasch in den Keller. Wir maßen mittlerweile minus 68 Grad Celsius – ein neuer Rekord für Mitte März. Eines Abends, als ich mir mit einem Freund ein Video ansah, hörten wir ein entsetzliches Krachen.

»Was ist das?«, fragte ich.

»Ach, nichts weiter«, meinte er. »Die Wände müssen sich setzen.«

Für mich klang es eher so, als würden die Wände um uns einstürzen. Im Verlauf der nächsten Tage hörten wir weitere derartig beängstigende Geräusche. Die Eisplatten unter dem Dome verschoben sich. Jetzt war es noch schwieriger zu schlafen. Manchmal meinten wir, das Dach bräche zusammen oder die Erde öffnete sich oder die Leute über uns stampften mit den Füßen, dann wieder ähnelte es dem Schuss aus einem Gewehr oder einer Kanone.

Überall um uns brach das Eis auseinander. Große Risse zogen sich von der Kantine bis zum Dome, wo sie wie in einem Spinnennetz verliefen. Eine dreißig Zentimeter breite Spalte klaffte über den Eisweg, und auf der ehemaligen Landepiste tat sich eine Furche auf.

Mike erklärte uns zwar, diese Risse seien nicht bedrohlich, dennoch waren wir beunruhigt. Unsere Wissenschaftler vermuteten, dass sich das Eis wegen des großen Temperatursturzes aufbäumte. Da ich fürchtete, die elektrischen Leitungen oder Abwasserrohre könnten Schaden nehmen, packte ich einen Rucksack und stellte ihn für den Fall, dass wir flüchten mussten, an die Tür. Ich stellte ein Notfallset zusammen und fügte außerdem noch alle wichtigen Medikamente hinzu, etwa die gegen Schilddrüsenunterfunktion oder Bluthochdruck, die einige aus unserer Mannschaft täglich einnehmen mussten. Man konnte ja nie wissen …

Aber im Grunde waren wir ständig auf einen Notfall eingestellt. Von daher machte es kaum einen Unterschied.

Abgesehen von unseren regelmäßig abgehaltenen Notfallübungen kam es im Durchschnitt etwa viermal pro Woche zu
einem falschen Feueralarm, weil unsere Rauchsensoren so
empfindlich waren. Da es am Südpol praktisch keine Luftfeuchtigkeit gab, bereitete uns die statische Elektrizität große
Probleme. Die Computertechniker mussten jedes Mal, bevor
sie sich an ihre Tastatur setzten oder die Geräte abschalten
wollten, die statische Elektrizität entladen. Man konnte einen
ganzen Raum erleuchten, indem man ein Plüschtier so lange
rieb, bis es glühte: Daher hatte Big Johns Schmusekatze ihren
Namen »Felix, das elektrische Wundertier«. Eines Nachts gegen drei Uhr stieg Dar, unser Meteorologe, so rasch ins Bett,
dass er einen Feueralarm auslöste. Doch bei jedem Alarm rannten wir nach draußen, als ginge es um unser Leben. Was ja
letztlich auch der Fall war.

Ehe die Dunkelheit alle sichtbaren Bezugspunkte auf dem
Polarplateau verschluckte, traf sich fast die gesamte Station für
ein letztes großes Abenteuer im Freien. Am Rand unserer Welt
gab es zwei historische Stätten. Eine war die Stelle, an der die
Hercules in den achtziger Jahren eine Bruchlandung hingelegt
hatte, wo sie nun am Ende der Landepiste unter Schneemas-
sen begraben lag. Wenn man ihren Eingang ausfindig machen
konnte, erreichte man Tunnels, die zu ihrem Rumpf und zum
Cockpit führten.

Das zweite Relikt war unser liebstes, zugleich aber auch das
verbotenste Ausflugsziel: der »Alte Pol«, die Station, die in den
fünfziger Jahren von den Seabees gebaut und 1975 bei Fertig-
stellung des Dome aufgegeben worden war. Die ursprüngliche
Südpolstation bestand aus einer Ansammlung von Metallcontainern in leuchtendem Orange, die denen im Innern der Kuppel ähnelten, aber anders als diese ungeschützt auf dem Polarplateau standen. Kurz nachdem die alte Station außer
Betrieb gesetzt worden war, drohte der Treibschnee, der am
Südpol alles unter sich begrub, sie zu verschlucken. Um sie zu
bewahren oder zumindest ihren Untergang aufzuhalten, ver-
sah man die Gebäude mit einem Dach.

Doch schon wenig später gewann das Eis die Oberhand. Jetzt lag der »Alte Pol« vollständig unter Eismassen begraben. Die Wände der Container hatten sich verzogen, die Böden waren nicht mehr eben, an mehreren Stellen brach das Dach ein, und die Gänge waren unter dem Druck des Eises in sich zusammengesunken. Ein Aufenthalt dort war gefährlich und somit verboten. Das hielt die Wintermannschaften jedoch nicht davon ab, alljährlich zu der Stätte zu pilgern, nach dem Motto: »Was du nicht weißt, macht dich nicht heiß!« Wir waren ohnehin die Letzten, denen sich diese Möglichkeit bot. Ein Abrissteam wartete bereits darauf, im kommenden Sommer die alte Station zu sprengen und im Eis zu versenken.

Als Operationsbasis für unsere Expedition benutzten wir das abgelegene VIPER-Teleskop. Die größte Schwierigkeit bestand darin, den Eingang zur früheren Station zu finden. Die mannsbreite metallene Einstiegsluke war unter etwa dreißig Zentimetern Schnee begraben und lag knapp fünfhundert Meter vom Teleskop entfernt. Glücklicherweise wussten einige Polies noch, wo sie zu finden war. Die Temperatur betrug an jenem Tag minus 67 Grad Celsius.

Ein eigens dafür zusammengestelltes Sicherheitsteam teilte uns in Vierergruppen ein und überwachte unseren Ein- und Ausstieg. Jeder trug mindestens drei Taschenlampen bei sich, weil die Batterien in der ungeheuren Kälte rasch ihren Dienst versagten und es kein natürliches Licht gab. Von der Einstiegsluke grub sich ein etwa drei Meter langer Tunnel nach unten ins Eis. Um die eigentliche Station zu erreichen, musste man eine Leiter hinabsteigen und sich dazu an einem Führungsseil entlanghangeln – für mich Klaustrophobie pur.

Mein erster Gedanke lautete: Nein, das tust du nicht!

Der zweite war: Natürlich gehst du runter!

Ich dachte oft an die Geschichten, die mir mein Vater über den Zweiten Weltkrieg erzählt hatte, als er bei der Navy war. Beispielsweise musste er in die Wasserleitungen eines Schiffs kriechen, den Rost abkratzen und sie streichen. Sie waren so eng, dass er sich nicht umdrehen und nur rückwärts wieder hinauskrabbeln konnte. Damals fand ich die Vorstellung entsetzlich und hätte nie für möglich gehalten, dass ich mich selbst einmal in eine so enge Röhre zwängen würde. Doch nun war ich dabei, in einen ebenfalls von der Navy gebauten Tunnel zu steigen. Ich kniete mich hin und begann mit dem Abstieg.

Kaum hatte ich die Station erreicht, fühlte ich mich prima. Sie unterschied sich gar nicht so sehr von unserer. Zwar ruhte das Dach auf hölzernen Trägern anstatt auf metallenen, doch es gab die gleichen kühlschrankähnlichen Gebäude. Die Wege dazwischen waren mit Holzplanken ausgelegt, und Lattenzäune umgaben Gärten mit Plastikblumen. Nichts ist einem so teuer wie der Duft der Heimat, und da stieg er mir auch schon in die Nase: der unverkennbare Geruch nach JP8-Kraftstoff.

Wir schlenderten durch die Funkzentrale, ein Biomed, den Schlafbereich, die Räume der Wissenschaftler und die erste 90 South Bar. Überall lagerten noch gefrorene Lebensmittel. Die Kantine war besonders unheimlich: Die Tische gedeckt, im Kühlschrank gefrorene Hot Dogs und in der Spüle schmutziges Geschirr. Es sah aus, als sei sie von den früheren Bewohnern fluchtartig verlassen worden.

»Puh, das ist ja wie auf einem Geisterschiff«, meinte Comms Tom, als der Strahl seiner Taschenlampe auf einen halb leer gegessenen Teller fiel.

Mir kam es eher vor wie in »Planet der Affen« oder wie in unserem Dome, nachdem er von einer Neutronenbombe getroffen worden war. Gerade dass mir alles so vertraut vorkam, aber unbewohnt war, machte diesen Ort so unheimlich. Wie Scotts Hütte am McMurdo-Sund, in der man das Gefühl hatte, es spukte darin.

Wie versprochen sammelte ich ein paar Dinge für das Pol-Museum in Christchurch ein – ein Tischgedeck, einige medizinische Instrumente und ein paar alte Zeitungen –, doch letztlich war die Ausbeute mager. Im Lauf der Jahre war die Station von jeder Wintermannschaft erneut geplündert worden, nur dass wir wohl die letzten Grabräuber sein würden. Immerhin entdeckten wir noch einige Dosen gefrorenen Kaffee und anderen Proviant, den wir aufbrauchen konnten. Donna und Roger Hooker retteten den Zaun und die Plastikblumen, die in der Kuppel vor der Kantine aufgestellt werden sollten. Joel fand etwas wirklich Kostbares: einen angefangenen Brief vom 25. Oktober 1974.

Hallo Spatz,
ich hoffe, zu Hause steht alles zum Besten? Mir geht es gut, wie immer. Ansonsten scheint es, als würde hier alles schief laufen. Gestern geriet eine unserer Zugmaschinen in Brand ... der Keilriemen und ein paar Drähte sind verschmort. Außerdem hat die Nowell den Geist aufgegeben und die D-8 ist kaputt. War wohl nicht gerade unsere beste Woche. Immerhin habe ich es geschafft, den Versorgungstunnel nur einen Tag später als geplant zu öffnen.

Irgendwie kam mir das alles sehr vertraut vor.

Absender: Jerri Nielsen‹nielsenje@spole.gov›
Empfänger: Mom@aol.com
Datum: 22. März 1999 07:44:06 +1200
Betreff: Sonnenuntergang

Heute ist die Sonne ohne uns untergegangen. Als wir sie gestern in den Horizont tauchen sahen, hatten wir noch gedacht, wir könnten das Ende unseres vier Monate andauernden Tages ausgiebig genießen. Stattdessen begrüßte uns beim Aufwachen ein antarktischer Schneesturm, der den Horizont und damit auch den lange erwarteten Sonnenuntergang verdunkelte. Heute sieht die Welt ganz anders aus. Aber dies ist jetzt die Welt, die ich entdecken wollte. Ein gespenstisches Dämmerlicht hüllte uns ein. Das uns auf 360 Grad umgebende Eis und der Horizont waren in rosa Licht getaucht. Ansonsten war es völlig dunkel, wenn auch nicht so tief wie in der Nacht. Dennoch, in den nächsten sieben bis acht Monaten wird es nicht mehr Tag werden. Der Wind wirbelte den Schnee auf, so dass alles ganz verschwommen wirkte. Es sah bedrohlich aus, aber zugleich auch wunderschön. Dies ist jetzt eher das, was ich mir vom Leben hier erwartet habe.

Einige sagen, sie bekämen ein flaues Gefühl im Magen, wenn sie daran dächten, wie rasch die Dunkelheit einsetzen wird. Ich kann ihre Empfindungen verstehen, sie kommen mir ganz natürlich vor. Aber ich finde die Aussicht auf die ach so schreckliche und beängstigende Dunkelheit faszinierend! So schön wie heute habe ich diese großartige Landschaft noch nie gesehen.

Ich werde die lange Nacht mögen.

Alles Liebe, Duffy

Seit meiner Ankunft am Pol tat ich Dinge, die ich nie zuvor für möglich gehalten hatte. Völlig überrascht stellte ich eines Tages fest, dass ich auf dem Boden saß und um mich herum die Einzelteile meines ehemaligen Staubsaugers ausgebreitet hatte. War ein fremdes Wesen in mich gefahren? Nein, der Staubsauger hatte ein schreckliches Kreischen von sich gegeben und verbrannt gestunken. Deshalb schraubte ich ihn Stück für Stück auseinander, ohne zu überlegen, ob ich ihn je wieder zusammensetzen könnte. Sechs Monate zuvor war so etwas für mich noch undenkbar gewesen. Doch in dieser Woche hatte ich gelernt, eine Zugmaschine zurückzusetzen und zu parken, dabei geholfen, die Achsen eines Bulldozers auszubauen, und habe ganz allein ein Regal wieder aufgebaut. Als ich eine Zeitschaltuhr aus dem Jahr 1951 reparieren wollte, musste ich mich allerdings geschlagen geben. Doch hier stimmte mir selbst unser Reparaturgenie Floyd Washington zu, dass das gute Stück wohl seine Schuldigkeit getan hatte. Und wenn Floyd nichts mehr machen konnte, war das Teil auch reif für den Müll. Ich aber hatte eine völlig neue Seite an mir entdeckt: mein Mechaniker-Ich. Offenbar besaß auch ich jene Gene, die aus meinen beiden Brüdern einen Flugzeugingenieur und einen auf höchst riskante Aufträge spezialisierten Dienstleister gemacht hatten. Das hätte ich nicht gedacht. Diese Fähigkeiten waren offenbar in mir angelegt, kamen aber erst dann zum Vorschein, als ich auf sie angewiesen war. Das war typisch für den Südpol. Du kamst hierher, um einen Drachen zu besiegen, und musstest dich plötzlich anderen stellen, von denen du gar nicht wusstest, dass sie auf dich lauerten.

Einer Aufgabe fühlte sich mein Mechaniker-Ich allerdings nicht gewachsen: Noch immer hatte ich Angst vor dem elektrischen Aggregat im Generatorenraum, von dem wir auf Leben und Tod abhingen. Zwar hätte ich viel dafür gegeben, nicht für diese Maschinen verantwortlich zu sein, doch leider ließ es sich nicht vermeiden.

Im Raum standen drei Generatoren, von denen jeweils einer in Betrieb war. Alle fünfhundert Stunden wurden sie »ausgetauscht«, das heißt, einer wurde abgeschaltet, und der nächste ging ans Netz. Da sich mein Arbeitsplatz innerhalb der Kuppel und in der Nähe des Generatorenraums befand, würde es irgendwann einmal zu meinen Aufgaben gehören, die Generatoren auszutauschen. Ich hielt mich beileibe nicht für geeignet. Es gab andere, die bessere Voraussetzungen dafür mitbrachten, sich also besser damit auskannten. Ich brachte dieses Thema auch zur Sprache, doch man erklärte mir, wenn ich den Beruf der Ärztin und das Fliegen eines Flugzeugs hätte lernen können, könnte ich auch die Generatoren an- und abschalten. Ich wollte niemanden umbringen, doch offenbar kam ich um diese Aufgabe nicht herum.

Eines Tages Ende März war ich an der Reihe. Es dauerte etwa eine Stunde, den ersten Generator ab- und den zweiten anzuschalten, da dieser Vorgang aufeinander abgestimmt werden musste. Man musste nacheinander eine ganze Reihe Handgriffe durchführen und das alles an riesigen, heißen, lauten Maschinen mit einer Menge Vorrichtungen, Hähne und Pfeifen, die für mich ohne jede Bedeutung waren. Die ganze elende Übung hatte nur einen Vorteil: Ich erkannte, dass es keinen besseren Ort gab, um jemanden mit einer schweren Erfrierung aufzuwärmen als unter Maschine Nummer eins.

Ich stand gerade ziemlich verrenkt auf einer Leiter, um die Wasserzufuhr für Nummer eins ab- und die für Nummer zwei anzudrehen, als etwas Feuchtes auf meine Arme rieselte. Soweit ich wusste, durfte das nicht sein, doch im Grunde kam mir alles im Generatorenraum gefährlich und seltsam vor. Es rieselte bald immer stärker, und kurz darauf war mein Haar ganz nass. Als ich zur Decke sah, entdeckte ich, dass mehrere der Rohre, die aus den Generatoren führten, Lecks hatten und sich der ganze Raum allmählich mit verdampfendem Glykol füllte. Ehe ich etwas unternehmen konnte, stürzten vier starke Männer herein. Sie schrien sich über den schrecklichen Maschinenlärm Anweisungen zu, rissen mich von der Leiter und stießen mich aus dem Gefahrenbereich. Offenbar hatte ich unser Stromaggregat kaputtgemacht.

Letztlich lag es jedoch nicht an mir. Es war das Gleiche eingetreten wie wenige Wochen zuvor bei unserer Notfallübung, als wir sowohl die Hauptgeneratoren wie auch das Notstromaggregat hatten abschalten müssen. Zu meinem Glück befanden sich die Elektriker und der Klempner auf dem Rückweg von der Pause, als sie sahen, dass aus den Wänden des Generatorenraums dicke Dampfwolken quollen. Roger Hooker und Pakman kletterten über die Leiter nach oben, sprangen aufs Dach und konnten den Dampfausstoß auf wundersame Weise zum Stillstand bringen. Dann tauschte Dennis Ackerman, unser Klempner, die Rohre aus, und alles funktionierte wieder wie zuvor.

Niemand hatte eine Erklärung dafür, warum der Glykol-Teufel schon wieder seine hässliche Fratze gezeigt hatte.

Ein Monat war verstrichen, seit ich den Knoten in meiner Brust entdeckt hatte. Eigentlich hatte ich gehofft, er würde sich wie andere zuvor nach meiner Periode auflösen. Doch er war noch da, ein wenig größer und unregelmäßiger geformt als zuvor. Außerdem spürte ich eine weitere Verdickung, die sich direkt darunter bildete. Aber da ich nichts dagegen tun konnte, beschloss ich zu warten, ehe ich den anderen davon erzählte. Ich wollte beobachten, ob er sich veränderte. Zwar wusste ich, dass es möglicherweise Krebs war, doch noch wollte ich das nicht glauben. Deshalb schien es mir besser, keinen Alarm zu schlagen, indem ich es jemandem am Pol erzählte. Es gab so viele andere mögliche Erklärungen für die Verdickung: Vielleicht war es eine Zyste oder ein gutartiger Tumor. Wenn er jedoch bösartig war, würde er in den nächsten sieben bis acht

Monaten nicht behandelt werden können, da die Station erst dann wieder geöffnet wurde. Das hieß, ich würde daran sterben, entweder noch hier im Eis oder kurz nach meiner Rückkehr aus der Antarktis.

Seltsamerweise beunruhigte mich der Gedanke an meinen möglichen Tod nicht sonderlich. Schließlich hatte ich bereits das Schlimmste erlebt, was einer Mutter widerfahren kann. Der Tod erschien mir längst nicht so schrecklich wie der Verlust meiner Kinder. Abgesehen davon hatte ich die Risiken gekannt, als ich mich für diese Mission verpflichtete. Ehe ich nicht mehr über den Knoten in meiner Brust wusste, konnte ich nichts anderes tun, als weiterzumachen wie zuvor und für die Gesundheit meiner Mannschaft zu sorgen.

Etwa in dieser Zeit bat mich Joel um das Einverständnis, seinem wöchentlichen Bericht an seine Highschool-Klasse ein Foto von mir beizulegen. Er fotografierte mich im Behandlungszimmer des Biomed vor den Bildern von Frederick Cook und Bill Wilson, meinen medizinischen Vorgängern im Eis. Auf dem Bild wirke ich erschöpft, meine Augen traurig, um meine Lippen spielt ein bitteres Lächeln. Den Platz zwischen meinen beiden »toten Ärzten« hatte ich mit Absicht gewählt; ein böser Scherz, den nur wir drei verstanden.

KAPITEL 8

Dunkelheit, nichts als Dunkelheit

Anfang April trat das ein, was unser Astronom Roo bereits angekündigt hatte: Strahlend helle Sterne funkelten am nahezu schwarzen Firmament. Je konturloser die Peripherie des Plateaus wurde, desto beherrschender wirkte der Himmel und lenkte unsere Blicke vom Eis hinauf ins tiefe, dunkle All.

Ungefähr zur gleichen Zeit stellte ich fest, dass mein Material zur Behandlung von Unterkühlung eingefroren war. Doch mittlerweile nahm ich derartige Vorkommnisse gelassen hin. Die Kälte war durch die Bodenritzen des Vorraums gedrungen und hatte dort kleine »Gletscher« gebildet. Sogar in den Deckennischen der Krankenstation saß Eis. Da es bitterkalt war, konnte ich nur eingehüllt in meine Heizdecke am Schreibtisch sitzen und arbeiten. Als ich eines Abends in meinem Zimmer ein Handtuch auf dem Boden liegen ließ, fror es fest.

Die Luft war trocken wie in der Sahara, so dass unsere Luftbefeuchter sehr schnell den Geist aufgaben. Wenn ich morgens aufwachte, klebte mir die Zunge am Gaumen. Jeder klagte über extrem trockene, schuppige und schmerzende Haut. Noch dazu fiel der Luftdruck, was einen jähen Anstieg der physiologischen Höhe bewirkte. Wir befanden uns jetzt sozusagen 300 Meter höher, was jeder am eigenen Leib spürte. Einige waren kurzatmig, fühlten sich benommen oder litten an Übelkeit oder Durst. Während die meisten nur sehr müde waren, fanden andere keinen Schlaf. Die, die schlafen konnten, berichteten von seltsamen farbenprächtigen Träumen bis hin zu intensiven Albträumen. Ich bot mich an, ihre nächtlichen Erlebnisse aufzuschreiben und fragte jeden bis in alle Einzelheiten aus. Einige erzählten, sie hätten ungewöhnliche, außerordentlich leuchtende Farben gesehen, die im visuellen Spektrum des Menschen gar nicht vorhanden sind. Andy sah Pferde übers Polarplateau galoppieren. Nick träumte von Außerirdischen und Atomkriegen. Überhaupt kamen Invasion und Angriff häufig vor. Meine Träume kreisten eher um Probleme des Alltags. Einmal ging es beispielsweise um Augenherpes. Ich suchte im Traum verzweifelt nach einem entsprechenden Medikament und durchwühlte den Schrank bis in den hintersten Winkel.

Sich unter derartigen Umständen zu konzentrieren war schwierig. Und Lesen war ganz und gar unmöglich. Manchmal merkte ich, dass ich auf eine Seite starrte und denselben Satz wieder und wieder las, und ab und an betrachtete ich ratlos die Bücherregale mit all den Romanen und Gedichten, die ich im Sommer mitgebracht hatte. Tatsächlich nahm ich kaum etwas anderes als meine medizinischen Fachtexte in die Hand.

Eines der wenigen Bücher, die ich in jener Zeit zur Unterhaltung las, war *Mit der Endurance ins ewige Eis*, Ernest Shackletons Bericht über seine unglaubliche, wenngleich gescheiterte Antarktis-Expedition in den Jahren 1914 und 1915. Shackleton hatte sein Ziel zwar nicht erreicht, aber auch keinen Mann im Eis verloren. Seine Überlebensstrategien und sein Führungsgeschick waren geradezu legendär. In einer der Szenen, die mich besonders bewegten, lag die *Endurance* bereits im Packeis des Weddell-Meeres eingeschlossen. Da die Mannschaft das Schiff verlassen haben musste, ehe es von den Eismassen zerquetscht wurde, konnten die Männer nur das Allernotwendigste zusammenpacken. Shackleton ging mit gutem Beispiel voran, warf eine Hand voll Goldmünzen aufs Eis und schob gleichzeitig einen kleinen Band mit Gedichten von Browning in die Jackentasche. »Ich werfe alles Überflüssige weg«, verkündete er, »und werde dafür mit goldenen Gedanken belohnt.«

Diese Geste erinnerte mich ein wenig an das Gedicht eines persischen Dichters aus dem Mittelalter, den meine Tante Eva ganz besonders verehrte. Sie war als Vierzehnjährige der Revolution in Ungarn entkommen, indem sie ihre Familie zurückließ und mit ihrer besten Freundin Richtung Westen floh. Damit sie mir stets in Erinnerung blieb, hatte ich das Gedicht in meinem Zimmer im Biomed an die Wand geheftet.

Bist deiner irdischen Güter du beraubt
Und sind zwei Laibe Brot dir nur geblieben,
veräußre einen, und mit dem Geld
kauf Hyazinthen dir und stille deiner Seele Hunger.

Der Autor, Scheich Moslih Eddin Saadi, wusste um das Wesentliche im Leben. Und Shackleton ebenso, der seine unter großen Anstrengungen und Entbehrungen erworbene Weisheit in Tagebüchern festgehalten hat. Da nun nichts als Dunkelheit um uns herum herrschte, las ich die Passage, in der der Forscher den antarktischen Winter beschreibt:

»Die Polarnacht ist das Trostloseste, was es auf der Welt gibt. Es ist wie die Rückkehr in die Eiszeit – nirgendwo Wärme, nirgendwo Leben, nirgendwo Bewegung. Nur wer sie selbst erlebt hat, kann ermessen, was es heißt, Tag für Tag und Woche für Woche ohne Sonnenlicht zu sein. Nur wenige Menschen, die diese endlose Dunkelheit zum ersten Mal erleben, überstehen sie schadlos, und so manchen hat sie in den Wahnsinn getrieben.«

Glücklicherweise blieb unsere Pol-Mannschaft bislang vom Wahnsinn verschont. Aber wie im Sommer, als wir um Haaresbreite eine Art Meuterei hatten abwenden können, drohte auch jetzt der innere Zusammenhalt zu zerbrechen. Als Ärztin der Station bekam ich das natürlich hautnah zu spüren. Die Menschen luden ihre Probleme bei mir ab, so dass ich mich oft in die Rolle einer Vermittlerin gedrängt sah. Ihre körperlichen Leiden verstand ich zu heilen, ihre seelischen Nöte weniger. Manche wurden reizbar und kleinlich, fühlten sich fälschlicherweise von den anderen gekränkt oder angegriffen. Viele machten plötzlich aus jeder Mücke einen Elefanten, Belanglosigkeiten entwickelten sich zu gefährlichem Konfliktstoff.

Zum Beispiel die Sache mit dem neuen Farbanstrich für die Bar. Einige Polies nahmen sich dieser Aufgabe unverzüglich an und legten die Bar außerdem mit einem neuen Teppich aus. Da der Raum wirklich wie ein Schweinestall aussah, fand ich, dass jede noch so kleine Veränderung eine Verbesserung bedeutete und wir jeden unterstützen sollten, der sich bereit erklärte, in seiner Freizeit etwas zur Verschönerung der Gemeinschaftsräume beizutragen. Doch es gab etliche, die damit nicht einverstanden waren und den dunkelblauen Anstrich strikt ablehnten (dabei hatten wir so wenig Farbe, dass es kaum eine Alternative gab). Ihrer Ansicht nach hätte über die Farbe gemeinschaftlich entschieden werden müssen. Ein Wort gab das andere, Gereiztheit kam auf, und alte Freunde redeten tagelang nicht mehr miteinander. Der Vorfall zeigte, wie schnell es selbst gegenüber den besten Freunden mit der gegenseitigen Freundlichkeit vorbei sein konnte, wenn man zu ständiger Nähe gezwungen war.

Wie der Sündenesser in den walisischen Dörfern hatte ich das Gefühl, den Kummer der ganzen Station schlucken zu müssen. Es war erschöpfend und manchmal auch entmutigend, für jeden ein offenes Ohr zu haben. Aber zum Glück standen mir meine Freunde, insbesondere Lisa und Big John, zur Seite. Wir genossen den Winter, indem wir das Beste aus dem machten, was wir hatten. Die Dunkelheit und Abgeschiedenheit führten uns nur noch deutlicher vor Augen, was im Leben wirklich wichtig war: Geborgenheit, Wärme, Nahrung, Gemeinschaft und etwas, worüber man nachzudenken hatte.

Auf einem an sensorischen Eindrücken derart armen Eisberg zu leben wirkte sich positiv auf mich aus. Meine Empfindungsfähigkeit und Intuition, die mir schon in der Notfallmedizin zugute gekommen waren, wurden dadurch noch mehr geschärft. Da im Eis so viele Unterschiede scheinbar aufgehoben waren, achtete ich nun stärker auf die weniger ins Auge fallenden Eigenheiten eines jeden. Obwohl sich die Polies in den roten Parkas und mit Gesichtsschutz wie ein Ei dem anderen glichen, war ich bald in der Lage, sie am Gang oder der Körperhaltung zu unterscheiden. Auch spürte ich mittlerweile geringste Luftdruckunterschiede und jede noch so kleine Temperaturveränderung. Sogar am Geräusch, das meine Sohlen im Schnee verursachten, lernte ich die Wetterlage zu deuten. Gegen Ende meines Aufenthalts im Eis wurde im Umgang mit vielen von unserer Mannschaft sogar die Sprache überflüssig. Diese Erfahrungen belegten, was ich bereits vermutet hatte: Wir verfügen über eine Menge angeborener Eigenschaften, die es uns ermöglichen, zu überleben und miteinander zu kommunizieren, die aber in unserer hoch technisierten Welt ungenutzt bleiben. Es war interessant zu beobachten, wie diese verborgenen Fähigkeiten nach ein paar Wochen Dunkelheit von allein hervorkamen. Wahrscheinlich hatten wir sie einfach verinnerlicht, ohne zu wissen, dass ihr Ursprung in unserer Stammesvergangenheit lag. Ich überlegte, ob unsere Vorfahren einst das Signal zum Beginn der Jagd ohne Worte, nur durch einen flüchtigen Blick oder eine Grimasse gegeben hatten. Hatten sie die Augen zu Boden oder hinauf zum Himmel gerichtet, wenn es galt, einen Stammesangehörigen aus der Gemeinschaft auszustoßen? Gaben sie ihrem Wunsch nach Beistand Ausdruck, indem sie den Kopf senkten oder indem sie sich über die Augenbraue strichen? Ich beobachtete, wie sich unter den Polies im Laufe der Zeit eine Körpersprache entwickelte, die sich dieser Gesten bediente. Sie half uns, die schwierige Situation zu meistern, die die Überfüllung der Station mit sich brachte. Außerdem war sie Teil der Verbindung zueinander.

Zwar mangelte es uns an nichts, doch jetzt im April merkten wir, was es hieß, wenn manche Dinge allmählich knapp wurden. Beispielsweise hatten wir fast unseren gesamten Vorrat an Obst und Gemüse aufgebraucht. Da die restlichen Äpfel schon zu schrumpeln anfingen, verarbeitete Donna sie als Nachtisch zu Bratäpfeln mit Rosinen und braunem Zucker. Die übrigen stellte sie in einer Schachtel zum allgemeinen Verzehr auf den Tisch. Sie schmeckten erstaunlich gut.

Da ich seit Ende des Sommers keinen Salat mehr gegessen hatte, sehnte ich mich richtig danach. Dem Team, das das Gewächshaus im Sommer betreut hatte, war es zu verdanken, dass wir einmal in der Woche Salat auf dem Tisch hatten – und das bei einer Mannschaft von nahezu zweihundert Leuten. Doch aus irgendeinem Grund hatte der oder die Verantwortliche des Winterteams einen Großteil der verfügbaren Fläche für den Anbau von Tomaten und Gurken benutzt. Der

Missmut wegen des Gemüseanbaus löste zwischen den Leuten natürlich zusätzliche Reibereien aus.

Auch die Versorgung mit Kaffee bereitete Schwierigkeiten. Der schwedische Kaffee, den ich mir im Sommer eigens hatte schicken lassen, war fast aufgebraucht, und der, den wir in der alten Polstation gefunden hatten, war mindestens zwanzig Jahre alt – dafür allerdings noch erstaunlich gut. Ich bin wirklich kein Snob, was Kaffee betrifft. Mir schmeckt sogar der Kaffeesatz aus den Kannen, die in den Wartezimmern von Krankenhäusern stehen, aber das Zeug hier hatte einen so ekligen Geschmack, dass ich auf Tee auswich. Das Essen war mir nicht wichtig genug, um mich deshalb zu streiten, aber für manch einen hatte es nun einmal einen hohen Stellenwert.

Als Donna uns am Morgen des ersten April mit einem Aprilscherz überraschte und kein Frühstück herrichtete, entrüstete sich einer der Schreiner: »Was soll der Quatsch? Als ich mich für diese Station verpflichtet habe, sind mir drei anständige Mahlzeiten täglich zugesichert worden!« Er beschwerte sich bei Mike Masterman, der ihn besänftigte und ihm versicherte, in Kürze gebe es ein ausgezeichnetes Mittagessen. Aller Unmut war verflogen, als Donna uns mit »Happy Meals« beglückte: in große, aus Tüten gefaltete Papierflieger gebettete Cheeseburger mit unseren Namen drauf. Außerdem bekam jeder das Getränk und den Pudding seiner Wahl. Doch noch war der erste April nicht vorbei …

Als Mike und ich abends im Laden arbeiteten, blickten wir plötzlich in den Lauf einer Wasserpistole, die uns zwei vermummte Gestalten entgegenhielten, die ganz nach Donna und Liza aussahen. Sie schoben uns ein Blatt Papier zu, auf dem zu lesen war: »Her mit dem Schnaps oder wir schießen!« Wir händigten ihnen eine Flasche Crown Royal und Captain Morgan's aus, doch sie schossen trotzdem auf uns.

Zum Glück dauerte der Winter nur noch sieben Monate, sonst wäre es uns bestimmt langweilig geworden.

Zwischendurch gab es ein paar relativ warme Tage, so dass Big John mich zu einem Ausflug auf dem Schneemobil mitnahm. Über der Ebene lag ein Hauch von Zwielicht, und der Himmel war mit Sternen übersät. Zum ersten Mal in meinem

Leben sah ich das Kreuz des Südens, diese drachenförmige Sternenkonstellation, an der sich die Seefahrer auf den Süd-meeren orientierten. Wir fuhren weit in die dunkle Ebene hi-naus und blickten von dort zurück auf den von funkelnden Lichtern umgebenen Dome. Wie glücklich war ich, wieder im Freien zu sein. Man braucht die Winterkälte, um die Wärme wertschätzen zu können. In mancher Beziehung fühlte ich mich an die Winter in Ohio erinnert. Dort bereitete man sich im Herbst auf den Winter vor, und urplötzlich war die klir-rende Kälte da. Erst dann konnte man das wohlige Gefühl ge-nießen, das einen erfasste, wenn man es sich, in eine warme Decke gehüllt, vor einem Feuer gemütlich machte, um ein gu-tes, dickes Buch zu lesen. Es gab für mich nichts Schöneres, als nach dem Aufenthalt in einem kalten Zimmer in ein war-mes Bett zu schlüpfen oder die Kälte am Rücken zu spüren, während meine Wangen von der Hitze des Feuers glühten. Diese starken Gegensätze ähnelten so sehr dem, was ich jetzt am Pol erlebte. Wir pendelten zwischen der dunklen, eisigen Ödnis und unserer behaglichen Welt mit ihrem Lachen, ihrer Wärme und ihren Glühbirnen hin und her.

Unser Städtchen wirkte aus der Entfernung wie die Raum-station in einem Science-fiction-Film. Es war eine Oase, die es Menschen ermöglichte, in einer lebensfeindlichen, unbewohn-baren Welt zu überleben. Dieser schimmernde Punkt über dem schwarzen Horizont wirkte geradezu surreal – und das Innere der Station nicht minder. Ich fühlte mich an eine Sze-ne aus »Star Wars« erinnert, in der Luke Skywalker, nachdem er über eine Wüste geflüchtet ist, um seinen Feinden zu ent-kommen, in eine Wirtschaft mit lauter Außerirdischen mar-schiert. Die Gäste unterschieden sich in nichts von den Sauf-brüdern in einer Grenzstadt der Weststaaten, außer dass sie eine Reptilienhaut und Stielaugen hatten.

Der Südpol erschien mir in mancher Hinsicht wie eine Ka-rikatur der Vereinigten Staaten – eine kleine Kolonie, die sich an den Traditionen einer fernen Heimat orientierte, wenngleich um einige Grade verlagert. Als würden wir uns unserer Wur-zeln erinnern, konnten wir diese Kultur reproduzieren, hatten jedoch bestimmte Elemente vergessen. Nach einer Weile wussten wir nicht einmal mehr zu unterscheiden, was amerikanisch und was polar war. Wir hatten unsere eigenen Gewohnheiten und gesellschaftlichen Regeln und waren im Begriff, unsere eigene Sprache zu entwickeln.

Unser neuer Wortschatz umfasste einen bunten Mischmasch englischer und amerikanischer Slangwörter einschließlich eigener Wortschöpfungen. Mein Lieblingswort ging auf eine Geschichte zurück, die Andy uns einmal erzählt hatte: Ein Freund von ihm aus Alaska hatte einen großen Husky namens BoBo, den er einmal übers Wochenende bei einer befreundeten Tierärztin untergebracht hatte. Der Mann der Ärztin hatte kurz zuvor ein Karibu erlegt und das tote Tier in die Garage gehängt. Da seine Frau davon nichts wusste, sperrte sie auch BoBo dorthinein. Als sie abends zurückkam, war die Hälfte des Karibus verschwunden und BoBo lag wie bewusstlos auf dem Boden. Er keuchte, die Zunge hing ihm aus dem Maul, ein Lauf ragte in die Luft. Sie versuchte ihm den Magen auszupumpen, aber die Fleischstücke waren zu groß. Um BoBo das Leben zu retten, schnitt sie ihm schließlich den Bauch auf und förderte über vierzehn Pfund Karibufleisch zu Tage.

Seitdem gab es das neue Verb »boboen«, was so viel hieß wie schlingen. Beispielsweise fragte jemand: »Hat er wirklich den ganzen Apfelkuchen gebobot?«, oder: »Wie viele Karibus möchtest du?«

Wie für die Raumfahrer auf einem dunklen Planeten war der Begriff Zeit für uns ohne jede Bedeutung. Einerseits lief jeder Tag anders ab, andererseits aber vollkommen gleich. »Gestern« war Vergangenheit und »morgen« gab es nicht. Man arbeitete so lange, bis man aufhörte. Die Freunde waren so lange da, bis man sich umdrehte und ging. Es war einerlei, ob sie am nächsten Tag auch da wären. Jetzt waren sie hier.

Wenn eine Polie-Frau monatelang dieses Leben geführt hatte, hielt sie sich vielleicht immer noch für eine Amerikanerin, aber im Grunde genommen gehörte sie jetzt zu einer anderen Gemeinschaft, war sozusagen eine Teilmenge von Amerika mit anderen Werten.

Vermutlich fiel es den Polies deshalb so schwer, sich an ei-

1. Als Notärztin, Ohio 1997.
(Foto: Artistic Photography)

2. Mit meinen beiden Brüdern, Eric und Scott Cahill, am Strand von North
Carolina 1997. (Foto: Diana Cahill)

3. Über dem Eingang steht: »Die Vereinigten Staaten von Amerika heißen Sie auf der Amundsen-Scott-Südpolstation willkommen.« Wir leben das ganze Jahr unter einer 15 Meter hohen und 70 Meter breiten Kuppel. Links liegt das Biomed und rechts, zum Teil vom Eis begraben, befinden sich der Generatorenraum und die Maschinenhalle. (Foto: John Penney)

4. Im Inneren des Kuppelbaus. Von links: die Kantine, der Eingang, der Generatorenraum, Gebäude 60 (Elektroraum), und das Gewächshaus auf dem Dach des oberen Schlaftrakts. Neben dem Container stehen die Recyclingtonnen. Unter unseren Füßen liegt eine fast 3 000 Meter dicke Eisschicht. (Foto: Chris Rock)

5. Big John Penney und John »Master Blaster« Wright mit der Southern Belle im Maschinenpark. (Foto: John Penney)

6. Donna und Roger Hooker heiraten am 1. Januar 1999 am Ceremonial Pole, dem symbolischen Südpol. Von links: Ken Lobe, Liza Lobe, Donna Aldrich, Roger Hooker, Bobby Dunn, im Hintergrund Lisa Beal mit Papieren. (Foto: Jerri Nielsen)

7. Andy Clarke stellt eine Flaggenleine zwischen dem Dome und den NOAA Gebäuden auf, um das Gelände auf den Winter vorzubereiten. In der Dunkelheit des Winters wird die Leine benutzt, um den Weg vom Arbeitsbereich zu den Wohnquartieren zu finden. (Foto: Joel Michalski, NOAA)

8. »Power Plant Thom« Miller, Joe Michalski, »Choo Choo Charlie« Kaminski, »Weatherboy« Dar Gibson und »Comms Tom« Carlson (vorn) bereiten sich auf die Aufnahmezeremonie des Club 300 vor. (Foto: John Penney)

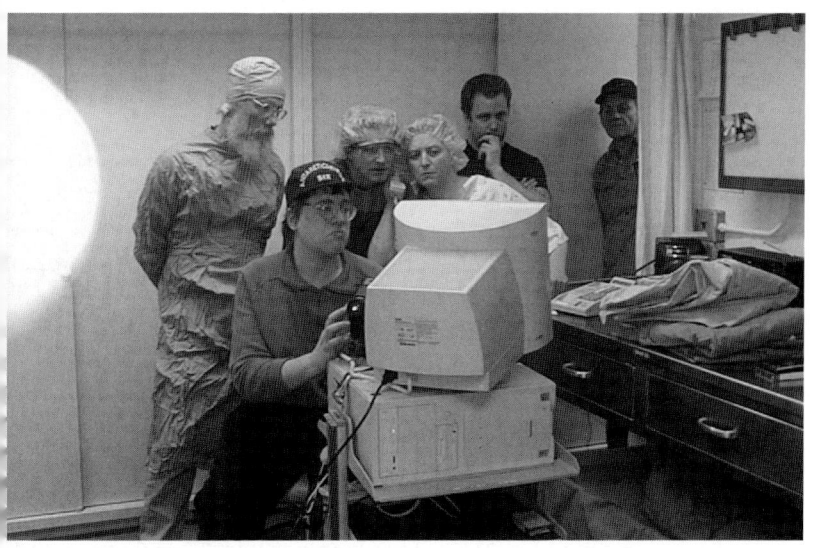

9. 21. Juni 1999: In einer Live-Videokonferenz erhalte ich vor der Biopsie Instruktionen aus Denver von Dr. Katz und Dr. Sergi. Von links: Bill Johnson, Walter Fischel, Lisa Beal, ich, Mike Masterman und Ken Lobe. (Foto: John Penney)

---

10. Bei der ersten Biopsie: Ich steche die Nadel ein und »Welder Walt« versucht, Gewebe abzusaugen. Von links: Walter Fischel, Lisa Lobe, ich und Bill Johnson. (Foto: John Penney)

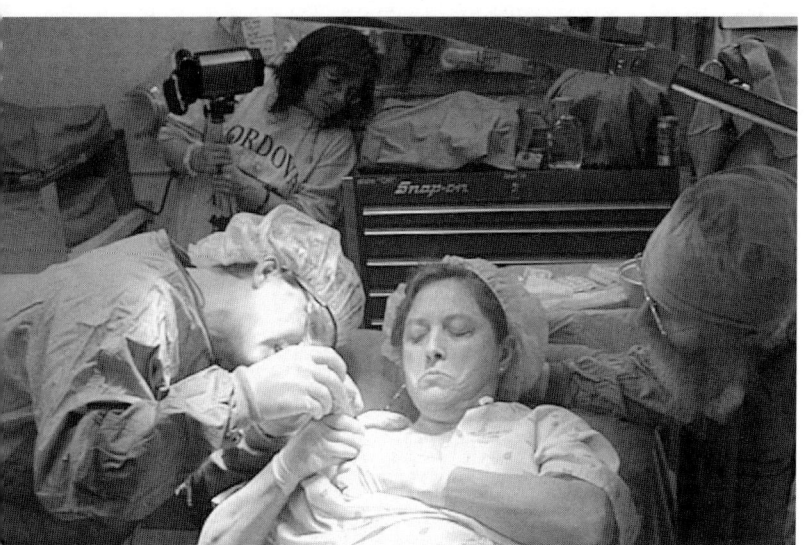

11. Die Turbinen einer LC-130 Hercules werden mit tragbaren Gasbrennern erwärmt. Dieses Flugzeug steckte aufgrund der schlechten Wetterlage in McMurdo die Nacht über am Südpol fest. Ausgestattet mit Skiern für Landungen auf Schnee und Eis, ist es eines der wenigen Flugzeuge, die den Südpol erreichen können. Diese Art von Flugzeug wurde auch in der Rettungsaktion benutzt. (Foto: John Penney)

---

12. Ich halte den Strauß Seidenblumen, der zusammen mit der lebensnotwendigen medizinischen und kommunikationstechnischen Ausrüstung, den Chemotherapie-Medikamenten und anderen Vorräten abgeworfen wurde. (Foto: John Penney)

13. Nach der Abwurfaktion vom 10. Juli entdeckt der Suchtrupp bei völliger Dunkelheit und minus 68,9 Grad die zunächst nicht auffindbare sechste Palette. Das in ihr verpackte Ultraschallgerät hat den Abwurf nicht überlebt.

14. Mit James »Pic« Evans im Biomed. (Foto: John Penney)

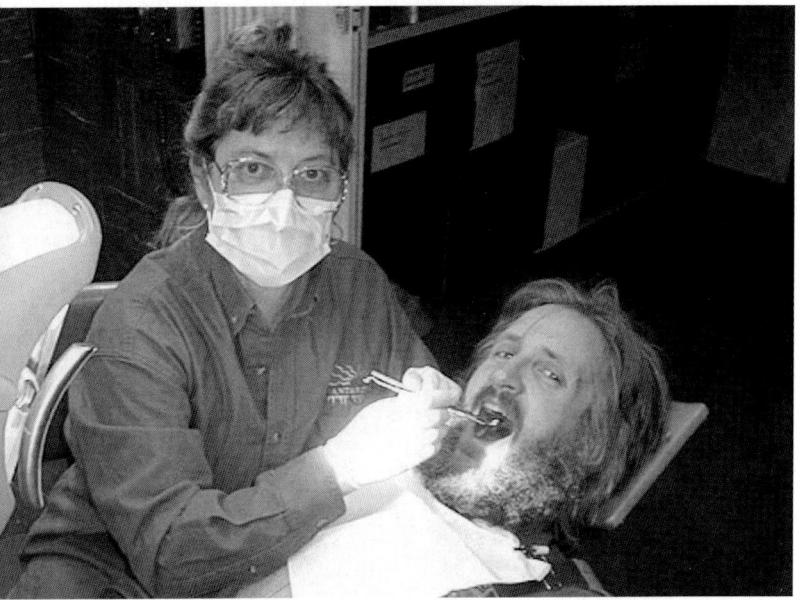

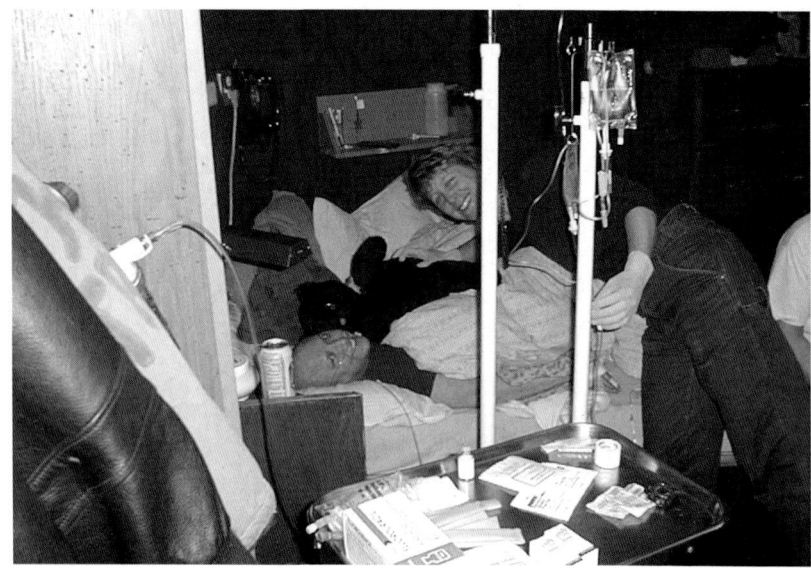

15. Chemotherapie in meinem kombinierten Praxis-/Schlafraum mit Heidi Schernthanner und Felix, dem Elektrowunder. Später Oktober 1999.
(Foto: John Penney)

16. Zurück in der normalen Welt mit Dr. Kathy Miller. Wegen der Staphylo-kokken-Infektion nach der Brustkrebsoperation liege ich in der Onkologie des Krankenhauses der Indiana University in Indianapolis. Später Oktober 1999.
(Foto: Lorine Cahill)

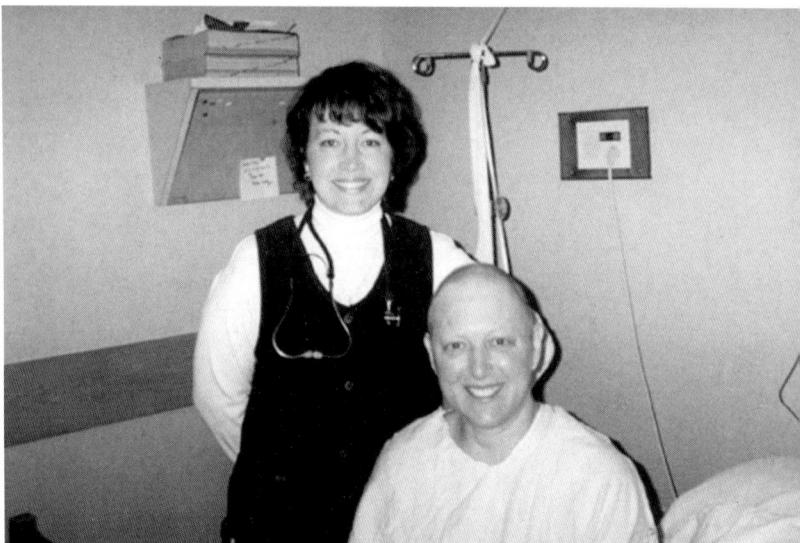

nem neuen Dienstort einzugewöhnen. Viele von uns nahmen sich etliche Monate Zeit, bis sie nach Ablauf ihres Aufenthalts im Eis schließlich wieder in den Staaten ankamen. Man ließ sein Ticket gegen einen Aufpreis von fünfhundert Dollar umschreiben und konnte dann die Reise so oft man wollte unterbrechen, vorausgesetzt, man flog stets in derselben Richtung weiter. Ich bereitete Freunde und Familie in Amerika bereits darauf vor, dass ich beabsichtigte, nach meinem Aufenthalt am Pol noch einige Zeit in Asien und Afrika zu verbringen. Aus den fröhlichen, wenngleich behutsam formulierten Antwortschreiben meiner Mutter konnte ich herauslesen, dass sie in Sorge war, ich würde mich einer Sekte anschließen. Vielleicht hatte ich das schon getan. Ich versuchte ihr so gut wie möglich zu erklären, was in mir vorging.

Absender: Jerri Nielsen<nielsenje@spole.gov>
Empfänger: Mom@aol.com
Datum: 18. April 1999 23:35:57 +1200
Betreff: Hallo

Ich habe mich sehr verändert. Vor allem weiß ich jetzt, was ich will und wer ich bin. Ich glaube wieder an mich. Wenn man am Pol an sich selbst zweifelt, geht man zu Grunde.
Wir leben hier in einer idealen Gemeinschaft, denn du bekommst das zurück, was du gibst. Du wirst nach deiner Seele beurteilt, nicht danach, wie dünn oder wie cool du bist. Ich bin es leid zu kämpfen, um anderen Menschen zu gefallen, wenn ich meine, ich sei in Ordnung, so wie ich bin. Ich habe die verbitterten Leute satt, die mit dem Leben nicht so zufrieden sind wie ich und mir sagen, wie ich leben soll. Deshalb mag ich das Eis so sehr. Ich bin so gerne hier, dass ich am liebsten nie mehr fortgehen möchte. Das hat vermutlich die Gruppe bewirkt. Ich passe nicht in die Welt, habe nie dorthin gepasst. Und jetzt umso weniger.
Liebe Grüße, Duff

P.S. Ich lerne schweißen. (So richtig mit Funken und Schweißmaske.)

Unterdessen war das Thermometer erneut gesunken. Wir konnten es von der Digitalanzeige eines Monitors ablesen, der jede klimatische Veränderung am Südpol festhielt. Als die Quecksilbersäule in der letzten Aprilwoche auf minus 72,5 Grad Celsius (minus 98,5 Grad Fahrenheit) fiel, ergingen wir uns in wilden Spekulationen, wann es wohl Zeit wäre für den 300 Club.

Der 300 Club zählte zu den altehrwürdigen Traditionen am Pol. Um sich als Mitglied zu qualifizieren, musste man zunächst warten, bis die Außentemperatur unter minus 73 Grad Celsius (minus 100 Grad Fahrenheit) gesunken war und dann einen Saunagang bei 93,3 Grad Celsius (plus 200 Grad Fahrenheit) absolvieren. Sobald die Hitze unerträglich wurde, flitzte man ins Freie – nur mit Stiefeln bekleidet und vielleicht einem Kälteschutz über der Brust, damit die Lungen nicht auskühlten. Das machte einen Temperaturunterschied von fast 170 Grad Celsius (300 Grad Fahrenheit). Die ganz Hartgesottenen liefen eine Runde um den Ceremonial Pole, eine Strecke von knapp 300 Meter, die drei bis vier Minuten in Anspruch nahm.

Bei einer kurzen Einweisung vor dem großen Ereignis versicherte uns Mike, dass man beim 300 Club nicht zu Schaden käme, sofern man aufpasste. Ich bat darum, noch ein paar Hinweise geben zu dürfen, und galt sofort als Spielverderberin. Ärzte vor mir hatten nach dem Lauf bei einigen Polies schwere Erfrierungen an allen einundzwanzig Gliedern sowie Unterkühlung und kältebedingtes Asthma zu behandeln gehabt, und erst vor kurzem hatte sich ein Mann erhebliche Frostbeulen am Hinterteil zugezogen, nachdem er ausgeglitten und auf seinem Allerwertesten den Hügel hinuntergerutscht war.

Doch meine Warnungen stießen natürlich auf taube Ohren. Der 300 Club war ein Ritual, das seit vierzig Jahren gepflegt wurde, und daran gab es nichts zu rütteln. Es kam aber noch schlimmer: Ich musste mitmachen, wenn ich mich eine echte Polie-Frau nennen wollte. Wenn ich nicht vor Kälte erfror, würde ich wahrscheinlich vor Scham tot umfallen. Die Jungs würden eine Wollsocke über ihre Männlichkeit ziehen, aber womit sollten sich die Damen behelfen?

Wie sich herausstellte, fürchtete sich Loree genauso vor dem großen Tag wie ich. Sie wollte daran teilnehmen, aber niemand sollte sie nackt sehen. Ich empfand das Gleiche. Gemeinsam suchten wir nach einer Lösung für unser Problem. Ein reiner Damenclub würde den Gebrauch schriller Pfeifen und Kameras geradezu herausfordern. Warum baten wir die Männer nicht, sich als Gentlemen zu zeigen? Wir würden ihnen ein paar Kisten Bier kaufen, sie im Pool einschließen und die Tür mit Wachposten sichern. Aber das würde ihre Neugier wahrscheinlich noch mehr reizen. Nein, am besten wäre es, bis drei Uhr morgens zu warten und allein zu rennen. Und so beschlossen wir, bei der erstbesten Gelegenheit unseren eigenen 300 Club zu absolvieren.

Doch das Wetter schlug um und machte den Aufenthalt im Freien zunehmend gefährlicher. Der kalte Wind ließ unsere Schutzbrillen beschlagen, und heftiges Schneetreiben veränderte das Gelände täglich. Wo gestern noch eine ebene Fläche war, tat sich am nächsten Tag eine Rinne auf oder es ragte eine Eiswand empor. Einmal stürzte Reza in den Graben, der um den Dome läuft, und fiel sechs Meter tief. Ein anderer verlor die Orientierung, als er nach einer Schneecocktailparty draußen beim Clean Air Building in der Dunkelheit die falsche Richtung eingeschlagen hatte. Aber zum Glück fand er den Weg zurück zur Garage. Von dort rief er mich an und bat mich, ihn abzuholen. Als ich endlich bei ihm ankam, war er fast zu Eis erstarrt und konnte nicht mehr laufen.

In jener Zeit, als die Arbeiten im Freien so gefährlich waren, blieb ich tagsüber im Biomed stets in Bereitschaft. Big John und Power Plant Thom hielten sich oft auf dem Schrottplatz auf und montierten die Radachsen von den schweren Maschinen, die sie anschließend zur Wartung in die Werkstatt zogen. Eine scheußliche Aufgabe bei minus 70 Grad Celsius, noch dazu im Dunkeln, meistens ohne Handschuhe und mit einer glitschigen Schicht gefrorenen Öls auf dem Eis.

211

Big John beklagte sich so gut wie nie. Im Gegenteil, er hielt sich besonders gern am Schrottplatz auf und behandelte die schweren Fahrzeuge wie Freunde. Jedes hatte einen Namen: Wrench, Cassie Rose, Drag Queen, um nur einige zu nennen. In seinen E-Mails schrieb er über sie, als wären es eigenständige Persönlichkeiten. Am Pol herrschte ein reger Austausch von E-Mails, und man schickte sich auch gegenseitig die Kopien der Briefe, die man an seine Angehörigen nach Hause gesandt hatte. Manchmal enthielt eine Mail nur ein Dankeschön oder eine Beschwerde oder einfach ein paar nette oder witzige Worte. Dabei sollte man meinen, dass einundvierzig auf engstem Raum zusammengepferchte Menschen einfach miteinander redeten. Doch vermutlich half uns diese Art der Kommunikation, unsere Gefühle klarer und deutlicher zu äußern. Folgender Brief, den Big John an seine Familie und in Kopie an mich schickte, spiegelt sein Verhältnis zu seinen Schützlingen, den schweren Maschinen, wunderbar wider.

Absender: John W. Penney<cyprus/penneyjo>
Empfänger: cyprus/nielsenje
Datum: 27. April 1999 14:43:26 +1200
Betreff: Winter

Ich habe mit der Winterwartung der Maschinen begonnen. Die Fahrzeuge stehen auf dem Schrottplatz, am andern Ende der Station. Wir stellen sie am Ende des Sommers dort ab, nehmen die Batterien heraus und kleben Isolierband über die Auspuffrohre. Sie dürfen so lange unter einer dicken Schneedecke schlafen, bis ich sie in meine Werkstatt zur gründlichen Überholung rufe. Einige gebärden sich ziemlich widerborstig. Eng an die Kameraden geschmiegt und fernab aller Geschäftigkeit der Station, fühlen sie sich an ihrem Platz überaus wohl. Sie widersetzen sich zuerst heftig mit eingefrorenen Ketten, die auf dem Schnee keinen Halt finden, bis sie nach langem Hin und Her endlich Anstalten machen, sich zu drehen. Unter Kreischen und Heulen muss ich sie zur Station schleifen.

Es gibt aber auch umgänglichere Fahrzeuge, die sich offenbar auf meine warme Werkstatt freuen, in der sie ihren Eismantel und all den Schnee ablegen können und endlich wieder unter Menschen sind. Sobald man am Morgen die Lampen in der Werkstatt anknipst, schimmern einem schon die Scheiben entgegen. Sie genießen es sichtlich, wenn man ihnen die Ventilabdeckungen abnimmt und ihre Zahnstangen gemäß Fabrikvorschrift wieder instand setzt. Viel zu schnell ist Zubettgehzeit. Sie spüren, wenn es so weit ist, und bitten dich, ihnen wenigstens noch eine kurze Runde um das Sommerlager zuzugestehen, anstatt sie sofort schlafen zu legen. Ich lasse mich überreden, und wir machen eine kleine Spritztour an den Jamesways vorbei, durchpflügen eine oder zwei Schneewehen und walzen zum Schluss noch ein paar Sastrugi platt ...

Wenn die schimmernden Sterne und die Auroras ihren »Himmelstanz vollführten«, wie Big John einmal schrieb, fuhr er häufig allein zum Schrottplatz. Nachdem er den Motor abgestellt hatte, fühlte er sich oft genervt »vom Dröhnen der weit entfernten Generatoren, dem Geräusch der im Wind wehenden Markierungsflaggen und dem gelegentlichen leisen Knacken meines Schneemobils, wenn der Motor abkühlt. Dann packt mich beinahe so eine Angst wie damals als Kind, und ich bilde mir ein, dass ein antarktisches Monster meine Anwesenheit bemerkt, zum Leben erwacht, mich packt und grässliche Sachen mit mir anstellt ...«

Wir mussten uns immer wieder daran erinnern, dass sich unter dem Eis des Südpols weder Monster noch Dämonen versteckt hielten. Am schlimmsten waren die Gespenster, die in unseren Köpfen entstanden.

Seit meiner Ankunft am Pol stand ich mit Juergen Lehman, einem Radiologen, in Kontakt. Wir hatten uns zu Anfang meiner Laufbahn in der Notaufnahme kennen gelernt. Er war einer meiner ältesten und engsten Freunde, und Sue, seine Frau, war meine beste Freundin. Wir kannten uns nun schon seit zwanzig Jahren. Ich hatte schon länger überlegt, ob ich Juergen von dem Knoten in meiner Brust schreiben sollte. Er hatte sich vergrößert und verhärtet, und obwohl er nun schon seit Wochen unverändert war, bereitete er mir immer stärkere Schmerzen.

Big John war der Einzige, dem ich davon erzählt hatte. Er war derjenige, der mir am Pol am nächsten stand und zu dem ich am meisten Vertrauen hatte. Da wir aufeinander angewiesen waren, um zu überleben, vertrauten wir einander mehr als Außenstehenden. In diesem Fall schätzte ich Big Johns Urteil ganz besonders. Natürlich würde er die Sache für sich behalten, aber er war in Sorge und riet mir, einen Arzt zu Rate zu ziehen. Ich befolgte seinen Vorschlag. Die nächsten Tage durchlebte ich ein wahres Wechselbad der Gefühle.

Absender: Jerri Nielsen<nielsenje@spole.gov>
Empfänger: argus@aol.com
Datum: 28. April 1999 07:37:05 +1200
Betreff: Hallo

Lieber J.,
hier ist alles ruhig. Heute hatte ich zwei Zahnpatienten und drei Massagen wegen Muskelschmerzen – und das war schon viel.
Mein chronischer Sauerstoffmangel beeinträchtigt mein Denken. Heute lag mein Blutsauerstoff den ganzen Tag bei 86/87. Außerdem habe ich einen großen harten Knoten in der Brust, der mir Sorgen bereitet. Im Oktober war ich bei der Mammographie. Der Knoten ist hart, nicht klar abgegrenzt und verschwindet nicht.
Hier gibt es keinen Arzt, an den ich mich wenden kann. Ich habe nur mich und meine Vermutungen.
Liebe Grüße, Jerri
Ärztin der Dunkelheit

Absender: argus@aol.com
Empfänger: Jerri Nielsen<nielsenje@spole.gov>
Datum: 29. April 1999 01:29:41 –0400
Betreff: Knoten in der Brust

Liebe Jerri,
Knoten in der Brust? Was für eine grässliche Betreffzeile. Es gibt noch andere Möglichkeiten: Es könnte eine Fettnekrose oder auch eine fibrozystische Mastopathie sein. Beide Erkrankungen zeigen sich nicht auf einem Mammogramm, beziehungsweise sind vernachlässigbar. Du hast doch vor deiner Reise ein Mammogramm machen lassen, nicht wahr? Sollte die Sache doch ernster sein, käme Tamoxifen in Frage. Aber das Medikament habt ihr wahrscheinlich nicht im Biomed, oder?
J.

Absender: Jerri Nielsen<nielsenje@spole.gov>
Empfänger: argus@aol.com
Datum: 29. April 1999 11:32
Betreff: Re: Knoten in der Brust

Lieber Juergen,
das verhexte Ding ist multipel und hart. Es könnten multiple Zysten sein, aber ich habe seit einem Monat keine Veränderung bemerkt. Es macht mir Angst. Soll ich das Ding vielleicht mit Hilfe eines Spiegels herausschneiden? Ich gehe jetzt ins Bett. Seit Wochen fühle ich mich krank, immer irgendwie nicht ganz in Ordnung (aber nur physisch – psychisch ist alles bestens). Die Müdigkeit wird unerträglich.
Hoffentlich kommt die Mail an. Wegen schwieriger Satellitenverbindungen haben wir augenblicklich Probleme damit.
Liebe Grüße,
Ärztin der Dunkelheit

Absender: argus@aol.com
Empfänger: Jerri Nielsen<nielsenje@spole.gov>
Datum: 3. Mai 1999 20:34:17 –0400
Betreff: Knoten in der Brust

Liebe Jerri,
deine letzte E-Mail habe ich mit Freuden gelesen. Multiple Knoten reduzieren den Verdacht auf eine bösartige Geschwulst erheblich. Um sicherzugehen, habe ich heute bei einer Brustchirurgin nachgefragt. Ihre Bemerkung lautete: »Das ist gut.« Sie hält den Knoten eher für eine fibrozystische Mastopathie. Ich glaube, du wirst lange und glücklich leben.
Liebe Grüße, Juergen

Zu gern hätte ich aus Juergens Optimismus Trost geschöpft, aber tief in meinem Innern wusste ich, dass es unrealistisch war, sich auf Grund einer derart knappen Darstellung irgendwelchen Hoffnungen hinzugeben. Es bestand immerhin die Möglichkeit, dass mein »multipler« Knoten zwei Teile eines Ganzen war oder dass er die Ausnahme der Regel bedeutete. Doch im Augenblick wollte ich Juergens beruhigende Antwort einfach annehmen und alle Gedanken einschließlich der unzähligen anderen, die meine Arbeit beeinträchtigen könnten, aus dem Kopf verbannen.

Als wir am 5. Mai anlässlich des Cinco de Mayo zum Mittagessen Tacos aßen, sahen wir auf der aktuellen Anzeige des Monitors, dass die Temperatur erneut fiel. Bei jedem weiteren Grad johlten wir. Schließlich hatte die Temperatur minus 73 Grad Celsius (minus 100 Grad Fahrenheit) erreicht. Als die Gruppe geradezu außer sich geriet, eilte Loree, unsere Meteorologin, zu ihren Anzeigegeräten und teilte uns mit, dass die offizielle Temperatur noch nicht so tief gefallen war. Jeder stieß einen bühnenreifen Seufzer aus und wandte sich wieder seiner Arbeit zu.
Da Mexiko das Thema des Tages war, sahen wir uns abends

den Film »Born in East L.A.« mit Cheech Marin an. Anschließend hatten einige Lust auf einen weiteren Film und legten ein Video mit dem Titel »Mit aller Macht« ein, allerdings kein mexikanischer Film. Als auch dieser Film zu Ende war, gingen John und ich in die Kantine und tranken Tee, ehe wir den Abend endgültig beschlossen. Kaum hatten wir eine Weile dort gesessen, stürmte Loree herein und verkündete, dass die Temperatur nun offiziell bei minus 74 Grad Celsius lag. Dabei richtete sie erwartungsvoll den Blick auf mich. Mir war klar, dass das gewichtige Versprechen, das ich eine Woche zuvor gegeben hatte, als es noch mollig warm und ich bester Laune war, jetzt eingelöst werden musste. Loree hatte entschieden: heute Nacht oder nie!

Ich war noch immer in großer Sorge, wie leicht uns bei dem Vorhaben etwas zustoßen konnte. Ich würde Loree wahrscheinlich nicht tragen können, sollte sie bei minus 73 Grad Celsius stürzen, während alle anderen schliefen. Und sie konnte mich erst recht nicht tragen. Also beschlossen wir, Big John und Andy – unsere zwei besten Freunde – um Hilfe zu bitten. Die beiden hatten sich bisher immer manierlich benommen und nicht die geringsten Anzeichen perverser Gedanken erkennen lassen. Gnädig kamen sie unserer Bitte nach. Sie erklärten sich bereit, neben dem Eingang zur Kuppel Position zu beziehen und sich den Kälteschutz über die Augen zu ziehen, sobald wir aus dem Innern herausgerannt kämen. Bei unserer Rückkehr würden sie uns in Decken hüllen und nur dann hinschauen, wenn sich eine von uns verletzt hatte und geborgen werden musste. Großes Ehrenwort.

Andy und Big John hatten für sich beschlossen, am Gemeinschaftslauf teilzunehmen, der am nächsten Tag stattfinden sollte. Um seine edlen Teile vor Erfrierungen zu schützen, hatte sich John eigens wegen des niedlichen blauen Samtbeutelchens mit den gelben Bändern eine Flasche Crown Royal gekauft, und Andy überlegte, ob er nicht seine Baseballkappe mit dem Aufdruck »Südpol« tragen sollte, falls er Schutz benötigte.

Reza, der noch in der Kantine saß, weil er so gut wie nie schlief, bekam Wind von dem Vorhaben und heizte schon mal die Sauna ein. Wenig später wickelten Loree und ich uns in unsere Handtücher und zogen uns in die meteorologische Abteilung zurück. Big John fing Reza ab und erklärte ihm, dass »die Damen sehr schüchtern sind und kein Publikum wollen«. Das entsprach der Wahrheit. Zum Glück war Reza ein Moslem aus Bangladesch und zeigte sich daher verständnisvoll.

Unterdessen hatte Andy entschieden, doch mit uns zu laufen.

»Also, wenn Andy mitrennt, dann mache ich auch mit«, schloss sich Big John an.

Loree und ich tauschten einen Blick.

»Und wenn schon«, sagte ich schließlich. »Eigentlich kennen wir uns ja gut genug.«

Jetzt waren wir also zu viert. Andy redete Big John das Royal-Crown-Beutelchen aus, umgekehrt brachte Big John ihn von der Baseballkappe ab. Wenig später saßen wir in der Sauna und fingen an zu schwitzen. Wenn man den Thermostat erst ins kalte Wasser taucht, kann man ihn leicht austricksen und bis zu 90 Grad Celsius hochjagen. Als wir nach zehn Minuten die Hitze nicht mehr länger ertrugen, zogen wir uns die Stiefel an, ließen die Handtücher fallen und rannten los: Erst durch den Gang und die Doppeltüren, dann die Eisenleiter hinunter, durch den Dome, den Tunnel entlang, zur Tür hinaus, die steile, vereiste Rampe hinauf und hinaus in die kalte, dunkle Nacht.

Wir waren übermütig wie Kinder, die etwas Verbotenes taten. Obwohl die Windgeschwindigkeit auf der Anhöhe knapp sieben Knoten betrug, war mir zu meinem Erstaunen überhaupt nicht kalt. Auch bestand kein Grund, verlegen zu sein: Unsere Körper dampften und die Haut war mit einer weißen Schicht aus gefrorenem Schweiß bedeckt. Big John meinte, wir sähen aus wie Yetis. Dieses ungewohnte Erlebnis nahm mich so gefangen, dass ich keinerlei körperliches Unbehagen verspürte. Wir sahen von einem Lauf um den Ceremonial Pole ab, schossen nur hastig ein paar unscharfe Fotos, um unser Bravourstück zu dokumentieren, und stürmten nach fünf oder sechs Minuten zurück in die Kuppel. Erst dort fror ich ein wenig, und meine Haut fühlte sich etwas taub an.

Kaum waren wir in der Sauna, um uns aufzuwärmen, fingen wir fürchterlich an zu husten. Da wir unseren Kälteschutz nicht übergezogen hatten, waren die Lungen ungeschützt gewesen. Anschließend setzten wir uns ins Biomed und tranken heiße Schokolade mit einem Schuss Bailey's. Zwischen Husten und Lachen und warmen Schlucken Kakao sprachen wir immer wieder von unserem Lauf, ähnlich den Veteranen, die ihre Kriegserlebnisse erzählen. Loree und ich waren glücklich, nun endlich dem Club anzugehören. Jetzt waren wir echte Polies, auch wenn die eine sich nicht ohne die andere getraut hätte.

»Aber es ist auch ein bisschen traurig«, meinte Big John. »Der 300 Club ist ein Meilenstein in unserem Winter. Jetzt haben wir ihn schon hinter uns, dabei ist mein erster Winter noch lange nicht vorbei.«

Die Hälfte unseres Polarabenteuers hatten wir überstanden. Die Sonne ging weder auf noch unter, und mein Leben hatte eine gewisse Routine angenommen. An den Arbeitstagen stand ich zwischen sieben Uhr dreißig und acht Uhr auf. Um mit der Arbeit beginnen zu können, brauchte ich nur aus dem Bett zu steigen und den Computer einzuschalten. Damit ich mich schon anziehen konnte, während der Computer hochfuhr, legte ich mir die Wäsche bereits am Vorabend auf dem Schreibtischstuhl zurecht. Dann las und beantwortete ich meine berufliche Post. Nachdem ich mir einen Tee gemacht hatte, überlegte ich, was alles zu erledigen war. Dann nahm ich mir einen Raum im Biomed vor, räumte ihn gründlich auf, säuberte, was zu säubern war, entschied, was mit diesem und jenem geschehen sollte und reparierte das eine und andere. Morgens schrubbte ich die Böden und die Ablageflächen und wusch die Wäsche, die in der Krankenstation angefallen war. Dazu musste ich in den Dome gehen und zwei Treppen hinauf. Danach trennte ich den Müll und brachte ihn zu den Abfalltonnen. Bis zum Mittag gab es immer etwas zu erledigen. Beispielsweise Röntgenbilder zu entwickeln, Labortests zu machen oder medizinische Berichte zu schreiben. Jede Woche waren endlose Listen, Mitteilungen, Unfallberichte und andere medizinische Unterlagen nach Denver zu schicken. Meistens erledigte ich diese Arbeiten am Vormittag. Alles, was ich im Biomed verwendete, musste in dreifacher Ausfertigung und im Mapcon-Inventurprogramm erfasst werden.

Um neun Uhr dreißig gesellte ich mich zu den Freunden in der Kantine und trank noch mal eine Tasse Tee. Die Kantine war der Mittelpunkt unseres gesellschaftlichen Lebens. Dort traf man mit den anderen zusammen. Nach der Vormittagspause hatte ich Sprechstunde, und um elf Uhr dreißig gab es Mittagessen. Manchmal hatte ich in der Kantine während des Essens private Sprechstunden abzuhalten, da einige der Machos es nicht über sich brachten, ins Biomed zu gehen, um einen Termin zu vereinbaren. Selbst beim Essen hielt ich Augen und Ohren offen, hielt Ausschau nach Humpelnden, lauschte auf Hustenanfälle und was sich sonst noch so an Aufgaben ergab. Das polare Äquivalent zur Jagd nach Patienten.

Nachmittags musste ich mich mit den schwierigeren Problemen befassen und hatte noch einmal eine Sprechstunde, die von weit mehr Patienten aufgesucht wurde als die Sprechzeit am Vormittag. Um halb vier gab es eine weitere Pause, doch meistens arbeitete ich bis zum Abendessen um halb sechs durch. Hin und wieder ließ ich es ausfallen und lernte stattdessen zwischen halb sechs und halb sieben Russisch mit Power Plant Thom, Big John und Lisa. Ich verköstigte mich dann später aus dem Kühlschrank.

Montag- und Donnerstagabend arbeitete ich von halb acht bis acht im Laden. Dienstag war nach wie vor Science-fiction-Nacht. Mittwochabend konnte man im Fitnessraum Swing tanzen. Da wir sechs Tage pro Woche arbeiteten, blieb uns nur der Samstag zum Ausgehen, obwohl ein paar Unverwüstliche immer noch ihre Schneecocktailpartys feierten. Der Bautrupp trank am Freitagabend gemeinsam Bier. Samstagnachmittag wurde ein Sicherheitsmeeting abgehalten, dem sich ein naturwissenschaftlicher Vortrag anschloss. Am Abend gab es Actionfilme, und im Freizeitbereich konnte man sich bei Live-Bluegrass-Musik entspannen. Am frühen Samstagabend traf ich mich mit Freunden, nahm an Geselligkeiten teil oder sah mir einen Film an. Für gewöhnlich gingen wir um zwei oder drei Uhr morgens zu Bett und schliefen durch bis Sonntag mittag. Um eins fand Nuclear Nicks Russischunterricht statt. Den Rest des Tages lernte ich, las oder besuchte Freunde.

Wie alle echten Abenteuer verlief auch das Leben am Pol routinemäßig und monoton, solange es nicht von Katastrophen unterbrochen wurde. Ende Mai rächte sich der Glykol-Teufel.

Absender: Jerri Nielsen<nielsenje@spole.gov>
Empfänger: #Familie und Freunde
Datum: 28. Mai 1999 22:12:42 +1200
Betreff: Notfall

Meine Lieben,
ich versuche mit euch Kontakt aufzunehmen, denn vielleicht ist das in Kürze nicht mehr möglich. Wir sind ohne Strom. Es ist überall dunkel. Hier im Biomed laufen nur noch meine Kühlschränke und mein Computer über Strom. Ich dürfte den Computer gar nicht mehr einschalten, aber ich wollte euch wenigstens schreiben, falls alles zum Erliegen kommen sollte. Im Augenblick stehen uns nur Taschenlampen und Funkgeräte zur Verfügung.
Die Generatoren arbeiten nicht einwandfrei, und wir wissen nicht, warum. Aber ich glaube fest daran, dass die Jungs den Fehler beheben können. Die schaffen doch immer alles. Noch ist die Zeit für die Zyankalikapseln nicht gekommen, aber ich bin doch etwas in Sorge, falls sie die Ursache nicht finden sollten. Glücklicherweise habe ich meinen Monatsabschlussbericht für den Laden noch vor dem Fiasko nach Denver schicken können. (Da sieht man, wie verrückt das Leben hier ist. Man verliert vollkommen die Lebensperspektive und ahnt nicht, wie gefährlich es tatsächlich ist.)
Mit den uns zur Verfügung stehenden Mitarbeitern können wir ohne weiteres überleben. Wenn wir das Schiff verlassen müssen, ist das kein Verhängnis, aber ich wer-

de keinen Kontakt mit euch aufnehmen können. Wenn ihr also nichts von mir hört, dann deshalb, weil ich meine Anschrift geändert habe. Ansonsten melde ich mich wieder, sobald ich weiß, wie es weitergeht.

Alles Liebe, Duff

Ich war weit besorgter, als ich in meinem Brief zum Ausdruck brachte. Die Glykolschleife leckte erneut, und ein gespenstischer, dichter Nebel hatte sich im Dome ausgebreitet. Das Glykol war kochend heiß, aber niemand konnte sich die Ursache erklären. Wir liefen erneut auf Notstrom, und das trübe Licht machte alles noch beängstigender.

Ich hielt mich im Biomed auf und überwachte das Funkgerät, während Big John und Manager Mike mit Atemgeräten versuchten, auf dem Dach über den Generatoren das Problem zu beseitigen. Zwei Stunden arbeiteten sie unter ekligem Glykol-Sprühregen bei minus 67,7 Grad Celsius und entlüfteten die Leitungen. Ihre Bemühungen wurden belohnt. Die Temperatur in den Glykolschleifen normalisierte sich. Aber keiner wusste, weshalb.

Nachdem die Geräte wieder mit Hauptstrom versorgt waren, führten Power Plant Thom, Tool Man Tim, Floyd, Ken und Dennis the Plumber eine Reihe Testversuche durch. Die Ergebnisse waren einwandfrei.

Als Mike in der Tür unseres Heims stand, war er über und über mit schwarzem Ruß bedeckt. Seinen Schnauzer und seine Wimpern zierte eine Eiskruste, die wir »Zuckerguss« nannten. Ich trat auf ihn zu und umarmte ihn herzlich.

»Danke, dass du dir da draußen den Hintern für uns abgefroren hast!«, sagte ich. Als ich ihn drückte, entwich seinem Parka ein so furchtbar kalter Lufthauch, dass ich zitterte.

Es war schon immer schwierig gewesen, Mike dazu zu bringen, einen Rat anzunehmen. Ebenso schlugen all meine Versuche fehl, ihn ein wenig zu bemuttern. Er gehörte zu denen, die wegen eines gebrochenen Beins keinen Arzt aufsuchten. Er vergaß es zwar manchmal, aber ich war nun mal seine Stellvertreterin, seine »Pille« und die Einzige, die dem Captain sagen würde und – gemäß ihrem Rang – auch musste, dass er Hilfe oder Schlaf brauchte oder aber eine Sache anders angehen sollte. Hin und wieder kam es zwar zu Reibereien zwischen uns, aber das tat meiner Zuneigung zu ihm keinen Abbruch. Ebenso wenig wie meinem Bemühen, ihn zu unterstützen. Da der arme Kerl an meiner Tür vorbeimusste, um zu seinem Zimmer zu gelangen, hatte er gar keine Chance, meinen nervigen Ratschlägen zu entkommen.

»Verdammt noch mal, Jim«, sagte ich zu ihm (er kannte »Raumschiff Enterprise«), »du darfst nicht so unvorsichtig sein. Ich habe mir wirklich Sorgen gemacht, als du auf dem Dach gewesen bist. Komm, ich bringe dir eine Heizdecke.«

»Nein, ich brauche keine«, entgegnete er und ging zu seiner Tür.

Ich folgte ihm. »Und wie wär's mit einer heißen Tasse Tee?«

»Nein«, lehnte er ab. Ich fiel ihm bestimmt allmählich auf die Nerven.

»Oder vielleicht eine heiße Schokolade?«

»Nein, ist wirklich nicht nötig.«

»Du frierst aber doch recht ordentlich, hab ich Recht?«

»Ja …«

Er sah mich mit einem gewinnenden Lächeln an, das jungenhaft, aber auch sehr männlich wirkte. Obwohl er erst dreißig Jahre alt war, trug er die ganze Last unserer kleinen Welt auf den Schultern. Aber wenn er lächelte und zögerte, hatte ich vielleicht doch noch eine Chance, ihn herumzukriegen.

»Ich gehe in die Sauna, was hältst du davon?«

»Gut, Michael! Das ist eine tolle Idee.« Na, wer sagt's denn?

In der Kantine traf ich Big John. Da es wegen des Stromausfalls kein Abendessen gegeben hatte, aß er kalten Schinkenbraten und gab sich übertrieben locker, als ob das, was sich heute zugetragen hatte, nur mehr eine Lappalie gewesen wäre.

»He, Big, was war denn los? Als ich aus dem Biomed kam, war der Dome dunkel und voller Rauch.«

»Du weißt doch, dass du das Biomed nicht verlassen sollst. Wir wüssten doch gar nicht, wo wir dich finden könnten!« Es klang fast wie ein Vorwurf. »Und die Türen zur Krankenstation solltest du schon gar nicht öffnen. Du darfst keine kostbare Wärme vergeuden.«

»Aber es war so lange dunkel und übers Funkgerät kam auch kein Laut mehr ...«

»Weil wir mit dem Atemgerät auf dem Dach waren«, erwiderte Big John.

Ich holte tief Luft, um meine Angst und meinen Ärger zu verbergen. »Na, und was war der Grund für den Dampf? Habt ihr es herausgefunden?«

»Was nicht in Ordnung gewesen war, ist immer noch nicht in Ordnung. Aber ehe das Monster nicht wieder sein grauenhaftes Haupt erhebt, gibt es nichts zu tun«, sagte Big John und biss kräftig in sein Schinkensandwich. »Mach dir keine Sorgen. Wir werden das Problem schon finden.«

»Mach dir keine Sorgen! Das sagt sich so einfach!«

»Nun reg dich nicht auf, das ist doch keine Katastrophe!« schmunzelte er. »Die Jungs packen das schon ...«

Er fand das sichtlich lustig, und meine besorgte Reaktion entlockte ihm nur ein Lachen. Ich brütete die ganze Nacht darüber, bis ich mich entschloss, ihm eine E-Mail zu schicken und meinen Standpunkt zu erklären.

Absender: Jerri Nielsen <cyprus/nielsenje>
Empfänger: cyprus/penneyjo
Datum: Samstag, 29. Mai 1999 14:59:02 +1200
Betreff: Herzflimmern

Lieber John,
ich weiß, dass du es lustig findest, dass ich im Dunkeln sitze und mir Sorgen mache, während wir in der Antarktis an Wärme verlieren. Besonders dann, wenn man mir bei näherer Betrachtung des Problems erzählt, dass unsere Anlage einen größeren Schaden aufweist, dessen Ursache noch unklar ist. Ach ja, und noch was: Das Abendessen fällt aus, und nimm eine Taschenlampe mit, wenn du hinausgehst, denn die Kuppel ist völlig verqualmt.

Dir bereitet es kein Kopfzerbrechen, weil du weißt, dass du bestimmt herausfinden wirst, wo der Fehler liegt (oder dabei stirbst). Das kann ich gut verstehen. Wenn ich eine heikle Aufgabe bewältigen muss, habe ich auch keine Angst. Aber es gibt auch noch eine andere Perspektive.

Angenommen, du leidest unter Atemnot, Brustschmerzen und hohem Blutdruck. Die Ursache ist Herzflimmern. Man bringt dich unter Sirenengeheul ins Krankenhaus. Dort stellt man dich mir vor. Ich habe mit solchen Fällen seit über zwanzig Jahren Nacht für Nacht zu tun. Ich sehe dich an und erkläre dir, dass du Herzflimmern hast. Du fragst ängstlich: Warum? Ich antworte, ich habe keine Ahnung und werde vermutlich die Ursache heute Nacht nicht herausfinden. Aber ich werde mich redlich bemühen, und vielleicht kriegen wir das Problem ja in den Griff. »Wir werden alles Mögliche ausprobieren müssen.«

Ich trommle sämtliche Assistenzärzte zusammen und zitiere auch den Kardiologen herbei. Wir stehen vor deiner Tür und reden über dich. Ich wirke absolut ruhig und bin es auch. Ich würde auch erst dann unruhig – aber auch nur ein bisschen –, wenn zwei Medikamente keine Wirkung zeigen sollten. Doch auf Grund meiner Erfahrung bin ich recht zuversichtlich.

Unterdessen bitten die Schwestern dich um die Telefonnummer deiner nächsten Angehörigen und wollen außerdem wissen, ob du ein Testament gemacht hast.

Herzlichst, Doc

KAPITEL 9

Wandel

Die Psychologen der Navy, die das Gruppenverhalten von Teilnehmern an Polarexpeditionen erforschten, empfahlen, wenigstens einmal wöchentlich eine Party zu feiern oder ein besonderes Abendessen zu veranstalten, damit sich auch die Zurückhaltenderen in der Gruppe auf etwas freuen konnten. Diese Idee griffen wir nur zu gern auf. Da sich traditionelle Feiertage für Partys geradezu anboten, nahmen wir kurzerhand den Memorial Day am ersten Juniwochenende zum Anlass für ein ausschweifendes Fest.

Tool Man Tim Briggs, sowohl Bauleiter als auch Vergnügungswart, stellte uns für die ganztägige Grillparty die neu errichtete, weitläufige Werkhalle zur Verfügung. Mike hatte schon seit zwei Monaten an einem überdimensionalen Grill gearbeitet, auf dem sich sogar ein Riese wie Giant Greg problemlos ausstrecken konnte. Eingeweiht wurde der Bratrost allerdings mit Spare Ribs. Roo steuerte ein paar leckere vegetarische Beilagen bei, und Tool Man stöberte sogar einen Räucherofen auf, den eine Wintermannschaft in grauer Vorzeit aus einer leeren Zweihundertfünfzig-Liter-Tonne gebaut hatte und in der er nun Lachs und Forellen räucherte. Vor seiner Tätigkeit als Unternehmer hatte sich Tool Man seinen Lebensunterhalt als Fischer auf dem Lake Superior und in Alaska verdient.

Wir boten eine Fülle von Snacks und Getränken an, und auch für Musik und Spiele war gesorgt. Die in einzelne Bereiche unterteilte Halle war eigens für die Party umgestaltet worden. In der Werkstatt der Elektrotechniker im hinteren Gebäudebereich hatten wir eine Tischtennisplatte in Originalgröße aufgebaut und in der Schreinerei, im Zentrum der Werkhalle gelegen, gab es Speisen und Getränke. Auf dem weitläufigen offenen Gelände vor der Halle wurden Wettbewerbe in Hufeisenwerfen und Blasrohrschießen abgehalten. Die Jungs hatten dafür ein Areal in den vorgeschriebenen Maßen abgesteckt, Kästen mit Sand gefüllt, der an sich zum Sandstrahlen gedacht war, und mit Hufeisen, die aus Tool Man Tims Stall in Minnesota an den Pol gebracht worden waren. Das Blasrohr war aus einem Elektrokabel gebastelt worden, während die Pfeile herkömmliche Dartpfeile waren, denen man an Stelle der Federn Papiertüten aufgesteckt hatte. Das Blasrohr funktionierte so gut, dass die Pfeile selbst aus sechs Meter Entfernung noch bis zu einem halben Zentimeter tief in die Sperrholzplatte hinter dem Ziel eindrangen.

Die fröhliche Party brachte die Mitglieder der Wintermannschaft einander sichtlich näher. Es war schön zu sehen, dass Astronomen und Monteure sich gut gelaunt wie Brüder umarmten, die sie mittlerweile auch geworden waren.

Da ich damit rechnen musste, dass es Pfeile aus Augen zu operieren oder Gehirnerschütterungen infolge fehlgeleiteter Hufeisen zu behandeln geben würde, hatte ich sicherheitshalber unter Verwendung eines Fasses, das ich unter dem Lichtkegel einer Werkstattlampe platzierte, eine behelfsmäßige Notambulanz eingerichtet. Ich hielt Stift, Papier und Arzneimittel bereit und erklärte den Bereich zum Untersuchungszimmer. Glücklicherweise kam es während des ganzen Tages zu keinen nennenswerten Verletzungen. Offenbar war niemand willens, sich den Spaß durch einen Gang zur Ärztin zu verderben. Bis auf sechs Leute mit Erfrierungen im Gesicht, einen vermutlich durch den Hieb eines Vorschlaghammers gebrochenen großen Zeh, einen mittelschweren Fall von Fußdermatitis und einer Zellgewebsentzündung gab es keine Vorkommnisse. Keine der Verletzungen war jedoch so gravierend, dass die Betroffenen die Party hätten verlassen müssen.

Einige Polies trugen zu Anlässen dieser Art meist ihre wärmeisolierten Jacken mit aufgenähten persönlichen Slogans. Besonders Big Johns Jacke stach ins Auge: Auf seinem Rücken prangten mit Leuchtstift eingefärbte Teufelshörner und die Aufschrift »bösartiger Hundesohn«. (Eine Anspielung auf eine Antwort meinerseits auf eine seiner klugen, beißenden Bemerkungen, an die ich mich nicht mehr erinnere.) Auf Pakmans Jacke stand »unschuldiger Mistkerl«, und mit dieser Selbsteinschätzung lief er Big John den Rang ab. Meine Jacke war allerdings noch kunstvoller dekoriert: Unter einem Äskulapstab mit dem Schlangensymbol des ärztlichen Berufsstandes waren die Worte »Station zur knallharten Wahrheit, Südpolstation« zu lesen. Einen Ärmel hatte ich mit der Parole »Geboren zur Verbesserung der Gesundheit« versehen, den anderen mit der Kopie eines Tattoos, das ich an einem Patienten gesehen hatte und das mir unvergesslich ist: »Liebe tut weh, Liebe blutet« und darunter ein blutendes Herz, aus dem ein Stück herausgebissen war. Ich hatte es im Gedenken an meine Kinder appliziert.

Nachdem ich meine Ambulanz abgebaut hatte, forderte ich einige Polies beim Tischtennis heraus. Plötzlich stürmte Wendy in die Elektrikerwerkstatt und holte eine Kamera aus ihrem Mantel. »Irgendwo habe ich gerade den Namen Wilhelm Tell aufgeschnappt, und da dachte ich, ich hole mal lieber meine Kamera«, erklärte sie. Wir unterbrachen das Match und liefen zum Eingang der Maschinenhalle, um zu sehen, was sich dort tat. Und tatsächlich sahen wir Tool Man Tim mit einer Schweißmaske als Gesichtsschutz, einem Schild Marke Eigenbau vor dem Bauch und einer Bierdose auf dem Kopf, während Nuclear Nick soeben das Blasrohr auf unseren Bauleiter richtete. Als guter Schütze schoss er T.M.T. die Dose gleich beim ersten Mal vom Kopf.

Das Treiben wurde zunehmend ausgelassener, und einige spielten sogar mit Teerfässern König der Berge. Gegen Ende des Festes zierten jeden von uns Tattoo-Imitationen. Mir hatte Power Plant Thom einen Totenschädel verehrt, in dem ein Schwert steckte. Ich klebte es mir über die rechte Brust.

Absender: Dar Gibson<cyprus/gibsonda>
Empfänger: #Winter
Datum: 6. Juni 1999 03:54:39 +1200
Betreff: Hallo?

An denjenigen, der sich im Bad des oberen Schlaftrakts übergeben hat.

Zunächst hoffe ich, dass es dir besser geht. Und falls du dich nicht mehr erinnern solltest: Du hast die Schüssel verfehlt. Es ist ganz schön danebengegangen! Deshalb bist du nun herzlich zum Saubermachen aufgefordert. Aber ehrlich gesagt glaube ich kaum, dass es einer von uns war. Ich vermute eher, dass die Clinton-Administration dahinter steckt. Was denken die anderen?

Wir sollten uns per E-Mail darüber unterhalten, dann brauchen wir nicht miteinander zu reden.

Weatherboy

Absender: Jerri Nielsen<cyprus/nielsenje>
Empfänger: #Winter
Datum: 6. Juni 1999 08:31:42 +1200
Betreff: Übergeben

Liebe Brüder und Schwestern am Pol,
wem es so übel ist, dass er sogar die Schüssel verfehlt, der sollte einen Besuch im Biomed in Erwägung ziehen. Mir ist egal, weshalb jemand das leckere Essen von gestern wieder hergeben musste. Ob eine Erkrankung dahinter steckt oder zu viel Alkohol, ist mir einerlei. Ich bin nicht hier, um zu richten, sondern um zu helfen. Das Badezimmer im Biomed ist unmittelbar neben dem Bett, und eine Schüssel steht auch bereit, falls es jemand nicht bis ins Bad schafft.

Merkt euch für die Zukunft: Kotzen ist mein Geschäft! Dar beobachtet das Wetter, ich bin fürs Spucken zuständig.

Herzlich, Doc

Eine Woche zuvor hatte ich eine E-Mail von Norman Wolfe erhalten, dem Manager des Gesundheitswesens, der mich damals für den Job angeworben hatte. Jetzt bat er mich um eine Stellungnahme zur seelischen Verfassung des Personals auf der Station. »Ich weiß, dass Sie sowohl formell als auch informell immer wieder Rat erteilt haben, und ich vermute, er ist gut aufgenommen worden«, schrieb er. »Bald ist Sonnenwende – ein schwieriger Tag, der möglicherweise für viele nicht leicht zu bewältigen ist.« Er wollte keine Namen wissen, sie sollten auf jeden Fall vertraulich bleiben. Er wollte von mir nur eine »allgemeine Einschätzung der Stimmung in der Gemeinschaft«. Ich antwortete ihm unverzüglich und machte ein paar Vorschläge.

Absender: Jerri Nielsen<nielsenje@spole.gov>
Empfänger: wolfeno@asa.org
Datum: 7. Juni 1999 08:34:11 –0600
Betreff: Re: Stimmung auf der Station

Lieber Norman,
die Verfassung der Mannschaft ist ausgezeichnet. Ich habe viele Beratungen durchgeführt und eine Menge Konfliktarbeit geleistet. Ich glaube an Präventivmaßnahmen. Niemand befindet sich in ernsten Schwierigkeiten. Ich halte nichts von Medikation, solange sich mit einem gewissen Aufwand an Zeit und Energie weitaus bessere Erfolge erzielen lassen.
Ich möchte zwei Vorschläge zur Gesundheitsvorsorge am Pol machen:
1. Einführung der Fünf-Tage-Arbeitswoche. Meine Sorge gilt einer nicht geringen Zahl von Leuten, die von der sechstägigen Arbeitswoche über ein ganzes Jahr hinweg so erschöpft sind, dass sie in ihrer Freizeit nur noch schlafen und lesen. Wenn ein Mensch nur einen freien Tag pro Woche hat, fehlt ihm die Muße, sich an kreativen Unternehmungen zu beteiligen. Stattdessen schlagen sie die Zeit mit hirnlosen Beschäftigungen wie Alkoholtrinken tot und sehen ohne Ende schlechte Filme, was Langeweile und Depressionen nach sich ziehen kann.

2. Mehr Freizeitbeschäftigungen ohne Alkohol. Ich weiß, wie schwierig das hier ist. Wir müssen intensiver über neue Arten der Freizeitgestaltung auf begrenztem Raum nachdenken.
Herzliche Grüße vom Pol,
Jerri Lin

Norm war nicht der Einzige, der sich über die seelische Verfassung der Polmannschaft Gedanken machte. Auch meine Mutter hatte mich erst vor kurzem gebeten, ihr meine Gefühle zu schildern, da nun der Winter eingesetzt hatte. Ich schickte ihr folgende Antwort:

Absender: Jerri Nielsen<nielsenje@spole.gov>
Empfänger: #Familie und Freunde
Datum: 7. Juni 1999
Betreff: Aus dem Eis

Mom fragte: »Was sind deine derzeitigen Gefühle?«
Ich muss sagen, nachdem ich nun schon eine ganze Weile am Pol lebe, kann mich wahrscheinlich nichts mehr erschrecken, nicht einmal die Aussicht zu sterben. Das ist ein Teil dessen, was dieser Ort in einem bewirkt. Nach einem Aufenthalt am Pol ist nichts mehr wirklich von Bedeutung. Wer in diesen Zustand gerät, den wir »of the Ice« nennen, kann sich ein Leben woanders nicht mehr vorstellen. Es heißt, das erste Mal kommst du aus Abenteuerlust, das zweite Mal des Geldes wegen, das dritte Mal, weil du dich anderswo nicht mehr wohl fühlst. Ich befinde mich bereits im dritten Stadium.
Was hier zählt, ist das, was wirklich wichtig ist. Ich habe wundervolle Dinge geschenkt bekommen: einen alten, vertrockneten Apfel, ein Glas Erdnussbutter, einen handgemachten Korkenzieher für meine Partys. Ein Freund hat mich sogar damit überrascht, dass er meine Leselampe am Tisch festgenagelt hat, weil sie ständig

umfiel. Zeit, die man dem anderen schenkt, indem man ihm zuhört oder ihm hilft, ist sehr wichtig und wird so geschätzt, wie es sich gehört. Die Menschen werden geliebt für das, was sie geben und beitragen – ihre Würde, ihre Liebe, ihre Hilfsbereitschaft. Ganz im Gegensatz zu der Welt, aus der ich gekommen bin, in der man Ansehen erwirbt, weil man sich unter Qualen dünn hungert und dieser ganze Quatsch.

Was mir hilft, diese Gefühle zu ertragen, sind meine wunderbare, mir tief verbundene Familie und meine guten Freunde, zu denen ich zurückkehren werde. Aber reicht das, um Verkehrsstaus und das grässliche, oberflächliche Leben in den Staaten auszuhalten? Wie soll ich eine Medizin vertreten, die sich das Motto »Patienten zügig durchschleusen« auf die Fahnen geschrieben hat? Das bereitete mir schon immer ernsthafte Probleme und steht in keinem Vergleich zu der persönlichen, gegenseitigen und geradezu liebevollen Beziehung zu den Menschen, die ich behandle.

Ich frage mich, wie ich es jemals schaffen soll, von hier fortzugehen. Man wird mich dazu zwingen müssen. Ein Arzt oder eine Ärztin kann nicht für die Dauer von zwei aufeinander folgenden Vertragszeiten am Pol arbeiten. Wohin wird es mich verschlagen? Wie soll ich mich jemals wieder irgendwo einfügen? Ich weiß jetzt ganz sicher, dass es mir unmöglich sein wird. Vielleicht finde ich andere Polies, die mit mir zusammenwohnen wollen. Vielleicht kann ich mich dem Friedenskorps anschließen, wie viele andere von uns auch. Es gibt Polies, die hören auf zu arbeiten, gehen auf Reisen und warten darauf, dass das Eis sie wieder aufnimmt. Das Eis – das sie verschlingt, trägt und tröstet. Das ist Heimat. Mir ist, als hätte ich nie etwas anderes gekannt.

Jetzt wisst ihr, was ich heute Abend wirklich fühle.
Liebe Grüße aus dem Eis,
Doc

Das war nicht die Antwort, die Mom sich erhofft hatte. Sie hatte sich gewünscht, dass ich als stärkerer Mensch, aber im Wesentlichen unverändert nach Hause zurückkehrte. Ich dagegen bemühte mich, ihr, meinen Freunden und der restlichen Familie verständlich zu machen, dass sich ein grundlegender Wandel in mir vollzogen hatte. Seefahrer, die unzählige Male die Meere überqueren, nennen das Phänomen »Meer-Verwandlung«. Der Zustand stellt sich etliche Tage nach Reisebeginn ein, wenn das Festland nicht mehr zu sehen ist und sich die Seekrankheit legt. Das Maß Zeit gibt es nicht mehr, alles verliert an Bedeutung mit Ausnahme des Wegs, dem du folgst, des Himmels und des sanft schaukelnden Wassers. Nicht jeder gerät in diesen Zustand. Wer eine solche Wandlung erfährt, ist bis an sein Lebensende davon geprägt, als wäre er in einem anderen Element wiedergeboren. Dieser Begriff geht vermutlich auf Shakespeare zurück, der ihn in einer Szene seiner Komödie *Der Sturm* metaphorisch beschrieben hat: Der Luftgeist Ariel erzählt, wie das Meer den Leichnam des ertrunkenen Königs verwandelte und seine Gebeine zu Korallen, seine Augen zu Perlen wurden.

> Nichts an ihm, das soll verfallen,
> Das nicht wandelt Meeres-Hut
> In ein reich und seltnes Gut

Wie der Seefahrer durch das Meer, wurde ich durch das Eis verwandelt. Ich erhielt viele Antworten auf meinen Brief, da Big John ihn auf seinen persönlichen Verteiler gesetzt hatte. Sein Vater – von Beruf Förster in Oregon und Kalifornien – schrieb zurück, dass er wohl verstände, was ich damit meinte, weil er »von den Sierras verwandelt« worden sei. Ein Vietnamveteran erklärte, er könne das gut nachempfinden, denn er habe die Hitze und das Leben in der Abgeschiedenheit der Wüste Arizonas lieben gelernt. Wahrscheinlich ist jeder dafür empfänglich, dessen Herz sich einer Landschaft verschrieben hat. Man könnte es direkt eine Liebesbeziehung zu einer Landschaft nennen. Aber von allen Flecken dieser Erde ist die Antarktis der anspruchsvollste Liebhaber. Die Forscher der ersten

Stunde kehrten wieder und wieder zurück, bis ihnen die Antarktis das Leben nahm. Scott erfror im Eis; Shackleton, der sich trotz aller Niederlagen erneut auf den Weg machte, diesmal in den Süden, starb Jahre später an einem Herzinfarkt. Letzten Endes war nur eines für ihn von Bedeutung: das Eis. Für die Welt war er verloren.

Einige Leute hatten bereits achtzig, neunzig Monate in der Antarktis verbracht. Sie waren ihr auf immer verfallen. Selbst unter unseren Debütanten gab es welche, die diesen Zustand sehr schnell erreichten. Comms Tom war einer von ihnen. Er hatte bereits fünfundsiebzig Länder bereist und auf fünf Kontinenten gearbeitet. Als er eines Abends mit Big John in der Bar saß, sagte er: »Big, ich habe Angst.«

»Wovor?«

»Mann, ich weiß nicht, was danach kommt. Das hier ist das größte Abenteuer meines Lebens.«

Wir alle fragten uns, ob wir wie Scott und Shackleton aus einem inneren Zwang heraus immer wieder zurückkehren müssten, um von neuem die Faszination und die Verzückung zu erleben, die uns bei unserem ersten Aufenthalt im Eis gefangen genommen hatte.

Es war wohl die größte Ironie in meinem Leben, dass ich mich in jenem Augenblick so lebendig wie nie zuvor fühlte, aber der Tod wie ein Damoklesschwert über mir hing.

Die Verhärtung, die ich Anfang März in der Brust ertastet hatte, hatte sich entgegen meinen Hoffnungen nicht zurückgebildet. Im Gegenteil, jetzt spürte ich auch noch eine schmerzhafte Schwellung unter dem rechten Arm. Obwohl ich nach wie vor noch die Hoffnung hatte, dass den Symptomen eine andere Ursache zugrunde lag, sagten mir meine medizinische Ausbildung und meine persönliche Erfahrung, dass es Brustkrebs war. Eine Zeit lang dachte ich, ich könnte einfach mit meinem Geheimnis leben, bis ich schließlich am Pol oder kurz nach meiner Abreise sterben würde, aber da nun offenbar auch die Lymphknoten in der Achselhöhle betroffen waren, bestand die Gefahr, dass ich zu krank würde, um meine Aufgaben als Ärztin der Station zu erfüllen.

Es war an der Zeit, meine Arbeitgeber über meine Situation zu unterrichten. Mike Masterman, mein unmittelbarer Boss, war der Erste, dem ich mich anvertraute. Ich hoffte, er würde einige Polies von ihren regulären Aufgaben befreien, damit sie ein spezielles medizinisches Training absolvieren konnten. Es war nicht auszuschließen, dass gerade dann ein Leben in Gefahr geriet, wenn ich ausfiel. Dass es vielleicht sogar mein eigenes sein konnte, hatte ich nie in Betracht gezogen. Wir hatten schließlich alle die möglichen Risiken unserer Mission akzeptiert und begriffen. Es gab kein Zurück. Als Ärztin wusste ich besser als andere, dass wir nur auf unsere eigenen dürftigen Ressourcen zurückgreifen konnten, sollte es zu ernsthaften Erkrankungen kommen. Es gab keine Möglichkeit, einen Patienten an einen anderen Ort zu transportieren oder zusätzliche Medikamente oder Geräte heranzuschaffen. Ich bat nicht um Hilfe für mich, sondern um die Erlaubnis, meine Leute darauf vorzubereiten, dass sie auch ohne mich überleben könnten.

Als ich an Mikes Tür klopfte, saß er gerade am Computer.

»Michael, ich muss mit dir reden«, sagte ich.

»Nur zu.« Er speicherte das Geschriebene ab und schob seinen Stuhl an mich heran, bis wir uns gegenübersaßen.

»Ich habe den Crashkurs für meine Sanitäter nicht ohne Grund abgehalten. Ich finde, wir sollten das Training sogar noch intensivieren. Pakman beherrscht den Umgang mit dem Röntgenapparat, wenn er funktioniert. Außerdem gibt es etliche Leute, die sehr gut Wunden nähen können. Du hast bei der Behandlung von Augenverletzungen oft genug zugesehen und weißt, was bei Fremdkörpern im Auge zu tun ist. Ich möchte in dieser Woche gern ein Team zusammenstellen, das gegebenenfalls die medizinische Versorgung übernehmen kann.«

Mittlerweile wusste fast jeder Polie die Worte eines andern zu deuten, auch Mike. Ich merkte es an der Art, wie er plötzlich seine Managermaske fallen ließ und sich zu mir beugte. Sein konservatives Chefgehabe verschwand, und er war wieder mein guter Freund. Bis zu diesem Gespräch hatte ich ungeheuer viel Kraft aufgewandt, um meine Show durchzuziehen, damit niemand dahinter kam, wie es mir in Wirklichkeit ging. Jetzt empfand ich es als ungeheure Erleichterung, meine Erschöpfung einzugestehen.

»Mike, ich habe einen großen Knoten in der Brust. Es könnte Krebs sein. Ich habe die Verhärtung zum ersten Mal im März gefühlt, dir aber nichts davon gesagt, weil wir ohnehin nichts hätten tun können. Aber jetzt habe ich einen weiteren Knoten unterm Arm, und ich befürchte das Schlimmste. Ich könnte sterben, ehe die Station wieder geöffnet wird, oder ich werde vielleicht zu krank, um meine Aufgaben zu erfüllen.« Mike unterbrach mich nicht. »Ich möchte mir gern ein paar Leute aussuchen und sie anlernen. Die Leute vom Bau und die Techniker verfügen über das größte manuelle Geschick und das beste Urteilsvermögen. Aber die Einweisung ist so umfangreich, dass ich deine Hilfe brauche, weil die Leute dafür von ihren regulären Aufgaben entbunden werden müssten.«

»Jerri, wir könnten den Tumor doch herausschneiden«, sagte Mike, jetzt wieder ganz der Manager. »Das muss doch machbar sein. Hast du schon mit Denver Kontakt aufgenommen?«

»Nein, Mike. Du kennst doch meinen Standpunkt. Wir sollten zunächst einmal klären, wie weit unsere Möglichkeiten am Pol reichen.«

Es gab eine Maxime: Was im Eis passiert, soll im Eis in Ordnung gebracht werden. Aber dieser Fall lag anders.

»Ich bin der Meinung, du solltest dich mit Dr. Katz in Verbindung setzen«, schlug Mike vor. »Ich kümmere mich um die anderen Dinge. Wir werden doch wohl eine Lösung finden. So einfach lasse ich dich nicht sterben, Doc.«

An jenem Donnerstag, dem 10. Juni, schrieb ich an Gerry Katz, den für die Krankenstationen der Antarktis zuständigen Arzt in Denver.

Absender: Jerri Nielsen<nielsenje@spole.gov>
Empfänger: alpha.wolf@largo.com
Datum: 10. Juni 1999 04:34:30 +1200
Betreff: Persönliches medizinisches Problem

Lieber Gerry Katz,

ich habe ein großes Problem und brauche Ihren Rat. Es ist eine medizinische Angelegenheit und daher vertraulich.

Einen Monat nach Schließung der Station spürte ich in meiner Brust eine Verhärtung. Damals war es ein Knoten in der Größe einer Murmel im rechten oberen Quadranten der rechten Brust. Ich hatte gehofft, es wäre eine Zyste und würde wieder verschwinden, aber dem war nicht so. Der Knoten ist seitdem ständig gewachsen. Während der ersten zwei Monate hat sich darunter eine weitere Verhärtung gebildet, die jetzt vier mal fünf Zentimeter misst. Der Knoten selbst ist unverändert, verhältnismäßig unbeweglich, nicht klar abgegrenzt und zieht sich bis zur Brustwarze. Er ist allem Anschein nach in den vergangenen Monaten nicht gewachsen. Mittlerweile spüre ich auch in meiner rechten Achselhöhle etwas in der Art eines weichen Knotens. Außerdem tut mir der Arm weh. Ich hatte gehofft, der Schmerz würde wieder vergehen, aber das ist nicht der Fall. Abgesehen davon sind keine Hautveränderungen erkennbar, und auch die Brustwarze sondert keine Flüssigkeit ab. Ich habe auf der Station noch nichts darüber verlauten lassen, sondern mich nur einem meiner engsten Freunde anvertraut.

Bis auf die Großmutter meiner Mutter ist niemand in meiner Familie an Brustkrebs gestorben, und es hat auch sonst keine Krebserkrankung im Verwandtenkreis gegeben. Bei meiner Mutter sind viele Biopsien wegen fibrozystischer Brusterkrankungen durchgeführt worden, deren Befunde aber alle negativ ausfielen. Auch ich habe schon immer sehr zystische Brüste gehabt, was aber immer mit dem Zyklus zusammenhing. Auch das ist jetzt anders. Die Periode hat keinen Einfluss auf die Verhärtung. Ich bin siebenundvierzig Jahre alt, und nichts deutet auf die Menopause hin. Sowohl meine Mutter als auch meine anderen weiblichen Verwandten sind erst Mitte fünfzig in die Wechseljahre gekommen. Ich frage Sie nun ganz offen: Sie kennen das Eis. Soll ich

weitere fünf Monate damit leben oder mich selbst operieren und den Knoten entfernen?
Mit herzlichen Grüßen, Jerri

Noch in derselben Woche schrieb ich an Will Silva und Hugh
Cowan, den Arzt der McMurdo-Station, der früher einmal am
Pol Dienst getan hatte, und bat sie um Rat. Will Silva äußer-
te in seiner Antwort die Hoffnung, es handle sich vielleicht
um eine Entzündung, und empfahl ein hoch dosiertes Anti-
biotikum und die temporäre Einnahme von Prednison, einem
entzündungshemmenden Mittel, ehe ich das Skalpell zückte.
Auch Hugh Cowan riet von einer Operation ab. Wenn man
vom schlimmsten Fall ausging – Brustkrebs einschließlich Be-
fall der Lymphknoten –, könnte mit einer einhändigen Operation am eigenen Körper keinesfalls das gesamte betroffene
Gewebe entfernt werden. Darüber hinaus wiesen mich beide
Ärzte auf die Gefahr einer postoperativen Infektion hin, mit
der sehr häufig zu rechnen sei. Beide empfahlen eine Nadel-
aspiration des Gewebes. Wäre die entnommene Flüssigkeit
klar, stünden die Chancen gut, dass es sich um eine gutartige
Geschwulst handelte.

Gerry Katz setzte sich mit einem Chirurgen in Verbindung,
der mir die Durchführung einer Aspiration erläutern sollte.
Nebenbei arbeitete er hinter den Kulissen, unterrichtete die
Verantwortlichen der ASA in Denver und der NSF in Washington und hoffte, mir bald Näheres über das weitere Vorgehen
mitteilen zu können.

Da ich verhindern wollte, dass jemand von der Wintermannschaft gerüchteweise von meinem Zustand erfuhr,
schrieb ich noch am selben Tag an Gerry Katz, dass ich die
gesamte Mannschaft über meine Erkrankung in Kenntnis setzen würde. Natürlich würde ich ihnen so heiter und optimistisch gegenübertreten wie irgend möglich, denn sie mussten
sich schließlich der beängstigenden Tatsache stellen, dass die
einzige Ärztin der Station womöglich ernsthaft krank war und
vielleicht nicht mehr in der Lage sein würde, sich den Rest
des Winters um sie zu kümmern. Erst hörten sie alle schwei-

gend zu, dann brachte jeder sein Sachwissen ein und bot Lösungen an, auf die ich selbst möglicherweise gar nicht gekommen wäre.

Floyd Washingtons Idee gefiel mir am besten. Er schlug vor, die Regierung solle ein Flugzeug über den Pol schicken, das mich mit Hilfe einer Vorrichtung aufnahm. Er hatte so etwas schon einmal in einem Kinofilm gesehen und war überzeugt, diese Vorrichtung für mich bauen zu können. Es war bestimmt kein Scherz von ihm, denn wir wussten alle, dass Floyd alles zu Wege brachte und außerdem als ehemaliger Mariner derartige spektakuläre Rettungsmanöver nur allzu gut kannte.

Natürlich zogen wir die Idee nicht ernsthaft in Erwägung, aber sie klang zumindest nicht weniger gefährlich als eine eigenhändige Lumpektomie. Diese Möglichkeit wurde, wie ich hörte, in Denver und Washington ernsthaft diskutiert. Doch ehe die Entscheidung für einen derart schwerwiegenden Eingriff fiel, mussten wir wissen, ob es sich bei dem Knoten nicht doch um eine harmlose Zyste handelte.

Einige Tage später versuchten wir, Gewebeflüssigkeit aus dem Knoten zu ziehen. Am Samstag, dem 12. Juni, bat ich meinen Freund Pakman, den Rock 'n' Roll tanzenden Elektrotechniker, der im Sommer mit den Sanitätern einen Kurs absolviert hatte, mir bei der Aspiration zu assistieren. Zur lokalen Betäubung behalf ich mich mit einem Eiswürfel und ließ Pakham die Prozedur vornehmen, da der betroffene Bereich für mich schlecht erreichbar war. Die Anweisung lautete, eine relativ lange Nadel so tief in den oberen Teil meiner Brust einzuführen, bis sie auf den Knoten traf, und den Inhalt abzusaugen. Eine Zyste ist mit klarer Flüssigkeit gefüllt, ein bösartiger Tumor nicht. Bei jedem Einstich traf Pakman auf eine feste, knorpelige und unbewegliche Masse. Nach vier Versuchen gaben wir auf. Ich fragte mich, ob ich vielleicht Gewebeflüssigkeit hätte ziehen können, wenn ich es selbst versucht hätte. Pakman machte seine Sache zwar sehr gut, aber er war nun einmal kein Arzt oder ausgebildeter Krankenpfleger. Gleichzeitig war mir bewusst, dass ich mich wahrscheinlich an falsche Hoffnungen klammerte. Nach fünfundzwanzigjähriger medizinischer Tätigkeit hatte ich mit genügend krankhaften Veränderungen zu tun gehabt, um Krebs diagnostizieren zu können. Aber ich war keine Spezialistin auf diesem Gebiet, daher tasteten wir im Dunkeln, um zu einer Diagnose zu kommen. Ich teilte Gerry Katz das enttäuschende Ergebnis unserer Bemühungen mit. Der wiederum gab die Information an Eric Juergen und Harry Mahar, seine beiden Vorgesetzten bei der ASA und der NSF, weiter.

Absender: Gerald Katz <alpha.wolfe@largo.com>
Empfänger: hmahar@nsf.gov; juergeer@asa.org
Cc: nielsenje@spole.gov
Datum: 14. Juni 1999 07:53:28 –0700
Betreff: Medizinischer Fall

Lieber Harry, lieber Eric,
dies ist der neueste Stand der Dinge: Leider konnte selbst nach vier Versuchen keine Gewebeflüssigkeit entnommen werden, was darauf schließen lässt, dass es sich um eine harte Geschwulst handelt. Auch wenn die Diagnose auf ein gutartiges Fibroadenom lauten sollte, besteht Grund zu der Annahme, dass es sich um einen rasch fortschreitenden Brustkrebs handeln könnte.
Die Patientin ist dementsprechend beunruhigt und würde die Station gern so bald wie möglich verlassen. Sie weiß, dass das vor Ende Oktober kaum möglich sein wird. Brustkrebs lässt sich am Südpol so gut wie nicht behandeln. Im Normalfall wird zunächst eine Biopsie durchgeführt, der, im Fall eines positiven Befunds, eine Lumpektomie und/oder eine Mastektomie folgt. Die beiden letztgenannten Optionen überfordern die medizinischen Möglichkeiten am Südpol bei weitem, und es wäre heldenhaft und vermutlich zu riskant, wenn man in Betracht zieht, dass die Geschwulst auch gutartig sein könnte.
Folgende Schritte sind eingeleitet worden:
1. Die Patientin hat eine Therapie mit Antibiotika und entzündungshemmenden Wirkstoffen begonnen, falls es

sich doch um eine entzündliche/infektiöse Geschwulst
handeln sollte, was aber eher unwahrscheinlich ist.
2. Zur Unterstützung habe ich einen Onkologen hinzu-
gezogen.
3. Ferner habe ich einen Pathologen kontaktiert, um zu
erfahren, ob sich eine Gewebeprobe gegebenenfalls via
Internet begutachten lässt.
4. Wir müssen Möglichkeiten prüfen, auf welche Weise
für die Diagnose notwendiges Material und andere Hilfsmittel zu der Patientin gelangen können.
Augenblicklich sammeln wir Informationen. Zwar ist Eile geboten, aber wir haben es nicht mit einem medizinischen Notfall zu tun. Dennoch müssen wir einen Ak-
tionsplan entwickeln, falls die Geschwulst innerhalb der
kommenden Wochen bestehen bleibt.
Ich halte Sie auf dem Laufenden.
Gerry

Big John war der Einzige, den ich an meiner Sorge und Angst
teilhaben ließ. Nach der gescheiterten Aspiration war die Brust
geschwollen und schmerzempfindlich. Die Geschwulst lag
nun offenbar unmittelbar unter der Hautoberfläche, außerdem
schmerzte die Achselhöhle, was bedeuten konnte, dass sich in
den Lymphknoten Metastasen, also Tochtergeschwülste gebildet hatten. Es konnte aber ebenso gut auf eine Entzündung
oder Infektion verweisen. Big tat sein Bestes, um mich abzulenken. Er schleppte Filme und Bücher an. Samstagabend
spielten wir mit den Jungs Poker und amüsierten uns prächtig. Doch am Sonntagvormittag war ich mit meiner Kraft am
Ende.
    Ich war deprimiert und hätte den Tag am liebsten im Bett
verbracht. Schließlich brauchte ich Zeit, um mich an die Tatsache zu gewöhnen, dass ich wahrscheinlich Krebs hatte. Ich
musste mir über meine Gefühle klar werden und sie wieder
in den Griff bekommen. Immerhin war mir das mein ganzes
Leben lang gelungen. Aber man ließ mich nicht lange grübeln.
Big John schickte mir all die Menschen, die mir am nächsten

waren. Er selbst kam vorbei, Loree, Andy, Joel und Lisa richteten mich im Bett auf, kämmten mir die Haare und brachten mich in die Kantine zum Mittagessen. Ich durfte mit meinen Sorgen nicht allein gelassen werden. Vielleicht konnten sie es nicht ertragen, dass ich nicht mehr die fröhliche Jerri war. Insbesondere Lisa sah eine positive Einstellung als notwendig an, um zu genesen. Als ob der eigene Wille eine Krankheit beenden könnte. Ich widersprach ihr, da ich schon mit so vielen unheilbaren Erkrankungen konfrontiert worden war und es als unfair ansah, Druck auf einen Kranken auszuüben, indem man von ihm verlangte, für die Heilung »Verantwortung zu übernehmen«, wenn gar keine Heilung möglich war.

Je mehr Stunden und Tage verstrichen, desto unruhiger wurden die Polies, da die Antwort aus Denver und Washington auf sich warten ließ. Zwar nahmen sich die ASA und die NSF engagiert des Problems an, aber wir waren zu isoliert, als dass wir von ihren Bemühungen erfahren hätten. Darauf zielte auch eine meiner Klagen über die Führung der Südpolstation ab: Die Polies wurden im wahrsten Sinn des Wortes über die meisten sie betreffenden Entscheidungen im Dunkeln gelassen. Als ob die Bosse in den Staaten uns für zu labil oder unreif hielten, um die Wahrheit zu hören oder bei wichtigen Entscheidungen zu Rate gezogen zu werden. Im Rückblick erscheint es mir so, als wäre dieses patriarchalische, autoritäre Management ein Relikt aus der Zeit der Militärführung, deren Informationsverhalten sich darauf beschränkte, nur das weiterzugeben, »was zu wissen notwendig war«. Allem Anschein nach brauchten die Polies nicht zu wissen, was unternommen wurde, um ihrer Ärztin zu Hilfe zu kommen. Leider trug diese Haltung dazu bei, dass sich eine Atmosphäre des Misstrauens entwickelte.

Gerry Katz schrieb zum Beispiel in seiner E-Mail, mein Zustand sei kein »medizinischer Notfall«. War das so zu verstehen, dass Denver abwarten wollte und sich entschieden hatte, vorerst nichts zu tun? Aber solange man uns nicht informierte, wussten wir es nicht, und so geriet ich immer mehr in Sorge. Nachdem Denver noch immer keine Verbindung zwischen einem Brustkrebsspezialisten und mir hergestellt hatte, schrieb ich an meinen Freund Juergen und bat ihn eindringlich um Unterstützung. Ich benötigte Antworten, und zwar rasch.

Als ich am Montagabend meine E-Mails öffnete, sah ich, dass meine Gebete erhört worden waren:

Absender: Miller, Kathy D.
Empfänger: nielsenje@spole.gov
Datum: 14. Juni 1999 23:09:11 +1200
Betreff: Hilfe

Hallo Jerri,
ich bin klinische Onkologin an der Indiana University und Spezialistin für Brustkrebs. Ihr Freund Dr. Lehman [Juergen] hat sich wegen Ihres Gesundheitsproblems mit mir in Verbindung gesetzt. Natürlich habe ich Sorge, dass es ein Primärkarzinom sein könnte – und Sie bestimmt auch. Ich werde mich bei unserer Konferenz am Donnerstagmorgen mit dem Brustchirurgen und den Anästhesisten im Haus besprechen. Es wäre hilfreich, wenn ich bis dahin etwas mehr über Ihre momentane Situation und Lebensumstände wüsste.
1. Welche Ausbildung und welche praktische Erfahrung haben Sie? Wenn Sie über keine chirurgische Praxis verfügen, kommt ein operatives Vorgehen kaum in Betracht, fürchte ich.
2. Ist es absolut unmöglich, Sie von der Südpolstation auszufliegen, oder nur sehr schwierig? Mir ist bewusst, dass Sie zurzeit mitten im Polarwinter sind und die Station geschlossen ist. Da ich vor etwa drei Jahren anlässlich eines Besuchs in Christchurch die Stellenbeschreibung für den Mediziner am Pol vor Ort überprüft habe, bin ich ein wenig mit der Station vertraut.
3. Die Frage, ob Sie auf der Station Chemotherapeutika zur Verfügung haben, erübrigt sich wahrscheinlich, aber vielleicht ließe sich eine Hormonbehandlung in Erwägung ziehen. Bei Frauen Ihres Alters sind 45 Prozent der

Tumore östrogenabhängig, das heißt, sie sprechen möglicherweise auf eine Hormonbehandlung an.

Von der Idee einer Teilresektion vor Ort bin ich offen gestanden nicht begeistert. Dabei macht mir weniger Sorgen, dass ein auf der Station vorgenommener chirurgischer Eingriff die Ausbreitung der Krebszellen begünstigen könnte, als vielmehr die Gefahr postoperativer Komplikationen. Sofern wir keine Mastektomie mit gleichzeitiger Entfernung der Axillarlymphknoten durchführen können, bezweifle ich auch, dass ein chirurgischer Eingriff viel nützen würde (mit anderen Worten, es ist nichts gewonnen, wenn der Tumor nur zum Teil entfernt wird).

Sie beschreiben einen großen, aggressiven Tumor, den wir nicht sofort entfernen würden, wenn ich Sie als Patientin in meiner Klinik hätte. Wenn die Diagnose durch eine Nadelbiopsie bestätigt ist, würden wir unmittelbar mit einer Chemotherapie beginnen, damit der Tumor vor dem chirurgischen Eingriff kleiner wird. Ich mache mir Sorgen wegen Ihrer Schmerzen im Arm und der Lymphknotenschwellung in der Achselhöhle. Das könnte noch vor Einsetzen des Frühlings das größere Problem werden.

Lassen Sie bald von sich hören. Ich werde so schnell wie möglich mit meinem Chirurgen sprechen.

Kathy Miller

Absender: Jerri Nielsen <nielsenje@spole.gov>
Empfänger: Miller, Kathy D.
Datum: 15. Juni 1999 2:20
Betreff: Re: Hilfe

Liebe Kathy,
vielen Dank für Ihren freundlichen Brief und Ihre Hilfe! Sie können sich bestimmt vorstellen, mit welchen logistischen Problemen wir hier zu kämpfen haben.
Zu Ihren Fragen:

1. Ich war als Ärztin in der Notaufnahme eines Krankenhauses in einer Großstadt tätig, habe zwei Jahre klinische Ausbildung als praktische Ärztin und anschlie-
ßende Assistenzzeit in einer Notfallambulanz absolviert.
Da ich an einem Lehrkrankenhaus mit OP-Teams gear-
beit habe, betreute ich die Patienten nicht selbst. In der
Ausbildung habe ich jedoch alles gelernt. Ich war bereits
auf mehreren Intensivstationen tätig, wo ich alles gemacht habe.

Ich habe Kurse in Neurochirurgie, Thoraxchirurgie und
plastischer Chirurgie gemacht, in Orthopädie, allgemeiner Chirurgie (das war zu der Zeit, als ein Chirurg noch
alles gemacht hat), Gynäkologie und Geburtshilfe, am-
bulanter Chirurgie, Hals-, Nasen-, Ohren- und Augen-
heilkunde. Ich bin sicher keine Chirurgin, aber Chirurgie war immer mein Lieblingsfach. In den siebziger
Jahren, als ich Medizin studierte, gab es noch keine weiblichen Chirurgen.

Ich traue mir zu, an mir selbst eine Blinddarmoperation
durchzuführen, wenn es mein Leben retten würde. Eine Teilresektion einer möglicherweise gutartigen Geschwulst sollte ich hier am Südpol lieber nicht versuchen, denke ich. Es gibt hier kein medizinisches Personal,
das mir zur Seite stehen könnte. Ich habe ein paar Leuten gezeigt, wie man Infusionen legt und Wunden näht.
Es hat fünf Versuche und zwei Stunden gebraucht, bis
zwei von ihnen mir eine Infusion mit Antibiotika geben
konnten.

Meine Krankenstation besteht aus einer Einzimmer-Not-
fallambulanz mit einer Tür, die sich ins Freie öffnet. Der
Großteil unserer Ausstattung ist von der Navy vor vielen Jahren hier zurückgelassen worden. Wir verfügen
über eine gut ausgestattete Apotheke, einen Autoklav
und ein kleines Labor. Ich mache meine Blutuntersuchungen per Hand. Zur Hämatokritbestimmung zentri-
fugiere ich das Blut in einem Kapillarröhrchen und lese
dann den Wert auf einer Scheibe ab, die wie ein alter
Rechenschieber aussieht. Das nur, damit Sie eine Vor-

stellung haben. Ich dachte, dieser kleine Exkurs könnte für Sie als Hämatologin von historischem Interesse sein, und Sie erkennen daran das Niveau meiner Ausstattung im Vergleich zu der einer Fachklinik. Das Militär hat uns auch ein paar größere medizinische Geräte hinterlassen, unter anderem einen Defibrillator mit Monitor und einen Aspirator. Der Koagulator funktioniert überhaupt nicht, das Röntgengerät selten (vermutlich ist die Röhre durchgebrannt).

Wir haben die Möglichkeit, eine Videokamera an ein Mikroskop anzuschließen und könnten somit Fotos von Gewebeproben senden. (Allerdings stehen uns freie Satellitenleitungen für E-Mail und Telefon nur wenige Stunden mitten in der Nacht zur Verfügung.) Ich kann an Ausstrichen auch eine Färbung nach Wright und nach Gram durchführen. Außerdem habe ich Röhrchen für Stuhlproben mit einer mir unbekannten Flüssigkeit darin, die ebenfalls aus Beständen der Navy stammen.

2. Medizinisches Material für mich abzuwerfen wäre eventuell eine Möglichkeit. Solche Abwurfaktionen wurden schon in früheren Jahren durchgeführt. Wenn ich einen Wunsch frei hätte, dann wollte ich, dass man einen Chirurgen für mich abwirft. Aber hier gibt es ein paar Machos, die darauf bestehen, mit allem selbst fertig zu werden. Wenn es längere Zeit sehr warm wäre, könnte man mich vielleicht ausfliegen. Das dürfte aber frühestens Mitte Oktober der Fall sein, meinen die Leute hier. Flugzeugkraftstoff wird bei den derzeit herrschenden Temperaturen nämlich zu Gelee. (Heute hatten wir minus 70 Grad Celsius.)

3. Ich habe Methotrexat und zur Hormonbehandlung nur Premarin, Provera und Antibabypillen, bei denen das Verfallsdatum schon einige Zeit überschritten ist. Sollte eine Abwurfaktion stattfinden, kann man mich sicher mit allem versorgen, was ich brauche. Ich halte es aber nicht für klug, ohne Diagnose mit einer Chemotherapie zu beginnen.

Im Moment kann ich keine Knoten in der Achselhöhle

feststellen, nur einen druckempfindlichen Punkt (aber das könnte auf einen entzündlichen Prozess an gutartigem Gewebe zurückzuführen sein).
Vielen, vielen Dank für Ihre kompetente Hilfe!
Herzliche Grüße, Jerri

Kathy schrieb sofort zurück. Auch sie hielt es nicht für sinnvoll zu versuchen, den Knoten operativ zu entfernen oder mit einer Chemotherapie zu beginnen, solange keine gesicherte Krebsdiagnose vorlag. Sie wollte prüfen, ob es möglich wäre, eine Biopsie zu machen und ihr die Bilder per Video-Mikroskop zu schicken. Sollte tatsächlich eine Abwurfaktion durchgeführt werden, wollte sie mir Medikamente mitschicken, die die Östrogenproduktion zum Erliegen brächten. Wie Kathy schrieb, waren 40 bis 50 Prozent der Brusttumore bei Frauen meines Alters östrogenabhängig, das bedeutete, dass ihr Wachstum durch Östrogen gefördert wurde. Zwar konnte eine Hormontherapie eine Ausbreitung des Krebses verhindern, sie würde jedoch auch eine vorzeitige Menopause auslösen. Durch den plötzlichen Abfall des Östrogenspiegels würde ich mit Beschwerden wie Hitzewallungen, Libidoverlust, trockener Haut und Stimmungsschwankungen rechnen müssen, die manchmal auch bei einer natürlichen Menopause auftreten. Nur stärker.
Mit diesen erfreulichen Gedanken im Kopf setzte ich mich an den Computer, um meiner Familie und meinen Freunden die schlimme Nachricht mitzuteilen. Ich hatte absichtlich nichts über meinen Zustand verlauten lassen, bis es sich nicht mehr umgehen ließ, da ich wusste, dass sie sich große Sorgen machen würden. Gleichzeitig hatte Big John an seinen Kongressabgeordneten und an die beiden kalifornischen Senatoren geschrieben und um Unterstützung für die Abwurfaktion mit medizinischem Material und die Entsendung eines Chirurgen zum Südpol gebeten. In seinem umfangreichen E-Mail-Verteiler forderte er alle Leute auf, ebenfalls an sie zu schreiben.
Da nun alle möglichen Kongressmitarbeiter erfuhren, dass

eine »Frau mit einem Knoten in der Brust« am Südpol festsaß, musste ich davon ausgehen, dass die Presse sehr bald darüber berichten würde, und ich wollte auf jeden Fall meine Familie als Erste informieren.

Absender: Jerri Nielsen<nielsenje@spole.gov>
Empfänger: #Familie und Freunde
Datum: 15. Juni 1999
Betreff: Ernstes medizinisches Problem am Pol

Liebe Familie, liebe Freunde,
ich habe eine schlechte Nachricht für euch. Da ihr ohnehin nichts hättet tun können, habe ich es immer wieder hinausgeschoben, euch davon zu berichten. Aber inzwischen sind Kongressabgeordnete und Senatoren, die Air National Guard und wer weiß, wer sonst noch alles eingeschaltet, deshalb sollt ihr jetzt Bescheid wissen, ehe ihr es aus der Zeitung erfahrt.
Nachdem die Station geschlossen worden war, habe ich einen Knoten in meiner rechten Brust entdeckt. Zuerst war er ziemlich klein und fühlte sich an wie andere Veränderungen im Brustgewebe, wie sie bei mir seit vielen Jahren immer wieder auftreten. Nach drei Monaten war er jedoch wesentlich größer geworden. Inzwischen misst er vier mal fünf Zentimeter oder sogar mehr und ist schwer abzugrenzen. Zu diesem Zeitpunkt habe ich Mike Masterman informiert. Wir haben uns überlegt, welche Möglichkeiten es hier am Pol für eine genaue Diagnose und Behandlung gibt. Die zuständigen Leute sagen, dass es nicht machbar ist, mich auszufliegen. Dieses Risiko haben wir alle in Kauf genommen, als wir uns für den Einsatz am Pol verpflichtet haben, das ist mir bewusst. Nur trifft es mich als Doc härter, denn außer mir gibt es hier niemanden, der sich mit medizinischen Dingen auskennt.
Mehrere Infusionen mit Antibiotika haben keine Wirkung gezeigt. Diese Woche haben wir es mit einer Na-

delaspiration versucht, aber es kam auch beim vierten Versuch keine Flüssigkeit. Zwar könnte der Knoten gutartig sein, aber wir müssen uns trotzdem auf das Schlimmste gefasst machen. Ich habe über Juergen Lehman Kontakt zu ein paar hervorragenden Ärzten in Ohio und Indiana bekommen, die einen Therapieplan entwickelt haben. Wenn alles läuft wie vorgesehen, werde ich morgen um Mitternacht per Video-Satellitenverbindung direkt mit Denver reden und die weiteren Schritte besprechen können. Offenbar neigen die Ärzte zu der Auffassung, dass ich mich selbst operieren soll. Ich habe niemanden, der mir assistieren könnte, da keiner auch nur annähernd über die nötige Ausbildung verfügt, um eine Operation durchzuführen. Außerdem fehlt uns die entsprechende Ausrüstung, und soweit ich etwas davon verstehe, ist es keine gute Idee, einen Eingriff unter diesen Umständen durchzuführen. Aber vielleicht bleibt mir keine andere Wahl.

Ferner diskutieren die Verantwortlichen darüber, ob nicht eine Militärmaschine alle notwendigen Geräte und Medikamente abwerfen könnte. Solche Abwurfaktionen sind bis vor wenigen Jahren als Teil der militärischen Ausbildung und zur Versorgung der Station mit Lebensmitteln auch im Winter gemacht worden, und es gibt Leute auf der Station, die solche Aktionen miterlebt haben und wissen, wie man sie vorbereitet.

Heute ist Big John zum Schrottplatz gegangen und hat mit den Maschinen geredet, um sie geistig auf die Anforderungen vorzubereiten, die eine Abwurfaktion mit sich bringt. Er ist überzeugt, dass ihm die Fahrzeuge zuhören. (Soweit ich das beurteilen kann, tun sie es wirklich.) Wie ihr euch vorstellen könnt, bemühen sich hier alle nach Kräften, mich zu unterstützen und mir zu helfen.

Viele Leute meinen, und dazu gehöre auch ich, dass es am besten wäre, wenn man einen Militärarzt und einen Sanitäter herfliegen könnte, die mit dem Fallschirm über der Station abspringen. Genau darum habe ich die National Science Foundation heute gebeten, aber ich fürchte, die Chancen stehen schlecht.

Der Alternativplan sieht so aus, dass wir eine Biopsie machen und Ausstriche anfertigen, die wir dann via Computer an einen Pathologen senden. Lisa arbeitet schon die ganze Woche an den technischen Details und kann die Proben nun mit Hilfe eines Mikroskops hundertfach vergrößert übermitteln. Sie hat in den USA ein Fibroskop beschafft, durch das man hindurchschauen und gleichzeitig Gewebe entnehmen kann, und eine Videokamera-Ausrüstung, damit die Spezialisten unmittelbar dabei sein und uns Anweisungen geben können, falls wir etwas nicht richtig machen. Sie ist wirklich Spitze! Anhand der Bilder auf dem Monitor werden sie dann entscheiden, welche Medikamente sie mir schicken. Mehr, aber nicht viel mehr, werde ich übermorgen wissen.

So weit mein Lagebericht. Ich habe Angst. Aber ich möchte dieses Leben hier an meinem geliebten Südpol um nichts in der Welt missen. Wenn es mir miserabel geht, ich aber trotzdem jeden Tag meine Arbeit tun muss, betrachte ich die Bilder der beiden Männer an der Wand, die mir in den letzten Monaten noch mehr zu Kollegen geworden sind. Dr. Frederick Cook, der erste Arzt, der in der Antarktis überwinterte, und Dr. Edward Wilson, der erste Arzt am Südpol, der mit seinem besten Freund Scott im Zelt erfroren ist. Diese Männer sind lange vor mir hier gewesen. Ihre Biografie hat mir deutlich gemacht, dass sie wirklich gelebt haben. Je länger ich hier bin und erkenne, was Leben eigentlich bedeutet, umso mehr begreife ich, dass es nicht darum geht, wann und wie man stirbt, sondern wie und ob man überhaupt jemals wirklich gelebt hat.

Ich umarme euch. Sobald ich etwas Neues weiß, lasse ich von mir hören.

Wilson

Ich machte mir Sorgen, wie meine Familie reagieren würde. Mom beteuerte, sie habe es sehr gefasst aufgenommen. Sie zog es vor zu glauben, dass der Knoten gutartig sei. Und wenn nicht, schrieb sie, vertraue sie darauf, dass »du sehr stark und klug bist und weißt, was zu tun ist«.

Bis jetzt hatte ich die E-Mail-Adresse meiner Kinder im Verteiler »Familie und Freunde« gehabt, aber nun löschte ich sie. Ich ging davon aus, dass mein Exmann ihnen alle Briefe, die ich an sie geschrieben hatte, zu lesen gab, aber sie sollten nicht per E-Mail erfahren, dass ihre Mutter möglicherweise Krebs hatte. Deshalb bat ich meine Mutter, sie anzurufen und es ihnen persönlich zu sagen. Da jedoch niemand ans Telefon ging, als sie anrief, hinterließ sie eine Nachricht auf dem Anrufbeantworter. Es kam kein Rückruf. Wenig später versuchte meine Schwägerin Dee Dee, meine Kinder zu erreichen. Wieder ging niemand ans Telefon (mein Exmann hatte einen Apparat, der die Nummer des Anrufers anzeigte), und so konnte auch sie nur hinterlassen, wie es mir ging, und um Rückruf bitten. Niemand von uns hörte ein Wort von ihnen.

Einige Tage nach meiner E-Mail mit der »schlechten Nachricht« erhielt ich eine Antwort von meinem Bruder Scott. Seine Reaktion war ein typisches Beispiel für den stoischen Gleichmut der Cahills, geschrieben von einem Mann, der, wie ich, dazu erzogen worden war, selbst die größten Schwierigkeiten zu meistern. Er vergeudete keine Zeit mit heuchlerischen Worten des Trostes.

Absender: Scott Cahill <scotty@aol.com>
Empfänger: nielsenje@spole.gov
Datum: 18. Juni 1999 9:37
Betreff: Knoten

Hallo Duffy,
tut mir Leid, die Geschichte mit dem Knoten. Du weißt ja, was du tun musst. Du darfst keinesfalls zulassen, dass irgendjemand sein Leben riskiert und mitten im Winter zum Südpol fliegt.

Das ist deine große Chance, dich tapfer und ehrenhaft zu zeigen. Sei stark, Schwester. Es wird schon nichts Schlimmes sein. Und wenn, dann weißt du ja, wie du als kompetente Ärztin damit umgehen musst. Zeige Haltung und baue auf deine Professionalität. Wie die Sache letztlich ausgeht, liegt nicht in deiner Hand.
Ich weiß, dass du dir Sorgen machst und Angst hast. Das ist normal. Bitte lass wieder von dir hören. Du bekommst die Geschichte bestimmt in den Griff, da bin ich ganz sicher.
Ich denke liebevoll an dich. Sei stark.
Herzlich, Scotty

Der Brief tröstete mich, denn Scott beschwor den Cahillschen Kampfgeist herauf, der mir schon in vielen schwierigen Lebensphasen geholfen hatte. Mit seiner Hilfe würde ich auch die bisher härteste Prüfung bestehen.

Ich bekam ständig Mails von allen möglichen Leuten bei der ASA und NSF, in denen sie mir alles Gute wünschten und mir versicherten, dass alles Menschenmögliche getan werde. Am meisten sorgte ich mich jedoch um meine Kollegen auf der Station. Ich wollte diejenigen, die es interessierte, auf dem Laufenden halten und ihnen das Gefühl geben, dass sie jederzeit mit ihren Ängsten zu mir kommen oder Vorschläge machen konnten.

Es war unglaublich, wie all diese tüchtigen, geschickten Leute ihr Bestes gaben, um mir zu helfen. Die Biopsie war für Montag, den 22. Juni, vorgesehen, und das war zufällig der Tag der Wintersonnenwende. Wir hatten also nur ein paar Tage Zeit, um den genauen Ablauf einer Aktion zu planen, wie sie noch nie zuvor durchgeführt worden war: Es musste eine Live-Schaltung per Video zu den Ärzten in Denver hergestellt, Gewebe aus der Geschwulst entnommen, auf Objektträger aufgebracht und gefärbt werden, damit die Zellen zu sehen waren, und diese Zellbilder mussten mit einem speziellen Video-Mikroskop in die USA übertragen werden.
Am einfachsten würde die eigentliche Biopsie sein, im

Grunde nichts anderes als eine Aspiration, jedoch mit einer größeren Nadel und aggressiverer Technik zur Gewebeentnahme. Mike wusste von mir, dass ich einige Polies in der Bedienung von Instrumenten und Geräten im Biomed unterwiesen und ihnen ein paar einfache Dinge wie Wunden nähen oder Infusionen legen beigebracht hatte. Die Jungs hatten im Sommer sozusagen eine Grundausbildung als medizinische Assistenten absolviert, beherrschten also die elementaren Handgriffe. Aus dieser Gruppe sollte mir nun Welder Walt, der vor zwölf Jahren bei der Armee zum Sanitäter ausgebildet worden war, bei der Biopsie zur Hand gehen. Außerdem würde Bill Johnson assistieren, der Vorarbeiter der Zimmerleute, der eigene Pferde besaß und von daher Erfahrung mit dem Nähen von Wunden hatte. Von der Frau, die das Verfahren entwickelt hatte, bekamen wir über Satellit genaue Anweisungen zur Durchführung. Sie war sehr nett und hatte Humor: Ob wir denn Eiswürfel zur örtlichen Betäubung hätten, wollte sie wissen! Ich konnte ihr versichern, dass bei uns wahrlich kein Mangel an Eis herrschte. Da ich weder starke Beruhigungs- noch Schmerzmittel einnehmen durfte, weil es verboten ist, sich rezeptpflichtige Medikamente selbst zu verordnen, standen mir nur Eis und Lidocain zur Verfügung, um die Schmerzen zu dämpfen.

Bis dahin mussten Walt und ich noch ein bisschen an unserer Biopsietechnik arbeiten. Wendy gelang es, aus der Speisekammer ein paar Übungsobjekte abzuzweigen, und so saßen wir zwei Tage vor der Biopsie an einem Tisch im Biomed und piecksten Punktionskanülen in einen Apfel, eine verschrumpelte Batate und eine alte Kartoffel. Die Szene, von Big John auf Video festgehalten, war dermaßen absurd, dass wir uns vor Lachen nicht mehr halten konnten. Zwischendurch blickte Walt auf und fragte, ob das, woran wir gerade übten, ein Pfirsich oder ein Apfel sei.

»Ein Apfel«, antwortete ich und sah ihn besorgt an.

»Jetzt bin ich schon so lange weg aus dem normalen Leben«, meinte Walt kopfschüttelnd, »dass ich ganz vergessen habe, wie die einzelnen Früchte aussehen.«

Zwar ließen die Kanülen, die wir zur Verfügung hatten, sehr

zu wünschen übrig, da sie eingefroren gewesen und nicht mehr versiegelt waren, aber wir waren uns dennoch schon bald ziemlich sicher, dass wir für eine Analyse ausreichend Zellmaterial aus dem Knoten gewinnen konnten.

Für das Einfärben der Ausstriche engagierte ich Ken Lobe, der in Vietnam als Labortechniker gedient hatte. Wir waren etwas besorgt hinsichtlich der Qualität der Präparate, da bei unserem einzigen Färbemittel das Verwendungsdatum schon längst abgelaufen war. Die Ersatzlieferung, die uns mit dem letzten Flug der Saison geschickt worden war, erreichte uns nicht, da die Maschine nach McMurdo hatte umkehren müssen.

Was die Video-Übertragung und Satellitenverbindung betraf, hatten wir zum Glück gleich mehrere Genies auf der Station, die ihr Können gern unter Beweis stellen wollten. Comms Tom musste alles so koordinieren, dass der Eingriff genau in der Zeitspanne vorgenommen wurde, in der die Satelliten kurz über dem Horizont erschienen, um die Verbindung zwischen uns und dem Rest der Welt zu gewährleisten. Choo Choo Charlie Kaminski, Astronom und Talent am Teleskop, arbeitete zusammen mit Lisa Beal an einem Video-Mikroskop, das die Zellbilder vergrößern und in die USA übertragen konnte. Die ASA hatte außerdem den Zytologen Dr. Karim Sergi eingeschaltet, der die Biopsie in Denver am Monitor verfolgen, falls notwendig Hilfestellung geben und die Ergebnisse auswerten würde.

Trotz dieser nervenaufreibenden Vorbereitungen ging das Leben wie gewohnt weiter. Die Bauarbeiter leisteten weiterhin ihre Schichten ab, Denver erwartete nach wie vor wöchentliche Lageberichte und Abrechnungen vom Laden, und ich behandelte jeden Tag eine Reihe von Patienten.

Anlässlich der bevorstehenden Wintersonnenwende schrieb Präsident Clinton einen Brief an die Station, in dem er uns für unsere großartige Arbeit und unseren selbstlosen Einsatz dankte, als wären wir Polarforscher oder besonders edle Menschen. In Wirklichkeit fühlten wir uns langsam wie Hochstapler. Vielleicht lag es an unseren ständig mit zu wenig Sauerstoff versorgten Gehirnen, dass wir unser Leben am Pol mittlerweile weder als besonders ungewöhnlich noch gefährlich empfanden.

Am Samstagabend vor der Biopsie spielte ich mit Carpenter Larry, Power Plant Thom und Tool Man Tim einige Runden Fünfhundert. Tim, der aus Minnesota stammte, hieß seitdem nur noch Minnesota Mayonnaise. An diesem Abend gestand er uns nämlich, dass sein Körper von der Gürtellinie abwärts in den letzten zehn Jahren höchstens zwei Mal die Sonne gesehen und deshalb eine Farbe wie »Minnesota Mayonnaise« habe. Unüberlegter Zug. Ein neuer Spitzname war geboren.

Gegen Mitternacht beendeten wir unser Spiel, und ich ging in die Kantine, um noch ein wenig mit Andy, Loree und Larry zu plaudern. Als Larry verkündete, er werde sich jetzt langsam zum El Dorm aufmachen und sich aufs Ohr legen, ermahnte ich ihn, auf dem Weg entlang der Führungsseile im Dunkeln schön vorsichtig zu sein.

»Es sind doch nur drei Minuten zu gehen«, entgegnete er.

»Ja, aber drei sehr gefährliche Minuten.«

Dann unterhielten wir uns darüber, wie langweilig unsere Briefe geworden waren. Wir hatten uns inzwischen so sehr an unsere eisige Umgebung gewöhnt, dass es uns kaum erwähnenswert schien, wenn wir draußen im »White-out« allein bei minus 62 Grad Celsius und dem unwirklichen schwachen Licht einer Aurora herumliefen. Viel spannender fanden wir die fast zwei Meter langen Eiszapfen, die sich innen am Kuppeldach gebildet hatten und unser Zuhause fast in eine riesige Tropfsteinhöhle verwandelten. Wir sorgten uns mehr um unser Abendessen als darum, dass wir in dieser Woche beinahe schon wieder ohne Strom dagesessen hätten. Uns war jedes Gefühl dafür abhanden gekommen, was gefährlich war und was nicht. Dann geschah etwas, das unsere eintönige kleine Welt erschütterte, und wir begriffen plötzlich, wie rasch drei Minuten in einer Gefahrensituation zu einer Ewigkeit werden können.

Absender: John W. Penney<penneyjo@spole.gov>
Empfänger: Mom@aol.com
Datum: 23. Juni 1999 02:39:39 +1200
Betreff: Docs Biopsie

Liebe Mrs. Cahill, lieber Mr. Cahill,
ich habe Doc gefragt, ob es ihr recht ist, wenn ich Ihnen schreibe, denn ich möchte Ihnen gern aus der Perspektive eines Außenstehenden schildern, wie die Biopsie gestern Nacht abgelaufen ist.
Gestern Abend gab es zur Feier der Wintersonnenwende ein feines Abendessen. Von siebzehn bis achtzehn Uhr
wurden Vorspeisen serviert, von achtzehn bis neunzehn
Uhr der Hauptgang. Alles hat wunderbar geschmeckt
und war schön vorbereitet. Ein paar Leute waren kaum
wieder zu erkennen, denn sie hatten sich mit Hemden
verkleidet, einige hatten sogar eine Krawatte umgebun-
den. Die Damen trugen, mit einer Ausnahme, Kleid oder
Rock. Ein seltener, aber sehr willkommener Anblick. Wir
speisten bei Kerzenlicht mit leinenen Tischdecken und
Servietten. Es gab auch Wein, aber diejenigen, die später bei der Biopsie assistieren wollten, verzichteten darauf.
Gegen Ende des Festessens brachte Heidi einen Trink-
spruch auf Doc aus und wünschte ihr viel Glück. Wir
anderen schlossen uns mit großem Applaus an.
Anschließend zogen Doc und ich uns in ihr Sprechzim-
mer zurück und richteten alles für den bevorstehenden
Eingriff her. Wir legten die OP-Mäntel, -Hauben und
-Handschuhe für das ganze Team zurecht, deckten den
Operationstisch ab und bereiteten die Spritzen und Kanülen für die Saugbiopsie vor. Zwei von drei Kanülen
musste ich wegwerfen, weil sie undicht waren, als ich sie
ausprobierte. Die 10-cc-Kanülen kommen aus Malaysia
und sind eingefroren gewesen. Ich wollte sicher sein, dass
sie funktionierten, wenn wir sie benötigten. Als Doc mir
einmal den Finger nähen und mir vorher etwas zur örtlichen Betäubung spritzen wollte, musste sie drei Sprit-

zen wegwerfen, ehe sie eine brauchbare hatte. Mir war daran gelegen, so viele Unsicherheiten wie möglich auszuschließen.

Unser Doc ist eine erstaunliche Frau. Man hätte denken können, wir bereiteten die Operation eines Schlittenhundes vor. Kein Mensch wäre auf die Idee gekommen, dass sie sich auf einen Eingriff an sich selbst vorbereitete. Nachdem wir mit den Vorbereitungen fertig waren, meinte sie, sie wolle versuchen, ein bisschen zu schlafen. Eineinhalb Stunden später ging ich wieder ins Biomed, das sich inzwischen in ein Hightech-Kommunikationszentrum verwandelt hatte. Unsere unvergleichliche Lisa (wir haben den Verdacht, dass sie ein Alien ist) hatte ihre ganze Computerausrüstung für die Video-Konferenz mit Denver und die Telefonverbindung über das Internet, beides in Echtzeit, aufgebaut und installiert. Die Verbindung mit Denver stand bereits, Doc hatte schon eines dieser verführerischen Klinikhemden übergezogen, und wir konnten beginnen. Die ersten Biopsien machte sie selbst. Wir stellten das Kopfteil des Operationstisches höher, damit sie besser sehen konnte, und sie ging voller Eifer ans Werk. Man hätte wirklich denken können, sie arbeite an einer anderen Person, nicht an sich selbst. Nachdem sie mehrere Biopsien vorgenommen und die Kanülen Ken, der die Ausstriche präparierte, übergeben hatte, machte sie eine kurze Pause, packte Eis auf die Entnahmestelle und trank ein paar Schluck Mineralwasser. Dann kam Welder Walt zum Einsatz. Doc legte sich entspannt zurück und ließ Walt weitermachen. Sie wirkte recht zuversichtlich, während er weiter Gewebe entnahm. Immerhin hatten die beiden tags zuvor an Kartoffeln und verschiedenen Früchten geübt. Walt meinte, der Knoten fühle sich am ehesten wie die Batate an. Als Walt fertig war, wurde für ein paar Minuten Eis aufgelegt, und dann griff Doc wieder selbst zur Kanüle. Kaum hatte Ken einen Ausstrich präpariert, nahm Lisa ihn per Video auf, bis der Spezialist in Denver endlich meldete, dass er jetzt genug Material habe.

Doc stieg vom Tisch herunter und zog sich in ihr Zimmer gleich nebenan zurück, wo sie sich mit einem Eisbeutel hinlegte. Eine halbe Stunde später sagte sie, sie wolle Lisa und Liza helfen, die Präparate fertig zu machen. Ich gab ihr zu verstehen, dass Lisa und Liza das sehr gut ohne ihre Hilfe zu Stande brächten und ich es besser fände, wenn sie sich ein bisschen entspannte. Zu meiner Überraschung folgte sie meinem Rat und ließ sich wieder auf ihr Kissen sinken. Wir unterhielten uns prächtig über Reisen in ferne Länder und welche Orte sie besuchen wollte. Wir sprachen über Fliegen und Segeln, und sie erzählte, wie sehr sie sich darauf freute, ihre Fluglizenz zu machen und mit ihrem Bruder segeln zu gehen. Wir unterhielten uns auch über ihre Familie und ihren gemeinsamen Lieblingsplatz im Wald.

Gegen drei Uhr morgens meinte sie schließlich, dass sie jetzt ein bisschen Schlaf brauchen könne, also packte ich sie gut in ihre Decken ein und wünschte ihr süße Träume.

Jetzt müssen wir erst einmal warten. Die Bilder sind auf dem Weg in die Welt. In ein paar Tagen wissen wir hoffentlich mehr.

Ich wollte Ihnen damit nur einen Eindruck vermitteln, wie Ihre wundervolle Tochter mit der gegenwärtigen Situation umgeht. Sie ist ein absoluter Profi. Kein Mensch würde vermuten, was sie durchmacht, wenn er sieht, wie sie mit den anderen in der Kantine sitzt und sich unterhält. Sie ist unglaublich tapfer. Wir bewundern sie alle sehr.

Herzliche Grüße

Big John

KAPITEL 10

Sonnenwende

Absender: Jerri Nielsen<nielsenje@spole.gov>
Empfänger: #Familie und Freunde
Datum: 27. Juni 1999 19:51
Betreff: Winter

Der Tag der Sonnenwende ist vorbei. Unser Astronom
klärt uns per E-Mail auf, was wir von der langen »Dämmerung« zu erwarten haben. Dämmerung … Was für eine Vorstellung. Mir tut die Dunkelheit des tiefen Winters so wohl, dass ich mich gar nicht nach der Sonne
sehne. Was wird der nächste Morgen bringen? Die beste Nachricht meines Lebens oder die schlimmste?
Wir haben zwar schon die Hälfte des Winters hinter uns,
aber die schlimmste Zeit an diesem schlimmsten Ort auf
Erden steht uns noch bevor. Die kältesten Monate kommen erst noch. Und dann, sobald die Sonne wieder hinter dem Horizont hervorlugt, müssen wir die schrecklichen antarktischen Frühjahrsstürme überstehen.
Heute war es kalt. Als ich meine liebe kleine Klinik verlasse, sind meine Hände sofort ganz starr, und meine ge-
waschenen Haare gefrieren. Die Kälte überrascht mich,
obwohl ich mich inzwischen daran gewöhnt haben sollte. An anderen Tagen erscheint es mir vollkommen normal, dass es so kalt ist und ich in meiner »Wohnung«
2 834 Meter Eis unter den Füßen habe. Dann frage ich
mich, welcher Teufel wohl einundvierzig erwachsene
Menschen geritten hat, dass sie sich für einen Einsatz am
Ende der Welt verpflichtet haben, um in kleinen orangefarbenen Kühlschränken zu leben, die die Kälte draußen halten.

Tief in meinem Herzen weiß ich die Antwort: »Wir« sind der Grund, dass wir hier sind. Einer für den anderen. Je länger wir hier zusammenleben, umso mehr Liebe und Achtung empfinde ich für jeden »Mitbewohner«. Ich freue mich an diesem Ort über Leute, mit denen ich im normalen Leben kaum zusammentreffen würde. Wir lernen uns verstehen und vertrauen aufeinander in einer Weise, die nicht von diesem Jahrhundert, nicht von dieser Zeit ist. So sollen Menschen leben, in Stammesverbänden.

Unser Stamm ist alles, was wir hier haben, und er macht sich seine eigenen Gesetze, seine Bräuche, seine Regeln zum Umgang miteinander, seine Vorstellung von Pflicht. Die Pflicht steht hier über allem. Wie schön und einfach das ist. Es ist meine Pflicht, alle zu lieben, zu akzeptieren und für sie zu sorgen, mich stets um ihre seelische, körperliche und geistige Gesundheit zu kümmern – wie alle Ärzte seit Anbeginn der Welt.

Jetzt aber, in dieser Ausnahmesituation, da ich die Kränkste und zugleich die einzige Ärztin bin, ist es meine Pflicht, Angst oder Sorge wegen meines Zustandes gar nicht erst aufkommen zu lassen. Dadurch heile ich mich selbst.

Alles Liebe aus dem Eis, Doc

*I*n den Tagen nach der Biopsie begannen bei der NSF und der ASA die Vorbereitungen für eine Abwurfaktion von medizinischem Material am Südpol, die irgendwann Anfang Juli stattfinden sollte. Wir wussten zwar alle, dass es die beste Lösung wäre, wenn mich ein Flugzeug hier herausholte, aber das war unmöglich. Die Air National Guard hatte eine solche Rettungsaktion anfangs in Erwägung gezogen, hielt sie dann aber doch für zu riskant. Ein sicherer Betrieb ihrer Flugzeuge war bei einer Temperatur über minus 50 Grad Celsius gewährleistet, und zur Zeit schwankte sie zwischen minus 60 und minus 70 Grad Celsius. Falls ein Flugzeug es bei solchem Wetter überhaupt schaffte, am Pol zu landen, wäre es sehr wahrscheinlich nicht mehr in der Lage, zu starten oder das Fahrgestell einzufahren und ohne Probleme nach Neuseeland zurückzufliegen. Ich wusste, wie gefährlich es war, und meine Familie auch. Meine Brüder hatten sogar schon einen Plan ausgearbeitet, wie sie mich herausholen wollten – Scotty, mein Pilotenbruder, wollte sofort herfliegen und mich mitnehmen –, aber auch ihnen wurde schnell klar, dass es nicht zu bewerkstelligen war.

Die Abwurfaktion dagegen bot eine realistische Chance. Als das Antarktis-Programm noch von der Navy betrieben wurde, waren solche Aktionen mitten im Winter, bei denen Post und frische Lebensmittel abgeworfen wurden, eine schöne Tradition, die den Leuten auf der Station außerdem moralischen Auftrieb gab. Leider waren sie Mitte der achtziger Jahre Budgetkürzungen zum Opfer gefallen und eingestellt worden. Jetzt mussten wir uns mit E-Mail und Tiefkühlkost begnügen. Für den moralischen Auftrieb, hatten sie sich vermutlich gedacht, würden die dort unten schon selbst sorgen. Zum Glück hatten Ken, Liza und Tim bereits in jenen glücklichen Tagen auf der Station gearbeitet und konnten sich noch erinnern, wie es damals ablief.

Ich war unendlich dankbar, als ich erfuhr, welche Mühen und Kosten diese beiden Organisationen meinetwegen auf sich nehmen wollten, aber mich quälten auch Zweifel, ob das Vorhaben gelingen würde. Frühere Aktionen dieser Art waren nur im Juni durchgeführt worden, in klaren Nächten und bei Vollmond. Aber der nächste Vollmond war erst wieder Ende Juli, und dann konnte die Hilfe für mich vielleicht zu spät kommen. Selbst unter den günstigsten Bedingungen wäre die Aktion riskant, nicht nur für die Flugzeugbesatzung, sondern auch für die Leute am Boden, die die Paletten in extremer Kälte bergen mussten. Währenddessen konnten die geöffneten Türen des Laderaums einfrieren, oder die Paletten konnten die Zielmarke verfehlen und jemand auf dem Eis tödlich verletzen. Ich wollte niemand einer Gefahr aussetzen, solange ich nicht sicher wusste, dass der Abwurf von Medikamenten und Geräten meine Überlebenschance wirklich erhöhte. Es stand nicht dafür, ein solches Risiko einzugehen, wenn der Knoten in meiner Brust gutartig war oder wenn der Krebs schon so fortgeschritten sein sollte, dass ich ohnehin sterben würde.

Leider wussten wir es nicht. Lisa hatte immer wieder verzweifelt versucht, die Zellbilder auf den Objektträgern deutlicher zu machen, damit die Pathologenteams in Denver und Washington eine genaue Diagnose stellen konnten, aber es war ihr nicht gelungen. Für aussagefähiges Biopsiematerial brauchten wir frisches Färbemittel und ein stärkeres Video-Mikroskop. Da so viel auf dem Spiel stand, war die Unsicherheit besonders schwer zu ertragen.

Zwar hatte ich noch nicht alle Hoffnung aufgegeben, dass der Knoten gutartig sein könnte, ging aber vorsichtshalber davon aus, dass mein erster Eindruck stimmte: Es war ein aggressiver Tumor. Deshalb wollte ich wissen, wie hoch meine Überlebenschance ohne einen sofortigen chirurgischen Eingriff war.

Absender: Jerri Nielsen<nielsenje@spole.gov>
Empfänger: Miller, Kathy D.
Datum: 23. Juni 1999 6:37
Betreff: Fragen

Liebe Kathy,
meine Kenntnisse über Brustkrebs sind nicht auf dem neuesten Stand; ich kann mich nur an den chirurgischen Fachtexten orientieren, die ich hier habe, und an den E-Mails der beratenden Ärzte. Deshalb habe ich einige Fragen. Ich muss wissen, wie meine Chancen stehen, denn ich möchte nicht, dass andere Menschen bei der Abwurfaktion ihr Leben für mich riskieren, wenn vielleicht ohnehin nichts mehr zu ändern ist.
Wenn es wirklich keine Rolle spielt, ob der Tumor für weitere vier Monate in der Brust bleibt, warum wollen wir den Knoten dann so schnell wie möglich beseitigen? Oder gibt es tatsächlich entscheidende Fortschritte bei der Behandlung dieser Krankheit?
Heißt es nicht, Brustkrebs sei unheilbar (sofern nicht im Anfangsstadium operiert wird), und man stirbt immer

daran, wenn einen nicht vorher eine andere Krankheit umbringt?

Danke für die Beantwortung dieser Fragen.

Herzlich, Jerri

Absender: Miller, Kathy D.
Empfänger: nielsenje@spole.gov
Datum: 24. Juni 1999 08:41:51 –0500
Betreff: Re: Fragen

Hallo Jerri,

Sie stellen ein paar wichtige Fragen, die per E-Mail schwer zu beantworten sind (vor allem weil ich im Zweifinger-Suchsystem tippe), aber ich werde mich bemühen. Ich habe die Ausstriche noch nicht gesehen, weiß also nicht, wie brauchbar sie sind.

Normalerweise lege ich Wert darauf, dass meine Patientinnen so viel wie möglich über Brustkrebs lesen, denn dann können wir am besten zusammenarbeiten. In Ihrem Fall wird uns das wegen des Materials, das Sie zur Verfügung haben, nur bedingt nützen. Chirurgische Fachtexte sind in der Regel sehr pessimistisch, was die Behandlung von Brustkrebs angeht – das gilt besonders für veraltete Publikationen wie diejenigen, die Sie vermutlich haben.

In den vergangenen fünf Jahren hat sich in der Behandlung von Brustkrebs Entscheidendes getan:

1. Rund 20 Prozent meiner Patientinnen (der Prozentsatz liegt über dem Durchschnitt, weil mehr junge Patientinnen mit schwerer Erkrankung an mich überwiesen werden) erhalten vor der operativen Entfernung des Tumors einen ganzen oder verkürzten Chemotherapiezyklus.

Diese Vorgehensweise ist in mehreren Untersuchungsreihen nach dem Zufallsprinzip getestet worden, bei denen die Ergebnisse von Operationen mit anschließender Chemotherapie und derselben Chemotherapie mit an-

schließender operativer Entfernung restlichen Tumorge-
webes verglichen wurden. Bei präoperativer Chemotherapie verkleinerte sich der Tumor bei etwa 75 bis 80 Prozent der Patientinnen um mindestens 50 Prozent. Die
Überlebensrate insgesamt ist bei beiden Gruppen gleich,
aber bei rund einem Drittel der Patientinnen, bei denen
eine Amputation notwendig gewesen wäre, konnte nach
der Chemotherapie brusterhaltend operiert werden.

Entgegen der Befürchtungen vieler Chirurgen wirkt es
sich also nicht negativ aus, wenn man den Tumor drei
bis vier Monate (das ist in der Regel die Zeitspanne für
eine präoperative Chemotherapie) in der Brust lässt und
behandelt. Das ist etwas anderes, als den Tumor drei bis
vier Monate in der Brust zu belassen und nichts zu
tun – was ohne die Abwurfaktion, durch die Sie alle notwendigen Medikamente und Geräte bekommen, unsere
einzige Alternative wäre. Wir wissen aus epidemiologi-
schen Studien, dass ein um mehr als drei Monate späte-
rer Behandlungsbeginn die Überlebenschance negativ
beeinflusst.

Angenommen, Sie kämen in meine Klinik im sonnigen
Indiana, dann würde ich Ihnen empfehlen, mit einer
Chemotherapie zu beginnen. Wir können sie mit einigen Änderungen, um die Nebenwirkungen zu verringern
und die notwendige Sicherheit zu gewährleisten, fast genauso gut auf der Polstation durchführen.

2. Ob ich Brustkrebs heilen kann oder nicht, hängt davon ab, was Sie unter heilen verstehen. Mein Ziel deckt
sich mit dem jedes Facharztes: Die Frauen sollen an einer anderen Krankheit sterben als an der, für die ich zuständig bin. Das heißt: Wenn Sie an einem Herzinfarkt
sterben, ehe der Brustkrebs erneut aufgetreten ist, haben
wir Sie geheilt, und niemand kann uns das Gegenteil be-
weisen. Ein Vergleich der Überlebenskurven bei Frauen
mit und ohne Brustkrebs zeigt jedoch, dass sie nie parallel verlaufen. Das heißt: Selbst fünfundzwanzig Jahre
nach der Diagnose weist die Gruppe mit Brustkrebs immer noch mehr Todesfälle auf. Fazit: Ich habe noch kei-

ner Frau zur Unsterblichkeit verhelfen können, aber wenn es nach mir geht, stirbt sie nicht an Brustkrebs! Nach allem, was ich über Ihren Zustand weiß, ist er nicht hoffnungslos, und Sie haben eine konkrete Chance, langfristig zu überleben.

Ich finde es sehr anerkennenswert, dass Sie sich um Ihre Kollegen Sorgen machen, und stimme Ihnen zu, dass man die mit einer Abwurfaktion verbundenen Risiken nicht eingehen sollte, wenn ein um vier Monate vorgezogener Behandlungstermin ohnehin nichts ändern würde. Ich denke jedoch, dass es sehr wohl etwas ausmacht und Sie daher diese Chance nutzen sollten. Da wir uns nicht persönlich kennen, muss ich Sie bitten, mir einfach zu glauben, dass ich es Ihnen sagen würde, wenn Ihre Situation hoffnungslos wäre. Ich konfrontiere meine Patientinnen immer mit der Wahrheit, denn da sie auf Grund dieser Informationen wichtige Entscheidungen treffen, müssen sie wissen, was auf sie zukommt (auch wenn sie sich manchmal dagegen sträuben).

Ich bin nicht sicher, ob ich Ihre Fragen damit beantwortet habe, aber für heute habe ich genug geschrieben.
Alles Gute
Kathy

Mir gefiel Kathys Art, aber ich war immer noch nicht überzeugt, dass ich wirklich eine Chance hatte. Ich glaubte, mein Schicksal sei vorbestimmt: Wenn ich Krebs hatte, dann hatte ich Krebs, und ich würde daran sterben oder eben nicht. Falls ich Brustkrebs hatte, dann waren mittlerweile ohnehin schon drei Monate vergangen, ohne dass er behandelt worden war, was meine Überlebenschance, wie Kathy bemerkte, »negativ beeinflusste«. Dennoch meinte sie, dass es selbst in diesem Fall mit einer Abwurfaktion noch Hoffnung gab, mein Leben zu verlängern, ohne eine solche Aktion jedoch keine. Also schob ich meine Bedenken beiseite, stimmte ihrem Behandlungskonzept zu und versuchte, mich wieder auf mein Leben und meine Arbeit zu konzentrieren.

In der letzten Juniwoche hatten drei Polies Geburtstag, deshalb nutzte ich die Pausen zwischen meinen Sprechstunden, um auf den Dächern der Container Geschenke »einzukaufen«. Für Roo fand ich ein Brettspiel, bei dem es um interplanetare Reisen ging, und für eine Frau, die gern Scrabble spielte, ein ganz ähnliches Spiel namens Twister, bei dem mit farbigen Klötzchen statt mit Buchstabensteinen gespielt wird. Middle John bekam eine sensationelle Hank-Williams-Kassette.

Bei meiner Suche nach passenden Geschenken entdeckte ich einen richtigen Schatz, nämlich einen Satz Bingo-Karten, und organisierte gleich am Samstagabend unmittelbar vor dem Poker eine Bingo-Runde. Die Karten kosteten fünfzig Cent pro Stück, für einen Dollar gab es drei. Lisa spielte die Glücksfee und zog die Nummern, und Big John sagte sie an. Den Gesamtsieger erwarteten einhundertacht Dollar im Jackpot – ein Vermögen am Pol –, deshalb waren die Einsätze hoch. Da wir die Karten noch verwenden wollten, markierten wir die Nummern mit Froot Loops, statt sie anzukreuzen.

Nach etlichen Runden unterbrachen wir das Spiel und luden zu einem Wettbewerb ein, und zwar ging es darum, wer am besten wie John Davis tanzen konnte. Middle John Davis, der im Eis zweiundsechzig wurde, war bei den Astronomen berühmt-berüchtigt für seinen schrecklichen Musikgeschmack, und oft begann er auch ganz plötzlich zu singen und um das Teleskop herumzutanzen. Wir baten Middle John, uns seinen Tanzstil vorzuführen, und setzten anschließend als Hauptgewinn ein Pfund guten Kaffee und eine Fünftel-Flasche Amaretto für denjenigen aus, der nach den Klängen von »Sweet Caroline« am ehesten wie John Davis tanzte. Überragender Sieger wurde Giant Greg, der allerdings entschieden im Vorteil war, weil er tagtäglich mit Middle John arbeitete.

»Mein monatelanges Üben und Middle Johns Nachhilfe haben sich endlich ausgezahlt«, bemerkte Greg augenzwinkernd, als er seine Preise entgegennahm. Joel wurde für den besten Stil ausgezeichnet, denn er war ein hervorragender Tänzer, und wir fanden, dass er ebenfalls etwas bekommen müsse. Meine Darbietung kam auch gut an. Wer mich an diesem Abend bei den Songs von Neil Diamond lachen, tanzen und den Rhythmus mitklatschen sah, hätte nie vermutet, dass ich auf Untersuchungsergebnisse wartete, die meinen Tod bedeuten konnten. Und das war ganz in meinem Sinn.

Von meinen Kindern hatte ich noch immer kein Wort gehört. Ich wusste nicht, ob sie von meinem gesundheitlichen Problem erfahren hatten oder ob sie sich überhaupt an mich erinnerten. Der Muttertag war ohne ein Zeichen von ihnen vorübergegangen. Meine Tochter war mittlerweile achtzehn geworden, hatte aber auf den Brief, den ich ihr durch einen Freund in den Staaten schicken ließ in der Hoffnung, dass ihr Vater ihn nicht öffnete, in keiner Weise reagiert. Auf Umwegen erfuhr ich, dass sie an einer guten Universität aufgenommen worden war und Linguistik, eines meiner Lieblingsfächer, studieren würde. Es zerriss mir das Herz, dass ich bei diesem wichtigen Schritt nicht an ihrer Seite war, aber daran ließ sich nun mal nichts ändern.

Inzwischen bekam ich ständig Post von meiner Mutter, manchmal sogar mehrmals täglich.

Absender: Mom@aol.com
Empfänger: nielsenje@spole.gov
Datum: 30. Juni 1999 07:56:05
Betreff: Hallo, meine Kleine

Ich mache mir solche Sorgen um dich. Du willst das nicht, ich weiß, aber es ist nun einmal so. Wenn sie nur endlich die Gewebeproben richtig auswerten könnten! Die Ungewissheit ist fast so schlimm wie eine schlechte Nachricht. Ich darf gar nicht daran denken, dass du krank bist. Besteht denn noch Hoffnung, dass es kein bösartiger Tumor ist? Diese Woche sollte etwas Klarheit bringen, sofern die Pathologen mit den Proben überhaupt etwas anfangen können, stimmt's?
Manchmal denke ich, dass alles gut wird, dass du wieder nach Hause kommst und ein neues Leben beginnst und dass es ein gutes Leben sein wird. Ich möchte nicht,

dass du heimkommst und es dir dann Leid tut, jeden Kontakt zu dieser Welt abgebrochen zu haben und feststellen zu müssen, dass hier die reale Welt ist und die Zeit im Eis nur eine Erfahrung war, deren Eindrücke in der Erinnerung immer mehr verblassen. Im Augenblick wirst du dir das kaum vorstellen können, aber so wird es wahrscheinlich sein. Man sieht Menschen und Dinge anders, sobald man aus einer derart abgeschotteten Gruppe heraus ist. Die Dynamik ist ähnlich wie in einer Armeeeinheit oder einer Sekte. Es fehlt euch dort unten an Anregung von außen, und das engt das Denken extrem ein. Pass auf, dass du dir nicht ein Leben auf etwas aufbaust, das sicher bereichernd, aber nicht von Dauer ist.

Das Warten auf eine Diagnose und dabei mit dem Schlimmsten rechnen zu müssen bedeutet für dich einen enormen Stress. Es muss furchtbar für dich sein, all diese Mails zu lesen. Wenn ich das Wort »bösartig« lese, krampft sich jedes Mal alles in mir zusammen und mir wird richtiggehend übel. Ich mag gar nicht daran denken, welche schrecklichen Gedanken dich jeden »Morgen« überfallen, wenn du aufwachst.

Ich würde dich so gern in die Arme nehmen. Wie schön wäre es, wenn du hier sein könntest, den Sonnenschein genießen und mit Daddy und mir essen gehen.

Ich denke an dich.

Momma

Als ich die vielen Botschaften las, die nun zwischen der NSF, den Logistik-Experten der ASA und der Polstation hin und her gingen, überkam mich ein merkwürdiges Gefühl. Der »medizinische Notfall«, wie meine missliche Lage mittlerweile bezeichnet wurde, hatte unseren verschlafenen, halb vergessenen Außenposten plötzlich zum Gegenstand intensiver Bemühungen seitens des Militärs gemacht. Dem Plan zufolge sollte am 7. Juli ein Frachtflugzeug vom Typ Starlifter C-141, eine größere Version der Hercules, auf dem Luftwaffenstützpunkt

McChord in der Nähe von Tacoma, Washington, starten. Es sollte ohne Unterbrechung den Pazifik überqueren, über Hawaii von einem Tankflugzeug KC-10 in der Luft aufgetankt werden und nach Passieren der Datumsgrenze am 9. Juli in Neuseeland eintreffen. Dort sollte sich die Besatzung etwas ausruhen und die restliche Fracht zugeladen werden. Der Weiterflug von Christchurch war für den 10. Juli vorgesehen (was in den Staaten bereits der 11. Juli war – ein verwirrender Umstand, der es schwierig machte, den Fortgang der Operation in Denver und Christchurch genau zu verfolgen).

Sam Feola, der Leiter der Abteilung Logistik bei der ASA, hielt uns auf dem Laufenden, was an medizinischem Material, an Ausrüstung für die Telefonkonferenzen, dazu auch ein Ultraschallgerät, nach McChord geschickt worden war. Die Starlifter konnte höchstens sechs Paletten mitnehmen, die jeweils nicht mehr als 450 Pfund wiegen durften. Für den Fall, dass eine Palette beschädigt wurde oder verloren ging, wurden die wichtigsten Dinge doppelt angeschafft und auf verschiedene Paletten verteilt. Erste Priorität hatte das medizinische Material; wenn noch Platz blieb, würden in Neuseeland frische Lebensmittel und Post für uns dazugepackt werden.

Es war beeindruckend und zugleich beschämend, welcher Aufwand für die Abwurfaktion betrieben wurde. Ich selbst konnte nicht mehr tun als durchzuhalten und zuzusehen und meine Kollegen, so gut es eben ging, zu informieren und zu beruhigen.

Absender: Jerri Nielsen<cyprus/nielsenje>
Empfänger: #Winter
Datum: 1. Juli 1999 02:05:21 +1200
Betreff: Behandlungsplan

Liebe Polies,
ein paar Leute haben mir gesagt, dass sie nicht verstehen, welcher Art von Behandlung ich mich unterziehen werde, und dass sie hoffen, beim Mittagstreffen etwas darüber zu erfahren.

Im Wesentlichen ist die Geschichte folgende:

Niemand weiß, ob ich Krebs habe oder nicht. Nach allem, was ich zwischen den Zeilen lese, sind die mit meinem Fall befassten Spezialisten der Meinung, dass es durchaus Krebs sein kann, aber Gewissheit wird erst der Befund von Gewebeproben bringen, die per Saugbiopsie entnommen wurden.

Die Ausstriche, die wir nach der Saugbiopsie per Video in die USA übermittelt haben, zeigten gesundes Gewebe. Lisa, Liza, Charlie und Ken, die dabei hervorragende Arbeit geleistet haben, konnten dem Pathologen sehr gute Bilder liefern. Das Problem ist, dass wir hier nicht die richtigen Mittel zum Färben der Gewebeproben haben, und bei denen, die wir haben, ist – ob ihr es glaubt oder nicht – das Verwendungsdatum abgelaufen.

Es ist nun geplant, uns besseres Material zukommen zu lassen. (In doppelter Ausführung, falls etwas beschädigt wird oder verloren geht. Der zweite Satz geht nach McMurdo. Dort sollen im kommenden Jahr die telemedizinischen Kapazitäten auf den neuesten Stand gebracht werden.) Auch Kameras, Mikroskope und spezielle Färbemittel werden dabei sein.

Wenn sich herausstellt, dass ich Krebs habe, beginnen wir mit der Behandlung. Man wird ein Chemotherapeutikum wählen, das zwar hochwirksam ist, aber keine Nebenwirkungen hat und einfach anzuwenden ist. Die Ärzte hoffen, etwas zu finden, das mich nicht so stark belastet, dass ich meine Pflichten nicht mehr erfüllen kann. Oder das meine Immunabwehr zu sehr schwächt.

Sollten wir definitiv keine Krebszellen finden, werde ich dennoch als Vorsichtsmaßnahme eine Anti-Östrogen-Therapie beginnen. (Wir können nicht sicher sein, dass es kein Krebs ist, solange wir den Tumor nicht herausnehmen und einen genauen Befund erheben können. Das ist hier jedoch nicht möglich.) Diese Therapie wird eine vorzeitige Menopause auslösen, also hauptsächlich die Funktion meiner Eierstöcke zum Erliegen bringen.

Man macht das, weil Östrogen bei 50 Prozent der an Brustkrebs erkrankten Frauen meines Alters eine Rolle spielt. Wenn man die Zufuhr von Östrogen unterbindet, lässt sich ein weiteres Wachstum der Geschwulst eventuell hinauszögern. Durch diese Therapie erfahren wir möglicherweise mehr über die Art des Tumors. Verkleinert er sich durch die Therapie, könnte das für die Diagnose von Bedeutung sein.

Ich danke euch, dass ihr mich bei dieser abenteuerlichen Erfahrung so wunderbar unterstützt und so viel Verständnis zeigt. Ihr alle werdet zusätzlich zu euren üblichen Aufgaben noch verschiedene Dinge übernehmen müssen, damit alles klappt. Danke auch dafür. Ich hoffe, dass die Abwurfaktion für uns alle ein erfreuliches und aufregendes Ereignis wird. Wenn wir Glück haben, bekommen wir auch frische Lebensmittel!

Wenn ihr noch Fragen zu meiner Krankheit habt, wendet euch bitte jederzeit an mich. Ich werde jedem gern erklären, was er wissen möchte. Es betrifft ja uns alle.

Herzlich, Jerri Lin

Die ganze Südpolstation machte mobil und bereitete sich auf die Abwurfaktion vor. Jeder fand eine Möglichkeit, sein Teil beizutragen: Loree und Dar, die Meteorologen, beobachteten die Wetterverhältnisse, um die Piloten zu unserer Station zu leiten. Comms Tom überprüfte vorsichtshalber doppelt die Funk- und Computersysteme, durch die wir Verbindung zum Flugzeug halten würden. Leute vom Materialdepot und Zimmerer halfen bei der Anfertigung der Leuchtfeuer, die die Abwurfzone deutlich sichtbar machen sollten. Roo meldete der ASA, dass der Mond am 6. Juli hinter dem Horizont verschwinden und erst am 18. Juli wieder auftauchen würde. Das bedeutete, dass es am 10. Juli kein Umgebungslicht gab. Zum ersten Mal würde eine Abwurfaktion mitten im Winter bei völliger Dunkelheit stattfinden.

Big John werkelte schon die ganze Woche an seinen Fahrzeugen herum, brachte sie auf Vordermann und redete ihnen gut zu. Er bereitete die großen Traktoren und Schneemobile für den schweren Einsatz bei Temperaturen vor, die weit unter den für ihren Betrieb empfohlenen Werten lagen. Bei Cassie Rose und Cosmo führte er die nach zweitausend Stunden fällige Wartung durch und wechselte ihre Hydraulikschläuche aus. Für den Tag der Abwurfaktion bekam jeder von Mike eine Aufgabe zugewiesen: Die Paletten mussten vom Eis geholt, in der neuen Wartungshalle ausgepackt und ihr Inhalt ordnungsgemäß verstaut werden. Nicht zuletzt sollte die Aktion auch fotografiert werden.

Doch all diese Vorbereitungen brachten das gesellschaftliche Leben am Südpol, das in diesem Monat besonders viele Ereignisse zu bieten hatte, keineswegs zum Erliegen.

Am Dienstag, dem 29. Juni, hatte Comms Tom Carlson Geburtstag, und zur Feier des Tages veranstalteten wir im Fitnessraum den ersten Old Time Square Dance in der Geschichte des Südpols. Unser kleines »Streichorchester« Scott's Revenge gab sein Debüt mit Comms Tom an der Fiedel, Dar und Joel am Banjo, Choo Choo Charlie und Giant Greg an der Gitarre. Den Ansager machte Big John, und das dürfte das erste Mal in der Geschichte der Menschheit gewesen sein, dass ein Kerl mit Irokesenschnitt und Lederjacke die Schritte beim Square Dance ansagte.

Absender: Tim Briggs<cyprus/brig>
Empfänger: #Winter
Datum: 1. Juli 1999 23:40:14 +1200
Betreff: Das Schwein

Hallo Polies,
Freiwillige vor! Wir brauchen ein paar Leute, die die nächsten Festlichkeiten vorbereiten helfen. Am 3. Juli werden wir in der neuen Wartungshalle ein Spanferkel auf den Grillspieß schieben. Das Unterhaltungsprogramm wird sich ähnlich gestalten wie auf der letzten Party, sofern sich wieder ein paar Mutige als Dartscheiben zur Verfügung stellen!

Außerdem brauchen wir ein paar Leute, die abwechselnd bei dem Schwein Wache schieben. Das Kerlchen (wir haben ihn Wilbur getauft) braucht nämlich eineinhalb Tage, bis es gar ist. In dieser Zeit sollte ständig jemand dabei sein und aufpassen, dass die neue Garage bei der Grillerei nicht abbrennt. Freiwillige tragen sich bitte auf der Liste in der Kantine ein.
Danke
Tim

Bald darauf liefen die Vorbereitungen für den »4. Juli mit Span-ferkelbraten und TV-Töten« auf Hochtouren. Es dauerte meh-rere Tage, bis Wilbur, den man für ebensolche Anlässe zum Pol geschafft hatte, in der »Speisekammer« aufgetaut war. Da Wil-bur an die hundertdreißig Pfund gewogen haben dürfte, hat-te Mike den Grill in der neuen Wartungshalle entsprechend dimensioniert. Das Schweinchen musste eineinhalb Tage lang-sam gegart werden, deshalb wurde abwechselnd Wache ge-schoben und aufgepasst, dass es nicht verbrannte.

Die erste Wache fiel auf Bai Xinhua, den chinesischen Atomphysiker, der beim AMANDA-Projekt mitarbeitete. Bai war natürlich ein brillanter Wissenschaftler, wirkte aber in den ersten Monaten sehr scheu und in sich gekehrt. Bald stellte sich jedoch heraus, dass er keineswegs schüchtern war, son-dern anfangs nur über sehr begrenzte Englischkenntnisse ver-fügte. Wir waren nicht einmal sicher, ob Bai wirklich verstan-den hatte, dass es, wenn die Polstation einmal geschlossen war, mehr als acht Monate kein Entkommen geben würde.

Da er ein freundlicher, gutmütiger Mensch war, mochte ich ihn sehr gern und hamsterte für ihn alle Töpfchen mit Instant-Nudelgerichten, die ich auftreiben konnte, weil es das Einzi-ge war, was er am Pol gerne aß. Und jeder strengte sich an, ihm Englisch beizubringen, damit er sich zugehörig fühlen konnte.

Vor ein paar Monaten hatte ich ihn einmal in der Kantine getroffen und freundlich gefragt: »Wie läuft's, Bai?«

»Ich laufe doch gar nicht weg«, antwortete Bai.

Als ich ihm erklärte, was mit »wie läuft's« gemeint ist, lachte er und sagte: »Sie sprechen so lustig, Doc.«

Mit einer Horde Polies als Vorbilder entwickelte Bai natürlich einen interessanten Akzent und ein recht deftiges Vokabular. Er arbeitete eng mit Nuclear Nick zusammen, dem Ukrainer mit französischsprachiger Frau und Kind in Montreal, der ihm auch Englisch beibrachte, vor allem Kraftausdrücke wie »Scheiße« und Ähnliches. Bald fluchte Bai wie ein Bierkutscher, die Feinheiten einer gepflegten Unterhaltung waren ihm jedoch weniger geläufig. Es kam schon mal vor, dass Bai herausplatzte: »Da scheiß ich drauf«, wenn wir beim Abendessen saßen.

Dann nahm ihn einer von den Jungs beiseite und redete ihm ins Gewissen: »Weißt du, Bai, es ist ganz in Ordnung, so etwas zu sagen, wenn du mit uns Kerlen herumhängst, aber in Gesellschaft von Damen kommt das nicht so gut an.«

»Ah, verstehe.«

Am Donnerstagnachmittag zündeten Mike und Tim ein schönes Holzkohlenfeuer unter dem Grill an. Dann hievten sie den Spieß samt Wilbur hoch, hängten ihn ein und ließen Bai, der unseren Festtagsbraten im Auge behalten sollte, allein in der Wartungshalle zurück.

Es war kaum eine Stunde vergangen, da drang Bais aufgeregte Stimme aus allen Lautsprechern: »Hilfe, Hilfe! Das Schwein brennt! Das Schwein brennt!«

Da die Halle nicht weit vom Biomed entfernt lag, spurtete ich los und wurde fast von Pakman umgerannt, der noch dazu eine geöffnete Bierdose in der Hand hielt. In der Garage war die Hölle los. Tim, Mike, Power Plant Thom und Bai starrten entgeistert auf Wilbur, den sechs Meter hohe, von seinem herabtropfenden Fett gespeiste Flammen umzüngelten. Seine Haut war völlig verkohlt, Fleischsaft troff herunter. Die Männer holten Wilbur aus den Flammen, legten ihn auf eine Plastikplane und kümmerten sich dann um die Kohlen. Ich fühlte mich überflüssig, wie vermutlich alle Frauen, wenn Männer an einem offenen Feuer zugange sind, und so trollte ich mich nach Hause, um nach meiner Wäsche zu sehen.

Bald war das Ereignis als »Notruf des Jahrhunderts« bekannt.

Wie an dem Tag, als John F. Kennedy ermordet wurde, wusste jeder, wo er gerade gewesen war und was er gemacht hatte, als er hörte, dass das Schwein brennt.

Das im wahrsten Sinn des Wortes brennende Problem war schnell gelöst, und es wurde Tag und Nacht neben Wilbur Wache gehalten. Das große Fest begann am folgenden Nachmittag, und zwar gleich mit der »Hauptattraktion«: Cosmo der Killer gegen den Sohn von Sony. Comms Tom hatte für den Wettbewerb im »TV-Töten« drei kaputte Fernseher gespendet, die in die Staaten zurückgeschickt werden sollten. Trotz der klirrenden Kälte von minus 64 Grad Celsius rannten alle nach draußen, um Big John anzufeuern, der Cosmo, den 24-Tonnen-Tieflader, soeben mit aufgeblendeten, den dunklen Polarhimmel streifenden Scheinwerfern und gefährlich brummendem Motor wie ein angriffslustiger Ringkämpfer auf sein Opfer zusteuerte. Der Fernseher ließ sich nicht einschüchtern und hielt tapfer dagegen. Cosmo musste wenden und ein zweites, ein drittes Mal angreifen, ehe er seinen Gegner endlich vernichtet hatte. Nach diesem Erfolg tanzte Cosmo siegestrunken einen Shuffle, und seine Ketten bewegten sich beinahe graziös vor und zurück.

Als nächstes Ereignis stand ein »Fernseher-Weitwurf« vom Obergeschoss der neuen Wartungshalle auf dem Programm. Wieder setzte sich der Fernseher heftig zur Wehr, so dass wir ihm schließlich mit Vorschlaghämmern den Rest geben mussten. Meine Begeisterung wurde jedoch gedämpft durch die Tatsache, dass ich noch immer keine Spaltleuchte hatte, um notfalls Glassplitter aus den Augen zu entfernen.

Der letzte Spektakel des Abends war »Bowling mit Fernseher«. Wir zogen Namen aus einem Hut, und die Gewinner nahmen eine Bowlingkugel, die man auf dem Dach eines Containers gefunden hatte, und gingen ans Ende eines langen Ganges. Am anderen Ende, unter einem großen Schild, auf dem stand: Töte deinen Fernseher!, war der letzte Fernseher aufgestellt. Lisa gab ihr Bestes, hatte aber kein Glück. Dar traf gleich beim ersten Versuch, und die Kugel blieb mit einer hübschen kleinen Implosion in dem Gerät stecken. Perfekt abgeräumt! Anschließend hievten wir den etwas zu gut durchgebratenen Wilbur vom Grill, und Mike begann ihn zu tranchieren. Tool Man Tim steuerte noch köstlichen geräucherten Lachs und Forelle bei.

Ich schrieb Kathy Miller von unserer Party zum Unabhängigkeitstag am 4. Juli und schickte ihr einige Bilder. Ich fing an, sie richtig gern zu haben – wir hatten sehr viel gemeinsam und wären unter anderen Umständen sicher sofort Freundinnen geworden. Sie war zwar zehn Jahre jünger als ich, jedoch ebenfalls in Ohio geboren und aufgewachsen und hatte am Johns Hopkins in Baltimore Medizin studiert. Danach hatte sie sich ein Jahr freigenommen, um mit dem Austauschprogramm einer Jugendorganisation nach Botswana zu gehen.

Ihr heiteres Wesen und ihre Menschlichkeit zeigten sich stets in ihren Botschaften an mich, aber ehe ich ihr uneingeschränkt vertrauen konnte, musste ich sicher sein, dass sie wirklich absolut ehrlich war, was meine Prognose betraf. Wir tauschten E-Mails aus und kommentierten sie, ein Gespräch mit Zeitverschiebung. Manchmal kam mir unsere elektronische Unterhaltung vor wie ein Ballett oder ein Ringkampf, bei dem wir beide die schreckliche Realität meiner Situation abwartend umkreisten. Der Gedankenaustausch mit Kathy war, als führte ich ein Gespräch mit mir selbst – ein Gespräch zwischen meinem emotionalen und meinem rationalen Selbst. Eine von uns spielte stets den Anwalt des Teufels. Wir forderten uns gegenseitig heraus und wechselten die Seiten. Ich musste einfach alle Aspekte erörtern, die geplante Strategie bis ins Kleinste durchdenken, um dann einen Weg zu finden, wie ich damit leben konnte.

Absender: Jerri Nielsen<nielsenje@spole.gov>
Empfänger: Miller, Kathy D.
Datum: 6. Juli 1999 6:15
Betreff: Unabhängigkeitstag am Pol

Liebe Kathy,
unser E-Mail-Rechner war zwei Tage lang ausgefallen,

deshalb hatte ich keinen Kontakt zur Außenwelt. Welche Bilder haben Sie erhalten? Ein ganzer Schwung ist zurückgekommen, aber einige haben es offenbar geschafft. Die Launen der Luftgeister …

KM: Ich habe eine Menge Fotos bekommen – von Fernsehgeräten in verschiedenen Stadien der Zerstörung, von einem brennenden Schwein, von Lisa mit einem Schweinskopf an Stelle ihres Gesichts, großartige Aufnahmen von der Kuppel und von den Bergen. Übrigens, wozu braucht man am Pol eine Bowlingkugel?

JN: Wozu braucht man überhaupt Bowlingkugeln?

KM: Gute Frage.

JN: Wenn ich Krebs habe, wird der Tumor durch eine Hormontherapie kleiner? Und warum nicht auch ein Fibroadenom? Solche Geschwülste verändern sich im Laufe des Monatszyklus. Vielleicht ist der Knoten schon kleiner geworden. Oder härter und tiefer. Ich kann es nicht sagen, obwohl ich die Brust schon tausend Mal abgetastet habe. Ich muss den Bereich mit dem Leuchtstift markieren. Das bekommt ja keiner mit. Ich habe mir seit acht Monaten nicht mehr die Achseln oder Beine rasiert, was ist da schon ein dünner Strich.

KM: Gut, messen Sie dieses verdammte Ding noch heute, und dann jeweils einmal pro Woche, immer donnerstags. Sollte sich herausstellen, dass der Knoten gutartig ist, wäre ich sehr froh! (Und nicht allzu beunruhigt, dass ich Ihnen eine Hormontherapie verordnet habe.)

Ein Fibroadenom sollte unter einer Hormontherapie auf jeden Fall kleiner werden – ohne Östrogen bilden sich keine Fibroadenome. Manche Arten von Brustkrebs reagieren auf Östrogengaben, manche nicht. Bei den östrogenabhängigen Tumoren liegt die Chance, dass sie unter der Hormontherapie kleiner werden, bei etwa 40 Prozent. Die anderen Tumore reagieren nicht auf die Hormontherapie.

Sie bekommen bei der Abwurfaktion auch Material zur immunchemischen Untersuchung von Zellen mitgelie-

fert. Ich drücke den Daumen, dass alles sicher und wie geplant bei Ihnen landet.
Halten Sie sich schön warm!
Kathy

Nach dem 4. Juli traten ernsthafte Probleme mit unseren Kommunikationssystemen auf, einmal kam es sogar zum völligen Ausfall des E-Mail-Rechners. Nachdem unsere Computergenies zwei Tage später den Kontakt zur Außenwelt wiederhergestellt hatten, ging eine Flut von Botschaften ein, darunter auch eine schlimme Nachricht für meinen Freund Mosaddeque Reza.

Absender: Jerri Nielsen<nielsenje@spole.gov>
Empfänger: Mom@aol.com
Datum: 6. Juli 1999 18:16:45 +1200
Betreff: Rezas Vater

Meine Lieben,
gestern Abend hat Reza erfahren, dass sein Vater schon vier Tage tot war, ehe die Familie ihn benachrichtigen konnte. Wie schrecklich, draußen in der Welt einen geliebten Menschen zu verlieren, wenn man hier im Eis festsitzt.
Reza ist mit fünf Geschwistern in einem entlegenen muslimischen Dorf in Bangladesch aufgewachsen. Es gibt dort weder Wasser noch Strom noch Telefon. Die Menschen leben in Hütten und machen alles mit der Hand. Der nächste Arzt, die nächste Krankenschwester sind fast fünfhundert Kilometer entfernt. Man kann den Arzt nur aufsuchen, wenn man ein Reittier hat, denn es gibt keine Autos.
Ich habe Reza recht gut kennen gelernt, denn er hat sich gemeldet, als ich nach Freiwilligen suchte, die ich zu Hilfssanitätern ausbilden wollte. Ich habe ihm beigebracht, wie man Infusionen legt, Wunden vernäht, Brü-

che schient, die wichtigsten Laboruntersuchungen durchführt, Röntgenbilder anfertigt und noch ein paar andere Dinge. Wenn er eines Tages in sein Dorf zurückkehrt, wird er dort der Einzige sein, der über fundierte medizinische Kenntnisse verfügt. Deshalb wollte er möglichst viel bei mir lernen. Er ist der Erste in seinem Dorf, der die Highschool abgeschlossen hat (vom College ganz zu schweigen).

Er hat keine Möglichkeit, direkt mit seiner Mutter in Verbindung zu treten. Es gibt kein Telefon, keine Computer, nichts. Er hat eine E-Mail an die Familie von Roo (einem unserer Astronomen) geschickt, die fast fünfhundert Kilometer von seinem Dorf entfernt lebt. Sie werden jemanden zu Fuß dorthin schicken, der seiner Mutter den Brief übergibt.

Reza ist ein sehr sensibler Mensch, der wunderschöne Gedichte über die Liebe zu seiner Mutter, den Frieden in der Welt und solche Dinge schreibt. Er trägt den Schicksalsschlag mit großer Fassung. Obwohl wir einen seiner Kollegen gebeten haben, ihn zu vertreten, ist er heute Morgen aufgestanden, um die Arbeit an seinen Experimenten fortzuführen.

Wie grausam das Leben sein kann.

Bleibt um Himmels willen gesund! Alle!

Liebe Grüße, Duffy

Da die Abwurfaktion nun beschlossene Sache war, gab die NSF eine Presseerklärung mit Einzelheiten über den Ablauf heraus. Per E-Mail hatte ich bereits mit Rita Colwell, Geschäftsführerin der NSF, und Karl Erb, dem Verantwortlichen für die Polarprogramme, Kontakt aufgenommen und sie gebeten, alles zu tun, damit auf meine Privatsphäre Rücksicht genommen wurde. Ich wollte nicht, dass mein Name in die Öffentlichkeit gelangte. Da es sich bei mir um ein medizinisches Problem handelte, ging ich davon aus, dass die Medien meinen Wunsch respektieren würden. Tatsächlich gab die NSF kurz darauf eine Presseerklärung heraus, in der zwar nicht mein Name, jedoch mein Alter genannt wurde. Es war nur eine Frage der Zeit, bis ein Reporter ein wenig nachforschte und meine Identität preisgab.

Erklärung von Dr. Karl A. Erb, Leiter des Polarprogramms, über den Gesundheitszustand der Mitarbeiter am Südpol, datiert vom 6. Juli 1999

Nach Konsultation mehrerer Fachärzte in den USA sind die Verantwortlichen der National Science Foundation (NSF) zu dem Schluss gekommen, dass ein Abwurf medizinischen Materials die beste und sofort durchführbare Möglichkeit ist, um eine Frau, die auf der Amundsen-Scott-Südpolstation überwintert, zu behandeln. Die Frau hat vor kurzem einen Knoten in ihrer Brust festgestellt.

Die Zentrale der NSF in Arlington, Virginia, wurde kürzlich über den Zustand der siebenundvierzigjährigen Frau, einer bei Antarctic Support Associates (ASA) in Englewood, Colorado, angestellten US-Bürgerin, unterrichtet. Die sofort hinzugezogenen Fachärzte konnten sich über Satellit detailliert informieren und die gesundheitliche Gefährdung der Patientin feststellen. Nach eingehender Prüfung der vorliegenden Informationen haben die Patientin und ihre Ärzte sich zu einer medikamentösen Behandlung entschlossen, die geeignet ist, ihre Gesundheit zu erhalten. Nach Absprache der NSF mit der US Air Force soll ein Flugzeug die Südpolstation anfliegen und das notwendige medizinische Material dort abwerfen. Das 62. Geschwader auf dem Luftwaffenstützpunkt McChord in Tacoma, Washington, bereitet sich derzeit auf die Mission vor, die innerhalb einer Woche durchgeführt werden soll.

Absender: Mom@aol.com
Empfänger: nielsenje@spole.gov
Datum: 8. Juli 1999 19:30:39
Betreff: Privatsphäre ade!

Dan Rather hat deinen Knoten zum Thema des Tages gemacht. Ich glaube, du solltest wissen, dass sie dich als siebenundvierzigjährige »unbekannte Frau« beschrieben haben. Willst du deinen Kindern eine E-Mail schicken, oder soll ich es tun? Sie haben es sicher schon von irgendwem gehört. Eric hat erzählt, dass man ihm die Nachricht auf dem Anrufbeantworter hinterlassen hat. Er kommt kaum mehr zum Arbeiten, sagt er, weil er so viele Anrufe und E-Mails wegen seiner Schwester bekommt. Sein Chef hat ihn aus Cleveland angerufen und gesagt, er habe »es« in den Fernsehnachrichten erfahren. Sie hätten erzählt, der Pol sei der gefährlichste Ort auf Erden und es herrsche dort tiefste Nacht. Sie haben erzählt, dass du bis Oktober dort gefangen bist, weil keine Flugzeuge hinkommen können. Und sie haben gesagt, dass die Abwurfaktion eine Million Dollar kostet. (Sollte sich herausstellen, dass dein Knoten gutartig ist, wäre es vielleicht besser, wenn du lügst und sagst, du konntest geheilt werden.) Ich hoffe, die Besatzung des Flugzeugs macht ein paar Fotos von der angestrahlten Kuppel und den Leuchtfeuern. Das wären sensationelle Bilder.

Mach's gut, meine Kleine. Alles Liebe. Wir denken an dich.

Momma

In den folgenden Tagen schickten uns Freunde und Verwandte Kopien unzähliger Zeitungsartikel über die Abwurfaktion – angefangen von der *Washington Post* bis zum *Sydney Herald*. Mit jedem neuen Bericht wuchs meine Angst, dass mein Name enthüllt werden würde.

Am Freitag, dem 9. Juli, erfuhren wir, dass die C-141 der Air Force in Christchurch gelandet war. Pfarrer Coleman, mit dem ich mich im Sommer angefreundet hatte, schrieb mir von dort, er habe das Flugzeug mit Weihwasser gesegnet. Vor dem Abflug am nächsten Tag wollte er für die Besatzung noch eine Messe lesen.

Inzwischen waren wir wie kleine Kinder, die auf das Christkind warteten, erschöpft von der Vorfreude, aber zu aufgeregt, um zu schlafen. Wir hingen in der Kantine herum, tranken Kaffee und unterhielten uns. Auf einmal stürzte Pakman herein und verkündete, das Flugzeug habe auch eine Ladung Wassermelonen an Bord. Sein Vater habe es in einem Fernsehbericht gehört. Diese Nachricht brachte uns auf die Beine, und wir hüpften in der Kantine umher und sangen Lieder über Bananen und Wassermelonen.

Schließlich wurde ich doch müde und ging zum Biomed zurück. Ich kuschelte mich ins Bett, eingewickelt in meine Daunendecke, medizinische Fachbücher und eine Sammlung farbiger Markierstifte auf der Schreibunterlage vor mir, und versuchte, mich auf meine Lektüre zu konzentrieren. Wenige Schritte entfernt saß Big John an meinem Schreibtisch und hackte eine E-Mail an seinen Bruder in Kalifornien in den Computer. Die zwei Betten in meiner kleinen Klinik, die weiter hinten im Korridor standen, waren leer. Meine drei Mitbewohner im Biomed hatten sich in ihre Zimmer zurückgezogen und holten sich vor dem großen Tag hoffentlich noch eine Mütze Schlaf.

Plötzlich erlosch das Licht.

»Ach, du Scheiße!«, platzte Big John heraus. (Später erzählte er mir, das seien gewöhnlich die letzten Worte, die auf dem Stimmenrekorder von den Piloten zu hören seien, wenn ein Flugzeug abstürzte.)

Einen Sekunde lang herrschte stockfinstere Nacht, dann ging flackernd die Notbeleuchtung mit ihrem gespenstisch weißen Licht an. Ich war derart in meine Lektüre vertieft, dass ich zuerst gar nicht begriff, was geschehen war. Big John, nur mit Shorts, T-Shirt und Stiefeln bekleidet, warf sich auf dem Weg zur Tür seine Lederjacke über und rief mir zu: »Du bleibst hier! Ich laufe zum Generatorenraum!«

Ich tastete im Dunkeln nach meiner wärmsten Kleidung und zog gerade meine dicken Stiefel an, als Big John schon wieder zur Tür hereinstapfte.

»Ich brauche eine Taschenlampe«, stieß er keuchend hervor und schnappte sich eine vom Regal. »Alles ist voller Rauch. Die Schaltanlage des Generators hat gebrannt, aber inzwischen ist das Feuer aus.«

Er sah mich an und wusste natürlich, was mir durch den Kopf ging.

»Niemand ist verletzt«, beruhigte er mich. »Bleib hier und lass die Türen zu, damit keine Wärme verloren geht. Wenn es kritisch wird, komme ich zurück und hole dich.«

Er war außer Atem und wirkte sehr besorgt. Paradoxerweise war unser größter Feind in dieser Welt aus Kälte und Eis das Feuer. Zum ersten Mal seit meiner Ankunft am Südpol hatte ich wirklich Angst.

KAPITEL 11

Die Hölle auf Erden

Am Südpol kommt ein Stromausfall immer im falschen Augenblick. Einen schlechteren Zeitpunkt als jetzt, da in knapp zweiundzwanzig Stunden die Abwurfaktion stattfinden sollte, hätte es jedoch kaum geben können.

Ich schaltete mein Funkgerät auf Empfang und ging unruhig in der Krankenstation auf und ab. Liza Lobe nahm ihren Platz im Büro ein und hielt sich bereit, um mir zu assistieren, falls es Verletzte zu versorgen gab. Ken war bereits zum Rodwell gelaufen, und Mike als der Verantwortliche versuchte zusammen mit Power Plant Thom herauszufinden, was im Generatorenraum passiert war.

Um möglichst wenig Energie zu verbrauchen, schalteten Liza und ich alle elektrischen Geräte aus und saßen wartend im Dunkeln. Ohne das Summen der Apparate im Hintergrund herrschte in der Krankenstation eine gespenstische Stille. Das einzige Geräusch war das Knacken des Funkgeräts, und ich lauschte auf die Stimmen meiner Freunde, die sich nun einer nach dem anderen bei Mike meldeten.

»Mike, hörst du mich?«, fragte einer der Techniker, der sich beim Notaggregat mehr als vierhundert Meter hinter dem Dome befand.

»Hier Mike. Was gibt's?«

»Not eingeschaltet, läuft.«

»Gut, verstanden«, antwortete Mike mit schönster Chuck-Yeager-Stimme. »Bleib dran.«

Als ich an Mike, Power Plant Thom, Big John und all die anderen draußen in der Dunkelheit dachte, erfüllte mich eine unendlich große Dankbarkeit. In den Geschichtsbüchern wird die Zeit von Scott, Amundsen und Shackleton als Ära der Helden bezeichnet – eine Ära, die mit Shackletons tödlichem Herzinfarkt im Jahr 1922 zu Ende ging. Aber es gab noch andere Helden im Eis: Sie kämpften gerade gegen Feuer und klirrende Kälte, damit wir hier wohlbehalten weiterleben konnten und es einem Flugzeug gelang, gefahrlos in die tiefe antarktische Nacht hineinzufliegen und über einem kleinen halbkreisförmigen Ziel aus brennenden Fässern seine wertvolle Fracht abzuwerfen.

Angestrengt verfolgte ich die einzelnen Stimmen, die aus dem Funkgerät drangen. Solange meine Freunde sprachen, waren sie noch am Leben. Dass ich weder Big John noch Power Plant Thom hörte, beunruhigte mich. Ich musste mich beherrschen, damit ich nicht hinauslief, um ihnen zu helfen. Doch ich hatte auf meinem Posten zu bleiben und durfte die Krankenstation nicht verlassen. Stattdessen ging ich im Dunkeln auf und ab und rief immer wieder frustriert zu Liza hinüber: »Ich kann sie nicht auf den Sender bekommen!«

Liza, unserer Buschpilotin und Fluglotsin, war das Gefühl, Ken in Gefahr zu wissen und nicht das Geringste tun zu können, nur allzu vertraut.

»Hör nicht mehr hin!«, rief sie von nebenan zurück. »Hast du immer noch nicht gelernt, dass es nichts bringt, wenn du am Funkgerät klebst?«

Nachdem eine weitere Stunde vergangen war, ohne dass wir etwas gehört hatten, setzte ich mich an meinen Computer, um eine E-Mail an meine Familie in Ohio zu schreiben. Sie sollten wenigstens wissen, was passiert war, falls wir den Dome evakuieren und ins Sommerlager umziehen mussten. Ich erzählte ihnen von dem Feuer und dem Stromausfall und dass Big John hinausgegangen war, um die Generatoren wieder in Gang zu bringen.

Liebste Mom, liebster Dad,
… Seit zwei Stunden habe ich nichts von ihm gesehen, nicht einmal seine Stimme über Funk gehört. Er ist in Shorts nach draußen gerannt. Bestimmt steckt er mittendrin. Wahrscheinlich sind alle in Ordnung, sonst hätte man mir schon jemanden geschickt. Wir dürfen nicht hinausgehen. Es soll keine Wärme durch offene Türen entweichen. Ich muss mich im Biomed bereithalten, falls jemand verletzt ist.

Irgendwie habe ich dieses Mal, zum ersten Mal, richtig Angst. Big John sah ziemlich beunruhigt aus, als er zurückkam, um eine Taschenlampe zu holen. Wir haben schon eine ganze Weile keinen Funkkontakt. Viele Leute, an denen mir etwas liegt, sind jetzt da draußen. Aus dem Generatorenraum hört man keine Funkgespräche mehr. Was dort los ist, mag ich mir gar nicht vorstellen. Wenn jemand verletzt ist, bin ich die Erste, die es erfährt. Ich sitze im Dunkeln und warte.

Jetzt muss ich den Computer ausschalten. Er verbraucht wertvolle Energie, aber zum Ausgleich habe ich weder Licht gemacht noch die Toilettenspülung betätigt. Mir ist der Gedanke einfach unerträglich, dass meine Familie nicht erfahren könnte, warum ich mich nicht mehr melde, wenn wir alles aufgeben müssen bis auf unsere Notausstattung. Macht euch keine Sorgen, wir ziehen in den oberen Schlaftrakt um, wenn etwas passiert.

Tut mir Leid, dass alles ein bisschen zusammenhanglos klingt.

Keine Zeit zum Nachdenken …

Endlich läutete das Telefon. Es war Big John, der müde klang, aber nicht mehr so beunruhigt wie zuvor. Er sagte, es werde noch Stunden dauern, bis sie die Schalttafel repariert hätten, aber sonst sei alles in Ordnung. Im Hintergrund hörte ich die Jungs herumblödeln, welche Kabelfarben sie nehmen sollten, Braun oder Dunkelblau, Dunkel- oder Hellblau … Ihr gelöstes Lachen beruhigte mich, und ich beschloss, mich schlafen zu legen.

Am nächsten Morgen erzählte mir Big John, dass nicht viel gefehlt hatte, und wir hätten den Dome evakuieren müssen. Als er den Generatorenraum erreichte und die Tür zum Kontrollraum öffnete, schlug ihm der beißende Geruch durchgeschmorter Kabel und brennender Elektronikteile entgegen. Die Notbeleuchtung war ausgefallen, und er sah nichts außer ein paar züngelnden Flämmchen an den Schalttafeln. Big John holte tief Luft und blies sie aus, dann öffnete er die Tür auf der gegenüberliegenden Seite, um Durchzug zu schaffen, damit der Rauch abziehen konnte.

Danach rannte er ins Biomed und holte eine Taschenlampe. Es gab nur drei Generatoren im Raum. Der zweite war zum Zeitpunkt des Stromausfalls am Netz gewesen, die Schalttafel qualmte noch. Der Farbanstrich auf der Schalttafel des ersten Generators warf Blasen, denn sie befand sich direkt über der Schalttafel von Generator zwei, und die Flammen hatten sie bereits erreicht. Die Jungs versuchten, den ersten Generator in Gang zu bringen. Er knackte, lief aber nicht an. Also blieb nur noch der dritte übrig – der letzte Schutz der Südpolstation vor dem antarktischen Winter. Big John nahm die nötigen Handgriffe vor, um den dritten Generator zu starten. Er sprang sofort an, und die Männer brachten ihn wieder ans Netz. Ausfallzeit: insgesamt acht Minuten. Big John und Thom waren fast bis fünf Uhr morgens beschäftigt, ehe sie den vom Feuer verursachten Schaden repariert hatten. Aber es blieb noch einiges zu tun. Sie wussten aber immer noch nicht, was den Brand verursacht hatte.

Zu allem Unglück hatte sich einer der wichtigsten Arbeiter auf der Station während des Stromausfalls schlimm verletzt. Boston Bob, der Vorarbeiter der Elektriker, war auf ein Ölfass geklettert, um die Notbeleuchtung in Ordnung zu bringen, und dabei ausgerutscht. Big John und die anderen hörten den dumpfen Schlag, als er auf den Containerboden fiel.

Als sie bei ihm eintrafen, lag er auf dem Boden und hielt sich die Seite. Da er jedoch allein aufstehen und ohne Hilfe zur Kantine gehen konnte, machten sie sich wieder an ihre Arbeit.

Bob kam erst am nächsten Tag zu mir, als die Schmerzen zu stark wurden. Ich stellte fest, dass er sich nicht nur zwei Rippen gebrochen, sondern auch eine Lungenverletzung und eine Leberquetschung zugezogen hatte. Der Mann stand in dem Ruf, der härteste Kerl am Pol zu sein, und in dieser Nacht wurde er ihm wahrlich gerecht. Seine Verletzungen würden ihn jedoch für eine ganze Weile außer Gefecht setzen.

Die Abwurfaktion erschien jetzt, da ein wichtiger Mann ausfiel und so viele andere die ganze Nacht gearbeitet hatten, um die Stromversorgung wiederherzustellen, noch riskanter. Alles in allem wurden in der Vorbereitungsphase dieser Aktion vier Polies verletzt.

Ich lief von einem zum andern und spielte Sandmännchen, damit die Leute noch ein wenig Schlaf bekamen. Bei Mike Masterman, der unsere Vorbereitungen organisierte, war alle Mühe vergebens: Er wirkte dermaßen überdreht, dass man ihn in eine Zwangsjacke stecken und in eine Dunkelkammer hätte sperren müssen. Power Plant Thom hatte zu schlafen versucht, aber kein Auge zubekommen. Jetzt saß er in der Kantine, trank Kaffee und redete ständig von den Generatoren. Er war überzeugt, dass die Generatoren uns in der nächsten Nacht wieder Probleme bereiten würden, deshalb hatte er gleich am Morgen mit Christchurch Verbindung aufgenommen und darum gebeten, der Ladung für die Abwurfaktion noch Generatorenteile beizupacken. Alle Elektromechaniker Neuseelands suchten im Augenblick nach Ersatzteilen für uns, berichtete er. Big John war alt und erfahren genug, um die richtigen Prioritäten zu setzen: Er schlief tief und fest. Auf ihn und Thom würden wir am Abend besonders angewiesen sein, denn sie mussten die schweren Maschinen in Ordnung bringen, falls sie nicht ansprangen, und auch wieder für Strom sorgen, falls unser notdürftig reparierter Generator noch einmal ausfallen sollte.

Um vier Uhr nachmittags traf sich die gesamte Mannschaft in der Kantine zu einer letzten Einsatzbesprechung vor der Abwurfaktion.

Mike stellte sich mit einem Stapel Papier vor der Gruppe auf, las vor, welche Position die einzelnen Leute einnehmen sollten, und ging noch einmal die Sicherheitsmaßnahmen durch. Er informierte uns, dass die C-141 Starlifter der Air Force bereits in der Luft war und auf ihrem gut 3 700 Kilometer langen Flug von Neuseeland zum Südpol und zurück über McMurdo betankt werden würde. Ihre Ankunftszeit wurde auf zehn Uhr abends geschätzt. »Die Maschine wird anfliegen, zwei Paletten abwerfen, über der Zielmarke kreisen und dann die restlichen vier Paletten abwerfen«, erklärte Mike. »Niemand geht in die Abwurfzone, ehe nicht alle sechs Paletten unten sind …«

Ich hatte bereits meine Videokamera vorbereitet und nahm

diese denkwürdige Stunde für die Nachwelt auf, für meine Familie und wohl auch als Dokument für mich selbst. Meine Kameraden wirkten erschöpft, aber hellwach. Besorgnis lag in ihrem Blick, jedoch auch erwartungsvolle Spannung. Ich verweilte ein wenig auf ihren Gesichtern: Loree, Andy, Dar, Joel, Big John und Power Plant Thom hatten die Köpfe zusammengesteckt und berieten sich, Comms Tom, Nuclear Nick, Heidi – lauter lieb gewonnene Freunde. Ich hielt sie mit der Kamera fest, als wollte ich sie für immer in Erinnerung behalten. So, wie sie an diesem Tag waren, sollten sie für immer bei mir sein. Dann richtete ich die Kamera kurz auf mich selbst, um zu zeigen, dass ich mitten unter ihnen war.

Mike hatte inzwischen ein großes Problem der Station angesprochen: die unersättliche Gier der Medien nach Neuigkeiten über die »unbekannte Frau« mit dem Knoten in der Brust. Ich hoffte immer noch, anonym bleiben zu können, hoffte, dass sie mich nach der Abwurfaktion vergessen und sich auf die nächste Story stürzen würden. Nach allem, was ich in meinem Leben bereits durchgemacht, was ich erreicht hatte und noch zu erreichen hoffte, wollte ich eines nun wirklich nicht: als die »Frau mit dem Knoten« in Erinnerung bleiben. Meine Freunde, meine Familie und meine Kollegen bewahrten zwar Stillschweigen über meine Identität, aber die Presse kannte kein Erbarmen. Inzwischen rückten die Reporter jedem auf den Leib, der auch nur entfernt etwas mit der Polstation zu tun hatte, um irgendwelche Informationen über mich zu bekommen. Die Situation wurde allmählich äußerst belastend, und sie kostete uns Energie, die wir für unsere gefährliche Arbeit dringend brauchten.

»Sag mir Bescheid, falls die Presseleute dich oder deine Familie belästigen«, fügte Mike hinzu. »Wir haben schon eine Mitteilung an sie in der Schublade, die wir mailen, wenn sie Kontakt mit dir aufnehmen.« Dann übergab er an Comms Tom.

Tom rückte seine Nickelbrille zurecht, schob seine Baseballkappe gerade und holte tief Luft. »Es hat in letzter Zeit eine Menge Gerüchte gegeben«, begann er, »und ich möchte euch jetzt informieren, was mit dem Computersystem los war. Also, wir hatten Hacker zu Besuch. Das Netz wird offenbar weitgehend von jemand anders kontrolliert.«

Niemand bewegte sich, niemand sagte ein Wort. Wir hatten alle davon reden hören, dass jemand versucht habe, in unser E-Mail-System einzudringen, und uns gefragt, ob es sich vielleicht um einen Boulevardreporter handelte, der irgendwelche Sensationen ausgraben wollte. Nun erfuhren wir, dass wir womöglich Opfer eines Angriffs durch Hacker geworden waren, die sich anlässlich des Unabhängigkeitstags am 4. Juli in die Computer der US-Regierung – und jede Website mit der Endung ».gov« – eingeloggt hatten. Offenbar hatte es auch »spole.gov« erwischt. Die Computer am Südpol waren für Hacker so etwas wie der Mount Everest für Bergsteiger, denn sie waren wegen der problematischen Satellitenkanäle genauso schwer zu erreichen wie alles andere in dieser Ecke der Welt. Aber im Gegensatz zur PR-Website des FBI oder anderen weniger wichtigen Angriffszielen stand für die Südpolstation bei einem Verlust der Internetverbindung wesentlich mehr auf dem Spiel: unschätzbare, über Jahre gesammelte Forschungsdaten, unser lebenswichtiger Kontakt zur Außenwelt. Und vielleicht sogar die Systeme, die unser Überleben ermöglichten.

»Behaltet das aber für euch«, fuhr Comms Tom fort. »Wir haben unsere Mitteilungen für Denver verschlüsselt, weil sie alles abfangen können, was wir hinausschicken. Bis nach der Abwurfaktion wollen wir das Netz vorerst aufrechterhalten. Solange die Hacker nicht wissen, dass wir etwas gemerkt haben, werden sie uns den Laden nicht dichtmachen. Aber wenn sie denken, dass wir sie erwischt haben, können sie jedes Laufwerk auf der Station neu formatieren …«

Die Hacker hätten am 4. Juli vorübergehend sogar das Schlechtwetter-Frühwarnsystem lahm gelegt und damit das Leben vieler Menschen in Gefahr gebracht, ergänzte Lisa Beal, die auch in der Kantine saß. »Aber das ist diesen Kerlen ja völlig egal. Sie sind einfach gegen alles, was mit der Regierung zu tun hat.«

Einen Augenblick lang starrten wir uns alle fassunglos an. Dann ergriff Mike wieder das Wort und erinnerte uns, an die-

sem Abend besonders aufmerksam auf die Lautsprecherdurch-
sagen zu achten, damit jeder Einzelne bei der Abwurfaktion
auf Anfrage seinen Standort durchgeben konnte. Die Einzige,
die keine konkrete Aufgabe bei der Aktion hatte, war ich. Um
mich nicht allzu überflüssig zu fühlen, legte ich zusätzliche
Handwärmer und Chapsticks bereit, die ich vom Biomed mitgebracht hatte, so dass sich jeder auf dem Weg nach draußen
nehmen konnte, was er brauchte.

Als ich gerade aufbrechen wollte, kam Loree mit den neuesten Wetterdaten herein: Die Sichtweite betrug drei Kilometer, die Windstärke lag bei 11,8 Knoten, also noch weit unter
der kritischen Marke von 20 Knoten, die einen Abbruch der
Aktion bedeutet hätte. Die Temperatur betrug minus 65 Grad
Celsius.

Ich ging in mein Zimmer und versuchte, mich ein wenig
auszuruhen, setzte mich aber schließlich an den Computer,
um einige E-Mails zu schreiben und zu beantworten.

Absender: Jerri Nielsen<nielsenje@spole.gov>
Empfänger: Miller, Kathy D.
Datum: 10. Juli 1999
Betreff: Der Abwurf steht bevor

Liebe Kathy,
wann soll ich mit der Einnahme der Medikamente beginnen? Mit welchem? Wie sind sie einzunehmen? In
welcher Dosierung? Bekomme ich genaue Anweisungen
mitgeliefert?
Alle bereiten sich auf die Abwurfaktion vor. In knapp
drei Stunden ist es so weit. Ich werde heiße Schokolade
kochen und Decken mitnehmen, als stünde ein langes
Football-Spiel auf dem Programm. Meine Freundin wird
eine Taschenflasche mit Crown Royal mitbringen.
Besuchen Sie uns heute Abend auf CBS. »Die Hölle auf
Erden« (Überschrift eines kürzlich erschienenen Zei-
tungsartikels) ... Von wegen! Hier ist es wunderschön!
Herzliche Grüße, Jerri

Um acht Uhr dreißig abends gab Comms Tom, der mit der Besatzung der Starlifter Funkkontakt hielt, über Lautsprecher durch, dass die Maschine über McMurdo betankt worden sei und nun auf dem Weg zur Polstation war. Um neun Uhr wies Mike Masterman die Leute an der Abwurfzone an, die Leuchtfeuer zu entzünden. Die Leuchtfeuer – alte, fünfundfünfzig Gallonen fassende Ölfässer, die in der Mitte auseinander geschnitten und mit Holz, Flugzeugkraftstoff und Benzin gefüllt worden waren – standen im Abstand von dreißig Metern entlang der neunhundert Meter langen, C-förmigen Abwurfzone auf der Landepiste. Die Piloten hatten darum gebeten, die restlichen Lichter auf der Station auszuschalten, sobald die Leuchtfeuer brannten, damit sie ihr Ziel genauer ausmachen konnten.

Bald darauf begann Comms Tom mit dem Count-down und meldete alle fünfzehn Minuten die Position des Flugzeugs. Ich ging in die Kantine, um heiße Schokolade zuzubereiten, ehe ich mich auf den Weg zur Abwurfzone machte. Wendy und Lisa hatten schon damit begonnen, die Lichter im Dome auszuschalten, und die schummrige Notbeleuchtung in den Korridoren verbreitete eine unheimliche Weltuntergangsstimmung. In der Kantine hatten sich ziemlich viele Polies versammelt, um sich vor der langen Nacht noch ein wenig aufzuwärmen und etwas zu essen.

Schon fünfundvierzig Minuten früher als notwendig ging ich zum Maschinenpark. Big John hatte bereits Cassie Rose und Wrench angelassen, damit sie sich warm laufen konnten. Cosmo und zwei Schneemobile waren schon draußen bei den Leuchtfeuern. Eigentlich hatte ich vorgehabt, mit Big John und Power Plant Thom im Wrench zu fahren, einem 1 800 Arctic Cat Kettenfahrzeug, das die Leute von der Suchmannschaft zu den Abwurfstellen transportieren und die Mechaniker zu den Fahrzeugen bringen sollte, die vor Ort Schwierigkeiten hatten. Fünfzehn Minuten vor Eintreffen des Flugzeugs brachte Big John gerade Wrench auf Touren, als er erfuhr, dass Pic mit Cosmo, bei dem ein Hydraulikschlauch geplatzt war, und einem kaputten Schneemobil in der Schaufel auf dem Rückweg zum Maschinenpark war. Bei dem Schneemobil war der

Treibriemen gerissen, weil der Fahrer es zu lange hatte laufen lassen. Die Kufen waren am Eis festgefroren und der Treibriemen durchgeschmort, als der Fahrer mit aller Kraft versucht hatte, das Gefährt – im wahrsten Sinn des Wortes – loszueisen.

Während der nächsten zehn Minuten sah es im Maschinenpark aus wie bei einem Boxenstopp beim Speedway-Rennen in Indianapolis. In aller Eile wechselten Big John und Power Plant Thom die beschädigten Teile aus und brachten die Fahrzeuge wieder zum Laufen. Es blieben nur noch wenige Minuten Zeit.

Beinahe hätte ich die Abwurfaktion verpasst. Man gab mir durch, jemand mit Erfrierungen sei auf dem Weg zur Kuppel. Ich kehrte ins Biomed zurück und wartete voller Sorge, aber der Patient tauchte nicht auf. Wie sich herausstellte, war es ein Missverständnis gewesen. Zum Glück kam Big John und schleppte mich buchstäblich in letzter Minute nach draußen zum Wrench.

Wir fuhren zur Abwurfzone. Frierende Polies standen in Grüppchen neben Cosmo, der auf seinen Einsatz wartete. Außer den gelben Flammen, die aus den halbkreisförmig auf der Landepiste angeordneten Leuchtfeuern züngelten, gab es kein Licht auf dem Plateau. Der dicke schwarze Rauch, den sie verbreiteten, gefror in der Luft und sank als gespenstischer Schleier zurück aufs Eis. Wir versuchten, unsere Kameras schussbereit zu machen, aber bei den meisten hatte sich durch die Kälte etwas verklemmt. Um uns warm zu halten, hüpften wir auf und ab, was der Szenerie einen Anstrich von Kindergeburtstag oder Ostereiersuche verlieh. Ungeduldig warteten wir auf das Signal, dass wir losfahren und auf dem Polarplateau nach den versteckten Schätzen suchen durften.

Die Nacht war, wie die Jungs später gern sagten, schwarz wie der Henkelmann eines Bergarbeiters, und die Temperatur inzwischen auf minus 68,9 Grad Celsius gesunken. Noch nie waren die Maschinen bei derartiger Kälte wieder in Betrieb genommen worden. Als Comms Tom über Lautsprecher das Eintreffen des Flugzeugs bekannt gab, holten einundvierzig Menschen tief Luft, als wären sie ein einziges Lebewesen.

Wir sahen das Flugzeug, ehe wir es hörten. Die riesige Starlifter, groß wie ein halbes Football-Feld, näherte sich in gut zweihundert Meter Höhe. Die rot-grünen Positionslichter blinkten, und das weiße Hecklicht hob sich gleißend hell vom schwarzen Himmel ab. Die Lampen im Cockpit waren abgedunkelt, aber weil die Tür des Frachtraums offen stand, konnten wir vor dem beleuchteten Inneren der Maschine den Lademeister erkennen. Mit gespreizten Armen und Beinen stützte er sich in der Tür ab und sah auf uns herunter, während wir zu ihm hinaufstarrten. Ich fand es aufregend und zugleich erschütternd, einen fremden Menschen in unserer Welt zu sehen. Es war, als käme ein Bewohner eines anderen Planeten mit seinem Raumfahrzeug zu einem Freundschaftsbesuch. Alle empfanden diesen Moment so, erfuhr ich später, aber jetzt war keine Zeit zum Nachdenken.

Beim ersten Anflug auf die Abwurfzone kippten die Männer zwei Paletten aus der Maschine. Jede war mit Stroboskop-Lampen und Leuchtraketen versehen, die aber wegen der klirrenden Kälte erloschen, ehe die Paletten auf dem Eis landeten. Zum Glück hatten wir auf den höchsten Gebäuden zu beiden Seiten der Abwurfzone Späher postiert, die ihre Spur bis zum Boden verfolgten. Zehn Minuten später flog die Starlifter ein zweites Mal heran, und man warf die restlichen vier Paletten ab. Damit war ihre Mission beendet. Nachdem der Pilot eine leichte Kurve geflogen hatte, nahm er wieder Kurs auf Neuseeland. Wir hörten die Maschine leiser werden, hatten jedoch keine Zeit, ihr so lange nachzuschauen, bis die Hecklichter verschwunden waren. Draußen auf dem Eis lagen verderbliche Waren und medizinisches Material, das auf keinen Fall gefrieren durfte. Wir standen bereit wie Rennpferde in der Startmaschine zum Kampf um den großen Preis.

Sobald das Signal »alles klar« aus dem Lautsprecher drang, verteilten sich die Schneemobile, von den Spähern über Funk dirigiert, auf der Landepiste und hatten die ersten fünf Paletten bald gefunden. Sie gaben der Lademannschaft mit Taschenlampen Zeichen, und im Handumdrehen hatten wir die Paletten in die Schaufeln der Transportfahrzeuge gehievt und in der neuen Wartungshalle, jüngst Schauplatz eines außer Kontrolle geratenen Grillfeuers, wieder abgeladen. Anschließend gingen wir noch einmal nach draußen, um die sechste Palette zu suchen.

Während alles unentbehrliche medizinische Material in doppelter Ausführung eingepackt worden war, enthielt die sechste Palette den teuersten und empfindlichsten Gegenstand, ein Ultraschallgerät, das man jedoch nicht als absolut notwendig betrachtet und daher nicht doppelt geschickt hatte. Big John, Power Plant Thom und ich fuhren im Wrench herum und hielten nach der Palette Ausschau, hatten jedoch gleichzeitig immer ein Ohr am Funkgerät, um zu hören, ob es irgendeinen Ausfall bei den Maschinen gab (zum Glück nicht). Man konnte in der pechschwarzen Dunkelheit leicht vom Kurs abkommen, zumal jetzt noch gefrorener schwarzer Rauch von den Leuchtfeuern über dem Eis hing. Einmal verfuhren wir uns, aber ein Späher warnte uns über Funk, dass wir uns über der alten Polstation befänden. Das war bedenklich, denn hier konnte die Eisdecke an manchen Stellen schon durch das Gewicht eines Menschen einbrechen. Wir machten sofort eine Kehrtwendung und sahen zu, dass wir schleunigst von dort wegkamen. Zu allem Überfluss war die Fahrerkabine des Wrench rundherum verglast, so dass die Fenster ständig von einer dünnen Reifschicht überzogen waren und wir kaum sehen konnten, wohin wir fuhren. Nachdem ich mich vergeblich bemüht hatte, mit meinem Handschuh wenigstens das Sichtfeld freizukratzen, sagte Power Plant Thom plötzlich: »Warte mal, versuch es doch mit meiner Kreditkarte.«

Big John und ich starrten ihn ungläubig an, als er seine Brieftasche herauszog und mir seine Visa-Karte reichte. »Keine Sorge«, schmunzelte er. »Sie ist abgelaufen.«

Was unser junger Polie am Südpol mit einer Kreditkarte anfangen wollte, weiß ich bis heute nicht, aber als Eiskratzer leistete sie uns gute Dienste. Kurz darauf waren wir wieder der verschollenen Palette auf der Spur.

Eineinhalb Stunden später gab Choo Choo Charlie über Funk Bescheid, dass er Palette Nummer sechs gefunden hatte. Man schickte einen Vorderlader los, um sie zu bergen. Die Palette war fast zweihundert Meter außerhalb der Abwurfzone gelandet, weil sich ihr Fallschirm nicht richtig geöffnet hatte. Da sie auf einer Seite aufgeplatzt war, lag ein Teil des Inhalts – Röntgenfilme, frische Lebensmittel, Filtertüten, Copenhagen-Tabak und Dutch-Masters-Zigarren – auf dem Eis verstreut.

Wir packten die Dinge in die Schaufel des Vorderladers und fuhren zurück in die Wartungshalle, wo inzwischen richtige Partystimmung herrschte. Man hatte Musik aufgelegt, und zwischen Auspacken und Sichten der Lieferung tanzten die Leute um die Tische herum.

Inzwischen konnten wir mit Fug und Recht behaupten, dass die Abwurfaktion ein voller Erfolg gewesen war: Der Flugzeugbesatzung war nichts passiert, keiner der Polies hatte ernsthafte Verletzungen erlitten (bis auf ein paar Erfrierungen, die schon fast alltäglich waren), die Generatoren funktionierten problemlos, der Glykol-Teufel ließ sich nirgends blicken, und die bösen Computer-Hacker hatten uns in Ruhe gelassen. Man konnte geradezu spüren, wie erleichtert wir alle waren.

Als wir die sechste Palette auspackten, stellten wir fest, dass das Ultraschallgerät so stark beschädigt war, dass eine Reparatur nicht in Frage kam. Doch das konnte unserer guten Laune nichts anhaben. Der restliche Inhalt, vor allem die Mikroskope, die Medikamente und die Färbemittel, hatten den Abwurf heil überstanden. Für viele war auch Post dabei. Aber das Schönste von allem: Wir hatten wieder frische Lebensmittel! Das Obst und Gemüse war zwar teilweise angeschlagen, aber das kümmerte niemanden. Wir schnappten uns die zerdrückten Kiwis und Orangen, die auf den Tischen lagen, stopften sie uns in den Mund und freuten uns wie Kinder zu Weihnachten. Die Nektarine, die ich aß, schmeckte wie purer Sonnenschein.

Die Leute von den Materialdepots auf dem Stützpunkt McChord und in Christchurch hatten mir viele Geschenke mitgeschickt – einen ganzen Arm voll farbenfroher Seidenblumen (echte hätten den Transport nicht überlebt), Militärabzeichen und Berge von Karten und Briefen. Die Flieger hatten auf einen der großen Kartons liebevolle Botschaften an mich geschrieben. Die eine Hälfte dieses Kartons bewahrte ich für mich selbst auf, die andere sollte später das Canterbury Museum in Christchurch bekommen.

Weil wir der Gruppe, die auspacken und Bestandsaufnahme machen sollte, nur im Weg standen, durften wir nicht länger in der Wartungshalle bleiben. Ich ging zur Kantine und fand dort eine Menge Polies vor, die von all dem frischen Obst und Gemüse schon richtiggehend high waren. Vieles war stark angeschlagen oder gefroren und musste schnell gegessen werden. Am meisten riss man sich um die Bananen, die mich jedoch nicht interessierten. Ich verspeiste eine zerquetschte, wieder aufgetaute grüne Paprikaschote, und es war die beste, die ich je gegessen habe. Etwa zu dieser Zeit meldete sich Comms Tom vorübergehend bei der Besatzung der Starlifter ab mit der knappen Bemerkung: »Bin gleich wieder zurück. Die futtern mir sonst die ganzen Birnen weg!«

Da wir so lange kein frisches Obst oder Gemüse gehabt hatten, litten nicht wenige nach dieser Völlerei an Verdauungsstörungen, aber der Genuss war es wert. Am nächsten Tag gab es einen riesigen Salat mit dem ersten frischen Grün, das wir seit fünf Monaten zu Gesicht bekommen hatten.

Absender: Miller, Kathy D.
Empfänger: nielsenje@spole.gov
Datum: 10. Juli 1999 21:18:10 –5000
Betreff: Re: Der Abwurf steht bevor

Hallo Jerri,
wenn National Public Radio korrekt berichtet, müssten Sie jetzt alle in frischem Obst und Gemüse schwelgen (war etwas besonders Gutes dabei?).
Die Planung sieht so aus: Wir (in Ordnung, Sie) beginnen mit einer kombinierten Hormontherapie.
Ihr Körper wird dann kein Östrogen mehr bilden, das Brustgewebe nicht mehr durch Östrogen beeinflusst. Nahezu alle gutartigen Zysten in der Brust und etwa zwei Drittel aller bösartigen Tumore brauchen Östrogen für ihr Wachstum. Da Sie in der Prämenopause sind,

müssen wir eine Kombination aus zwei Medikamenten einsetzen. Mit der Anwendung beginnen Sie zur gleichen Zeit.

1. Lupron: Dieses Mittel wird intramuskulär injiziert, und zwar einmal alle drei Monate. Es erfordert eine spezielle Spritztechnik. Lupron bewirkt, dass die Eierstöcke ihre Funktion einstellen.

2. Tamoxifen: Die Dosis beträgt 20 mg pro Tag. Tamoxifen blockiert die Östrogenrezeptoren, so dass das restliche Östrogen, das Ihr Körper erzeugt (durch periphere Konversion in der Nebennierenrinde gebildeter Androgene) keine Wirkung mehr zeigt.

Die Nebenwirkungen ergeben sich aus dem Östrogenmangel: Ausbleiben der Menstruation (vielleicht ein Plus), Hitzewallungen, Stimmungsschwankungen. Leicht erhöhtes Thromboserisiko. Am schlimmsten werden vermutlich die Hitzewallungen sein – sie sind besonders stark bei jungen Frauen, die plötzlich in die Menopause kommen. Andererseits sind sie mitten im Polarwinter vielleicht sogar von Vorteil.

Messen Sie die Geschwulst, ehe Sie mit der Behandlung beginnen. In etwa sechs Wochen sollten Sie sie erneut messen. Selbst wenn die Hormontherapie anschlägt, dauert es eine Zeit, bis sich eine Wirkung zeigt, normalerweise etwa sechs Wochen. Solange die Geschwulst gleich bleibt oder kleiner wird, fahren wir mit der Hormontherapie fort. Sollte sie größer werden, müssen wir mit einer Chemotherapie beginnen. Ich habe zwei verschiedene Kombinationen mitschicken lassen. Gehen wir jedoch zunächst davon aus, dass wir sie nicht benötigen.

Sie haben auch neue Färbemittel und Material zur immunchemischen Untersuchung von Zellen auf Östrogen und HER-2 (ein Protein, das bei rund 25 Prozent der Brustkrebsfälle feststellbar ist) bekommen. Detaillierte Anweisungen müssten beiliegen bzw. werden von Dr. Sergi per E-Mail an Sie geschickt. Ich werde mir die Bilder sofort ansehen. Beim letzten Versuch war die Kameraeinstellung recht gut.

Soweit ich weiß, haben Sie auch die Ausrüstung für Videokonferenzen bekommen. Sollte also tatsächlich eine aggressivere Behandlung notwendig werden, könnten wir die Sache »gemeinsam« angehen.
Kathy

Nachdem sich die Aufregung über die Abwurfaktion langsam gelegt hatte, konnte ich mich wieder mehr auf mein gesundheitliches Problem konzentrieren. Ich zeigte Choo Choo Charlie, wie er mir das Medikament spritzen sollte, das in kürzester Zeit die Menopause bei mir einleiten würde, und bemühte mich gleichzeitig, mir keine allzu großen Sorgen über die Zukunft zu machen. Zugleich war mir jedoch daran gelegen, den Leuten zu danken, die ihr Bestes für mich getan hatten.

Absender: Jerri Nielsen<nielsenje@spole.gov>
Empfänger: KogerRo@asa.org; chambeija@asa.org
Datum: 12. Juli 1999 6:34
Betreff: Brief an alle Mitarbeiter der ASA

Liebe Antarctic Support Associates,
ich möchte heute allen danken, die zum Gelingen der Abwurfaktion am Südpol beigetragen haben. Es ist unglaublich, wie viel Sie für mich allein getan haben. Als ich mich zu diesem Einsatz verpflichtete, war ich mir des damit verbundenen Risikos sehr wohl bewusst, insbesondere da ich die einzige Medizinerin in diesem entlegenen Winkel der Erde bin. Nicht im Entferntesten hätte ich Hilfe und Unterstützung in diesem Ausmaß erwartet. Sie können sich gar nicht vorstellen, wie dankbar ich Ihnen für all das bin. So viele Leute bei der ASA haben ihr Bestes gegeben, um mir zu helfen.
Hier am Südpol geht wieder alles seinen gewohnten Gang. Die Abwurfaktion war ein voller Erfolg. Wir haben uns sehr über die besonderen Leckerbissen gefreut, die Sie uns mitgeschickt haben. Den größten Zuspruch

fand das Obst und Gemüse. Heute gab es den ersten frischen Salat seit Februar. Auch die Seidenblumen sind wunderbar. Sie bringen Farbe in diese manchmal düstere, aber dennoch faszinierende Welt. Die Polstation eignet sich ausgezeichnet, um sich mit den Härten des Lebens auseinander zu setzen. Es mag erstaunlich klingen, trifft aber zu. In solch einer kleinen, isolierten Gemeinschaft findet man so viel Kameradschaft und so viele gute Freunde, dass man sich niemals einsam fühlt. Obwohl ich wegen meiner Behandlung in Sorge war, bin ich nun guter Stimmung und erledige weiterhin meine Arbeit. Bitte übermitteln Sie den Menschen, die bei der Abwurfaktion mitgeholfen haben, meinen aufrichtigen Dank.
Mit herzlichen Grüßen
Jerri Nielsen

Ich hoffte nach wie vor, dass die Medien das Interesse an mir verlieren würden, aber ich hatte nicht nur die Zugkraft einer Geschichte über eine »unbekannte Frau« in Not unterschätzt, sondern auch die Beharrlichkeit der internationalen Medien. Associated Press wusste zwar seit Wochen, dass ich die Frau mit dem Knoten war, hatte die Geschichte aber noch nicht gebracht, offenbar weil niemand meine Identität bestätigen wollte. Dann erfuhren wir, dass auch die Nachrichtenredaktion der CBS meinen Namen in Erfahrung gebracht hatte und plante, ihn bekannt zu geben.

Absender: Jerri Nielsen<nielsenje@spole.gov>
Empfänger: #Familie und Freunde
Datum: 12. Juli 1999 21:24:27 +1200
Betreff: Meine Identität ist enthüllt

Liebe Leute,
es sieht so aus, als müssten sie unbedingt meine Identität preisgeben und mein Leben ruinieren. Ich verstehe das nicht. Was interessiert das die Öffentlichkeit? Ich ha-

be kein Verbrechen begangen. Es ist eine rein private medizinische Angelegenheit. Ich habe schon genug am Hals. Die Arbeit wächst mir über den Kopf, besonders zur Zeit. Ich beginne jetzt mit der medikamentösen Behandlung, deren Nebenwirkungen mich vielleicht krank und launisch machen. Wir sind alle sehr, sehr müde. Überall in meinem Büro liegt Material, das ich registrieren und einräumen muss. Dann noch eine weitere Biopsie und eine Menge Arbeit.
Liebe Grüße, Duff

Absender: Scott Cahill<scotty@aol.com>
Empfänger: nielsenje@spole.gov
Datum: Dienstag, 15. Juli 1999 19:40:27 –0400
Betreff: Re: Meine Identität ist enthüllt

Liebe Duffy,
dein Leben ist nicht ruiniert, es fängt erst an. Überlege nicht lang, wer wohl geplaudert hat. Vielleicht war es Absicht, vielleicht auch nicht. Man musste damit rechnen, früher oder später. Ich bin sehr stolz darauf, wie du mit der Situation umgehst. Die Meinung anderer Leute kann dir doch egal sein. Was du denkst, zählt: »Dies über alles: sei dir selber treu. Und daraus folgt, so wie die Nacht dem Tage, du kannst nicht falsch sein gegen irgendwen.« Stehe über den Dingen, behalte einen kühlen Kopf, und sei du selbst. Ich habe großen Respekt vor dir und liebe dich über alles – und das für immer, egal was kommt. Ich werde stets auf deiner Seite stehen. Du machst uns stolz. Ich denke an dich.
Scotty

Ich hatte viele Gründe, auf der Geheimhaltung meines Namens zu bestehen. Zum einen war ich als Medizinerin der Meinung, dass ein kranker Mensch ein Recht auf Privatsphäre hat. Zum anderen wollte ich nicht im Mittelpunkt stehen, denn viele Menschen hatten hart gearbeitet, um mir zu helfen, andere sogar ihr Leben aufs Spiel gesetzt. Da ich mich mein ganzes Leben bemüht hatte, stark zu sein und anderen Kraft zu geben, wollte ich nicht als Opfer angesehen werden.

Was ich niemandem erklären konnte und mochte, war die Angst vor dem Zorn meines Exmannes. Er hatte schon immer einen völlig irrationalen Neid auf meine Leistungen und öffentliche Anerkennung an den Tag gelegt. Vor kurzem hatte mir einer meiner alten Freunde in Ohio geschrieben, dass er wieder geheiratet habe. Einige meinten, das würde ihn den Ärger auf mich vielleicht vergessen lassen, aber ich bezweifelte es. Ich wusste aus Erfahrung, dass es ihn auf die Palme bringen würde, wenn er meinen Namen in der Zeitung las. Da er mich nicht mehr kontrollieren konnte, würde er wahrscheinlich versuchen, mich zu demütigen und zu zerstören.

Außerdem hatte ich Angst um die Kinder, denn er hatte sie stets benutzt, um mich zu verletzen, weshalb ich sogar schon einmal eine einstweilige Verfügung gegen ihn erwirkt hatte. Niemand konnte sagen, was er tun würde, wenn ich plötzlich zu einer Person öffentlichen Interesses wurde. Ich wusste weder, wie er zurückschlagen würde, noch wann. Ich wusste nur eines: Es war lediglich eine Frage der Zeit.

Wie sich herausstellte, beschloss die *New York Times* trotz aller Bitten um Wahrung meiner Privatsphäre als Erste, die Geschichte zu bringen. Die Schlagzeile lautete: Am Südpol gefangen. Ärztin jetzt Patientin. Die *Times* nannte zwar nirgendwo meinen Namen, aber man musste keine Intelligenzbestie sein, um herauszufinden, wie die Ärztin auf der Südpolstation hieß. Ich konnte mir zwar durchaus vorstellen, dass ein Reporter keine Rücksicht auf meine Privatsphäre nahm, aber als ich erfuhr, wer meine Identität preisgegeben hatte, war ich wirklich empört: »Die betroffene Frau ist der einzige Arzt auf der Station, sagt ein Krebsspezialist, der bei dem Fall als fachärztlicher Berater zugezogen wurde und anonym bleiben möchte. Er gibt an, dass die Frau an sich selbst eine Biopsie vornehmen werde oder möglicherweise bereits vorgenommen habe …« Im Folgenden legte der »fachärztliche Berater« alle Möglichkeiten meiner Therapie ausführlich dar. Ich fühlte mich zutiefst verletzt und gedemütigt. Noch schlimmer war jedoch, dass ich jetzt das Gefühl hatte, niemandem mehr vertrauen zu können, nicht einmal meinen eigenen Ärzten.

Absender: Jerri Nielsen<nielsenje@spole.gov>
Empfänger: alpha.wolfe@largo.com
Datum: 13. Juli 1999 08:42:32 +1200
Betreff: Arzt bricht Schweigepflicht

Lieber Gerry Katz,
mit Entsetzen las ich den Artikel in der *New York Times*, in dem es hieß, dass meine Identität von einem »fachärztlichen Berater« enthüllt worden sei. Im Weiteren wird diese Person als »Krebsspezialist« bezeichnet. Wie Sie sehr wohl wissen, war mir sehr daran gelegen, dass meine Identität nicht bekannt wird. Sowohl die ASA wie auch die NSF haben dies in ihren offiziellen Mitteilungen stets unterstrichen. Nun bin ich in der unangenehmen Situation, dass ich kein Vertrauen mehr zu den Menschen habe, die mit meiner medizinischen Betreuung befasst sind. Wenn mein Arzt persönliche und vertrauliche medizinische Daten an die Presse weitergibt, wie kann ich dann in Zukunft meinen Ärzten noch die notwendigen Informationen geben? Ich muss ja wohl davon ausgehen, dass einer von ihnen einen direkten Draht zur *New York Times* hat.
Es wird mir zukünftig sehr schwer fallen, Informationen über meine Erkrankung weiterzugeben.
Ich bitte um Stellungnahme.
Mit freundlichen Grüßen, Jerri Lin

In seiner Antwort versicherte mir Gerry Katz, der medizinische Leiter des Antarktis-Programms, dass keiner meiner erstbehandelnden Ärzte der Informant der Presse gewesen sein könne. Mein Fall sei mehreren »Tumor-Experten« und verschiedenen »selbst ernannten Koryphäen« vorgelegt worden.

Wahrscheinlich habe einer von ihnen geplaudert. Nach dieser Information fühlte ich mich zwar nicht besser, doch ich hatte keine Zeit, lange darüber nachzugrübeln. Da die *New York Times* nun sozusagen die Tür geöffnet und meine Identität preisgegeben hatte, stürzte sich auch die ausländische Presse auf die Story und sah unter diesen Umständen natürlich keine Veranlassung, meinen Namen zu verheimlichen. Es dauerte nicht lange, und die internationalen Medien versuchten mit allen Mitteln, sich gegenseitig zu übertreffen. Meine Eltern, meine Brüder und selbst Freunde aus der Kindheit wurden von Reportern mit Telefonanrufen bombardiert. Jeder neue Bericht verletzte mich innerlich noch mehr.

Absender: Mom@aol.com
Empfänger: nielsenje@spole.gov
Datum: 15. Juli 1999 10:14:21
Betreff: Höchste Alarmstufe

Ich wollte dich nur vorwarnen, dass dir jemand von der *Sunday Mail*, einer Londoner Zeitung, demnächst eine E-Mail schicken wird. Eine Frau namens Annette hat gerade angerufen und mich am Telefon interviewt. Sie wollte wissen, was du für ein Mensch bist, und hat mich nach allen möglichen Dingen gefragt. Ich habe ihr gesagt, dass du geschieden bist, aber nichts von Kindern erwähnt. Bei persönlichen Fragen habe ich mich stur gestellt. »Ich mische mich nicht in ihr Privatleben ein«, habe ich gesagt, als sie zu bohren anfing, ob du ein gutes Verhältnis zu deinem Exmann hast. Sie erkundigte sich auch nach den Namen der Jungen, also Scott und Eric, und was sie beruflich machen. Auf die Frage, ob du einen festen Freund hast, habe ich wieder nur geantwortet, dass ich mich nicht in dein Privatleben einmische. Ich habe dich als abenteuerlustig beschrieben. Sie wollte alles ganz genau wissen. Ich glaube, ich habe keine Fehler gemacht. Mit ihrem Akzent hatte ich gewaltige Probleme. Sie kam mir ganz nett vor, aber trotzdem hat-

te ich Recht, auf der Hut zu sein, denn sie war sehr neugierig.
Sei vorsichtig. Sie wird dir eine E-Mail schicken.
Alles Liebe, Momma

Es sollte noch schlimmer kommen. Kurz darauf erfuhr ich, dass ein Reporter und ein Fotograf von der *Mail* bei meinen Eltern in Ohio aufgetaucht waren. Mom und Dad baten sie ins Haus, bewirteten sie mit Cocktails und Essen und unterhielten sich den ganzen Abend mit ihnen. Meine Eltern ließen sich für dumm verkaufen, doch ich machte ihnen keinen Vorwurf. Damals hatten sie noch Vertrauen zu den Menschen und keinen Grund zu glauben, dass Reporter und Fotografen nicht mit den besten Absichten zu ihnen kamen.

Meine Eltern waren entsetzt, als der Artikel schließlich erschien. Er strotzte nur so von falschen Informationen über meine Familie und meine Arbeit. Am Schluss wurde meine Tochter Julia mit einem Satz zitiert, der sich anhörte, als sei es ihr egal, was mit mir geschah. Ich konnte nur hoffen, dass der Reporter dieses Boulevardblattes ihre Bemerkung falsch wiedergegeben hatte. Trotzdem empfand ich jedes Wort wie einen Stich ins Herz. Bis zu diesem Augenblick hatte ich gehofft, dass meine Kinder doch noch Kontakt mit mir aufnehmen würden, nachdem sie erfahren hatten, dass ich vielleicht sterben musste. Ich hatte sogar gedacht, wenn meine Krankheit uns wieder zusammenbrachte, wäre wenigstens nicht alles umsonst gewesen. Nun musste ich erkennen, dass mir meine Kinder entglitten waren, vielleicht sogar für immer.

Absender: Jerri Nielsen <nielsenje@spole.gov>
Empfänger: Mom@aol.com
Datum: 20. Juli 1999 03:32:10 +1200
Betreff: Mein skandalöses Leben

Liebe Mom,
ist das nicht zum Verrücktwerden? Da meinst du, es kann

nicht mehr schlimmer kommen, und dann das! Ich glaube es einfach nicht. Ich kann tun, was ich will, es geht alles schief. Jetzt bekomme ich Briefe von der ASA, der NSF und allen möglichen Leuten, die nur noch den Skandal zum Inhalt haben. Mein Gott, ich habe doch einfach nur versucht, wieder auf die Füße zu kommen.

Manchmal erscheint mir mein Leben nur noch absurd. Ich verstehe das nicht. Ich bin wie betäubt, spüre keine Schmerzen mehr, bin völlig empfindungslos. Dabei habe ich immer gedacht, wenn es noch schlimmer kommt als zuvor, kann man mit den früheren Problemen fertig werden. Doch allmählich kann ich mir nichts Schlimmeres mehr vorstellen. Langsam ist mir alles egal.

Ich habe euch beide sehr lieb. Diese Leute haben euch hereingelegt. Es ist nicht eure Schuld.

Ich habe euch allen so viel Kummer gemacht. Mein Leben ist nicht vorbildlich, und genau darüber wollen sie schreiben.

Liebe Grüße, Duffy

Tatsächlich meldete sich mein Exmann zu Wort und gab Skandalblättern, Tageszeitungen und jedem, der ihn anhören wollte, ein Interview. Sogar zu meinen Arbeitgebern, der ASA und der NSF, nahm er per Telefon und E-Mail Kontakt auf. In einem Brief an die NSF verlangte er, dass alle Korrespondenz Dr. Nielsen betreffend über ihn, den Exmann, zu laufen habe. In einem weiteren Brief an die NSF schrieb er, sie sollten sich noch einmal meinen Lebenslauf ansehen, denn ich sei nicht immer die, die ich zu sein vorgäbe. Es wunderte mich, wie er zu dieser Unterstellung kam, denn er selbst hatte mir beim Schreiben dieses Lebenslaufs geholfen, aber es überraschte mich nicht. Von meiner Familie erfuhr ich, dass er Reportern erzählt hatte, ich sei gar nicht an Krebs erkrankt, sondern habe die Krankheit nur erfunden, um wieder einmal im Mittelpunkt zu stehen. Den Leuten, die gerade darüber entschieden, ob sie mich retten sollten oder nicht, versuchte er einzureden, dass ich ihnen etwas vormachte. Was passiert wäre, wenn sie ihn ernst genommen hätten, mag ich mir nicht vorstellen.

Offenbar hielten ihn die Reporter nicht für besonders glaubwürdig. Sie zitierten ihn nicht direkt, sondern benutzten seine Aussagen als Druckmittel, um meiner Familie und meinen Freunden Informationen zu entlocken. Journalisten und Sendeleiter riefen an oder kamen persönlich vorbei und sagten: »Wir haben gerade mit Dr. Nielsens Exmann gesprochen, und wenn Sie seine Behauptungen nicht richtig stellen, müssen wir verwenden, was er gesagt hat.«

Die meisten meiner Freunde und Angehörigen wollten ihr Schweigen brechen, um meinen guten Namen zu schützen. Ich bat sie, es nicht zu tun. Ein hässlicher Ehekrieg in den Zeitungen nach dem Motto »er sagt, sie sagt« hätte nur weitere Demütigungen für meine Kinder bedeutet. Mein Exmann war in der Vergangenheit immer Sieger geblieben, wenn ich versucht hatte, mich gegen ihn zu behaupten. Niemand konnte sich gegen ihn durchsetzen, denn er gab einfach nicht auf, bis er einen fertig gemacht hatte. Ich wusste, dass die Situation nur eskalieren würde, wenn ich den Mund aufmachte und mich zu verteidigen begann, obwohl die anderen meinten, das sei falsch.

Mittlerweile wurden meine Eltern in Ohio regelrecht belagert. Im Wald lagen Reporter auf der Lauer, ständig klopften irgendwelche Leute an die Tür und überbrachten Anfragen wegen Interviews, Blumen und Briefe von Klatschreportern. Meine Eltern wagten nicht mehr, Licht zu machen und saßen lieber im Dunkeln, sie hatten Angst, an die Tür zu gehen, weil sich einmal jemand einfach an ihnen vorbeigedrängt hatte, um schnell ein paar Fotos zu schießen. Meinen Vater verfolgte ein Fernsehteam die ganze Auffahrt entlang bis fast an die Haustür. Das Telefon läutete so oft, dass sich meine Eltern eine Geheimnummer geben lassen mussten. Schließlich bat ich die Pressestellen der ASA und NSF, etwas zu unternehmen, um meine Eltern von diesem Druck zu entlasten.

Es waren die schlimmsten Wochen meines Lebens. Dabei machte mir die Tatsache, dass ich wahrscheinlich Krebs hatte und sterben würde, weniger zu schaffen als die Jagd der Medien auf meine Familie, meine Brüder und meine Freunde am Pol. Es kam mir vor, als wäre ein Virus in meinen letzten Zufluchtsort auf Erden eingedrungen und hätte alles infiziert, was mir lieb und teuer war.

Während die Medien verrückt spielten, bemühten sich die Pathologen daheim in den USA, anhand der Biopsieproben, die mit frischem Färbemittel neu eingefärbt an sie übermittelt worden waren, eine Diagnose zu stellen. Lisa hatte mit den Geräten, die wir bei der Abwurfaktion bekommen hatten, eine neue Video-Mikroskop-Anlage zusammengebaut. Trotz der Informationen, die wir nun liefern konnten, waren die Ärzte immer noch nicht mit den Bildern zufrieden. Deshalb führten Walt und ich, ohne groß darüber zu reden, eine Woche nach der Abwurfaktion eine zweite Biopsie durch, und Ken Lobe präparierte einen zweiten Satz Proben, der wieder per Video in die USA gesendet wurde.

Inzwischen wartete ich wirklich ungeduldig darauf, endlich eine Diagnose zu bekommen, aber meine Ärzte ließen tagelang nichts von sich hören.

Am 22. Juli, einem Donnerstag, gingen Lisa und ich gerade ihre E-Mail-Liste durch, um zu sehen, ob es Neuigkeiten bezüglich der Qualität der letzten Zellbilder gab. Dabei stießen wir auf eine Nachricht von einem Pathologen des National Cancer Institute in Washington, D.C. Ich stand hinter Lisa, während sie die Mail öffnete, und wir begannen voll gespannter Ungeduld zu lesen. Nach ein paar Sätzen über technische Details zu Färbung und Proben schrieb der Arzt beiläufig: »Diese Zellbilder zeigen ein Mammakarzinom ...«

Für einen Augenblick setzte mein Herz aus. Es war, als hätte mir jemand in den Bauch getreten, als würde Eiswasser durch meine Adern strömen. Ich klammerte mich an Lisas Schulter und konnte nur noch denken: Das ist das Ende ... Das ist das Ende ... Keine meiner mentalen Übungen hatte mich auf diese schreckliche Nachricht vorbereitet, nicht wenn sie auf diese Weise kam, als kurzer Satz in einem Briefwechsel zwischen fremden Menschen. Ich fühlte mich wie ein Zuschauer bei meiner eigenen Hinrichtung.

Das ist das Ende ... sang- und klanglos ...

Lisa legte den Arm um mich.

»Wie furchtbar, es so zu erfahren«, sagte sie.

Ich brachte kein Wort heraus. In diesem Moment war ich fast ebenso zornig über die Art und Weise, wie ich es erfuhr, wie über den Krebs selbst. Warum schrieben sie nicht mir, der Ärztin der Polstation? Warum baten sie nicht Kathy, es mir mitzuteilen? Lisa versuchte mich zu trösten, aber ich entschuldigte mich damit, dass ein Patient auf mich wartete, und ging.

Sonst weiß ich von diesem Morgen nur noch, dass ich ins Biomed kam und Carpenter Larry auf der Trage liegen sah. Er spürte, dass etwas mit mir nicht stimmte, das erkannte ich an seinem Gesichtsausdruck, während ich ihn untersuchte. Zum ersten Mal schaffte ich es nicht, die gelassene Professionalität zu demonstrieren, die ich meinen Patienten gegenüber sonst zeigte. Es war mir unmöglich, meine Gefühle vor Larry oder irgendeinem anderen meiner Freunde am Pol zu verbergen. Inzwischen waren wir viel zu sehr miteinander verbunden, reagierten wie die Zellen eines einzigen Organismus. Er hatte ein Recht darauf zu wissen, was los war.

»Larry, ich habe gerade erfahren, dass ich Krebs habe.«

Der Patient stand von der Liege auf und nahm den Arzt in die Arme.

KAPITEL 12

Club Med

Dies ist die Stunde, die bleierne –
Erinnert, und noch nicht vorbei.
Wenn der, der friert, sieht vor sich den Schnee –
Frösteln erst – dann Erstarren – dann das
Aufgeben.

Emily Dickinson

Absender: Miller, Kathy D.
Empfänger: nielsenje@spole.gov
Datum: 23. Juli 1999
Betreff: Chemotherapie

Hallo Jerri,
die anderen Pathologen, die sich die Ausstriche angesehen haben, stimmen mir zu – Sie haben eindeutig Brustkrebs. Wir treten heute Abend um 21.30 Uhr wieder in
Verbindung und beginnen dann mit der Chemotherapie. Und zwar mit einer Dosis von 140 mg Taxol – infundiert über eine Stunde. Stellen Sie sich auf eine Sitzung pro Woche über einen Zeitraum von drei Wochen
ein. Dann ist eine Woche Pause (insgesamt ein Zyklus
von vier Wochen). Diese Dosis sollte nur eine geringe
Myelosuppression, praktisch kaum Übelkeit und nur eine leichte Ausdünnung Ihres Haars bewirken. Vielleicht
schmerzen Ihnen am Tag nach der Behandlung ein wenig die Muskeln, doch dies tritt gewöhnlich nur in leichter Form auf, und ein Medikament wie Tylenol oder Ibu-
profen hilft in der Regel sehr gut.
Wir sprechen uns heute Abend,
Kathy

Kathy Miller war entsetzt, als sie erfuhr, dass ich meine Diagnose aus zweiter Hand über einen mir unbekannten Arzt bekommen hatte. Sie hatte sie mir persönlich bei unserer Videokonferenz mitteilen wollen. Doch wie auch immer mich die Nachricht erreichte, mir war in diesem Moment, als würde sich mir ein Messer in den Leib bohren. Jetzt konnte ich vor der Wahrheit nicht mehr die Augen verschließen. Mein Tod war nur noch eine Frage der Zeit.

Absender: Jerri Nielsen<nielsenje@spole.gov>
Empfänger: scotty@aol.com
Datum: 23. Juli 1999
Betreff: Diagnose

Lieber Scott,
heute stellte sich heraus, dass ich Krebs habe. Dazu noch einen aggressiven und rasch wachsenden Tumor. Mehr weiß ich nicht. Ehe ich hier nicht herauskomme, kann man mir nicht sagen, ob ich im nächsten Jahr sterbe oder in zwanzig Jahren. Und selbst dann gibt es keine sichere Prognose, es sei denn, der Krebs ist wirklich schon fortgeschritten und hat sich im Körper ausgebreitet. Offenbar hat er bereits die Lymphknoten befallen. Bitte ruf morgen die Familie an. Ich weiß nicht, wie sie mit dieser schlechten Nachricht fertig werden.
Ich liebe dich sehr, Duffy

Absender: Scott Cahill <scotty@aol.com>
Empfänger: nielsenje@spole.gov
Datum: 23. Juli 1999 09:18:59 –0400
Betreff: Re: Diagnose

Hallo Duff,
heute Morgen geht es mir verdammt schlecht. Ich müsste schon längst in der Arbeit sein, sitze aber immer noch am Computer.

Es ist ein schreckliches Gefühl, nicht helfen, überhaupt nichts ausrichten zu können. Ich habe gespürt, dass du krank bist, habe es gewusst, so wie Dad weiß, wenn ein Haus einzustürzen droht. Und ich weiß, dass dich die Vorstellung wahnsinnig machen muss: Kopf hoch. Schließlich hast du uns am Hals, den Cahill-Clan, deine Selbsthilfegruppe am anderen Ende der Welt. Wir stehen es mit dir durch. Du bist nicht allein, wenn du deine Behandlung bekommst.

Ich bin da, halte deine Hand, wenn du Schmerzen hast, und bringe dir Eiswasser. Das ist das Einzige, worin ich mich auskenne, aber du wirst wieder gesund, und wir werden noch als alte Leute zusammenhocken. Wir segeln und setzen uns auf die Schaukel am Meer und lassen den ganzen Mist, den wir ertragen haben – also unser Leben – an uns vorbeiziehen. Das verspreche ich dir. Es steht mir zwar nicht zu, aber ich weiß es einfach.

Heute bekommt das Boot die Ankerwinde. Sie ist groß und glänzend, und das Schiff ist sehr glücklich – es hat hart dafür gekämpft, sie so früh wie möglich zu bekommen –, aber ich bin fest geblieben. Gestern habe ich fast den ganzen Tag gearbeitet, und jetzt gehe ich auch besser wieder ans Werk. Ich liebe dich, Schwesterherz. Und ich bin stolz auf dich. Ich weiß, wie schwer es für dich ist. Lass dich nicht unterkriegen. Dein kleiner Bruder ist für dich da, und das Boot und ich warten darauf, dass du nach Hause kommst. Ich denke an dich.

Scotty

Absender: Mom@aol.com
Empfänger: nielsenje@spole.gov
Datum: 25. Juli 1999 08:05
Betreff: Von Daddy

Liebe Duffy,
du weißt, Briefe schreiben ist nicht gerade meine Stärke, und dieser fällt mir ganz besonders schwer. Ich möch-

te dir sagen, dass wir dich lieben, doch ich denke, das weißt du schon. Eines weißt du aber vielleicht nicht: Wie oft ich an die Zeit zurückdenke, als du klein warst. An die Bricker Farm, den Duckcreek, den Country Club, das Tauchen im Baggersee, deine Gymnastik, an dich als Cheerleader, vor allem aber an die Stunden, in denen wir zusammensaßen und uns unterhielten. Mom und ich lieben dich mehr als unser Leben, und wenn du nach Hause kommst, werden wir gut für dich sorgen. Bitte richte deinen Freunden meinen Dank aus für all die Hilfe, die sie dir geben. Ich hoffe, dass ich sie eines Tages kennen lernen werde.
Wir lieben dich, Duff.
Dad

Obwohl ich bezweifelte, dass die Chemotherapie mir helfen würde, war ich einverstanden, sofort damit zu beginnen. Es war immer noch besser, als gar nichts zu tun. Anfangs sollte ich einmal pro Woche eine Infusion mit Taxol bekommen, einem relativ neuen Medikament, bei dem sich große, rasch wachsende Tumore wie meiner mit gutem Erfolg zurückbildeten. Lisa und Comms Tom hatten die Voraussetzungen für eine Live-Videokonferenz geschaffen, so dass Kathy in Indianapolis die Chemotherapie überwachen und sofort Rat geben konnte, sollte etwas Unvorhergesehenes geschehen.

Die Auswirkung des Medikaments auf den Körper hing davon ab, wie hoch die Dosis war und wie lange es mir pro Sitzung infundiert wurde. Kathy Miller ordnete eine Infusionszeit von einer Stunde an. Schneller verabreicht, erhöhte sich das Risiko einer allergischen Reaktion, während eine längere Infusion eine schwere Myelosuppression verursachen konnte – das heißt, das Knochenmark würde die Produktion von Blutzellen einstellen.

Im Gegensatz zu den großen Krankenhäusern in den USA verfügte das Biomed über keine spezielle Pumpe, mit deren Hilfe das Medikament in der verordneten Tropfgeschwindigkeit verabreicht werden konnte. Deshalb entschied ich mich für die nächstbeste Lösung: Big John. Kathy und eine bewundernswerte Onkologieschwester namens LaTrice Haney rechneten aus, wie viele Tropfen pro Minute durch den Schlauch fließen mussten. Big John übte an den Einstellungen, damit wir die Zeit auch wirklich nicht überschritten. Außerdem half er mir, direkt vor der Infusion die Größe der Geschwulst zu messen. Das war wichtig, damit wir feststellen konnten, ob sie sich im Verlauf der Chemotherapie veränderte. Wir erledigten das auf unsere übliche Pol-Manier: Ich kennzeichnete die Ränder mit den Fingern, und Big John fuhr die Linien mit einem Filzstift nach. Mit einem grünen Plastiklineal nahmen wir dann Maß. Seit Juni war sie gewachsen, jetzt hatte sie fünf Komma fünf mal vier Zentimeter, also etwa die Größe eines Hühnereis. Unter den Brusttumoren ein Schwergewicht.

Für die Infusionen hatte ich im Wesentlichen die gleiche Gruppe zusammengestellt wie für die Biopsie. Hinzu kam Heidi Schernthanner, die normalerweise für die schweren Maschinen zuständig war. Sie sollte bei der Infusion helfen und das medizinische Material betreuen. Wir nannten uns Club Med.

Welder Walt und Ken Lobe sollten die Infusion legen, Big John die Medikamente zusammenstellen und die Fließgeschwindigkeit kontrollieren, Mike gemeinsam mit Comms Tom die Verbindung nach Indianapolis aufrechterhalten und Lisa und Liza die Videokamera bedienen. Wir besaßen sogar ein Maskottchen, unseren Rover.

Rover war die kleine schwarze Videokamera mit Autofocus, die uns beim Abwurf mitgeliefert worden war. Sie konnte so programmiert werden, dass sie den Bewegungen der Menschen während der Chemotherapie eigenständig folgte. Sie stand auf einem Podest in meinem Schlafzimmer, wo sie wie ein bedrohlicher kleiner Roboter schwenkte und zoomte. Weil Lisa das Gerät einschüchternd fand, hatte sie der Kamera einen niedlichen Spitznamen gegeben. Die anderen Mitglieder des Club Med verpassten ihr eine Art Hundemaske mit einer Zunge aus rotem Fell und spitzen grünen Ohren – umfunktionierte Blätter von Seidenblumen. Man musste einfach lachen, wenn man Rover sah – und Lachen hatten wir dringend nötig, als die Videokonferenz näher rückte. Denn uns war klar, dass nur meine Freunde mich retten konnten, wenn etwas schief ging – wenn ich beispielsweise eine allergische Reaktion hatte oder in Schockzustand geriet. Das war für Menschen ohne medizinische Ausbildung eine große Verantwortung.

Meine Freunde am Pol nahmen meinen seelischen Zustand ebenso ernst wie meinen körperlichen. Nachdem ich den anderen von meiner Diagnose berichtet hatte, fand ich im Biomed eine Postkarte von Bai Xinhua, dem chinesischen Astrophysiker, mit einem Gedicht in chinesischen Schriftzeichen vor. Die Übersetzung, die darunter stand, lautete:

In dieser Welt aus Eis umhüllen dich Freundschaft und Liebe, warm wie das Sonnenlicht im Frühling
und wie die Blumen, die im Frühling erblühen.
Mögen meine besten Wünsche in dir, liebe Jerri,
neue Zuversicht wecken.
Bai, Juli 1999, Südpol

Am 24. Juli, einem Freitag, stellten wir die Kameras auf und legten die Instrumente und Medikamente bereit, die wir brauchen würden. Um neun Uhr dreißig abends wurde das erste Videobild aus dem sommerlich schwülen Indianapolis über das Internet geschickt, prallte auf einen Satelliten, der eine Zeit lang über unseren polaren Horizont steigen würde, und erschien auf dem Computermonitor auf meinem Schreibtisch. Da Kathy ihrer E-Mail Fotos von LaTrice und sich selbst angehängt hatte, erkannte ich die beiden auf Anhieb. Trotzdem war unsere erste Videokonferenz verwirrend. Zumeist sahen wir die zwei Frauen im Profil, wie sie sich über ihren Monitor beugten und uns beobachteten, wie wir sie beobachteten. Der Ton traf mit Verzögerung ein, so dass wir uns wie in einem schlecht synchronisierten ausländischen Film vorkamen, und unsere Mitarbeiterinnen in Indianapolis schienen über den Bildschirm zu hüpfen wie die Tänzer in einer Disko mit Stroboskoplampe. Wie wir auf Kathys Monitor wirkten, mag ich mir lieber nicht vorstellen.

Nachdem wir uns miteinander bekannt gemacht hatten, gingen wir an die Arbeit. Um einer eventuellen Übelkeit vorzubeugen, begann die Chemotherapie mit einer oralen Dosis Kytril. Dann kam eine Infusion mit Decadron, einem Steroid, und Benadryl, einem Antihistaminikum, die eine eventuelle allergische Reaktion auf das Taxol eindämmen sollten. Die Medikamente erzeugten bei mir Benommenheit, und während der restlichen Sitzung konnte ich kaum noch die Augen offen halten, zumindest nicht beide gleichzeitig. Kathy wies uns an, das Taxol in den ersten zehn Minuten äußerst vorsichtig zu dosieren und meine Reaktion sorgfältig zu beobachten. Als sich nichts Auffälliges zeigte, drehte Big John den Hahn weiter auf.

Etwa zu diesem Zeitpunkt brach die Tonverbindung nach Indianapolis ab. Dass eine Verbindung ausfiel, war am Pol nichts Ungewöhnliches, doch dieses Mal machte es uns allen Angst. Zwar hatte die Gruppe Epinephrin und andere Medikamente für den Notfall bereitgelegt, falls ich auf die Chemotherapie negativ reagierte, doch sie brauchten Anweisungen, was sie mir in welcher Dosis verabreichen sollten. Ich war dazu nicht mehr in der Lage.

Glücklicherweise wurden Bild und Ton über unterschiedliche Kanäle gesendet. So blieb das Bild zwar erhalten, doch während der restlichen Sitzung mussten wir unsere Fragen und Antworten nun auf ein Blatt Papier schreiben und es vor die Kamera halten.

Lisa notierte die Fragen, die ich vom Bett aus diktierte: »Was bekomme ich nach dem Taxol?«

Kathy und LaTrice starrten angestrengt auf den Monitor, berieten sich und schrieben dann die Antwort.

»Spülen sie den Infusionsschlauch eine Viertelstunde lang mit Salzlösung«, las Lisa mir vor.

Wir warteten ein paar Sekunden, dann diktierte ich die nächste Frage.

»Warum läuft das Taxol so langsam?«

»Das wissen wir nicht.«

Big John und mir war aufgefallen, dass der Beutel mit der Lösung immer noch fast voll war, obwohl wir schon vor einer halben Stunde mit der Infusion begonnen hatten. Wir versuchten alles Mögliche, um die Tropfgeschwindigkeit zu erhöhen, aber unsere Bemühungen waren vergebens. Ein beunruhigender Umstand, denn je länger die Infusion dauerte, desto höher war die Gefahr von Nebenwirkungen. Verzweifelt rätselten wir, worin der Fehler liegen mochte, doch nach einer Stunde tauchte der Satellit ab, und der Bildschirm wurde schwarz. Noch weitere zwei Stunden lang lief das flüssige Taxol in meine Armvene. Später stellte sich heraus, dass wir beim Abwurf zwar das richtige Infusionsmaterial bekommen hatten, die Tropfkammern am Pol jedoch kleiner waren als die in Indiana. Deshalb hatten die Berechnungen nicht gestimmt.

Absender: Miller, Kathy D.
Empfänger: nielsenje@spole.gov
Datum: 24. Juli 1999 10:01:26 –0500
Betreff: Kompliment

Gut, das wäre geschafft! Kann ich davon ausgehen, dass keine Probleme aufgetreten sind, nachdem am Schluss die Satellitenverbindung unterbrochen wurde? LaTrice und ich haben große Hochachtung vor Ihnen und Ihren Assistenten. Wir empfanden es gestern Abend als schwierig, anstrengend, frustrierend und beängstigend – ständig waren wir versucht, in den Monitor zu greifen, um zu helfen. Wir waren beeindruckt, wie gut sich die Einzelnen der Gruppe gegenseitig ergänzt haben.
Diese Woche sollte es Ihnen recht gut gehen. Nötig wäre jetzt nur noch ein komplettes Blutbild am Freitag. Bei der angeordneten Dosierung in der abgesprochenen Infusionszeit führt das Taxol zwar nur zu einer leichten Myelosuppression, doch wir gehen besser kein Risiko ein. Meine Gratulation!
Kathy

Absender: Jerri Nielsen<nielsenje@spole.gov>
Empfänger: Miller, Kathy D.
Datum: 24. Juli 1999 4:27
Betreff: Re: Kompliment

Liebe Kathy,

willkomen im Film »Die Marx Brothers üben Chemotherapie«! Es war etwas schwierig, alles richtig über die Bühne zu kriegen, aber wir haben es geschafft. Jetzt können Sie sich vorstellen, wie sich ein Arzt hier bei uns behelfen muss. Normalerweise habe ich nicht einmal das zur Verfügung, was ich brauche. Oft muss ich es mir selbst zusammenmischen oder mich sonst irgendwie behelfen.

Insgesamt ist die Chemo gut verlaufen. Wegen des Tropfes hat sie dreieinhalb Stunden gedauert. Ich war ein wenig gereizt. Hatte das Gefühl, mich nicht fallen lassen zu können, aber das kann auch an meiner unbequemen Stellung während der Infusion gelegen haben. Weil mein Bett in der Krankenstation steht, konnte ich in meiner eigenen Höhle bleiben. Aus Angst, ich könnte plötzlich zu atmen aufhören, hat mein bester Freund die ganze Nacht an meinem Bett gesessen und meinen Schlaf bewacht. So sind die Freunde am Pol.

Er sagte, er habe mir von zukünftigen Abenteuern erzählt, wie ich mit dem Boot meines Bruders nach Südamerika segele, meine Freundin im Friedenskorps in der Mongolei besuche, also alles, was mir zu schönen Träumen verhilft. Dinge, die ich nun wohl niemals tun werde.

Beim Aufwachen war ich entspannt, wahrscheinlich durch die Erleichterung, dass ich nun endlich eine Behandlung bekomme. Doch zugleich verspürte ich auch eine unendliche Trauer. Ist das normal? Ich habe schon so furchtbare Dinge erlebt (denken Sie nur an die Position einer Ärztin in den Siebzigern in der Medizin, eine schlechte Ehe, eine entsetzliche Scheidung und so weiter), doch ich hatte immer eine positive Einstellung und eine unverwüstliche Natur, gab nicht so leicht auf und kämpfte mich stets wieder nach oben. Aber ans Sterben habe ich nie gedacht.

Ich muss gestehen, dass ich keine Hoffnung mehr habe. Die Behandlung erscheint mir überflüssig und als eine recht dumme Beschäftigung in den letzten Lebenstagen.

Jedenfalls dachte ich das oft, wenn ich meine Patienten vor mir hatte. Warum sich nach einem bestimmten Punkt noch anstrengen? Für mich bedeutet Brustkrebs wiederholte Pleuraergüsse, Metastasen in den Knochen und im Gehirn, durch Bestrahlung hervorgerufene Lungenentzündung und körperliche Entstellung. Den Verlust meiner Sexualität, die Gewichtszunahme und alles andere noch nicht eingerechnet. Sieht so meine Zukunft aus? Muss sich damit jede, die an dieser Krankheit leidet, abfinden? Meine Bücher zeichnen ein schreckliches Bild. Warum lehnt man sich dann noch dagegen auf? Glaubt man den Selbsthilfegruppen mit Frauen, die den Krebs um sieben Jahre, drei Monate und vier Tage überlebt haben? Ich bin augenblicklich etwas konfus und kann nicht mehr richtig denken. Aber ich bin nicht depressiv. Ich sehe nur nicht ein, warum ich noch kämpfen soll.

Also bin ich heute Morgen nach einer kurzen Nacht früh aufgestanden, um die Räume für unsere Party heute Abend zu schmücken. Ein Fest zu machen war meine Idee, also bin ich auch dazu verpflichtet. Wir feiern eine »Juli-Weihnacht«, außerdem haben zwei unserer Polies Geburtstag. Motto des Abends sind die alten Römer. Das bedeutet keinen großen Aufwand, denn man braucht lediglich sein Bett abzuziehen, um sich in eine Toga hüllen zu können. Es gibt gefrorene Götterspeise aus Erdbeeren und Limonen mit Sahne, frei nach dem Rezept meiner Freundin aus Indiana (Sue Lehman, die mich an Sie vermittelt hat). Ich war also heute Morgen schon ganz schön beschäftigt. Diese Götterspeise schmeckt wunderbar und lässt sich prima vorbereiten, weil sie im Kühlschrank auf die Weihnachtsgäste wartet. Sue brachte sie mir damals mit, als ich mein erstes Kind bekommen hatte.

Pink Drink von Sue

1 Dose Limonensaft plus die Hälfte der Wassermenge, die im Rezept angegeben ist

Zwei Dosen rosa Limonade plus die Hälfte der angegebenen Wassermenge
Weißen Rum in der Menge des fehlenden Wassers
Frieren lassen (hier bei uns kein Problem) und noch gefroren in Stielgläser füllen. Erbeeren am Rand sind eine hübsche Dekoration.

Verlassen Sie sich nicht auf mein handgemachtes Blutbild. Tut mir Leid, aber es ist so.
Mit freundlichen Grüßen, Jerri

Absender: Miller, Kathy D.
Empfänger: nielsenje@spole.gov
Datum: 24. Juli 1999 18:56:47 –0500
Betreff: Re: Re: Kompliment

Liebe Jerri,
ich weiß nicht recht, wie ich Ihnen antworten soll, doch ich will es versuchen:
Wie gern würde ich Ihnen sagen, dass ich die Gefühle und das Ausmaß Ihrer Trauer verstehe und nachempfinden kann – doch das wäre gelogen, wie Sie selbst am besten wissen.
Immerhin habe ich das Privileg, diese Gefühle im täglichen Kontakt mit meinen Patientinnen teilen zu können. Es kommt mir vor wie ein Geschenk – dass sie mich ständig daran erinnern, wie kostbar das Leben ist und dass es keinerlei Garantien für uns bereithält. Sie stehen jetzt selbst vor der Erkenntnis dieser unerbittlichen Tatsache, ob es Ihnen nun gefällt oder nicht. Wenn ich einmal die wichtigen Dinge aus den Augen verliere, erlange ich durch meine Patienten wieder die rechte Demut.
Das Gefühl, etwas verloren zu haben, ist äußerst real. Wie kann ich es am besten beschreiben – es tut verdammt weh! Brustkrebs ist eine elende, niederträchtige Krankheit, die Sie nicht verdient haben. Die Behandlung ist leider in vielerlei Hinsicht genauso schlimm.

Ihre medizinische Ausbildung hilft uns hier nicht weiter. In der Notaufnahme haben Sie ausgerechnet mit den schlimmsten Fällen meines Fachgebiets zu tun, denn meine Langzeit-Überlebenden kommen nicht zu Ihnen. Auch mir erscheint das »Zählen der Jahre, Monate, Tage« ein wenig seltsam. Eine meiner liebsten Patientinnen hat es auf den Punkt gebracht: »Der Brustkrebs darf nicht mehr die bestimmende Macht meines Lebens sein. Wenn ich ständig genau mitzähle, lasse ich zu, dass mich die Krankheit weiter kontrolliert.«

Da wir uns nie begegnet sind, weiß ich nicht, wie ich Sie davon überzeugen kann. Ich kann Ihnen lediglich versprechen, ehrlich zu sein. Worum es auch geht, ich werde Sie nie anlügen. Nur leider kann ich Ihnen nicht immer die Antworten geben, die Sie gern hören möchten. Durchschnittswerte und Statistiken haben für den konkreten Fall nicht die geringste Aussagekraft. Ich kann nicht in die Zukunft sehen und auch nicht entscheiden, wie lange Sie leben (ebenso wenig wie Sie selbst). Ich habe nichts, aber auch gar nichts gehört oder gesehen, was darauf hindeutet, dass die Krankheit in Ihrem Fall nicht zu heilen sei. Heilung ist unser Ziel, und die Chemotherapie ist der beste Weg dorthin.

Wenn ich der Meinung wäre, Ihre Krankheit sei nicht heilbar, würde ich das sagen. Dann wäre unsere Entscheidung, wie wir Sie behandeln, weitaus schwieriger – ich stimme Ihnen zu, dass es keine schöne Aussicht ist, seine letzten Lebenstage mit Chemotherapie zu verbringen. Ich war immer bestrebt, niemand eine Chemo zu geben, dessen Lebenserwartung weniger als drei Monate beträgt.

Meine Arbeit hat mich jedoch gelehrt, die Kraft einer Frau niemals zu unterschätzen. Alle meine Patientinnen müssen sich mit derartigen Gefühlen auseinander setzen, doch wenn es wirklich darauf ankommt, tun sie, was getan werden muss.

Ich bin froh, dass Sie dort am Pol so wunderbare Freun-

de haben. Lassen Sie sich von ihnen helfen. Sie würden
für die anderen das Gleiche tun.
Kathy

Zwar las ich Kathys E-Mail, doch die Botschaft, die sie enthielt, drang nicht zu mir durch. Viel lauter hörte ich meine
innere Stimme, die mir sagte: Du bist praktisch schon tot. Wozu noch die ganze Mühe? Einerseits forderte ich von Kathy,
dass sie mich ermutigte, andererseits machte ich es ihr so
schwer wie möglich. In meiner Rolle als Ärztin hatte ich dieses Phänomen schon oft beobachtet, doch bis dahin nie verstanden. Hoffnung war etwas, was man errang, man konnte sie
sich nicht von anderen holen. Wie viele Patienten betrachtete
ich das Angebot, Hoffnung zu schöpfen, zunächst als Irrefüh-
rung, die ich angreifen musste.

Absender: Jerri Nielsen<nielsenje@spole.gov>
Empfänger: Miller, Kathy D.
Datum: 25. Juli 1999 4:50
Betreff: Sieg, Einsicht und Fragen

Ich habe gelesen, dass Taxol zu Haarausfall führt. Stimmt
das? Wann wird mir von der Chemotherapie übel? Am
Samstagvormittag ging es mir noch einigermaßen gut,
doch am Abend habe ich mich zweimal übergeben. Außerdem hatte ich am Sonntag Bauchkrämpfe. Habe ich
etwas Falsches gegessen, oder liegt das an der Chemotherapie? Am Sonntag war mir ein wenig schummrig,
und heute bin ich müde.
Ich möchte einfach nur wissen, was mich erwartet, damit ich mich darauf einstellen kann. Meine Pläne und
Wünsche habe ich inzwischen aufgegeben. Aber ich
brauche neue. Wünsche und Pläne, die nicht unbedingt
schön sein müssen, die sich jedoch verwirklichen lassen.
Nächstes Jahr bin ich nicht mehr krankenversichert, und
Dinge wie diese machen mir Sorgen. Hat es überhaupt

noch Sinn, sich um die Krankenversicherung im nächsten Jahr zu kümmern? Ich finde es nicht unnormal, zu trauern und nach Antworten zu suchen, wenn man sein Todesurteil bekommen hat.
Mit freundlichen Grüßen
Jerri

Absender: Miller, Kathy D.
Empfänger: nielsenje@spole.gov
Datum: 25. Juli 1999 17:05:43 –0500
Betreff: Re: Sieg, Einsichten und Fragen

Hallo Jerri,
ich sitze schweißnass in meinem Wohnzimmer. Während ich eine Stunde auf meinem Heimtrainer strampelte, habe ich mir gerade die letzte Etappe der Tour de France angesehen. Die Tour de France begeistert mich schon seit langem, doch dieses Jahr war sie etwas ganz Besonderes. Lance Armstrong hat heute sein spektakuläres Comeback mit einem Sieg gekrönt – und das, obwohl es erst zweieinhalb Jahre her ist, dass ich ihn wegen Hodenkrebs im fortgeschrittenen Stadium zu seiner zweiten und (drei Wochen später) dritten Chemotherapie in die Klinik aufnahm. Ich war in jenem Monat Stationsärztin, kann also weder seine Behandlung noch seine Genesung als mein Verdienst in Anspruch nehmen. Doch ich kann den Mann für seine Kraft nur bewundern.
Ihre Bemerkungen von gestern erinnern mich stark an jene Tage mit Lance. Er hatte seine Behandlung in Texas begonnen, und als er in unsere Klinik an der Indiana University kam, war er demoralisiert und niedergeschlagen angesichts der Tatsache, dass sich sein Leben mit einem Schlag von Grund auf geändert hatte. Selbst wenn er überlebte (und die Aussichten waren nicht gut), bestand wenig Hoffnung, dass er jemals wieder in den Radrennsport würde zurückkehren können. Doch dieser Sport war alles, was er kannte und was er sich gewünscht hat-

te. Zwischen den beiden Zyklen beobachtete ich eine erstaunliche Wandlung in ihm. Als er zurückkam, war er ruhig und gefasst – nach wie vor voller Angst, aber nicht mehr niedergeschlagen und hoffnungslos. Diese Veränderung konnte er nur so erklären, dass er sich entschlossen hatte, seine Aufmerksamkeit nicht mehr auf den Tod, sondern auf das Leben zu richten. Ich durfte eine solche Wandlung mehrere Male miterleben – doch noch immer habe ich nicht die geringste Ahnung, wodurch sie zu Stande kommt oder wie ich Ihnen den Weg dorthin weisen könnte. Es ist eine ganz persönliche Reise, deren Richtung nur Sie selbst bestimmen können.

Ich wünsche Ihnen Frieden auf Ihrem Weg.

Kathy

Ich werde Kathys Worte nie vergessen. Wenn mir jemand Frieden geben oder mir den Weg zu innerem Frieden weisen könnte, hätte ich eine Chance, wieder gesund zu werden. Jetzt konnte ich meine Ungeduld kaum noch zügeln.

Ich hatte das Fortschreiten einer tödlichen Krankheit so oft erlebt, dass ich wusste, was mir bevorstand: Wenn ich endlich begriffen hatte, dass meine Krankheit mich möglicherweise umbringen würde, stand ich vor dem Prozess, mich selbst sterben zu sehen, mein Leben realistisch einzuschätzen und meine Träume zu begraben. Erst nachdem ich das geleistet hatte, konnte ich erfassen, was mir geblieben war, die Trauer beiseite schieben und wieder nach vorn blicken. Aber allein war mir das nicht möglich.

Für jemanden, der dafür ausgebildet und es gewohnt war, anderen zu helfen, bedeutete es seltsamerweise eine große Erleichterung, plötzlich auf andere angewiesen zu sein. Daher gab ich mich mit Haut und Haar in die Hände meiner Angehörigen, guter Freunde und einer begabten und mitfühlenden Ärztin, in der ich eine jüngere Ausgabe meiner selbst sah. Doch trotz all meiner Erfahrung war ich nicht darauf vorbereitet, dass sich meine Reise in die Ergebenheit so turbulent und anstrengend gestalten würde.

In der Zwischenzeit setzten Kathy und ich unseren Pas de deux per E-Mail fort:

Absender: Miller, Kathy D.
Empfänger: nielsenje@spole.gov
Datum: 26. Juli 1999 18:39:56 –0500
Betreff: Einzelheiten

Ich glaube nicht, dass Ihnen alle Haare ausfallen werden, denn Ihre Dosis ist nur halb so hoch wie die, die wir gewöhnlich bei einer dreistündigen Infusion anwenden. Wenn doch, dann bemerken Sie es erst zwei bis zweieinhalb Wochen nach der Behandlung.
Dass die Benommenheit von der Chemotherapie herrührt, bezweifle ich. Ihre Dysphorie kommt sowohl von dem Decadron als auch von dem Benadryl. Aber ich habe auch eine gute Nachricht – da Sie keine Reaktion gezeigt haben, können wir die Decadron-Dosis am Freitag auf 10 mg verringern. Sie werden es merken. Ich glaube, um die Benommenheit auszuschließen, sollten Sie bei den Behandlungen auch Kytril nehmen. Kytril führt weder zu Gewichtszunahme noch zu Haarausfall, bei manchen verursacht es jedoch Kopfschmerzen. Wenn dieses Problem auftritt, nehmen Sie andere Mittel gegen Erbrechen, die wir mitgeschickt haben.
Sie brauchen neue Kurzzeitziele – einfache Ziele, die Sie erreichen können. Sie sollten sich aber auch weiterhin Langzeitziele setzen. Ich gehe davon aus, dass Sie sie verwirklichen können.
Der Frage nach Ihrer Überlebenschance weiche ich nicht aus – nur sind wir einfach nicht in der Lage, sie zu beantworten. Das Beste, was ich Ihnen sagen kann, lautet: Bei etwa der Hälfte aller Frauen in Ihrer Situation tritt der Krebs irgendwo anders im Körper wieder auf. Dieses Phänomen lässt sich vor allem in den ersten fünf Jahren nach der ersten Diagnose beobachten und führt irgendwann zum Tode (im Durchschnitt zwei Jahre nach

der Diagnose der Neuerkrankung). Das heißt jedoch auch, dass der Krebs bei der Hälfte der Frauen in Ihrer Situation nicht zurückkehrt, und sie haben eine Lebenserwartung, die von der anderer Frauen gleichen Alters nicht abweicht. Sie selbst bekommen diese Frauen nicht zu Gesicht, weil sie keinen Grund haben, die Notaufnahme aufzusuchen. Ich jedoch sehe sie in meiner Klinik immer wieder – es gibt sie also wirklich. Die Frage ist nun, zu welcher Hälfte Sie gehören. Das weiß niemand. Ich würde es auch nicht wissen, wenn Sie hier vor mir säßen.

Zusammengefasst: Sie werden es brauchen und sich wünschen, nach Abschluss der Behandlung wieder an Ihre Arbeit zu gehen.

Dauer der Behandlung: Planen Sie für die Chemotherapie etwa drei Monate ein (also ungefähr die Zeit, bis Sie den Südpol verlassen können). Dann werden Sie operiert und bekommen im Anschluss eine weitere Chemotherapie, jedoch in einer Kombination, wie sie am Pol aus Sicherheitsgründen nicht möglich ist. Darauf folgt die Strahlentherapie.

Diesen Freitag werden wir besser vorbereitet sein – an beiden Enden der Leitung. Ich nehme an, wir haben wieder eine Verabredung für halbzehn abends?

Kathy

Absender: Jerri Nielsen<nielsenje@spole.gov>
Empfänger: Miller, Kathy D.
Datum: 27. Juli 1999 2:33
Betreff: Re: Einzelheiten

Ich bin so froh, dass ich mein Haar vielleicht doch behalte. Das mag dumm klingen, aber ich brauche die Gewissheit, dass etwas von mir intakt bleibt. Wird es mir ausfallen, wenn ich zu Hause mit dem nächsten Chemotherapiezyklus beginne? Wenn ja, dann sind meine Sorgen überflüssig, und da ich ohnehin schon am Trauern bin, kann ich dann auch gleich den Verlust dieses Teils von mir beklagen.

Ich bin dankbar für Ihren Brief, in dem Sie so ausführlich schildern, was mit mir geschehen wird. Ich habe ihn an meine Mutter weitergeleitet. Als echte Wissenschaftlerin glaubt sie nämlich, dass Wissen alles ist. Wir sind beide sehr realitätsbezogen. Uns geht es besser, wenn wir informiert sind, was auf uns zukommt, damit wir in der Lage sind, die richtigen Entscheidungen zu treffen.

Freundlichst
Jerri

Unser intellektueller Schlagabtausch war für uns beide nicht einfach. Kathy trug die schwere Last mit mir gemeinsam, weil sie die Einzige war, die es tun konnte. Ich stand mit vielen befreundeten Ärzten in Verbindung, doch sie waren nicht bereit, mich in die Tiefe meiner Verzweiflung zu begleiten. Stattdessen verhielten sie sich wie die meisten, wenn sie mit einer tödlichen Krankheit konfrontiert werden, und trösteten mich mit unaufrichtigen Kommentaren wie: »Du schaffst das schon.« Zwar meinten sie es meist gut, doch es half mir nicht weiter. Meine Freunde aus nichtmedizinischen Berufen sagten das Gleiche. Sie wollten nett zu mir sein, doch letztlich fühlte ich mich dadurch nur noch einsamer.

Welche Kämpfe in mir tobten, durfte ich die Leute am Pol natürlich nicht spüren lassen. Schließlich mussten sie sich auf mich verlassen können. Fast alle meine Freunde fanden, dass ich meine Erkrankung tapfer und mit Fassung trug. Zu allem Überfluss spürte ich auch noch die Auswirkungen der Medikamente, die die Östrogenproduktion hemmten und damit die Menopause einleiteten. Die Hitzewallungen waren unerträglich. Ich hatte so starke Schweißausbrüche, dass ich Mütze und oberste Kleidungsschicht ausziehen musste. Im nächsten Augenblick schlotterte ich vor Kälte, da mir das feuchte Haar am Kopf gefror. Kaum hatte ich die Kleider wieder angezogen, begann ich erneut furchtbar zu schwitzen. So ging es die ganze Zeit, bis ich völlig erschöpft war.

Ein starker Östrogenabfall kann auch zu erheblichen Stimmungsschwankungen führen. So wusste ich irgendwann nicht mehr, ob das, was ich empfand, echte Gefühle waren oder ob es von der Hormonveränderung herrührte. Mein einziges Ventil waren meine E-Mails an Kathy, meine Mutter und meinen Bruder Scott.

Absender: Scott Cahill<scotty@aol.com>
Empfänger: nielsenje@spole.gov
Datum: 26. Juli 1999 15:24:54 –0400
Betreff: Kopf hoch!

Hallo Duffy,
wie kommst du zurecht??? Ich war am Wochenende bei unseren Eltern. Sie können es kaum noch erwarten, dass du nach Hause kommst – genau wie ich. Mom trägt es mit Fassung – sie ist traurig und macht sich Sorgen um ihr geliebtes kleines Mädchen. Dad kann nicht mehr schlafen. Sie lieben dich sehr! So wie ich.
Heute Nachmittag werde ich mich wegschleichen, um noch ein wenig am Boot zu arbeiten. Wahrscheinlich werde ich das letzte Stück des Teakholzdecks einfügen. Mit dem Innenausbau habe ich noch nicht angefangen – ich werkele am Deck, streiche, arbeite an Beschlägen und Luken. Bis jetzt sieht es so aus, als würde es beim Zeitplan für den großen Stapellauf bleiben. Du wirst dabei sein, im nächsten Frühjahr, südlich von Annapolis.
Wir lieben dich alle sehr und vermissen dich,
dein kleiner Bruder
Scotty

Absender: Jerri Nielsen<nielsenje@spole.gov>
Empfänger: scotty@aol.com
Datum: 27. Juli 1999 17:08
Betreff: Re: Kopf hoch!

Lieber Scotty,
nein, ich komme nicht zurecht. Bin traurig, komme mir
vor, als wäre ich schon tot. Meine Ärztin macht mir keine Hoffnung. Habe sie in einer Mail gebeten, mir etwas
zu sagen, an dem ich mich festhalten kann. Doch die
Antwort war nicht erfreulich. Nach ihren Worten steht
mein Tod fest – es fehlt nur noch das Datum für das Be-
gräbnis. Ich kann sterben, während ich hier meine Behandlung bekomme, ich kann aber auch steinalt werden.
Irgendwo liegt die Erwartung bei fünf Jahren oder so.
Niemand will es riskieren, mir etwas Konkretes zu sagen. Ich darf also keine Pläne mehr schmieden, keine
Hoffnungen und Träume haben. Das ist das Schlimmste, denn so schrecklich die Dinge auch waren, zumindest hatte ich immer noch Hoffnungen und Träume.
Ich habe das ganze Wochenende an das Boot gedacht.
Big John hat mir aus der oberen Kantine eine Segelzeit-
schrift vorbeigebracht (vier Jahre alt). Wir haben uns die
Bilder angesehen und uns ausgemalt, wie wir nach Südamerika segeln. Zum ersten Mal, seit all dies geschehen
ist, empfand ich wieder Freude. Ich wünsche mir wirklich, ich könnte noch ein paar Monate auf dem Boot leben, damit ich es ein Mal in meinem Leben getan habe.
Es klingt wunderbar. Es ist ein so schönes Boot!
Die Chemo nimmt mich körperlich mehr mit, als ich
zugegeben habe. Bei der Party musste ich mich zweimal
übergeben. Und meine Brust tut weh. Bitte schreibe mir.
Ich habe dich lieb, und du fehlst mir!
Duffy

Absender: Scott Cahill<scotty@aol.com>
Empfänger: nielsenje@spole.gov
Datum: 28. Juli 1999 07:40:15 –0400
Betreff: Re: Re: Kopf hoch!

Liebe Duffy:
Das Boot wird rechtzeitig fertig!! Du musst dir eine po-

sitive Einstellung bewahren. Natürlich kann ich nicht im Geringsten nachempfinden, was du durchmachst. Es tut mir Leid, dass ich dich nicht in die Arme nehmen und trösten kann. Du bist eine prima Schwester, meine beste Freundin, und ich sollte eigentlich gut für dich sorgen. Aber bald werde ich das tun.

Krebs ist eine verdammt scheußliche Sache, und es gibt nichts, was einem mehr Angst macht – doch man kann ihn besiegen, immer wieder wird er besiegt. Du bist der stärkste Mensch, den ich kenne. Wir werden diese Sache durchstehen, und eines Tages hast du das alles vergessen. Ich habe dich lieb. Ich wünschte, ich wäre dein Arzt. Wir denken jeden Augenblick an dich und können es kaum erwarten, dass du nach Hause kommst. Du bist eine Cahill, und wir haben das Glück der Iren. Wir werden es schaffen!

In Liebe, immer dein

Scotty

Die zweite Chemotherapiesitzung, eine Woche nach dem anfänglichen Fiasko, verlief weitaus besser. Der Club Med entwickelte sich wunderbar. Ich hatte Teamarbeit schon immer geschätzt, ein Grund, weshalb ich so gern in der Notaufnahme arbeitete. Je besser man aufeinander eingespielt war, je besser der Einzelne seine Aufgabe kannte, desto besser die Leistung der Gruppe.

Ich fand es aufregend, dies jetzt auch an meinem Team am Pol beobachten zu können. Zuerst zeigte ich Big John, wie er mit der Chemotherapie umgehen musste, dann brachte er es Heidi und Liza bei, und schließlich übten sie gemeinsam. Ken und Welder Walt bedienten das Infusionsgerät und nahmen Blut ab, und Lisa und Comms Tom, unsere unsichtbaren Mitglieder des Club Med, überwachten unsere Lebensader, also das Computersystem und die Satellitenverbindung. Schließlich war das Team so routiniert und arbeitete so gut Hand in Hand, dass die Chemotherapie ohne Probleme verlief. Sie waren schnell, und sie waren gut. Kathy und LaTrice staunten, wie rasch sie die Aufgabe bewältigten. Nachdem wir die richtige Einstellung herausgefunden hatten, konnte Big John den Fluss des Medikaments so gut regeln, dass Kathy ihm einen Job anbot.

»Big John, wenn Sie dort rauskommen, können Sie für mich arbeiten«, meinte sie schmunzelnd, »Sie sind besser als unsere Tausend-Dollar-Pumpen!«

Ich wartete in der Zwischenzeit voller Ungeduld auf die neuesten Testergebnisse. Während der ersten Chemotherapiesitzung hatten Welder Walt und ich eine neue Gewebeprobe entnommen. Einen Teil davon bewahrten wir in Gläsern auf, damit ich sie in die Vereinigten Staaten mitnehmen konnte. Auf diese Weise bestand die Möglichkeit festzustellen, wie mein Gewebe aussah, bevor es sich durch die Chemotherapie veränderte. Zwar hatte Kathy gemeint, das sei überflüssig, doch ich hatte darauf bestanden. Schritt für Schritt nahm ich mein Leben wieder in die Hand, gleichzeitig hatte ich auch wieder eine Vorstellung von der Zukunft. Ken färbte die Zellproben mit dem frischen Färbemittel aus der Abwurfaktion ein, und Lisa schickte Aufnahmen der Ausstriche zur Analyse an Kathys Pathologen.

Meine Ärzte sollten so viel wie möglich über meinen Tumor wissen. In einem wichtigen Test wollten sie bestimmen, ob die Krebszellen östrogenabhängig waren. Traf das zu, hieß es festzustellen, ob die Östrogenrezeptoren positiv oder negativ waren. In meinen wenigen medizinischen Fachbüchern hatte ich gelesen, dass bei negativen Rezeptoren die Überlebenschancen schlechter standen, weil sich das Zellwachstum nicht dadurch stoppen ließ, dass man dem Körper das Östrogen entzog.

Während meiner zweiten Chemotherapiesitzung teilte Kathy mir mit, meine Östrogenrezeptoren seien negativ. Um den Schock etwas abzumildern, fügte sie hinzu, dass der Behandlungsplan, für den wir uns entschieden hatten, nicht geändert werden müsse. Dennoch nahm ich es als schlechtes Zeichen, als letztes Glied in einer Kette niederschmetternder Nachrichten: Anstatt zweier Knoten, wie wir zunächst vermutet hatten, handelte es sich um eine einzige große, unregelmäßig geformte Geschwulst. Sie maß mehr als fünf Zentimeter, wuchs rasch, und da meine Lymphknoten geschwollen waren und schmerzten, bestand der Verdacht, dass sie bereits Metastasen gebildet oder sich im Körper ausgebreitet hatte. Alle diese Umstände verringerten meine Überlebenschancen.

Nachdem ich erfahren hatte, dass meine Östrogenrezeptoren negativ waren, setzten Big John und ich uns mit einem Blatt Papier und einem Taschenrechner hin und berechneten meine Chancen. Als Ärztin in der Notaufnahme war ich es gewohnt, mit Prozentzahlen umzugehen. Kathy dachte anders, doch mir widerstrebte es, mich auf ihre Denkweise einzulassen. Als ich nun meine eigenen Zahlen sah, bestätigten sich meine schlimmsten Befürchtungen. Anhand des etwas veralteten statistischen Materials standen meine Chancen, länger als zwei Jahre zu überleben, etwa bei 10 bis 15 Prozent.

Ich schrieb an Kathy Miller, mir endlich die volle Wahrheit zu sagen. Kein Drumherumreden mehr.

Absender: Jerri Nielsen<nielsenje@spole.gov>
Empfänger: Miller, Kathy D.
Datum: 30. Juli 1999 12:02
Betreff: Einzelheiten

Liebe Kathy,
es geht mir besser, wenn ich von Anfang an genau informiert bin, denn dann kann ich mir klarmachen, was ich aufgeben muss, kann trauern und mit dem neu beginnen, was mir bleibt. Es ist mir bisher immer gelungen, wieder von vorn anzufangen, doch das fällt schwer, wenn man, kaum dass man sich mit einer Sache abgefunden hat, wieder mit einem neuen Verlust konfrontiert wird. Ein wichtiges Detail macht mir Sorgen. Mein Referenzmaterial, und zugegebenermaßen ist das nicht sehr viel, besagt ohne Ausnahme, dass die Überlebenschancen deutlich sinken, wenn keine Östrogenrezeptoren vorhanden sind. Ich glaube, Sie haben heute Abend gesagt, dass die negativen Rezeptoren keinen großen Unter-

schied machen. Doch ich möchte die Wahrheit hören, damit ich weiß, wie meine Chancen stehen, und damit ich Entscheidungen über meine Zukunft treffen kann. Außerdem hat es einen großen Einfluss auf meine Einstellung zur Chemotherapie, auf die Frage, ob ich auf eine vorzeitige Rettung aus dem Eis drängen soll, und wie ich meine Aussichten bei einer kurativen Therapie einschätze.

Ich weiß, dass dazu statistisches Material vorhanden ist. Soweit ich es nach einem Blick auf die Zahlen beurteilen kann, stehen meine Chancen wirklich schlecht.

Ich muss wissen, ob ich mit meiner Krankheit eine Zukunft habe oder nicht. Denn dann kann ich entscheiden, wie ich in der nächsten Zeit leben will, ob ich mich um meinen allgemeinen Gesundheitszustand überhaupt kümmere und anderes Wichtige mehr. Wenn ich zum Beispiel gute Aussichten habe, treibe ich ab jetzt Sport, wenn meine Chancen jedoch nur bei zehn Prozent stehen, dann verschwende ich meine kostbare Zeit nicht auf einem Heimtrainer. Es gibt noch viele andere Dinge in dieser Art.

Vielen Dank!

Jerri

Absender: Miller, Kathy D.
Empfänger: nielsenje@spole.gov
Datum: 31. Juli 1999 20:21:05 –0500
Betreff: Re: Einzelheiten

Hallo Jerri,
ich will versuchen, Ihre Irritation aufzulösen. Wenn Sie durch dieses Schreiben nicht das erfahren, was Sie wissen möchten, fragen Sie nach, und ich versuche es weiter.

Zuerst einmal glaube ich mit ziemlicher Sicherheit, dass Ihre Östrogenrezeptoren negativ sind, weil sich Ihr Tumor entsprechend verhält. Die Wahrscheinlichkeit von positiven Rezeptoren steigt mit dem Lebensalter der Patientin. Da Sie für eine Patientin mit Brustkrebs relativ jung sind, steht die Möglichkeit, dass Sie einen östrogen-positiven Tumor haben, bei etwa 35 Prozent. Außerdem deutet das rasche Wachstum, das Sie beschreiben, auf einen östrogennegativen Tumor hin.

Ich muss aber hinzufügen, dass wir nicht wirklich wissen, welcher Art Ihr Tumor ist, weil wir keinen positiven Kontrolltest haben. Der Östrogenausstrich Ihres Tumors sah aus wie negativ, aber die Färbung war uneinheitlich, und in der Welt jenseits des Südpols würde er ohne einen positiven Kontrolltest niemals durchgehen. Ohne einen solchen Test wissen wir einfach nicht, ob Ihr Tumor wirklich östrogennegativ ist oder ob unser Urteil auf der schlechten Qualität der Färbung beruht. Das wissen wir erst dann, wenn wir den Test mit den Gewebeproben wiederholen, die Sie für uns bereithalten.

Allgemein gesagt sind östrogennegative Tumore weitaus aggressiver (gefährlicher, neigen eher dazu, wieder aufzutreten) als -positive. Wenn Sie zwei ansonsten gleiche Tumore nehmen, kann man davon ausgehen, dass ein -negativer mit 5 bis 10 Prozen höherer Wahrscheinlichkeit eher wieder auftritt als ein -positiver. Tut mir Leid, wenn die Wissenschaft hier keine konkreteren Aussagen macht.

Sie sind eine junge Frau mit einem großen, aggressiven Tumor. Nach allem, was ich in der letzten Woche erfahren habe, kann ich nicht mehr sagen, als dass sich bei etwa der Hälfte der Frauen mit einem Tumor wie Ihrem (bei dem Wenigen, was wir darüber wissen) in der Folge Metastasen bilden, die zum Tod führen. Bei der anderen Hälfte nicht. Selbst wenn ich ein besseres Verhältnis anbieten könnte, eine Überlebensrate von 10 Prozent heißt nicht null, und 90 Prozent heißt nicht 100. Wenn es das war, was Sie wissen wollten, kann ich Ihnen nicht mehr sagen, und es liegt nicht in meiner Macht.

Was die Zukunftspläne betrifft, so hat niemand von uns eine Garantie im Leben – Sie wissen das durch Ihre

Krankheit besser als alle anderen. Ich werde zum Glück immer wieder durch meine Patienten daran erinnert.
Ich hoffe, ich konnte Ihnen helfen – und jetzt auf den Heimtrainer!
Kathy

Absender: Jerri Nielsen<nielsenje@spole.gov>
Empfänger: Miller, Kathy D.
Datum: 31. Juli 1999 7:43
Betreff: Medizinisches

Liebe Kathy,
ich muss wisssen, wie meine Krankheit einzuschätzen ist, damit ich entscheiden kann, ob ich es überhaupt noch versuchen soll, wieder gesund zu werden. Wie ich in meinem Brief schon schrieb, sieht meine Prognose anhand meiner Bücher ziemlich schlecht aus. Ich bin hier allein an dem verdammten Südpol und muss ohne irgendwelche Hintergrundinformationen Entscheidungen über Leben und Tod treffen. Deshalb bin ich auf Prozentzahlen angewiesen. Ich bin durchaus bereit, alles zu riskieren, aber dafür brauche ich Zahlenmaterial.
Ich bin nicht wie Ihre anderen Patientinnen (deshalb behandeln Sie mich ja auch aus der Ferne). Ich glaube auch nicht, dass sich ein Leben in Jahren oder Zahlen bemessen lässt, sondern in Erfahrung und in der Art und Weise, wie man seine letzten Lebenstage verbringt. Ich möchte nicht über lange Zeit ans Krankenbett gefesselt sein. Da ich fünfundzwanzig Jahre lang damit zu tun hatte, kann ich besser als manch anderer beurteilen, was das bedeutet. Ich habe beispielsweise schon vor langer Zeit beschlossen, dass ich mich eher umbringe, als von einer Dialyse abhängig zu sein. Wenn meine Aussichten auf Heilung gut sind, werde ich nach Hause kommen, mich operieren lassen, die Chemotherapie und die Strahlenbehandlung ertragen und – trotz der Übelkeit, des Verlustes meiner Figur, des hässlichen Anblicks, den ich dann

biete – mit allem, was ich habe, ums Überleben kämpfen. Ich werde versuchen, den Südpol zu verlassen, und das so schnell wie möglich. Wenn ich jedoch kaum noch eine Chance habe, kehre ich nicht in die USA zurück. Dann breche ich die Behandlung ab und weise den neuen Arzt hier ein. Anschließend reise ich durch die Welt, bis ich dazu nicht mehr in der Lage bin, und segele wie geplant mit meinem Bruder nach Südamerika. Deshalb muss ich die Wahrheit wissen.
In Erwartung der entscheidenden Antwort
Jerri Lin

Absender: Eric Cahill<ericcahill@aol.com>
Empfänger: nielsenje@spole.gov
Datum: 31. Juli 1999 14:55:17 +0400
Betreff: Alles Liebe

Jerri,
ich habe gerade mit Momma gesprochen. In ihren Büchern steht, dass diese Sache mit deinen Östrogenrezeptoren nicht gerade günstig ist. Doch ich glaube, deine Ärztin kann das besser beurteilen als Mutters Bücher. Wie auch immer, nimm deine Medikamente, so schrecklich sie auch sind. Du bist jetzt sicher aufgewühlt und durcheinander, das würde jedem so gehen, aber ich bitte dich, gib nicht auf! Momma glaubt nicht, dass es noch einen Sinn hat zu kämpfen. Ich denke da anders: Zum Teufel noch mal! Kämpfe um dein Leben!
Ich bin stolz auf dich und auf das, was du leistest. Meine beiden Mädchen sind ebenfalls stolz auf dich.
Ich wünschte, ich könnte etwas für dich tun. Ich fühle mich so hilflos und bin traurig. Wenn dir zum Weinen ist, dann weine. Aber wende dich dann wieder dem Leben zu. Mach es dir so schön wie möglich – mehr hast du nicht, mehr hat keiner von uns.
In Liebe
Mr. Baby

Absender: Miller, Kathy D.
Empfänger: nielsenje@spole.gov
Datum: 31. Juli 1999 21:12:41 –0500
Betreff: Medizinisches

Jerri,
natürlich ist mir klar, dass Sie anders sind als meine sonstigen Patienten. Wir sind uns sehr ähnlich, und ich schät-
ze unsere Beziehung. Bitte glauben Sie mir, dass ich Ihren Fragen nicht ausweiche oder von der Situation ein
rosigeres Bild zeichne, als ich eigentlich dürfte.
Doch ich stecke in der Zwickmühle, was Ihre Fragen betrifft. Die Zahlen, die ich nenne, beruhen bestenfalls auf
Schätzungen. Außerdem habe ich zu diesem Zeitpunkt
weitaus weniger Informationen über Sie als in anderen
Fällen.
Meine 50:50-Prognose, die ich Ihnen anfangs gab, beruhte bereits auf der Voraussetzung, dass Ihr Tumor östrogennegativ ist. Deshalb habe ich diese Zahlen auch nicht
korrigiert. Wenn Ihre Zellen positiv wären, würde sich
das Verhältnis leicht zu Ihren Gunsten verschieben.
Wenn ich sicher wäre, dass Ihr Krebs Metastasen gebildet hat und keine Aussicht auf Heilung mehr besteht,
würde ich das auch sagen – doch nach allem, was Sie
mir berichtet haben, deutet nichts darauf hin. Sobald wir
Sie dort herausbekommen, werden wir eine Computertomographie des ganzen Körpers und einen Knochenscan durchführen, um jede Metastasierung auszuschließen. So wie sich Ihre Situation darstellt, würde ich das
mit einer Patientin tun, bevor ich mit der Behandlung
beginne, doch da Sie sich nun einmal am Pol befinden,
müssen wir die Vorgehensweise ändern. Würden Sie jedoch Ihre Behandlung um drei bis vier Monate aufschie-
ben, würde das Ihre Chancen meiner Meinung nach drastisch einschränken.
Wenn wir bei diesen Untersuchungen tatsächlich Metastasen finden, stehen wir natürlich vor einer ungleich
schwierigeren Situation. In diesem Fall erhebe ich in der

Regel keine Einwände, wenn eine Patientin sich entscheidet, die Behandlung abzubrechen. Soweit ich weiß, gibt es kein Gesetz, das vorschreibt, man müsse eine Chemotherapie durchmachen, ehe man stirbt.

Ein entscheidender Faktor für Ihre weitere Prognose ist Ihre Reaktion auf die Chemotherapie. Von Patientinnen, die optimal darauf ansprechen, überleben 90 Prozent Prozent die nächsten zehn Jahre, von denen mit einem kleinen Resttumor sind es ungefähr 50 Prozent, die die nächsten zehn Jahre überleben, bei denen, die kaum eine Reaktion zeigen, etwa 20 Prozent. Diese Zahlen gelten für alle, unabhängig von der Größe des Tumors. Es ist noch zu früh zu entscheiden, doch es sieht nicht so aus, als gehörten Sie zu der letzten Gruppe.

Sie sind diejenige, die an Brustkrebs erkrankt ist, und wir machen es so, wie Sie es möchten. Meine Rolle besteht meiner Ansicht nach darin, Ihnen die bestmöglichen Informationen zu liefern, so dass Sie eine Grundlage für Ihre Enscheidungen haben. Letztlich treffen Sie diese aber allein. Ich bitte Sie nur darum, keine langfristigen Beschlüsse zu fassen, ehe ich Ihnen nicht die vollständigen Informationen geben konnte – und leider ist das wohl erst möglich, wenn wir Sie dort herausgeholt haben und ich mir genau anschaue, wo wir stehen, wie weit Ihre Krankheit wirklich fortgeschritten ist, wie Ihre Aussichten sind und was das Beste für Sie ist. Ich versuche es weiterhin.

Kathy

Absender: Jerri Nielsen<nielsenje@spole.gov>
Empfänger: scotty@aol.com
Datum: 2. August 1999 01:44:35 +1200
Betreff: Leben, um zu segeln

Lieber Scott,
heute fühle ich mich weitaus besser, denn meine Ärztin hat mir endlich mit konkreten Zahlen erklärt, wie es um

meine Überlebenschancen steht. Das war es, was ich gebraucht habe. Außerdem bin ich glücklich, weil ich mich entschlossen habe zu leben. Ich will nämlich die Welt umsegeln. Ich kann es kaum erwarten, den Sommer auf deinem Boot zu verbringen. Ich will probieren, ob ich das aushalte, und mir dann eventuell ein eigenes Boot kaufen.

Sobald wir eine Satellitenverbindung haben, werde ich mit der Pressesprecherin der NSF in Verbindung treten, weil ich über die Medien an die Öffentlichkeit gehen möchte. Ich habe es satt, gejagt zu werden, also muss ich meinen Zufluchtsort wohl verlassen. Diese Leute haben Mom und Dad die Hölle auf Erden bereitet. Anfang der Woche fühlte ich mich noch nicht stark genug, denn da kämpfte ich noch mit der Erkenntnis, dass ich Krebs habe. Alles geschieht so rasch, und es gibt kein Entkommen.

Ich habe dich lieb.

Duff

Das Interesse der Medien wurde nach der Abwurfaktion schwächer, denn die Aufmerksamkeit der Öffentlichkeit richtete sich nun auf den tragischen Flugzeugabsturz, bei dem John Kennedy jr. ums Leben kam. Wir alle hofften, man würde meinen Fall vergessen, doch leider traf es nicht ein. Die NSF hatte von Reportern, die mich interviewen wollten, ganze Körbe mit Anfragen erhalten. Erneut scharten sich Fotografen und Fernsehteams um das Haus meiner Eltern. Eine Zeitung in Ohio hatte meinen Exmann aufgespürt, der mich unverhüllt als Lügnerin bezeichnete und jedem, der es hören wollte, erklärte, ich hätte meine Krankheit erfunden, um im Mittelpunkt zu stehen.

Allmählich wurde mir klar, dass meine Strategie des Schweigens nicht zum erwünschten Ziel führte. Dadurch erreichte ich offenbar nicht, dass sich das Interesse totlief. Jetzt erschien es mir angebracht, ein offenes Wort zu sprechen und zu erklären, wer ich war und was mit mir geschah. Deshalb beschloss ich, an Julia Moore zu schreiben, die bei der NSF für die Öffentlichkeitsarbeit zuständig war. Ich wollte ihr erklären, dass ich meine Einstellung zum Umgang mit der Presse geändert hatte.

Absender: Jerri Nielsen<nielsenje@spole.gov>
Empfänger: moore@nsf.gov
Datum: 2. August 1999 6:41
Betreff: Medien

Liebe Julia,
ich fühle mich inzwischen in der Lage, mit den Medien zu sprechen. Ich möchte es nicht wirklich, aber sie belagern nach wie vor meine Eltern. Die Zeitung von Columbus hat sogar den Rechtsanwalt aufgesucht, der mich bei der Scheidung vertreten hat. Ich will verhindern, dass sie sich ihre Informationen von meinem wütenden Exmann holen, wie sie es angedroht haben. Wenn das nicht so wäre, würde ich mein Schweigen beibehalten. Ich dachte, das Interesse an mir würde einschlafen, doch das tat es nicht. Außerdem befürchte ich, dass es mich behindert, wenn ich mit der Behandlung meiner Krankheit beginne. Ich möchte mich nicht wie eine Gejagte fühlen, wenn ich gegen den Krebs kämpfe, meine Krankheit und Trauer bewältigen muss, während ich operiert und mit aggressiver Chemotherapie behandelt werde. Können Sie für mich also bitte ein Interview mit einem Nachrichtenmagazin und einer Fernsehanstalt arrangieren, wie wir es besprochen haben?
Bitte geben Sie mir Tipps. Ich habe mich inzwischen mit meiner Diagnose abgefunden und fühle mich in der Lage, in dem Interview positiv aufzutreten. Heute bekomme ich zum zweiten Mal Chemotherapie. Ich habe den Eindruck, der scheußliche Knoten ist schon kleiner geworden. Aber vielleicht ist das nur Wunschdenken!
Mit freundlichen Grüßen, Jerri Lin

Absender: Jerri Nielsen<nielsenje@spole.gov>
Empfänger: Miller, Kathy D.
Datum: 2. August 1999 8:17
Betreff: Boot

Liebe Kathy,
es hilft mir weiter, dass ich die Zahlen kenne. So kann ich den Knoten in der Brust leichter akzeptieren. Danke, dass Sie sich die Zeit genommen haben, sie für mich herauszusuchen. Ich bin ein Mensch, der genau wissen muss, wo er steht.

Nun, da ich die Statistiken kenne, habe ich beschlossen, dass ich leben will, um die Erde zu umsegeln, sobald ich mich von der Behandlung erholt habe. Das wird ein Heidenspaß. Wahrscheinlich werde ich auf dem Boot wohnen und ins Blaue fahren. Von den einzelnen Häfen möchte ich dann meine Freunde anrufen und sie einladen, mich zu besuchen. Zuerst geht es nach Südamerika und anschließend wer weiß wohin.

Meine Freundin Dorianne war schon zweimal in Japan, einmal auf den Philippinen, dreimal in Mexiko und zweimal in Oregon, seit sie im Januar den Südpol verlassen hat. Ich hoffe, meine Behandlung wird rechtzeitig abgeschlossen, dass ich sie in Japan besuchen kann, ehe sie im Dezember wieder von dort abreist. Anschließend möchte ich zu der großen Neujahrsparty fahren, die sie im Januar in Belize gibt. Außerdem will ich eine andere Freundin besuchen, die für das Friedenkorps in der Mongolei arbeitet. Es machte mich sehr traurig, als es so aussah, als würde ich mir nicht wie die anderen Polies die Welt anschauen können, wenn meine Zeit hier zu Ende sein wird. Doch jetzt werde ich es tun, wenn ich dazu irgendwie in der Lage bin.

Deshalb will ich leben.

Außerdem glaube ich, dieses Knotenungetüm ist wirklich kleiner geworden.

Mit freundlichen Grüßen, Jerri

Absender: Jerri Nielsen<nielsenje@spole.gov>
Empfänger: Mom@aol.com
Datum: 2. August 1999 01:47:35 +1200
Betreff: Leben, um zu segeln

Liebe Mom,
ich bin glücklich heute, denn ich habe mich entschlossen zu leben, damit ich die Welt umsegeln kann. Das habe ich fest vor, wenn ich nicht sterbe. Wie findest du das? Für mich ist es eine faszinierende Vorstellung, darum werde ich es tun, koste es, was es wolle.
Heute habe ich mich mit Julia Moore in Verbindung gesetzt, denn ich werde an die Öffentlichkeit gehen, damit wir uns um die Medien nicht mehr zu kümmern brauchen.
In Liebe, Duff

Absender: Mom@aol.com
Empfänger: nielsenje@spole.gov
Datum: 2. August 1999
Betreff: Guten Morgen, Liebes

Ich muss Dee und die Kinder wecken, weil wir heute nach SeaWorld fahren wollen. Dad und ich bleiben allerdings draußen und sehen uns den schönen Wald an. Es wird ein sonniger Tag mit ungefähr 22 Grad werden. Vielleicht lasse ich mir die Haare schneiden – ein paar Streicheleinheiten für die Seele. Dein Entschluss, an die Öffentlichkeit zu gehen, erleichtert uns sehr.
Die Vorstellung, dass du die Welt umsegelst, gefällt mir gut. Vielleicht wird das ein neues großes Abenteuer für dich. Duffy, liebes Kind, ich möchte weiter nichts, als dass du ein schönes Leben hast. Sei die Chance nun 10 Prozent oder 90, nutze sie und kämpfe. Jetzt werde ich Dee wecken. Ich schreibe dir später. Dad wirft mir vor, dass sich mein Leben nur noch um die E-Mails dreht. Er versteht nicht, wie wichtig mir meine Briefe an dich

sind, weil ich dann das Gefühl habe, du wärst hier und
wir unterhielten uns. Wenn ich dir schreibe, merke ich
nicht, dass du so weit fort bist.
In Liebe
Momma

Absender: Jerri Nielsen<nielsenje@spole.gov>
Empfänger: Miller, Kathy D.
Datum: 5. August 1999 21:43:39 +1200
Betreff: Kontrollmessung

Liebe Kathy,
ursprünglich maß mein Tumor fünf Zentimeter in der
Breite und vier in der Höhe. Nun ist er drei (hoch) mal
drei Komma fünf (breit) mal einenhalb (tief). Ihn aus-
zumessen ist allerdings nicht einfach, weil sich sein Umfang nicht klar abgrenzen lässt. Anfangs konnten wir seine Tiefe nicht festellen, weil sich sein Rand nicht ertasten
ließ.
Mit freundlichen Grüßen
Jerri

Absender: Miller, Kathy D.
Empfänger: nielsenje@spole.gov
Datum: 5. August 1999 17:53:44 –0500
Betreff: Re: Kontrollmessung

Liebe Jerri,
welch ausgezeichnetes Ergebnis. Jetzt kann ich Ihnen
auch gestehen, was ich zuvor verschwiegen habe. Ich sage meinen Patientinnen immer, dass wir erst nach zwei
Therapiezyklen endgültig sagen können, wie gut eine Behandlung anschlägt. Dieser Satz gilt nach wie vor, doch
wenn es wirklich gut verläuft, weiß ich es schon viel früher. Diese Rückbildung nach nur zwei Wochen ist sen-
sationell! Allerdings wird sich der Erfolg in den nächs-

ten Wochen nicht mehr so deutlich abzeichnen – das ist
normal und bedeutet nicht, dass die Chemotherapie
nicht auch weiterhin gute Wirkung zeigt.
Wir sehen uns am Freitag.
Kathy

Absender: Jerri Nielsen<nielsenje@spole.gov>
Empfänger: #Familie und Freunde
Datum: 10. August 1999 08:36:04 +1200
Betreff: Toastino's

Ihr Lieben,
am Samstagabend haben wir es uns gut gehen lassen.
Um uns von der täglichen Schufterei in diesem dunklen
Polarwinter abzulenken, luden Donna, Power Plant
Thom, Tim, Pakman und Liza zur Eröffnung ihres ita-
lienischen Restaurants Toastino's ein. Eine ganze Woche
lang hatten sie Pläne geschmiedet und heimlich herum-
gewerkelt. Wir erhielten alle eine Einladung auf unserer
(sonst nie benutzten) Mailbox und wurden aufgefordert,
uns einen Tisch zu reservieren. Nach dem Frühstück
durfte niemand mehr die Kantine betreten. Es war richtig spannend. Der Zugang zur Kantine war nur noch über
die darüber liegende Bar möglich. Pakman, unser Kellner, bot uns dort ein Glas Wein an, während wir darauf
warteten, dass unten ein Tisch frei wurde. Als ich in die
Bar kam, waren Big John und Lisa schon da, Andy und
Loree trafen kurz darauf ein. Eigentlich sollten an jedem
Tisch nur vier Personen sitzen, aber da ich keinen meiner Freunde wieder wegschicken wollte, machte man bei
uns eine Ausnahme.
Als unser Tisch fertig war, führte uns Pakman die Treppe hinunter. Welch eine Überraschung! Die Kantine sah
völlig verändert aus, und zwar wie ein nettes Restaurant.
Sie hatten das Licht gedämpft und Wimpel und große
Bahnen eines roten Stoffs aufgehängt, um die Küche zu
verdecken und die Kantine in gemütliche Nischen auf-

zuteilen. Außerdem hatten sie von wer weiß woher Plastikpflanzen aufgetrieben und spielten eine angenehme Hintergrundmusik. Tim spielte den Kellner und wurde seiner Rolle voll gerecht. (Tim ist nämlich nicht nur Bauunternehmer und Fischer, sondern auch Schauspieler.) Es wurde ein wunderschöner Abend, für uns alle etwas ganz Besonderes. Es sind Dinge wie diese, die das Leben am Pol ausmachen. Man erkennt hier rasch, was wirklich wichtig ist, wie gute Freunde und die Familie, aber auch eine Gemeinschaft, die sich einem Ziel verpflichtet fühlt. In unserem Fall heißt das Ziel, an diesem unwirtlichen, entlegenen Ort zu überleben. Für mich kommt an nächster Stelle der intellektuelle Anreiz, für andere ist es das Essen. Ich brauche erst Nahrung für die Seele, dann für den Bauch. Das erinnert mich an Tante Annies Lieblingsgedicht mit der Zeile »kauf Hyazinthen dir und stille deiner Seele Hunger«.

Doch ohne meine beiden guten Freunde Lisa und Big John könnte ich den Pol, die Abgeschiedenheit, die Dunkelheit und meinen Krebs wohl nicht ertragen. Sie sind zwei ganz wunderbare Menschen. Wenn sie nicht wären, gäbe es wahrscheinlich jemand anders, der die Lücke in meinem Leben füllte. Schicksale, die sich verbinden, bleiben für immer verbunden.

Allmählich denken wir alle wieder mehr an unsere zukünftigen Reisen oder an zu Hause. Unsere Zeit hier wird bald zu Ende gehen. Am Horizont schimmert bereits ein blasses Blau, das erste Anzeichen des Sonnenaufgangs. Während die Menschen in meiner Nähe von großen Abenteuern träumen, denke ich an meine Prognose. Stehe ich am Ende meines Lebens oder vor einem neuen Anfang? Ich kann nur rätseln. Das ist eine schwere Belastung für mich.

Jerri Lin,
vom wunderschönen Südpol

KAPITEL 13

Der längste Monat

Counting flowers on the wall,
That don't bother me at all,
Playing solitaire till dawn,
With a deck of fifty-one,
Smoking cigarettes and watching Captain Kangaroo,
Now don't tell me,
I've nothing to do.

»Flowers on the Wall« –
Song der Statler Brothers und
eines der Lieblingslieder der Polies.

Anfang August verkündete einer unserer Meteorologen fröhlich über Lautsprecher, am Horizont zeige sich ein rötlicher Schimmer. Ein erstes Anzeichen von Licht! Da ich mich an jenem Tag einigermaßen kräftig fühlte, entschloss ich mich zu einem Spaziergang, um mich mit eigenen Augen davon zu überzeugen. Ich zog zusätzlich zwanzig Pfund Kleidung über, schob die Taschenwärmer in die Handschuhe und schlüpfte durch die schmale Holztür, die jetzt als Vordereingang zum Dome diente, hinaus ins Freie. Ein in den Treibschnee gepflügter steiler, vereister Graben führte zu den anderen Containern. Ich blickte hinauf in den Himmel und sah über mir die scheinbar zum Greifen nahe Milchstraße, die einem strahlenden Feuerwerk unzähliger Diamanten ähnelte. Den schwarzen Himmel dahinter verhüllte eine grün schimmernde Aurora. Ich wollte zur Landepiste gehen, mich dort hinlegen, in die Sterne sehen und dem Knacken und Stöhnen des Eises zuhören. Doch durch die heftigen, zwei Wochen andauernden Stürme hatten sich hohe Schneeverwehungen gebildet, die jetzt den Zugang zur Piste versperrten. Ich versuchte, mich an einer gut drei Meter hohen Wechte hochzuziehen, um nach oben zu gelangen, aber meine behandschuhten Hände mit den kleinen Wärmern fanden keinen Halt, so dass ich hintenüberfiel. Die Furcht, mir ein Bein zu brechen, brachte mich von meinem Vorhaben ab.

Auf dem Weg zurück ins Biomed gingen mir Fragen durch den Kopf, mit denen ich mich seit meiner Kindheit nicht mehr beschäftigt hatte. Warum fiel ich nicht von der Erde, obwohl ich an ihrem untersten Punkt stand? (Manch einer könnte sagen, dass ich es sehr wohl tat.) Warum hatte ich den Eindruck, am oberen Scheitelpunkt zu stehen? Wo endete das Universum? Lauter tiefgründige, elementare und unlösbare Fragen, mit denen ich mich nicht mehr befasst hatte, seitdem ich gelernt hatte, »logisch« zu denken. Der Pol übte diese Wirkung aus. Wir lebten in einer Sphäre, in der die Logik außer Kraft gesetzt war.

In mein Zuhause zurückgekehrt, begegnete mir als Erster Big John. Er erzählte mir, er habe das Licht gesehen. Da man die Schneewechte nur zu zweit überwinden konnte, bot er sich an, mir zu helfen. Also machten wir uns erneut auf den Weg. Als wir den steilen Abhang erklommen hatten, sah ich tatsächlich einen zaghaften Sonnenschimmer. Er weckte in mir ein beglückendes und zugleich trauriges Gefühl. Nicht mehr lange, und die Polarnacht, die mir Trost und Schutz gewesen war, wäre endgültig vorbei. Seltsam, dass sie mir in meinem Leben, das derart in Frage gestellt war, als letzte und einzige Sicherheit erschien.

Während die Tage verstrichen, flüchtete ich mich zunehmend in die Traumwelt, die mein Bruder für mich entworfen hatte. Ich sah mich bereits auf dem tiefblauen Ozean um den Globus segeln. Wie damals in Ohio, als Scott und ich noch Kinder waren und ein Zimmer miteinander teilten, tüftelte er Routen und Reiseziele für uns beide aus.

Absender: Scott Cahill<scotty@aol.com>
Empfänger: nielsenje@spole.gov
Datum: 4. August 1999 08:53:04 –0400
Betreff: Hallo

Liebe Duffy,
ich freue mich sehr, wenn du mir nach deiner Rückkehr
auf dem Boot Gesellschaft leistest. Ich habe es instand
gesetzt und denke, es ist ein guter Platz, um wieder zu
Kräften zu kommen. Mit ein bisschen Ehrgeiz kannst du
in wenigen Monaten segeln lernen. Bis du das richtige
Gespür für alles bekommst, dauert es allerdings ein wenig länger. Ich weiß von Leuten, die eine große Segel-
tour ohne jegliche Vorkenntnisse unternommen haben,
aber so etwas halte ich für verrückt. Es gibt eine Menge
Fachliteratur, und ich werde dir außerdem alles beibringen, was ich weiß.
Ehe du dir selbst ein Boot anschaffst, solltest du dich mit
meinem vertraut machen und etwas Übung bekommen.
Die Ansprüche, die man an ein eigenes Boot stellt, verändern sich nämlich, wenn man erst einmal Erfahrungen gesammelt hat. Sobald du den Umgang mit dem
Boot beherrschst, könnten wir einen kleinen Törn wagen. Vielleicht eine entspannende Erholungsfahrt auf
tiefblauem Gewässer zu den Bermudas. Eine bequeme
Route, die man am besten im Herbst befährt, wenn keine Tornados mehr über den Atlantik fegen. Du kannst
deine Therapie auf der Überfahrt weitermachen, und zurück würden wir dann fliegen. Da wir ungebunden sind,
können wir das Boot zu einem späteren Zeitpunkt holen und damit zurücksegeln, oder du segelst es allein zurück. Ich habe es für eine Crew von zwei Personen ausgestattet. Bei guter Witterung könntest du problemlos
allein segeln. Wenn es stürmisch ist, fühlt man sich an
Bord zu zweit wohler.
Ich bin in Gedanken bei dir.
Scotty

Nachdem ich mit der Chemotherapie begonnen hatte, versuchte ich meinen gewohnten Arbeitsalltag wieder aufzunehmen. Ich behandelte Patienten und machte mich sogar daran, meine Krankenstation gründlich zu putzen. Jeder anderen Krebspatientin hätte ich guten Gewissens meine ganze Zeit gewidmet, aber da ich selbst die Betroffene war, regte sich in mir immer ein Schuldgefühl, wenn ich mich um mich selbst kümmerte, anstatt anderen Pflichten nachzukommen.

Außerdem gab es Pic. Anfangs hatten ihn Schmerzen im Kopf- und Kieferbereich zu mir geführt, unter denen er seit einer Zahnbehandlung während einer Reise durch Uganda litt. Gemeinsam gingen wir gegen seine chronische Stirnhöhlenentzündung und die temporär auftretenden Schmerzen im Unterkiefergelenk an. Zunächst massierte ich den Bereich, dann versuchte ich es mit Gesichtsmuskelentspannung und verschiedenen Medikamenten, während er Yogaübungen machte und andere Lockerungsübungen ausprobierte. Kurz darauf klagte er über Hals- und Rückenschmerzen. Ich musste schmunzeln, als ich sah, wie angestrengt er seine berüchtigten Essgewohnheiten zu vertuschen suchte. Glaubte er wirklich, er könnte vor mir verheimlichen, dass er sich vorwiegend von Jalapeño-Pizza ernährte?

Kurz nach der Abwurfaktion klagte er über Schmerzen in der Hüfte. Zwar wusste er nicht mehr, wo er sich verletzt haben könnte, aber sein Zustand war wirklich Mitleid erregend, und es fiel ihm sichtlich schwer zu arbeiten.

Aber es war typisch für ihn, dass er seinen Aufgaben dennoch nachkam und keine Rücksicht auf seine Gesundheit nahm. Trotz aller widrigen Umstände sorgte er verbissen dafür, dass dieses letzte saubere Fleckchen Erde durch nichts verunreinigt wurde, selbst wenn er dazu übers Eis würde kriechen müssen. An dem Tag, an dem ich ihn wegen seines schlechten Gesundheitszustands von allen Pflichten entbunden hatte, erwischte ich ihn bei klirrender Kälte vor dem Dome auf einer Zugmaschine.

Mike bot Pic an, seine Arbeit zu übernehmen, bis er wieder gesund war, aber davon wollte Pic nichts wissen. Erst versuchten wir, die Schlüssel für den Frontlader zu verstecken, dann schlugen wir ihm vor, sich für einige Zeit in der Krankenstation einzuquartieren, doch sämtliche gut gemeinten Ratschläge stießen bei ihm auf taube Ohren. Mike spielte sogar mit dem Gedanken, ihm ein Gehgestell zu bauen, doch auch das lehnte unser ehemaliger Mariner und umsichtiger, unerbittlicher Müllpolizist rundweg ab. Erst als er sich kaum mehr auf den Beinen halten konnte, gelang es uns, ihn zu einer Ruhepause zu zwingen. Später behauptete er, er habe in dieser Zeit zweiundsiebzig Bücher gelesen.

Meine Gedanken kreisten unablässig um Pic und sein Befinden, und es bekümmerte mich, dass ich seine gesundheitlichen Probleme nicht in den Griff bekam. Als er nach einiger Zeit ein Restless-Leg-Syndrom entwickelte und unter massiver Schlaflosigkeit zu leiden begann, arbeiteten wir einen Plan aus, nach dem er sich regelmäßig – mindestens einmal pro Woche – bei mir melden sollte. Der Röntgenapparat war zu unberechenbar, als dass ich eine verlässliche Diagnose hätte stellen können. Die Ergebnisse der Blutuntersuchung waren keineswegs zufrieden stellend, doch konnten wir die Ursache dafür nicht ermitteln, weil auch das Analysegerät nicht einwandfrei arbeitete.

Um uns den Härten des Lebens zu entziehen, schafften Pic und ich uns eine eigene Welt. Da Scotty und ich bereits auf See waren, holten wir Pic zu uns an Bord. Wir beschlossen, die gesamte Wintermannschaft mit Booten auszustatten und wie eine Armada in See zu stechen. Am Stadtrand von New Orleans – einer Stadt, die Pic sehr mochte – würden wir eine Siedlung für die Polies gründen und füreinander da sein, bis wir in Afrika Arbeit fanden. Wenn es so weit wäre, würden wir gemeinsam nach Mombasa segeln. Ich stellte mir vor, wie Pic und ich fernab von Kälte und Frost die würzige Luft des Hafens einsogen, während wir unsere Boote nebeneinander vertäuten und dabei die Lieder von John Prine sangen, die wir natürlich alle auswendig kannten.

Ende Juli schrieb ich an Karl Erb, den Chef des US-Antarktik-Programms, dankte ihm für seine Unterstützung und teilte ihm mit, dass ich mit der Therapie begonnen hätte. Bereits kurz darauf antwortete er sehr freundlich und überraschte mich mit einer unerwarteten Nachricht: Er hatte die Air National Guard beauftragt zu ermitteln, ob es gegebenenfalls möglich wäre, mich »im September oder Oktober per Sonderauftrag auszufliegen, sollte der Tumor nicht zufrieden stellend auf die Therapie reagieren«. Ich hörte zum ersten Mal, dass man eine vorzeitige »Evakuierung« in Erwägung zog, und wusste nicht, wie ich mich dazu stellen sollte. Einerseits war ich dankbar für die Fürsorge, andererseits wollte ich nicht, dass noch eine Crew ihr Leben für mich aufs Spiel setzte, zumal wenn es nicht dringend erforderlich war. Ich ließ Karl meine Bedenken wissen.

Absender: Jerri Nielsen<nielsenje@spole.gov>
Empfänger: kerb@nsf.gov
Datum: Mittwoch, 28. Juli 1999 18:25:59 +1200
Betreff: Situation

Lieber Karl Erb,
ich denke, eine vorzeitige »Evakuierung« hängt davon ab, wie ich auf die Chemotherapie reagiere und was Kathy Miller dazu meint. Ich würde lieber so lange hier bleiben, bis meine vertraglich festgelegte Aufenthaltsdauer abgelaufen ist, aber natürlich nicht um den Preis meines Lebens. Da die Diagnose erst seit kurzem vorliegt, bin ich mir noch immer nicht im Klaren, wie ich meine Situation (was den Krebs betrifft) einschätzen soll. Als ewige Optimistin habe ich erst jetzt begonnen, ernsthaft darüber nachzudenken. Nun muss ich mir überlegen, wie ich angesichts dieser Perspektive mein Leben gestalten soll.
Ich werde Kathy noch einmal um ihre Meinung fragen. Ursprünglich meinte sie, ich solle entweder unmittelbar nach meiner Rückkehr in die USA operiert werden oder mich einer kombinierten Chemotherapie unterziehen. Anschließend würde man mit Bestrahlungen und zusätzlichen Zytostatika weiterbehandeln. Diese Maß-

nahmen hängen jedoch davon ab, wie mein Körper reagiert.
Ich halte Sie auf dem Laufenden und danke Ihnen viel-
mals, dass Sie sich so sehr für mich einsetzen.
Jerri

Absender: Jerri Nielsen<nielsenje@spole.gov>
Empfänger: Miller, Kathy D.
Datum: 28. Juli 1999 12:28
Betreff: Rückholaktion

Liebe Kathy,
die National Science Foundation überlegt, mich nötigen-
falls vorzeitig auszufliegen. Ich wusste nicht, wie ich darauf reagieren soll. Hängt die Entscheidung davon ab,
wie ich auf die Behandlung anspreche?
Jerri

Absender: Miller, Kathy D.
Empfänger: nielsenje@spole.gov
Datum: 28. Juli 1999 18:17:05 –0500
Betreff: Re: Rückholaktion

Jerri,
Karl Erb und Gerry Katz haben mich bereits nach meiner Meinung gefragt, aber ich bin mir nicht sicher, ob
meine Antwort hilfreich war. Ich habe ihnen Folgendes
mitgeteilt:
1. Falls sich Ihr Tumor mit der Gabe von Taxol zurückbildet, können wir so lange mit der Therapie fortfahren,
bis die ganze Wintermannschaft die Station verlässt.
Selbst wenn Sie hier wären, würden wir eine Chemotherapie über einen Zeitraum von drei Monaten ins Auge fassen, ehe wir operierten. Die Behandlung unter den
gegebenen Umständen weicht also nur unwesentlich von
der üblichen Vorgehensweise ab.

2. Sollte Ihr Tumor auf Taxol nicht ansprechen, können wir selbstverständlich das andere Präparat ausprobieren (deshalb habe ich die Präparate mitgeschickt). Diese Therapie lässt sich aber am Pol nicht ohne Risiko durchführen, während wir Ihnen die Kombination hier bedenkenlos verabreichen könnten. Sollte sich der Tumor nicht zurückbilden, möchte ich, dass Sie den Pol so bald wie möglich verlassen.

Wir werden die Reaktion auf die Medikation erst in vier Wochen besser einschätzen können. Vermutlich möchte die NSF unsere Entscheidung schon früher wissen, aber mehr kann ich im Augenblick nicht sagen.

Kathy

Ich freute mich immer mehr auf die wöchentlichen Chemo-Sitzungen (drei Wochen in Folge, dann eine Woche Pause) und die Treffen des Club Med. Obwohl die Infusionen schmerzhaft waren und mich die Medikamente einige Tage lang außer Gefecht setzten, hatte ich das Gefühl, dass sie halfen, der Bestie den Garaus zu machen.

Der Tumor hatte auf das Taxol sehr gut angesprochen, und ich beobachtete mit Freude, wie er in den ersten Wochen immer kleiner wurde. Dennoch war ich in Sorge, dass sich bereits Metastasen gebildet und in Lymphknoten, Knochen und anderen Organen ausgebreitet hatten, da ich schreckliche Schmerzen in der Brust, unter dem rechten Arm und dem Schulterblatt verspürte. Kathy hatte mich darüber aufgeklärt, dass die Prognose bei nachweisbaren Metastasen infolge von Brustkrebs nicht sehr gut aussah. Höchstens 1,6 Prozent der Patienten galten nach zwei Jahren als geheilt. Die grausame Statistik bestärkte meine Überzeugung: Hat sich der Krebs einmal ausgebreitet, bist du erledigt. Da ich befürchtete, dass meine Schmerzen auf eine Metastasierung in anderen Organen hindeuteten und die Behandlung eigentlich zwecklos war, schrieb ich kurz vor meiner dritten Chemo-Sitzung erneut an Kathy, die mir umgehend antwortete.

Absender: Miller, Kathy D.
Empfänger: nielsenje@pole.gov
Datum: 6. August 1999 17:07:29 –0500
Betreff: Re: Wie stehen die Chancen?

Hallo Jerri,
die Metastasierung in Lymphknoten ist nicht gleichzu-
setzen mit der Metastasierung in anderen Bereichen des
Körpers. Es handelt sich um einen örtlich begrenzten
Prozess. Wenn ich von Metastasen rede, meine ich Lun-
ge, Knochen, Leber – also andere Organe als Brust und
Achselhöhle. Die Lymphknotenschwellung in den Achselhöhlen bedeutet nicht, dass Sie sterben werden. Ich
vermute hinter den von Ihnen beschriebenen Schmerzen eine Entzündung der Lymphknoten, einem in Verbindung mit großen Tumoren häufigen Symptom, das
sich manchmal sogar noch verschlimmert, wenn sich der
Tumor zurückbildet. Irgendwie, irgendwo muss das abgestorbene Tumorgewebe ja in Erscheinung treten.
Soweit ich es beurteilen kann, liegen bei Ihnen keine Metastasen vor. Sobald wir Sie vom Pol ausgeflogen haben,
werde ich differenziertere Untersuchungen vornehmen.
Falls sich dadurch eine Metastasierung bestätigt, überlege ich mir andere Maßnahmen, und auch Sie müssten
neu entscheiden. Nichts von dem, was Sie mir berichtet
haben, deutet meiner Ansicht nach auf eine Metastasierung hin. Die Symptome ähneln jenen anderer, junger
Patientinnen mit großen Tumoren (groß heißt mindestens fünf Zentimeter). Zu erkennen, wann Sorgen angebracht sind, ist Teil meines Jobs, und Brustkrebs bei jungen Frauen bereitet mir immer Sorgen.
Die Behandlung mit der Chemotherapie zu beginnen hat
mindestens zwei Vorteile. Zum einen lässt sich bei vielen Frauen eine Mastektomie umgehen, falls der Tumor
schrumpft. Zum anderen erfahren wir, ob und wie gut
das Heilverfahren anschlägt. Und das ist noch wichtiger.
Die Gesamtprognose wird in erster Linie von der Reaktion auf die Chemo bestimmt und nicht von irgendwel-

chen Initialfaktoren (Größe, Lymphknoten usw.). Mit Reaktion meine ich die Größe des Tumors zum Zeitpunkt der Operation nach einer »gut verlaufenen« Chemotherapie. Um also eine Ihrer Fragen zu beantworten: Ja, wenn sich der Tumor zurückbildet, wirkt sich das auch auf andere befallene Organe Ihres Körpers aus. Sie, Jerri, reagieren eindeutig auf die Behandlung, aber es wäre verfrüht zu sagen, wie gut Sie reagieren. Das können wir erst bei der Operation feststellen.

Mein Vorschlag lautet: Führen Sie die Behandlung fort, solange Ihr Tumor darauf anspricht und Sie am Pol festsitzen. Sobald man Sie ausgeflogen hat, machen wir Tests, um Gewissheit zu bekommen, dass keine Metastasierung vorliegt. (Ich nehme es ohnehin nicht an, aber man muss einen Nachweis haben.) Wenn die Tests ohne Befund sind, intensivieren wir die Chemo mit Medikamenten – die ich Ihnen nicht guten Gewissens am Pol geben kann –, operieren und gehen dann zu Bestrahlungen über.

Die Müdigkeit wird sich steigern. Nach jeder Behandlungsphase wird sie zunehmen, sich aber in der chemofreien Woche fast ganz geben. Die chemofreie Woche und die erste Woche jedes Zyklus eignen sich am besten, um Arbeiten zu erledigen. Die dritte Woche (also die kommende) wird am schwierigsten. Ich weiß, dass es Überlegungen gibt, wie man Sie so schnell wie möglich herausholen kann. Sobald ich Näheres weiß, melde ich mich wieder. Die NSF fragt in Abständen nach, wie hoch das medizinische Risiko ist, Sie am Pol zu lassen.

Wir hören in ein paar Stunden wieder voneinander,
Kathy

Absender: Jerri Nielsen<nielsenje@spole.gov>
Empfänger: Mom@aol.com
Datum: 7. August 1999 12:14:16 +1200
Betreff: Hallo

Liebe Mom,

es ist Samstag, fünf Uhr früh. Ich kann nicht schlafen. Gestern Abend habe ich meine dritte Chemo bekommen. Ich habe ein ganz seltsames Gefühl dabei gehabt. Zum ersten Mal empfand ich so etwas wie Hoffnung, dass ich vielleicht doch nicht überall Metastasen hätte. Ich freue mich auf die vorzeitige Heimholung und möchte das alles einfach schnell hinter mich bringen.

Kathy meint, dass sich die Müdigkeit in dieser Woche noch verstärken wird. Im Augenblick bin ich wie gerädert, in ein paar Tagen werde ich die Augen wahrscheinlich nicht mehr offen halten können.

Ich wünschte, ich könnte die Sache mit der Presse irgendwie aus der Welt schaffen. Bisher hat noch niemand mit mir darüber geredet, sondern alles, was ich über diese Angelegenheit und die Rückholaktion weiß, basiert auf Gerüchten. Das Bild, das die Verantwortlichen des Polarprogramms von der Wintermannschaft haben, ist eigenartig. Offenbar halten sie uns für schrecklich schwierig und meinen deshalb, es sei besser, wenn man uns so wenig wie möglich sagte. Das gilt für alle Informationen, nicht nur für die, die mich betreffen. Ich habe noch nie den Eindruck gehabt, dass Polies nicht mit Informationen umgehen können. Aber so ist offenbar der Eindruck, den sie seit ewigen Zeiten von Leuten wie uns haben.

Durch den Krebs bin ich es leid geworden, hier zu sein. Mein kleines Abenteuer hat allen Glanz und Spaß verloren. Ich befasse mich immer häufiger mit dem Gedanken, nach Hause zurückzukehren. Die anderen studieren täglich Landkarten und planen Reisen um die Welt, während mein Leben und Denken allein von diesem dummen Krebs beherrscht wird.

Viele liebe Grüße, Duff

Wie Kathy vorausgesagt hatte, traf mich die Müdigkeit nach der dritten Sitzung wie ein Hieb. Wohin ich auch ging, jeder Schritt fühlte sich an, als würde ich knietief durch Gelatine waten. Zwar versorgte ich nach wie vor meine Kranken, die Schreibtischarbeit und andere Projekte blieben jedoch liegen.

Ich konnte immer schwerer unterscheiden, ob ich wegen der Chemotherapie so müde war, oder ob es sich um ein nach dieser langen Zeit am Pol ganz normales Phänomen handelte. Jeder war verdrießlich und nervös und legte plötzlich ein seltsames Verhalten an den Tag. Keiner konnte sich dem entziehen. Abgesehen von den Auswirkungen, die die spärlichen Außenreize auf den Menschen hatten, lebten wir zeitweilig auf einer physiologischen Höhe von über 3 000 Meter. Studien hatten erbracht, dass wir bis zur Abreise vom Pol vermutlich einen Teil unseres Erinnerungsvermögens eingebüßt haben würden. Wir merkten es bereits selbst. Big John, der sich normalerweise sehr gut ausdrücken konnte, hatte beispielsweise Mühe, Sätze zu bilden. Er sagte, er könne sich die Wörter vorstellen und wisse auch, was sie bedeuteten, könne sie aber nicht aussprechen. Donna erzählte mir, sie müsse sich alles aufschreiben, um nichts zu vergessen. Die fehlenden Reize von außen und der chronische Sauerstoffmangel beeinträchtigten auch unser Sehvermögen und schlugen sich auf das Gemüt eines jeden.

Mittlerweile war ich ständig so müde, dass ich nicht einmal mehr an unserer Zwei-Film-Kinonacht am Samstagabend teilnehmen konnte. Einmal wurde mir von einer heftigen Keilerei erzählt, die nach dem Ende von »Mission Impossible« und vor dem Anfang von »Das Kartell« um einen Platz auf der Couch entbrannt war. Die Streithähne bleiben für immer unbekannt (tätliche Auseinandersetzungen sind in der Antarktis nicht erlaubt), aber der Konflikt eskalierte derart, dass eine Frau einem Mann gegen die Brust trat, woraufhin der Angegriffene die Frau auf die Couch zurückstieß und irgendjemand einem anderen Popcorn ins Gesicht schüttete. Begleitet wurde das Ganze »von einem Wortwechsel, der die Herkunft, die sexuellen Neigungen und das Standvermögen der beteiligten Männer in Frage stellte«. So plötzlich sich der Streit entzündet hatte, legte er sich auch wieder. Alle waren danach bestürzt und entsetzt, vor allem die Täter, die zu den friedlichsten Leuten auf der Station zählten. Wir schrieben den Vorfall besonders heftiger, atmosphärisch bedingter geistiger Überreiztheit zu.

Während unsere Wintermannschaft eine Krise nach der anderen zu bewältigen hatte – Stromausfälle, nach wie vor ungelöste Anschläge von Hackern, die Abwurfaktion oder mein Krebs –, wurde immer klarer, dass jeder Einzelne eine wichtige Rolle spielte und das Überleben der Gruppe sicherte. Wie bei der Hälfte der Tiere, die auf Noahs Arche Zuflucht gesucht hatten, gab es auch hier nur jeweils einen seiner Art. Es wurden nicht nur die völlig unterschiedlichen beruflichen Fertigkeiten eines jeden gebraucht, auch die Persönlichkeit und die Eigenschaften jedes Einzelnen waren für die Gemeinschaft unentbehrlich. Ich erkannte, dass sich eine Gemeinschaft nur mit Menschen verschiedenen Temperaments, gesellschaftlicher und intellektueller Begabungen bilden lässt. Doch während die winterliche Dunkelheit in ihrer Gleichförmigkeit kein Ende zu nehmen schien und unsere Ressourcen immer mehr abnahmen, offenbarten meine Kameraden überraschende neue Seiten. Stärken wie auch Schwächen traten deutlicher zu Tage. Schwächen wurden zu Stärken, Stärken zu Schwächen. Eine vermeintlich schwache Person bewies plötzlich ein hohes Maß an Geduld und Einfühlungsvermögen, Verständnis und Organisationstalent, wohingegen ein stark wirkender Mensch Unsicherheit und Ängste hinter besonders großmäuligem Auftreten zu verstecken versuchte. Antreiber und Aufrührer erlagen leicht der Langeweile. Wie rastlose Tiere im Käfig gingen solche Leute ihren Mitmenschen rasch auf die Nerven. In Notsituationen kam es aber glücklicherweise selten zu Querelen. Der Stamm schloss sich stets wieder zusammen, um gemeinsam zu überleben.

Bislang hatte sich die NSF immer noch nicht zum Zeitpunkt und Modus meiner Begegnung mit den Medien geäußert. Ich geriet allmählich in Sorge, schon bald zu krank zu sein, um überhaupt Interviews geben zu können. Aber noch schlimmer war, dass mir meine Haare ausgingen. Nach jedem Bürsten fand ich blonde Strähnen in den Borsten. Es dauerte nicht lange, und ich brauchte nur die Hand auf meine Haare zu legen und schon hatte ich Haarbüschel in der Hand. Wie deprimie rend das war, lässt sich kaum beschreiben. Sechs Jahre hatte es gedauert, bis ich endlich langes, dichtes Haar hatte. Die Haare waren das Schönste an mir und für mein Selbstbewusstsein ungeheuer wichtig. Mit ihrem Verlust verlor ich gleichzeitig einen wesentlichen Teil meiner Identität. Wenn ich in den Spiegel sah, blickte mir eine fremde, kranke, hässliche Person entgegen, die keinen Bezug mehr zu dem Menschen hatte, der ich war. Die Welt sollte mich nicht so sehen. Innerlich war ich immer noch stark und meiner Aufgabe als Ärztin gewachsen. Wenn ich vor die Kamera treten musste, wollte ich diese Kraft auch ausstrahlen. Mir bereiteten der Ausfall meines Kurzzeitgedächtnisses und die zunehmende Wortfindungsstörung größere Sorgen. Ich würde alle meine Fähigkeiten mobilisieren müssen, um mich der Presse zu stellen. Aber die Zeit drängte, die Uhr lief ab.

Ich vertraute mich Kathy an, und sie stimmte mir zu, dass ich diese schwere Prüfung sobald wie möglich hinter mich bringen sollte.

Absender: Miller, Kathy D.
Empfänger: nielsenje@spole.gov
Datum: 16. August 1999 17:07:29 –0500
Betreff: Haare

Es tut mir Leid wegen Ihrer Haare. Es scheint, als würden alle Haare ausgefallen sein, noch ehe Sie den Pol verlassen haben. Normalerweise kommt es bei dem derzeitigen Therapieschema in dieser Dosierung nicht zu einer derart heftigen Reaktion, sondern erst bei höheren Gaben Taxol, die man über drei- oder vierundzwanzig Stunden verabreicht. Ich kann nicht beurteilen, ob es an der längeren Infusionszeit liegen könnte oder ob nicht auch die Höhenlage eine Rolle spielt. Ich hatte nach Ihrer ersten Behandlungsphase mit dem Hersteller des Medikaments Rücksprache genommen und ihn gebeten, sich noch einmal frühere Daten anzusehen. Demnach war es damals auch zu Haarausfall gekommen, wenn-

gleich nicht nennenswert. Ist der Prozess einmal in Gang, gibt es keine Möglichkeit, ihn umzukehren.
Kathy

Kurz nachdem wir die NSF gedrängt hatten, in ihrer Medienstrategie rasch zu einem Entschluss zu gelangen, erfuhr ich vom Meinungsumschwung der Verantwortlichen. Obwohl meine Eltern nach wie vor mit Interviewanfragen bombardiert wurden, war die NSF der festen Überzeugung, das Interesse der Medien sei abgeebbt. Zwar war immer noch keine Entscheidung getroffen worden hinsichtlich eines Termins, um mich auszufliegen, aber ein Gespräch mit der Presse, so sagte man mir, würde nur erneut Aufregung verursachen und die Bemühungen, mich vom Pol nach Hause zu transportieren, verkomplizieren, wenn nicht sogar gefährden.

Noch befremdender war, dass die NSF auf Anfrage eines Fernsehsenders einer Gruppe von Journalisten zugesichert hatte, meinen Heimflug begleiten zu dürfen. Die Leute sollten mir sogar bis in die Klinik in Indianapolis folgen und nach Bekanntgabe der Testergebnisse meine Reaktion festhalten, um anschließend meine Weiterbehandlung zu dokumentieren! Ich erklärte den zuständigen Leuten der NSF, dass ich bis dahin viel zu krank sein würde, um mich einem Journalistenteam stellen zu können, und dass die Begleitung durch eine TV-Crew ohnehin ein ungeheuerlicher Einbruch in die Privatsphäre eines Menschen sei. Gott sei dank konnten wir das Vorhaben kippen. Vielleicht um mich zu besänftigen, gestanden die NSF und die ASA meinen Brüdern zu, den Rückholflug zu begleiten. Die »Nielsen-Brüder«, wie man die beiden nannte, würden mich in Christchurch in Empfang nehmen und nach Hause bringen.

Absender: Jerri Nielsen<nielsenje@spole.gov>
Empfänger: #Alle
Datum: 20. August 1999 22:54:34 +1200
Betreff: Grünes Licht für die Nielsen-Brüder

Liebe Familie,
die NSF hat grünes Licht für die Nielsen-Brüder gegeben. Meine Freude lässt sich kaum in Worte fassen! Was
für ein wundervoller Tag!
Liebe Grüße,
Duffy

Da ich mich nun doch nicht im Fernsehen präsentieren musste und meine Haare ohnehin verlieren würde, konnte ich jetzt
eigentlich kurzen Prozess machen. Nach schönster Tradition
am Pol inszenierten Loree, Lisa und ich meinen letzten Haar-
schnitt als fröhliches Ereignis unter dem Motto »Jerris Ver-
wandlung zum Glatzkopf«. Bei Musik von Bob Dylan zückten
die Mädchen den elektrischen Rasierapparat, und es dauerte
nur wenige Minuten, um meine sechsjährigen Bemühungen
zunichte zu machen. Als ich mein altes Leben auf den vereisten Boden fallen sah, litt ich stumm und hoffte, mein Gesicht
würde mich nicht verraten. Betrauere es, begrabe es und mach
weiter.
   Mein neues Aussehen sprach sich rasch herum. Kaum hatte ich die Krankenstation verlassen, kamen Heidi und Wendy
auf mich zu, zogen mir neugierig die Mütze vom Kopf und bestanden darauf, dass ich sie in die Kantine begleitete. Selbst
mein Einwand, Big John würde in der Werkstatt auf mich warten, um mit mir eine Fahrt auf dem Schneemobil zu unternehmen, konnte Wendy nicht umstimmen. In der Kantine standen
kichernd ein paar Frauen und zogen Mützen aus ihren Blusen.
Wendy hatte mir eine braune, leichte Kopfbedeckung für »drinnen« gestrickt, die schon bald durch eine passende Wolldecke
aus lauter Rechtecken ergänzt werden sollte, an der eine ganze Gruppe von Frauen gerade arbeitete. Von Heidi bekam ich
eine Mütze aus blauer und rosa Wolle, mit der ich mich gut
geschützt im kalten Dome aufhalten konnte. Als ich mit all
den Kopfbedeckungen unter dem Arm nach Hause ging, hielt
Liza mich auf und erweiterte meine Sammlung um eine Art
Narrenkappe aus Fleece.
   Die Großzügigkeit all dieser Frauen, die mich mit einem
wahren Hutsegen überrascht hatten, rührte mich sehr. Wir

weiblichen Polies standen uns nicht besonders nahe. Zum einen waren wir altersmäßig sehr verschieden – die Jüngste von uns war zweiundzwanzig und ich, die Älteste, siebenundvierzig –, zum anderen hatten wir auch sonst nicht sehr viel gemeinsam. Doch wenn eine ein Problem hatte oder Hilfe brauchte, standen wir einander uneingeschränkt zur Seite. Ich wusste ihr Mitgefühl und ihren Trost zu würdigen, aber trauern musste ich alleine. Nach meinem Ausflug auf dem Schneemobil ging ich in mein Zimmer, wickelte mich in Doriannes kuschelige Decke und schlug einen Gedichtband von Yeats auf. Ich blätterte, bis ich das Gedicht »Für Anne Gregory« gefunden hatte, und las die Verse immer wieder:

Nie wird ein junger Mann,
Verzweifelt, in Gefahr
Durch jenen honig-farbnen
Wall an deinem Ohr,
Dich lieben deinethalb allein,
Nicht um dein gelbes Haar.

Ich kann's ja mit Tinkturen
So färben, das ist klar,
Sei's braun, sei's schwarz, sei's rötlich,
Dass Männer in Gefahr
Mich lieben meinethalb allein,
Nicht um mein gelbes Haar.

Erst gestern macht' ein frommer Greis
Es allen offenbar,
Ein neu-gefundner Text beweis'
Dass Gott allein, fürwahr,
Nur deinethalb dich lieben könnt,
Nicht um dein gelbes Haar.

Absender: John W. Penney<penneyjo@spole.gov>
Empfänger: nielsenje@spole.gov
Datum: 20. August 1999 18:20:46 +1200
Betreff: Briefkopie

Hallo Scott und Eric,
ich wollte Ihnen nur rasch ein paar Zeilen schreiben und
Sie über den neuesten Stand der Dinge informieren.
Sicher wissen Sie mittlerweile, dass sich Doc gestern den
Kopf rasiert hat. Nachdem sie gesehen hatte, dass Manager Mike in der Kantine lange blonde Haare von seiner schwarzen Hose zupfte, hielt sie es für an der Zeit,
ein bisschen Wartung an sich selbst vorzunehmen.
Die Poliefrauen haben gestern eine »Mützen-Party« für
sie veranstaltet und ihr einige sehr hübsche handgestrick-
te Kopfbedeckungen geschenkt, darunter auch ein
Exemplar mit einem riesigen Paar Ohren, die Jerri sich
umbinden kann. Ihr gefallen die Mützen wirklich gut,
aber sie trauert natürlich sehr um ihre schönen, langen
blonden Haare. Ich glaube, der Haarausfall ist für sie ganz
besonders traumatisch, mehr als die Tatsache, dass sie
Krebs hat.
Sie macht sich viel Gedanken über ihr Aussehen. Uns
Männern ist so etwas doch eigentlich ziemlich egal, aber
ihr lässt es keine Ruhe. Sie sagt, sie sei jetzt so hässlich,
dass sie »kleine Kinder in der U-Bahn erschrecken könnte«.
Ich habe ihr geraten, die U-Bahn nicht zu benutzen.
Gestern haben wir eine kleine Spritztour auf dem
Schneemobil unternommen und sind anderthalb Kilometer auf ihrem geliebten Polarplateau herumgekurvt.
Es tut ihr wirklich gut, zwischendurch einmal die Station zu verlassen. Zwar konnten wir wegen der Sastrugi
nur langsam fahren, aber wir mussten wenigstens nicht
anhalten. Doc hat große Angst vor einem Unfall, bei dem
sie sich verletzen könnte. Ich weiß nicht, wie sie auf so
etwas kommt. Bisher gab es nur einmal eine leichte Kol-
lision. Nach unserem gestrigen Ausflug fragte ich sie, ob

sie Angst gehabt habe. Einmal, gab sie zu, und zwar als der Motor versagte und ich ihn erst nach einer Minute wieder starten konnte. Ich habe ihr erklärt, sie hätte sich nicht zu sorgen brauchen, weil das Schneemobil mich mag und mich bestimmt nicht so weit von der Station entfernt im Stich gelassen hätte. Wir haben uns ungefähr sieben Minuten auf dem Plateau aufgehalten und uns den beginnenden Sonnenaufgang angesehen. Ein blauer Schimmer am Horizont, das Kreuz des Südens, die breite Milchstraße, eine kleine, aber hübsche Aurora. Außerdem der knapp über dem Horizont rot funkelnde Mars und ein Viertel des weißen Mondes. Viel zu früh mussten wir zurückfahren in die Werkstatt für die schweren Maschinen, um uns aufzuwärmen. Es waren nur minus 60 Grad Celsius, aber der Wind blies mit fünfzehn Knoten, und da kühlt man rasch aus.

Gestern habe ich Doc zum ersten Mal seit Beginn ihrer Erkrankung richtig glücklich gesehen. Wenn sie unter Leuten ist, gibt sie sich immer optimistisch. Sie scherzt und macht Faxen, strahlt und begrüßt jeden mit einem Lächeln. Gestern kicherte sie andauernd und wirkte richtig ausgelassen.

Vermutlich hat die Vorfreude, dass ihre Brüder sie hier herausholen wollen, diesen plötzlichen Anfall von Fröhlichkeit in ihr ausgelöst. Sie hatte den Ansturm der Medien wirklich sehr gefürchtet, und allein die Vorstellung, dass sie um die halbe Welt reisen müsste, um die Attacken der beutegierigen Medienwölfe abzuwehren, hat ihr enorme Angst eingejagt.

Sie wühlte in ihren Fotos und zeigte mir Bilder von ihren Brüdern. Auf denen, die sie mir gezeigt hat (ich kannte sie schon, wollte sie mir aber noch einmal anschauen) sieht man Sie in der Cleveland Clinic, als Sie Ihren Vater besuchten. Auf einem anderen Foto stehen Sie zu dritt am Strand. Sie fragte: »Würdest du eine Frau anmachen, die in Begleitung solcher Kerle ist?« Ich antwortete, natürlich nicht. Im Geist sah ich bereits eine bis an die Zähne mit Kameras und Mikrofonen bewaffnete Horde von Kameramännern und Reportern vor mir, die auf Schritt und Tritt hinter Ihnen her wären.

Ich möchte Ihnen nur sagen, dass Sie Ihre außergewöhnliche Schwester mit großer Zuversicht und starkem Lebenswillen erfüllt haben, obwohl Sie so weit von ihr entfernt sind. Als ich sie gestern Abend ins Bett steckte, habe ich ihr noch gesagt, woran sie beim Einschlafen denken soll. Normalerweise empfehle ich ihr, sich eines der Bilder vorzustellen, die man in Auroras sieht. Sie ähneln den Wolken, die wir als Kinder so gern beobachtet haben. Man meint darin Tiere und Gesichter von Menschen zu erkennen. Ich schlug ihr vor, sich ein Kaninchen mit langen Ohren vorzustellen, ein Chamäleon mit einer langen Zunge und einen Dinosaurier, wie man sie aus den Comicheften kennt. Sie musste mir versprechen, an nichts anderes zu denken, damit sie nicht über die NSF, die Medien, die Metastasen usw. grübelt. Gestern habe ich ihr den Tipp gegeben, an ihre Brüder zu denken. Sie sah mich an und sagte: »Wir werden einen schönen Schwatz halten.«
Viele Grüße,
Big John

Big John war in ständigem Kontakt mit meiner Familie. Wenn sie wissen wollten, wie es mir »wirklich« ging, wandten sie sich an ihn, und Big John ließ mir immer die Kopien seiner E-Mails zukommen, damit ich wusste, was er über mich geschrieben hatte. Ich tat mich schwer, es genauso zu machen. Meine Gefühle für ihn blieben besser unausgesprochen. Uns verband ein geradezu schmerzliches gegenseitiges Verständnis. Unsere Beziehung war von solcher Tiefe, wie wir sie wohl mit niemandem sonst mehr erfahren würden, wenngleich sie sich nie zu einer konventionellen Liebesbeziehung entwickeln konnte. Aber ich würde mich auch mit dieser innigen Freundschaft und dem gegenseitigen Verständnis zufrieden geben, wie ich es im folgenden Brief an Scotty ausgedrückt habe:

Big John ist der andere Mensch, der den Winter ebenso liebt wie ich, und er würde dir bestimmt gefallen. Er ist schuld daran, dass ich in Zukunft keine Beziehung zu einem Mann mehr eingehen kann, denn ich werde immer nach jemandem wie ihm Ausschau halten. Er wird mir fehlen, doch andererseits bin ich es gewohnt, Menschen zu verlieren, die mir wichtig sind. Er ist ein wirklich guter Freund. Ich kann mir nicht vorstellen, hier zu sein und mich mit meiner Krankheit auseinander zu setzen, ohne dass jemand Anteil daran nimmt, ehrlichen Anteil. Die Krankheit lässt sich so um vieles leichter ertragen. Es gibt Tage, da kann ich mich nicht richtig selbst versorgen. Den meisten Menschen wird es nach einiger Zeit zu viel, sich um Kranke zu kümmern, aber Big John verzichtet sogar auf Partys, setzt sich nach der Chemo still zu mir und lauscht meinem Atem. Es gibt noch viel, was ich über ihn erzählen könnte. Er sagt, es mache ihn traurig, dass er so arm sei und nichts habe, was er mir schenken könne, dabei schenkt er mir unaufhörlich. Ich bin nicht hierher gekommen, um einen Mann zu finden. Deshalb war es für mich ganz in Ordnung, einen verheirateten Mann zum besten Freund zu haben – ich dachte, wir würden uns einfach nur sympathisch finden, einander respektieren und uns gegenseitig Gesellschaft leisten. Ich muss allerdings gestehen, dass es ein bisschen wehtut.

Kurz nach meiner Rasierparty schoss Big John ein Foto von mir. Ohne Perücke, ohne verhüllende Tücher. Mein Wahlspruch lautete ab sofort: »What you see is what you get.« Ich posierte in einer Ecke von Big Johns Büro in der Werkstatt, den Kopf glatt wie eine Billardkugel, auf dem Gesicht das strahlendste Lächeln, dass ich zu Stande brachte. Eine Show, die einen Oscar verdient hätte. Und die sich gelohnt hat.

Absender: Jerri Nielsen<nielsenje@spole.gov>
Empfänger: #Familie und Freunde
Datum: 21. August 1999 14:06
Betreff: Mein neues Ich

Frisch aus der Presse – ein Foto meines neuen Ich.
Alles Liebe, Duff

Absender: Scott Cahill<scotty@aol.com>
Empfänger: nielsen@spole.gov
Datum: 21. August 1999 11:46:55 –0400
Betreff: Re: Mein neues Ich

O mein Gott!
Mom hat mir erzählt, dass du wirklich gut aussiehst mit
dem rasierten Kopf. Ehrlich gesagt, ich dachte, sie würde übertreiben. Aber du siehst geradezu atemberaubend
aus! Wirklich toll! Ich bin stolz, dass du den Mut dazu
hast. Du überraschst mich immer wieder von neuem –
positiv. Ja, ich bin wirklich stolz auf dich. Mom hat
Recht. Ich finde dich so noch schöner. Hoffentlich bleibt
es eine Weile so. Viele Segler rasieren sich den Kopf am
ersten Tag einer langen Reise. Ich habe wahrscheinlich
hässliche Beulen und Male auf dem Kopf. Na ja, mal sehen, was ist, wenn wir auf unserer ersten großen Reise
das Land hinter uns gelassen haben.
Ich möchte dich gerne in Christchurch abholen und dich
nach Hause begleiten. Wegen der Tickets habe ich mich
bereits erkundigt. Sie sind gar nicht so teuer. Eric möchte unbedingt mitkommen. Er will verhindern, dass ich
die Reporter vermöble.
Wahre Schönheit lässt sich nicht verbergen – sie wohnt
in der Seele schöner Menschen und berührt die Herzen
jener, die ihnen nahe sind. Wie die Sonnenwärme. Sie
lässt sich nicht wegreden, man spürt sie im Herzen. Ich
bin in Gedanken stets bei dir.
Scotty

Absender: Eric Cahill<ericcahill@aol.com>
Empfänger: nielsenje@spole.gov
Datum: 21. August 1999
Betreff: Re: Mein neues Ich

Liebe Jerri,
du siehst aus wie eine intelligente Außerirdische.
In Liebe,
Mr. Baby

Absender: John W. Penney<penneyjo@spole.gov>
Empfänger: nielsenje@spole.gov
Datum: 23. August 1999 18:13:21 +1200
Betreff: Kopie meines Briefes

Hallo, Doc,
ich dachte, du möchtest vielleicht den neuesten Brief an
deine Mom lesen, ehe ich ihn abschicke.
Big

Hallo Mrs. Cahill,
es war nett von Ihnen, dass Sie geschrieben haben. Bitte
schreiben Sie, wann immer Ihnen der Sinn danach
steht. Ich reise erst im November ab.
In Anbetracht der Umstände geht es Doc erstaunlich gut.
Sie kümmert sich nach wie vor um ihre Patienten und
ihre vielen anderen Aufgaben als Ärztin und stellvertre-
tender Boss. Wenn sie unter Leuten ist, macht sie unermüdlich Witze und ist guter Dinge. Wer es nicht weiß,
würde nicht meinen, dass sie so krank ist.
Sie glaubt, sie schafft es. Es gibt ein paar Dinge, für die
sie weiterleben will, und sie hat eine Menge Pläne, die
sie verwirklichen möchte, bevor sie den Löffel abgibt.
Sie meint, dass sie keine Metastasen hat. Ich habe ihr gesagt, ich fände es gut, dass sie so darüber denkt, schließlich hat ihr Gefühl sie bisher nicht getrogen.
Wenn ich das Eis verlasse, verbringe ich einen Monat in

Neuseeland und sehe mir mit meiner Familie das Land
an. Sobald ich zurück in der Welt bin – das wird ungefähr Anfang Dezember sein –, statte ich zuallererst den
Cahills in Ohio einen Besuch ab.

Da ich enttäuschte Gesichter seitens der größeren Mitglieder der Familie Cahill vermeiden möchte, wenn ich
vor der Türe stehe, erkläre ich Ihnen jetzt den Namen
»Big« näher:

Kurz nachdem ich im Sommer auf die Station gekommen war, fingen ein paar Leute der Mannschaft an, mich
»Big John« zu nennen. Doc sagte sogar nur »Big«, und
jetzt klebt der Name an mir. Er hat nichts mit meiner
Körpergröße zu tun. Nach Cahill-Standard bin ich sogar
eher klein. Gerade mal ein Meter fünfundsiebzig bei
hundertvierzehn Kilo Körpergewicht. Big steht nur für
meine innere Größe.

Das ist wahrscheinlich wesentlich mehr, als Sie wissen
wollten, aber Sie haben mich danach gefragt.

Es ist Zeit, Doc zum Mittagessen abzuholen.

Herzlichen Gruß,

Big John

Absender: Jerri Nielsen<nielsenje@spole.gov>
Empfänger: #Familie und Freunde
Datum: 31. August 1999 00:36:03 +1200
Betreff: August – der längste Monat am Ende der Welt

Liebe Leute,
dies ist mein jüngster Versuch zu erklären, wie das Leben hier ist.

Es heißt, der August sei der längste Monat am Pol. Der
dunkle Winter ist bald vorüber, und es zeigt sich auch
bereits ein Hauch von Licht, aber es dauert noch eine
ganze Weile, bis es wirklich hell ist. Das erinnert mich
an den Februar in Ohio. Man hat genug vom Winter, aber
man muss erst noch den März ertragen, ehe sich endlich
Krokusse und Narzissen hervorwagen. Für mich ist die-

se Zeit zu schnell vergangen. »Zeit« ist hier am Pol etwas Undefinierbares, Verzerrtes, und jetzt, da mein Aufenthalt zu Ende geht, scheint sie dahinzurasen. Während mich der erste Lichtschimmer am Horizont traurig macht, ist er für andere ein Grund zum Feiern.

Ich empfinde das Leben hier so, als befände ich mich seit neun Monaten in einem Tank, der nach außen völlig abgeschirmt ist. Als hinge man an Fäden in einem dunklen Gewässer. Da sich hier nichts verändert, verfällt man in eine merkwürdige Art von Langeweile. Eine Langeweile, die mir bisher fremd war. Alles an Veränderungen, alles, was Gefühle hervorruft, entspringt dem eigenen Kopf. Schließlich beginnt das Gehirn, langsamer zu arbeiten, und man verspürt den Anreiz, sein Denken zu steuern und zu entwickeln. Diese Prüfung zeigt einem, wie gut man die eigene Wahrnehmung unter Kontrolle hat.

Mir ist das nicht schwer gefallen. Ich hatte mir schon immer meine eigene Realität geschaffen, je nachdem, was von außen auf mich einstürmte. Seit meinen Kindertagen gilt mein Interesse der Fähigkeit des Menschen, die eigene Wahrnehmung zu beeinflussen. Bereits in jungen Jahren habe ich daran gearbeitet, meine eigene Wahrnehmung zu steuern. Hier am Pol stand mir das beste Versuchsfeld zur Verfügung.

Es ist die Erschöpfung, die uns im August am meisten zu schaffen macht. Erschöpfung von innen heraus. Der Sauerstoffmangel, der Abfall des Luftdrucks und die daraus resultierende größere physiologische Höhe, das Fehlen neuer Eindrücke, die knapper werdenden Vorräte – all das macht den Geist träge. Es gibt so viele physiologische Veränderungen, die wir nicht begreifen. Je länger der Winter andauert, desto langsamer arbeitet das Gehirn. Dadurch verringert sich bei manchen der innere Wille zum Durchhalten. Andere wiederum entwickeln größeres Verständnis für ihre Mitmenschen, werden nachsichtiger und erleben, dass sie überraschend klar denken können. Darin liegt der Unterschied zwischen einem Kriegsgefangenen, der irgendwann den Verstand verliert, und einem Mönch, der schließlich den Gott findet, nach dem er gesucht hat. Sie leben in dem gleichen Umfeld von Entbehrung, Schmerz, Unbehagen, Erniedrigung und dem Mangel an Eindrücken. Der eine hat sich bewusst dafür entschieden, dem anderen blieb keine andere Wahl. Und dennoch gibt es Mönche, die verrückt werden, und Kriegsgefangene, die den wahren Sinn des Lebens erkennen.

Viele von uns am Pol sind Suchende, viele sind Reisende, und viele sind gekommen, um Dämonen zu vertreiben und Antworten zu finden. So wie ich. Aber wir sind auch hierher gekommen, um zu erfahren, inwieweit wir uns auf uns selbst und unsere Fähigkeiten verlassen können. Wir sind oft auf Dämonen, Gedanken, Schwächen und uns bis dahin fremde Selbstzweifel gestoßen und haben sie besiegt. Während wir uns damit auseinander setzten, bemerkten wir, wie belanglos die Dinge waren, die uns in der Welt draußen geplagt oder die sich bereits vor Jahren erledigt hatten. Aus irgendeinem Grund wollten wir an ihnen festhalten. Hier kann man diese Gedanken loslassen und die neu entdeckten Kräfte, die nur durch diesen Ort zum Leben erwachen, willkommen heißen. Das habe ich bei mir und einer Anzahl meiner Freunde erfahren. Ich kam mit einem Rucksack voller Sachen, die ich erledigen wollte. Doch nichts von alledem habe ich aufgearbeitet. Die Dinge haben stattdessen an Bedeutung verloren und sind durch neue Ziele und Gedanken ersetzt worden. Ziele, die ich mir bis dahin nie hätte vorstellen können. Ich war zu beschäftigt mit Denken und Gucken. Es war zu viel Lärm im Hintergrund.

Die letzten Monate sind geradezu surreal gewesen. Es war schwierig, zu so vielen neuen Einsichten zu gelangen und gleichzeitig zu wissen, dass ich eine möglicherweise tödliche Krankheit in mir trage. Ich bin gespannt, inwieweit sich meine Empfindungen verändern werden und ich meine Erfahrungen in einem anderen Licht sehen kann, wenn ich in die medikamentös bedingte Menopause komme und die Qualen der geistigen und körperlichen Auswirkungen der Chemotherapie erleiden muss. Sicher hat die Erkenntnis, in diesem von Außenreizen abgeschirmten Tank möglicherweise sterben zu müssen, meinen veränderten Blick auf mein bisheriges Leben und meine künftigen Ziele beeinflusst. Daher werde ich nie wissen, welche Veränderungen durch meinen Aufenthalt am Pol und welche durch meine Konfrontation mit dem Tod bewirkt worden sind.

Ich bin unsagbar dankbar für die Chance, immer noch Fragen stellen zu können.

Aus dem Eis,
Duffy

KAPITEL 14

Durchhalten

Aus wessen Schoß geht das Eis hervor,
und wer hat den Reif unter dem Himmel
gezeugt,
dass Wasser sich zusammenzieht wie Stein
und der Wasserspiegel gefriert?
Hiob 38,29-30

*Aus einer Seite, die Ernest Shackleton
aus seiner Bibel riss und auf
seine Expedition ins Eis mitnahm*

Zehn Monate nach meiner Ankunft in der Antarktis zog ich mir meine erste Erfrierung zu. Ich habe sie mir sozusagen verdient, würde ich sagen, denn Erfrierungen sind geradezu eine Auszeichnung am Südpol. Ein Polie, der nicht von erfrorenen Körperteilen und losen Hautfetzen schwadronieren kann, hat in Bailie's Pub nichts zu melden. Ich holte mir meine Erfrierung bei einem anderen Ritual, dem traditionellen Heldenfoto der Wintermannschaft am Pol.

Anfang September zeigte sich das erste diffuse Dämmerlicht über dem Polarplateau. Am bläulichen Himmel erschien ein brandorangefarbener Streifen, dessen Widerschein auf den scharfkantigen Sastrugi ein trügerisches Gefühl von Wärme vermittelte. Dabei lag die Temperatur an dem Tag, als die Mannschaft für das Gruppenbild geschlossen zum geographischen Südpol marschierte, bei minus 70 Grad Celsius, die sich aber durch den Wind-Kälte-Faktor wie minus 100 Grad Celsius anfühlten. Ich fand es schrecklich, welche Anstrengung es mich kostete, die Anhöhe vor der Kuppel zu bewältigen. Die Energie, auf die ich mich mein ganzes Leben hatte verlassen können, war verschwunden, und ich fragte mich, ob ich sie jemals zurückgewinnen würde. Wo war die junge Frau, die auf diese Verwehungen hinaufklettern konnte, ohne eine Atempause einlegen zu müssen?

Als wir uns dem Pol näherten, wurde mir auf einmal flau im Magen, und diese mir mittlerweile wohl bekannte Empfindung löste seltsame Gedanken in mir aus: Werde ich mich über dem jahrtausendealten Eis übergeben müssen und den reinsten Schnee auf Erden verschmutzen? Ist das dann Giftmüll? Muss ich das Erbrochene aufwischen (was sonst zu meinen Aufgaben gehört)?

Zum Glück brachte ich den Fototermin hinter mich, ohne diese Fragen beantworten zu müssen. Wir stellten vier Kameras auf Selbstauslöser und gruppierten uns, mit dem rot glühenden Horizont als Hintergrund, um die bronzefarbene Markierungsstange des geographischen Südpols. Große, eigentlich für Notfälle gedachte Leuchtfeuer lieferten zusätzliches Licht. Wir zählten bis zehn, dann rissen wir uns Schneebrillen und Kälteschutz herunter und strahlten – die amerikanische Fahne in der Mitte – in die Kameras, nicht anders als die Polarforscher von einst. In den öffentlichen Bereichen der Polstation hängen dicht an dicht Fotos und Zeichnungen von all denen, die lange vor uns dort gewesen waren: Scott und Amundsen, ausländische Expeditionen, die mit Hilfe von Wind, Schlittenhunden, auf Skiern oder zu Fuß bis 90 Grad Süd vorgedrungen waren, und Fotos mit Unterschriften wie »Winterparty 1975« oder »Nachtschicht am Südpol«. Bald würden wir das Foto von den »Fröhlichen 41« dazuhängen, der größten Mannschaft, die jemals an diesem entlegensten Ort der Welt überwintert hatte. Die letzte Mannschaft des Jahrhunderts.

Auf dem Rückweg spürte ich, dass etwas nicht stimmte, aber da war es schon passiert. Die Erfrierung machte sich zuerst als starkes Brennen bemerkbar und wurde dann zu einem heftigen Schmerz. Als ich fühlte, dass mein Gesicht einfror, zog ich schnell einen zweiten Kälteschutz über und schob die Ränder bis unter meine Schneebrille. Eine Weile spürte ich den Schmerz noch, dann ließ er nach.

Mittlerweile fühlte ich mich ziemlich schwach und konnte

wegen des Kälteschutzes kaum etwas sehen. Es fehlte nicht viel, und die anderen hätten mich den vereisten Abhang vor dem Dome hinuntertragen müssen. Ich erinnere mich noch, wie ich in das dunkle Loch hinunterstarrte und überlegte, ob ich es schaffen würde, als ich zu meiner großen Erleichterung die Umrisse von Floyd erkannte, der mir seine behandschuhte Hand entgegenstreckte.

Zurück in meinem vergleichsweise warmen Nest, schälte ich mich aus den dicken Schichten schützender Kleidung und stellte fest, dass die linke Seite meines Gesichts hart wie Stein war und sich kalt anfühlte. Für mich als »Kuppelschnecke« war das in gewisser Weise eine Auszeichnung. Ich hatte fast ein Jahr am kältesten Ort der Erde gelebt und meine »Jungfräulichkeit« erst in den letzten Wochen meines Aufenthalts verloren. Wie sich zeigte, hatten fünf Polies um der lieben Tradition willen erhebliche Erfrierungen davongetragen. Bei zwei Frauen, deren Ohren betroffen waren, sah es so schlimm aus, dass man meinen konnte, sie hätten einen harten Ringkampf hinter sich. Mein Gesicht war noch eine ganze Weile gerötet und voller Bläschen, nachdem es wieder aufgetaut war. Es war eine lehrreiche Erfahrung. Jetzt verstand ich, warum Menschen sich Erfrierungen zuzogen, obwohl sie es eigentlich »besser wissen« sollten.

Mittlerweile lief im Club Med alles so reibungslos wie bei einem Staffellaufteam, das sich für die Olympischen Spiele qualifiziert hatte. Wir konnten die Taxol-Infusion bis auf drei Minuten genau terminieren. Bis auf gelegentliche Störungen bei der Satellitenübertragung waren unsere Chemo-Sitzungen mit Videokamera beinahe Routine geworden. Solange ich am Tropf hing und ruhig liegen musste, gab es kaum etwas zu tun, und wir konnten dank der Mikrowellen über Tausende von Kilometern hinweg über Gott und die Welt plaudern. Wir schlossen sogar neue Bekanntschaften: Dr. George Sledge, Kathys Mentor und einer der führenden Brustkrebsspezialisten in den USA, schaute auch vorbei, um uns kennen zu lernen. Er wollte sich mit dem Ablauf der Chemotherapie-Sitzungen vertraut machen, um Kathy vertreten zu können, falls sie einmal verhindert war. Als Kathy sich eines Abends erkundigte, wie wir unsere Freizeit verbrächten, erzählten wir ihr von unseren Lyrik-Nächten, die jeweils am Freitagabend begannen.

»Das hört sich gut an«, sagte Kathy. »Das nächste Mal könnten wir doch eine internationale Lesung veranstalten!«

In der folgenden Woche brachte jeder ein Gedicht mit – außer mir, denn ich konnte während der Chemo schlecht lesen. Lisa hatte ein witziges Gedicht von Shel Silverstein gewählt, das von schmelzender Eiskrem in einer Waffeltüte handelte. Dann schob George Sledge seinen Kopf in das Sichtfeld der Kamera und fragte: »Darf ich jetzt? Ich habe auch etwas …« Und er begann, »Die Einäscherung von Sam McGee« von Robert Service vorzutragen. Ich sah, wie Big John unter seinem Bart von einem Ohr zum anderen grinste. Als George zu Ende gelesen hatte, sagte er: »Und, Big John, was haben Sie heute Abend zu bieten?«

»Ob Sie's glauben oder nicht, Doc«, erwiderte Big John. »Ich hatte vor, »The Men Who Don't Fit In« zu lesen, das ebenfalls von dem hervorragenden Dichter Robert Service stammt …«

Nach diesem stark männlich geprägten Gedicht stellte Kathy ihren Beitrag als »weibliches Gedicht« vor. Es trug den Titel »Kommt die Morgenröte« und stammte von einer Freundin, die sie aus ihrer Studentenzeit in Afrika kannte. Leider entging mir ein guter Teil des Gedichts, weil das Benadryl mich schläfrig machte und die Verbindung zwischendurch gestört war, deshalb schickte sie mir am nächsten Tag den vollen Text per E-Mail:

Nach einer Weile lernst du den feinen Unterschied zwischen eine Hand halten und eine Seele an die Kette legen,
du lernst, dass Liebe nicht Verlassen bedeutet,
die Gesellschaft eines andern nicht Sicherheit heißt.
Du verstehst allmählich, dass Küsse keine Verträge sind und Geschenke keine Versprechen.
Du beginnst deine Niederlagen mit hoch erhobenem Kopf und offenen Auges zu akzeptieren, mit der Würde einer Frau, nicht dem Schmerz eines Kindes.

Du lernst, deine Wege auf dem Heute zu bauen, denn der Boden des Morgen ist zu unsicher für Pläne, und die Zukunft stürzt oft mitten im Höhenflug ab.
Nach einer Weile lernst du, dass selbst Sonnenschein dich verbrennt, wenn du zu viel davon bekommst.
Also bepflanzt du deinen Garten und schmückst deine Seele, anstatt darauf zu warten, dass jemand dir Blumen bringt.
Du lernst, dass du viel ertragen kannst, dass du stark und wertvoll bist.
Du lernst und lernst … und du lernst.
Du lernst mit jedem Abschied.

Ansonsten ging das Leben am Pol bis auf die Vergnügungen, die wir uns einfallen ließen, seinen gewohnten Gang. Es gab beispielsweise Geburtstage zu feiern. Wendy bekam von Big John und mir ein besonderes Geschenk: Wir boten uns an, für alle einundvierzig Polies ein Truthahn-Essen zuzubereiten. Den Geburtstagskuchen backte Lisa, und sie spielte hinterher auch die »Hausmaus«, wusch ab und machte sauber.

Die Vorbereitungen nahmen einen ganzen Tag und die folgende Nacht in Anspruch. Es machte großen Spaß, sich einmal mit etwas zu beschäftigen, das nichts mit Medizin zu tun hatte – bis auf die 20-cc-Spritze und den 14-Gauge-Venenkatheter, mit deren Hilfe Big John dem Federvieh eine Mischung aus Butter, Knoblauch und scharfer Sauce injizierte. (Es sei ganz nett, meinte Big John, die Nadel zur Abwechslung mal woanders reinzupieksen als in mich.) Das Rezept für tief gefrorenen Truthahn stammte übrigens von Big Johns texanischer Tante, und die drei Burschen brauchten jeweils eineinhalb Stunden, bis sie gar waren, doppelt so lange wie auf Meeresniveau. Alles andere improvisierten wir: Ich kochte Mandarinenspalten aus der Dose mit Butter und Orangensaft zum Glasieren der Karotten ein. Big John kreierte aus Frischkäse, Essig und Milchpulver eine Art Sour Cream, die ich für Moms »Grünes Kartoffelpüree« benötigte, das aus püriertem Spinat, Kartoffeln und Sour Cream gemacht wird (köstlich, aber Floyd rührte es nicht an). Außerdem boten wir normales »weißes« Kartoffelpüree an, Soße, überbackene Tomaten, Mais in Sahne und Oliven. Aus hart gekochten, in Salzlake tief gefrorenen Eiern zauberten wir Russische Eier, von denen die Mannschaft ganze fünf Teller vertilgte, obwohl das Eiweiß von einer gummiartigen Konsistenz war und die Füllung nicht so schmeckte, wie sie laut Rezept sollte. Immerhin sahen sie aus wie Eier. Zum Nachtisch gab es Wackelpudding mit Süßkirschen und Geburtstagskuchen. Allen machte das Fest Spaß, und am Ende bedankten sie sich mit stürmischem Beifall, was uns sehr erleichterte.

Da die Truppe in letzter Zeit recht mäkelig geworden war, was das Essen betraf, hatten wir beträchtlich unter Versagensangst gelitten. Sobald die Leute sich dem Zustand des Überreiztseins näherten, wurde das Essen immer wichtiger. Ich ertappte mich dabei, dass ich ständig an Kochen und Essen dachte. Einmal sprachen meine Freundinnen und ich sogar ein ganzes Wochenende über nichts anderes. Ich blätterte in Kochbüchern und las ihnen Rezepte vor. Meine Gedanken drehten sich nur noch um Kopfsalat und frischen Fisch, knackige grüne Paprikaschoten und sahnigen Hüttenkäse. Wie manche Männer die Fotos im *Playboy* anstarren, so fixierte ich die Bilder von garnierten, appetitlich angerichteten Fischen – dabei bin ich keine große Freundin von Meeresgetier!

Die letzten frischen Lebensmittel aus der Abwurfaktion waren schon längst verzehrt, und das Gewächshaus lieferte nur spärlich Nachschub. Eines Abends lagen beispielsweise zwei kleine Blätter Kopfsalat und eine Kirschtomate auf jedem Teller. Wer nicht schon einmal monatelang auf frisches Gemüse verzichten musste, hat gar keine Vorstellung davon, wie lange man auf einem einzigen Salatblatt herumkauen kann. Ich war sehr gerührt, als Reza zu mir kam und seine Portion auf meinen Teller legte. Wendy und Big John folgten seinem Beispiel. Es war eines der schönsten Geschenke, die ich jemals bekommen habe.

Anfang September schrieb Kathy Miller an Gerry Katz bei der ASA und Karl Erb bei der NSF, dass ich zwar auf die Chemotherapie gut anspräche, meine Venen jedoch Probleme bereiteten. Ich hatte immer gute und kräftige Venen gehabt, aber jetzt kollabierten sie wegen der ständigen Infusionen. Über etliche Wochen hinweg sickerte immer wieder Taxol in den Arm – eine schmerzhafte Angelegenheit –, und dann musste mehrmals eine neue Infusion gelegt werden. »Ich bin zunehmend besorgt, ob wir Dr. Nielsen am Pol weiterbehandeln können«, schrieb Kathy. »Bei einer Evakuierung Ende Oktober müssten wir die Chemotherapie noch weitere sieben Wochen fortführen, was ich offen gestanden nicht für möglich halte. Ich denke, wir sollten uns erneut mit der Frage einer vorzeitigen Evakuierung befassen ...«

Die Frage, ob man mich früher ausfliegen sollte, war immer vom Behandlungserfolg abhängig gewesen, und in diesem Punkt hatte Kathy das Sagen. Es erleichterte mich, dass sie meinte, es sei jetzt Zeit. Ich hatte es satt, ständig müde zu sein und dauernd mit Übelkeit kämpfen zu müssen. Ich begann zu überlegen, wie es sein würde, wenn ich in die USA zurückkehrte, und wollte von Kathy in allen Einzelheiten wissen, wie mein Behandlungsplan zu Hause aussehen werde. Als meine Ärztin und Fürsprecherin hatte sie sich inzwischen intensiv mit der staatlichen Bürokratie auseinander gesetzt, um mir zu helfen – sogar um Satellitenzeit hatte sie verhandelt. Mitte September gab es wegen eines Staatsbesuchs von Präsident Clinton in Neuseeland Kommunikationsprobleme, denn die Satelliten gehörten ihm, solange er in der Gegend war. Zum Glück sollte die Air Force One bereits vor unserer für Freitag geplanten Chemo-Sitzung mit Videokonferenz wieder abfliegen.

Absender: Miller, Kathy D.
Empfänger: Jerri Nielsen<nielsenje@spole.gov>
Datum: 14. September 1999 08:05:04 –0500
Betreff: Freitag

Hallo Jerri,
ich hoffe, diese Mail kommt noch durch, ehe sie alle Satelliten in Beschlag nehmen. Lisa hat mir noch keinen genauen Termin für Freitag bekannt gegeben. Falls es ein Problem gibt, spreche ich mit der NSF, ob sie die Satel-

liten am Freitag nicht wenigstens für zwei Stunden wieder in unsere Richtung frei geben können.

Zu Ihrer Weiterbehandlung in den Staaten: Die meisten Patientinnen bleiben nach der Operation (Lumpektomie oder Mastektomie ohne Brustaufbau) nur eine Nacht in der Klinik, mit unmittelbar anschließendem Brustaufbau in der Regel zwei Nächte. Die Chirurgie hat in den letzten Jahren enorme Fortschritte gemacht. Sie werden überrascht sein, wie schnell Sie sich wieder erholen.

Es folgen Bestrahlungen über einen Zeitraum von sechs Wochen, und zwar täglich von Montag bis Freitag. Wir werden uns bemühen, eine Möglichkeit in der Nähe Ihres Wohnortes zu finden.

Die Haare beginnen etwa sechs bis acht Wochen nach der letzten Chemotherapie wieder zu wachsen, meistens dunkler und lockiger als vorher (zumindest am Anfang).

Zu Ihrer anderen Frage: Für den Schmerz in der Leistengegend, von dem Sie berichten, habe ich momentan keine Erklärung. Das ist kein Bereich, in den ein Brustkrebs typischerweise metastasiert. Soweit ich mich erinnere, habe ich noch überhaupt keinen Fall von Metastasen in den Inguinal-[Leisten-]Drüsen gesehen.

Bis Freitag!

Kathy

Absender: Jerri Nielsen<nielsenje@spole.gov>
Empfänger: Miller, Kathy D.
Datum: 15. September 1999 11:27
Betreff: Medizinisches

Liebe Kathy,

diese Woche geht es mir besser. Mein Kopf ist klarer. Jedenfalls hatte ich genug Energie, um den Boden in der Krankenstation zu wischen. Am liebsten würde ich die ganze Zeit schlafen. Ich bin es müde, dauernd müde zu sein. Ich fühle mich zu krank, um zu arbeiten, aber ich habe keine Wahl. Immer noch wechseln sich kalter

Schweiß und Hitzewallungen ab. Bis Dienstag dieser Woche habe ich bereits siebzehn Patienten behandelt. Alle finden, dass ich inzwischen besser aussehe, und nun trauen sie sich auch wieder, mit kleinen Beschwerden zu mir zu kommen. Darüber bin ich froh, aber manchmal ist die Arbeit kaum zu schaffen. Die Welt ist jetzt wieder ganz licht. Es wird überhaupt nicht mehr dunkel, nicht einmal mitten in der Nacht.

Hier die Messergebnisse vom 14. September 1999: Der Tumor ist drei Zentimeter breit, zwei Komma fünf lang, ein Zentimeter tief. Nicht verschiebbar, nicht klar abgegrenzt.

Herzliche Grüße, Jerri

In den ersten Wochen der Chemotherapie mit Taxol bildete sich der Tumor mit jeder Sitzung zurück. Dann blieb er eine Zeit lang unverändert. Seit kurzem jedoch fühlte er sich anders an, und ich fragte mich, ob er wohl wieder wuchs. Als ich ihn erneut maß, schien er tatsächlich größer geworden zu sein. Kathy fand es jedoch nicht beunruhigend und meinte, das könne durchaus an unseren primitiven Messgeräten liegen. Wir einigten uns darauf, dass ich ihn vor dem nächsten Chemotherapiezyklus wieder messen würde.

Sechs Monate war es her, dass die Dunkelheit eingesetzt hatte. Seit Wochen wurde der Himmel nun mit jedem Tag heller, und die lange Nacht war endgültig vorüber, auch wenn wir die Sonne noch nicht sehen konnten. Am 20. September, der Tagundnachtgleiche, blitzten die ersten Sonnenstrahlen am Horizont auf und leiteten die einzige Morgendämmerung des Jahres in der Antarktis ein. Wenn das kein Grund zum Feiern war!

Das Freudenfest fand im Skylab statt, dem einzigen mit dem Dome verbundenen Gebäude, das ein Fenster besaß, an das wir nun ein Transparent mit der Aufschrift »Die Nachtschicht 1999 ist zu Ende« hängten. In dem gleißend hellen Licht, das vom Polarplateau hereinströmte, wirkte unsere Haut durchscheinend und unheimlich blass, als wären wir blinde Albino-Molche, die sonst tief im Erdreich leben und sich nun auf einer Gartenschaufel winden. Als wollten wir unsere Blässe hervorheben, stellten wir unser Fest unter das Motto »Tropen« und kleideten uns entsprechend luftig. Die Jungs trugen Shorts und Ketten aus Plastikblumen um den Hals, die Frauen bunte Sarongs und Sommerkleider. Jeder hatte sich mit abwaschbarer Farbe auf dem Fenster verewigt: Spaß in der Sonne! – Thom. Tschüs Dunkelheit, hallo Licht! Was für eine lange Nacht! – Yubecca. Ich schrieb die Zeile eines Beatles-Songs: Here comes the sun! Little darlin', it's been a long, dark, not so lonely winter (Hier kommt die Sonne! Es war ein langer, dunkler Winter, mein kleiner Liebling, aber gar nicht so einsam) – Jerri.

Es war wirklich verblüffend, welch eine Vertrautheit den Winter über zwischen uns entstanden war. Leute, die vor sechs Monaten kaum miteinander geredet hatten, beteiligten sich jetzt an Partyspielen wie beispielsweise einen Kaugummi mit dem Mund von einem zum anderen weiterzugeben. Mittlerweile war natürlich jeder mit den Keimen der anderen in Berührung gekommen, aber ich machte mir als Medizinerin trotzdem Sorgen. Middle John, unser Senior, beobachtete das Treiben aus sicherer Entfernung und meinte verwundert: »Ist das eine Orgie, oder was?«

Die Musik war laut und schnell, und es wurde bis drei Uhr morgens ausgelassen getanzt. Big John, der seit Ende des Sommers kaum etwas getrunken hatte, sprach seinem Lieblingsgetränk ungehemmt zu und begann selbstvergessen herumzuspringen. Das Gebäude erzitterte wie bei einem Erdbeben, als er herumhüpfte, sich wild mit den Armen rudernd Platz schuf und rief: »Tanzt, als würde euch niemand zuschauen!« Heidi und Wendy schlossen sich ihm an. »Lebt, als gäbe es kein Morgen!«, fügte ich hinzu.

Bei dieser Sonnenaufgangsparty ließen wir alle gehörig Dampf ab. Es machte Spaß, war aber auch deshalb sehr wichtig, weil die ganze Mannschaft inzwischen am Rande ihrer Kraft zu sein schien. Alle waren ein bisschen überdreht und reizbar, und jeder spürte die Belastung.

Absender: Beal, Lisa<cyprus/beal>
Empfänger: #Wintermannschaft
Datum: 21. September 1999 21:07:21 –0000
Betreff: Türenknallen

Liebe Nachbarn,
einer (oder mehrere) von euch verhält sich rücksichts-
los gegenüber den Menschen, die im oberen Schlaftrakt
wohnen und arbeiten. Fast seit wir hier sind, knallt einer (oder mehrere) die Türen in diesem Gebäude. Und
das zu allen möglichen Tages- und Nachtzeiten.
Es ist mir egal, ob der oder die Betreffenden die Türen
zuknallen, weil sie Opfer einer schlechten Erziehung
sind, aus einer benachteiligten Schicht stammen oder es
einfach nur tun, um ihren Frust abzulassen. Ich möchte, dass das sofort aufhört.
Heute Morgen um Viertel vor neun hat mich ein Hagel-
schauer aus allen möglichen Dingen (unter anderem
Zahnpastatuben, Dosen mit Teebeuteln und eine Hand
voll quecksilbergefüllter Vakuumröhrchen) ziemlich unsanft aus dem Schlaf gerissen, weil irgendjemand eine
Tür so heftig zugeknallt hat, dass die Sachen vom Regal
und mir auf das Gesicht gefallen sind. Ich bin ziemlich
sauer deswegen und hege starke Rachegelüste gegenüber
dem noch unidentifizierten Türenknaller.
Nimm doch bitte ein wenig Rücksicht auf deine Nachbarn – ich bin übrigens nicht die Einzige, die wach geworden ist! – und benutze den runden Türknauf. Damit
lässt sie sich viel ›leichter‹ schließen. Selbst wenn du die
Tür mit aller Kraft zudrückst (statt sie mit vollem
Schwung zuzuknallen), macht das keinen Lärm und verursacht im Gebäude auch keine Erschütterungen der
Stärke 6 auf der Richterskala.
Wenn ich den/die Türenknaller das nächste Mal in flag-
ranti ertappen sollte, wird sich mein Zorn möglicherweise nicht auf Worte beschränken. Ich würde das nicht riskieren!
Lisa

Wenn sogar Lisa derart überreizt war, dann war niemand immun dagegen. Sie hatte viele Monate im Eis hinter sich und war normalerweise der Klassenclown, der alle anderen zum Lachen brachte, damit sie bei Laune blieben.

Man hatte mir beim Vorgespräch in den USA gesagt, dass ich am wenigsten gefährdet von allen sei, in diesen überreizten Zustand zu geraten, und ich glaube, ich bin kein einziges Mal so richtig ausgerastet. Allerdings bemerkte ich seltsame neurologische Veränderungen, und ich wurde mit der Zeit immer schwerfälliger und vergesslicher. Es konnte zum Beispiel passieren, dass ich mein Besteck fallen ließ oder ohne jeden Grund im Korridor stolperte.

Am Abend der Sonnenaufgangsparty verursachte ich eine Überschwemmung im Biomed. Ich wusch gerade Geschirr ab und vergaß, den Wasserhahn zuzudrehen, als ein Patient kam, um den ich mich kümmern musste. Das sah mir überhaupt nicht ähnlich. Anschließend ging ich auf die Party, ohne mich daran zu erinnern, dass in der Krankenstation das Wasser lief. Mein Gehirn funktionierte nicht mehr! Zum Glück ging Mike früher nach Hause und stellte fest, dass Wasser auf dem Fußboden stand. Er drehte sofort den Hahn zu, aber zwei Räume waren bereits überschwemmt und hatten sich fast schon in Eisbahnen verwandelt. Um alles wieder zu trocknen, stellte er in jedem Zimmer ein Heizgerät auf, doch nach einiger Zeit gerieten beide aus Überlastung in Brand. Einer der Jungs, die auf den Alarm hin herbeigerannt kamen, meinte scherzhaft, es gäbe wohl kaum eine biblische Plage, die ich und Mike nicht schon durchgestanden hätten.

Mehrere Wochen lang verabreichte ich mir nach dem Mittagessen Sauerstoff und schlief nachts mit Sauerstoffmaske. Anfangs hatte ich es nicht gewollt, denn unsere Reserven waren begrenzt, und ich hatte das Gefühl, dass mir keine Sonderbehandlung zustand, da zusätzliche Sauerstoffgaben jedem von uns gut getan hätten. Kathy war jedoch der Meinung, er sei ein hervorragendes Mittel gegen meine ständige Übelkeit, würde auch gegen die Benommenheit helfen und meine Venen heilen. Also installierte Big John einen vier Kubikmeter fassenden Sauerstoffbehälter an der Wand neben meinem Bett, damit ich jeden Tag meine Dosis nehmen konnte. Tatsächlich fühlte ich mich bald wesentlich besser, und ich frage mich, ob ich es nicht dem Sauerstoff zu verdanken habe, dass mein Gedächtnis wiederkam.

Absender: Jerri Nielsen<nielsenje@spole.gov>
Empfänger: #Familie und Freunde
Datum: 24. September 1999
Betreff: Erinnerungen an die Eulen

Wie bei einem Hydranten, den man an einem heißen Sommertag aufdreht, kommen nun meine Erinnerungen alle wieder.

Bis vor kurzem konnte ich mich nur bruchstückhaft an ganz gewöhnliche Ereignisse meines Lebens erinnern, wenn ich mir ins Gedächtnis zu rufen versuchte, was vor meiner Zeit im Eis gewesen ist. Ich kam mir vor wie ein Cyborg, dem man gerade so viel Vergangenheit einprogrammiert hat, dass er meint, tatsächlich eine gehabt zu haben. Ich erinnerte mich, wenn auch mit Schwierigkeiten, an das Zuhause meiner Kindheit, an den Wald, meinen Lieblingsplatz am Strand, an meine Familie, an viel mehr aber auch nicht. Wenn ich an mein Leben als Erwachsene oder an die Jahre mit meinen Kindern dachte, tauchten immer dieselben Bruchstücke auf, nicht das vielfältige, mit vielen kleinen Erinnerungen, Liedern, Gerüchen oder Gedanken an ähnliche Zeiten verbundene Bild.

Langsam fügen sich die Teile wie bei einem Puzzle wieder zusammen. Kürzlich habe ich an die großen Waldohreulen gedacht, die nicht weit vom Haus meiner Mutter entfernt im Wald lebten. Sie ließen sich oft auf der Veranda nieder und starrten mit hungrigen Augen auf Digger, meinen weißen Chihuahua. Am lustigsten fanden wir Kinder es, wenn sie die Windschutzscheibe von Dads Wagen als Rutschbahn benutzten. Wir beobachte-

ten von der Veranda aus, wie sie das Wagendach anflo-
gen, die Windschutzscheibe hinunterrutschten, mit wenigen Flügelschlägen wieder auf dem Dach waren und
dann von vorne begannen.

Dass mein Gedächtnis nach so langer Zeit wieder zurückkehrt, ist ziemlich verwirrend. Ich frage mich, ob
Menschen im Gefängnis oder an einem anderen Ort, von
dem sie nicht fortkönnen, wohl deshalb aufhören, an die
Vergangenheit zu denken oder für die Zukunft zu planen, weil sie sich auf diese Weise den gegebenen Lebensumständen anpassen. Hier im Eis hat es für mich nie etwas anderes als das Eis gegeben. Ich habe bemerkt, dass
es denjenigen am besten geht, die sich hier im Eis eingerichtet haben und ganz in der Gegenwart leben. Diejenigen, denen es nicht so gut geht, sehnen sich nach ihrem Liebsten zu Hause, schreiben jeden Tag an ihre Frau
oder leben nur im Internet. Sie sind nie wirklich ganz
da – es ist für sie nur ein Job, über den sie nach Hause
berichten können.

Meine Erinnerungen an die Vergangenheit sind erst in
den letzten drei Wochen wiedergekommen, seit das
Licht am Horizont erschienen ist und wir alle an die Abreise denken. Habe ich sie alle unterdrückt, um hier weniger Probleme zu haben? Oder werde ich bald sterben,
und mein Leben zieht deshalb noch einmal wie im Zeit-
raffer an mir vorbei? Ich frage mich, ob ich meine Vergangenheit verdrängt habe, um meine schreckliche Ehe
zu vergessen und alles, was mit meinen Kindern passiert
ist. Und ob meine Seele nach den Erfahrungen hier, die
mich reifer gemacht haben, vielleicht erst jetzt die Kraft
hat, sich damit auseinander zu setzen. Oder weiß sie einfach, dass mit dem Licht auch ein Flugzeug kommen
wird und ich es deshalb riskieren kann, mich zu erinnern?

Ich gehe jetzt schlafen und denke an die Zeit, als meine
Kinder noch klein waren.

Aus dem Eis,
Duff

Die Übertragung der Videokonferenzen wurde normalerweise über einen von zwei Satelliten fern am Horizont hergestellt, die alle Daten digital an eine Bodenstation in den Vereinigten Staaten übermittelten, und von dort gingen sie per Internet nach Indianapolis. Je nach Standort der beiden Satelliten kam es immer wieder zu einer Überschneidung der »Fenster«. In einem solchen Fall sprang die Verbindung von einem Satelliten zum anderen, was eine konstante Übertragung äußerst schwierig machte. Comms Tom überwachte bei unseren Chemo-Sitzungen die Satellitenverbindungen, damit es zu keiner Unterbrechung kam, denn das verwirrte die Router, und die Verbindung zum Internet riss ab.

Bei den letzten Chemo-Sitzungen hatte alles bestens funktioniert, aber bei der folgenden am 24. September gab es ein Problem. Mitten in der Taxol-Infusion verloren wir auf einmal die Video- und Audioverbindung in die USA. Wir bewältigten die Chemotherapie-Sitzungen inzwischen zwar wesentlich entspannter als früher, aber es gab immer das – wenn auch geringe – Risiko, dass ich auf das Taxol plötzlich allergisch reagierte oder Atmung und Kreislauf unerwartet schwächer wurden. Kathy wollte während der Tropfbehandlung immer mit uns in Kontakt sein, und wir wussten, dass in Indianapolis helle Aufregung herrschte, als die Verbindung zusammenbrach.

Lisa schnappte sich das Telefon in meinem Zimmer und rief Comms Tom an.

»He, was ist passiert? Wir haben hier totalen Black-out auf allen Kanälen!«

Sie schwieg einen Augenblick und meinte dann zu uns gewandt: »Tom sagt, seine Satellitenverbindung steht, aber es gehen keine Daten durch. Es gibt ein Problem mit den Routern, aber er versucht es in Ordnung zu bringen.« Sie hängte ein und lief zur Tür.

»Ich hole das Iridium-Telefon und sehe zu, dass ich Kathy an die Strippe kriege …«

Das Iridium-Telefon war direkt mit einem eigenen kommerziellen Satellitensystem verbunden, das rund um den Globus Stationen besaß. Man hatte es für Notfälle wie den eben eingetretenen bei der Abwurfaktion mitgeschickt. Das große Problem war, dass die Aluminiumkuppel das Signal abblockte. Außerdem lag die Außentemperatur bei minus 57 Grad Celsius. Aber Lisa war schon fort, ehe ich ihr raten konnte, einen Mantel überzuziehen.

Big John behielt die Infusion im Auge, und Heidi kletterte zu mir ins Bett, um mich zu wärmen und zu beobachten. Ein paar Minuten später klingelte das Telefon, und Mike Masterman nahm ab.

»Ja, ich verstehe«, sagte er und fuhr zu uns gewandt fort: »Lisa hat jetzt Verbindung zu Kathy, Doc. Sie möchte wissen, ob alles in Ordnung ist.«

»Sag ihr, alles ist bestens, Mike …«

So ging es für den Rest der Chemo-Sitzung hin und her. Lisa war durch den bitterkalten Dome geflitzt, um das Iridium-Telefon und die Zugangscodes von Comms Tom zu holen, und dann zum Skylab hinübergelaufen, wo sie sich erst einmal auf ein Sofa am Fenster hatte fallen lassen, um Atem zu schöpfen. Dann hatte sie Kathy angerufen. Und nun gab sie, mit dem Iridium-Telefon in der einen und dem normalen Telefon vom Skylab in der anderen Hand die jeweiligen Botschaften durch.

Zum Glück traten in dieser Nacht keine weiteren Probleme auf.

Ich machte mir zunehmend Sorgen, dass mein Tumor erneut wuchs und der Krebs sich vielleicht ausbreitete. Als Comms Tom die Internetverbindung wiederhergestellt hatte, besprachen Kathy und ich die Sache per Computer in aller Ruhe.

Absender: Miller, Kathy D.
Empfänger: nielsenje@spole.gov
Datum: 27. September 1999
Betreff: Gratulation!

Bitte sagen Sie allen Beteiligten, dass ich ihnen herzlich gratuliere. Das Polarteam hat wie immer hervorragende

Arbeit geleistet! Welche Zeit ist denn am Freitag am besten (ich werde versuchen, gleichzeitig wieder hör- und sichtbar zu sein)?
Kathy

Absender: Jerri Nielsen<nielsenje@spole.gov>
Empfänger: Miller, Kathy D.
Datum: 27. September 1999 14:43
Betreff: Re: Gratulation!

Liebe Kathy,
mein Tumor schmerzt heute. Er scheint größer zu werden. Das Messergebnis von diesem Wochenende: drei Zentimeter breit, zwei Komma sieben lang und ein Zentimeter tief. Dieses Ergebnis bestätigt mein Gefühl, dass er wieder wächst. Macht mir ziemlich Angst. Ist das normal? Kann er größer werden und sich ausbreiten, während ich Chemotherapie mache?
Jerri

Absender: Miller, Kathy D.
Empfänger: nielsenje@spole.gov
Datum: 27. September 1999
Betreff: Re: Re: Gratulation!

Jerri,
mich beunruhigt dieses Ergebnis auch. Bei der letzten Messung war der Tumor zwar etwas größer als vorher, aber stabil (im Rahmen der leichten Abweichung, die es bei einer solchen Messung immer gibt). Bleibt der Tumor gleich groß, kann ich damit leben; wenn er wieder wächst, sehe ich ein Problem.
Ob ein Tumor unter der Behandlung mit Taxol größer werden soll? Nein. Aber Tumore zeigen sich nicht immer kooperativ. Die Zellen in einer Krebsgeschwulst sind niemals homogen – sie enthält viele Zellverbände, die

sich in Bezug auf Wachstum und Ansprechbarkeit auf Chemotherapie oft erheblich unterscheiden. Am Ende entwickeln die Zellen eine Resistenz gegenüber Taxol, und der Tumor beginnt zu wachsen.

Ich möchte, dass Sie am Donnerstag wieder messen. Sollte der Tumor unter der Behandlung mit Taxol wirklich größer werden, bleibt uns nichts anderes übrig, als auf ein anderes Schema umzustellen, in diesem Fall auf CMF (Cytoxan/Methotrexat/5-FU). Ihr Gefühl und Ihr Urteil haben sich schon oft als richtig erwiesen.

Beim CMF-Schema treten ähnliche Nebenwirkungen auf wie bei Taxol: nicht allzu starke Übelkeit, Erschöpfung bleibt ein Problem, weniger schädlich für die Haare, Wahrscheinlichkeit einer Myelosuppression sehr viel größer. (Haben Sie orale Antibiotika zur Verfügung?)

Ich schicke Ihnen gute Gedanken.

Kathy

Absender: Jerri Nielsen<nielsenje@spole.gov>
Empfänger: Miller, Kathy D.
Datum: 30. September 1999 21:18
Betreff: Neue Messung

Liebe Kathy,
das Ding ist ein Monster! Vier Zentimeter lang, vier breit und eins Komma fünf tief. Bedeutet das, dass der Krebs sich schon ausbreitet?

Ich habe solche Angst. Diese Woche war nicht so gut. Mir fällt auf, dass ich wieder oft an den Tod denke. Wahrscheinlich weil meine Brust wieder viel mehr schmerzt. Wie damals im April, als der Tumor sehr schnell gewachsen ist und ich das Gefühl hatte, dass sogar meine Brust größer wird. Die Schmerzen in Rücken und Arm sind ausgeprägter. Ich leide sehr unter Übelkeit und habe das Gefühl, dass meine Leber wehtut.

Herzlich, Jerri

Absender: Miller, Kathy D.
Empfänger: nielsenje@spole.gov
Datum: 30. September 1999
Betreff: Re: Neue Messung

Ein lokales Wachstum bedeutet nicht unbedingt, dass der Krebs sich auch an anderer Stelle eingenistet hat, aber ganz kann (und würde) ich diese Sorge nicht von der Hand weisen. Wenn das CMF-Schema gut anschlägt, können wir sowohl ein weiteres Wachstum als auch die Ausbreitung verhindern.
Bis bald!

Angesichts des schnellen Wachstums des Tumors und meiner sich verschlechternden körperlichen Verfassung traf Kathy Miller zwei Entscheidungen. Zum einen ordnete sie an, dass wir mit den Taxol-Infusionen aufhören und die Behandlung mit einer anderen Kombination von Chemotherapie-Medikamenten – dem erwähnten CMF-Cocktail – weiterführen sollten. Diese neuen Medikamente, die bei der Abwurfaktion zur Sicherheit mitgeschickt worden waren, falls das Taxol nicht richtig anschlug, würden den Krebs vielleicht zumindest so lange stoppen, bis ich operiert werden konnte. Zum anderen machte sie bei der NSF und der ASA gehörig Druck, mich so bald wie möglich vom Südpol auszufliegen. Die NSF war einverstanden, und Harry Mahar, der Koordinator für die Rettungsaktion, informierte mich per E-Mail, dass ich wahrscheinlich in zweieinhalb bis drei Wochen abgeholt werden würde, je nach der Wetterlage in McMurdo und am Pol. Da die erste Maschine der Saison normalerweise am 25. Oktober bei der Station eintraf, fragte ich mich, ob man das Risiko wirklich eingehen sollte, nur damit ich etwa eine Woche früher nach Hause kam, aber meine Ärzte und Arbeitgeber waren offenbar der Ansicht, dass mir nicht mehr viel Zeit blieb.

Wie entmutigend diese neue Entwicklung für mich und meine Helfer im Club Med war, lässt sich kaum beschreiben. Wir hatten uns so sehr bemüht und so vieles miteinander durchgestanden – die Abwurfaktion, die Biopsien, die zermürbenden Stunden der Chemotherapie. Als der Tumor kleiner wurde, hatten wir eine Zeit lang das Gefühl gehabt, dass wir den Feind in die Knie zwingen und besiegen würden und die Sache im Griff hätten. Jetzt war das Monster wieder da, größer als zuvor, und wir fragten uns, ob nun alles umsonst gewesen war. Wahrscheinlich hatte ich durch die Chemotherapie Zeit gewonnen, aber vielleicht war es trotzdem zu spät? Der Schmerz in meinem Rücken, mein chronischer Husten, meine Koordinationsstörungen und meine Benommenheit: All diese Symptome konnten bedeuten, dass der Krebs bereits metastasiert hatte und sich in meinem Körper ausbreitete.

Big John, Lisa und meine engsten Freunde bemühten sich, das Ganze positiv darzustellen: Ich würde bald zu Hause sein. Wenn ich mich jedoch schnell zu ihnen umdrehte und sie sich unbeobachtet glaubten, konnte ich die Verzweiflung in ihren Augen sehen. Es machte mich traurig, dass dieses wunderbare Abenteuer vielleicht ein schlimmes Ende nehmen würde, aber inzwischen hatte ich meine Angst überwunden. Wie mein Vater zu sagen pflegte: »Was kommt, kommt.«

Wenn es mir besonders schlecht ging, setzte sich Big John abends zu mir ans Bett und las mir aus *Mit der Endurance ins ewige Eis* vor. Einzige Lichtquelle in meinem Zimmer war eine Schreibtischlampe, die Big John mir vor Monaten, vor einer Ewigkeit installiert hatte. An diesen Abenden bestand meine ganze Welt aus nichts anderem als dem tiefen, gleichmäßigen Klang seiner Stimme und dem gelben Lichtkreis, der seine Hände und das Buch in seinen Händen erhellte, aber nicht sein Gesicht.

Die Geschichte von Shackletons Kampf im Jahr 1915, sich und seine Männer am Leben zu halten, tröstete und berührte mich zutiefst. Unter all den Polarforschern war er derjenige, der den wilden, verführerischen Zauber der Antarktis am besten verstand. »Ich habe Ideale«, sagte er, »und weit fort, in meinem eigenen weißen Süden, öffne ich meine Arme und gebe mich seinen Lockungen hin.« Shackleton leitete die verrückteste aller Expeditionen – die Überlanddurchquerung des antarktischen Kontinents – und er verlangte sich selbst und seinen Männern das Äußerste ab. Auch wenn er sein Ziel nicht erreichte, hielt er doch sein Versprechen, alle lebend wieder nach Hause zu bringen.

Vierzig Jahre später verfasste ein Schriftsteller namens Alfred Lansing anhand von Tagebuchaufzeichnungen Shackletons und seiner Männer eine inzwischen klassische Darstellung dieser Expedition. Fast schien es, als spiegelten die Kapitel, die mir Big John vorlas, meine eigene Notlage wider, denn wie Shackleton klammerte auch ich mich an die Hoffnung, dass ich bald gerettet werden würde: Shackleton und seine Mannschaft saßen in der Antarktis fest, als das Packeis ihr Schiff zermalmte. Monatelang verschollen und tot geglaubt, kampierten sie auf einer Eisscholle und warteten geduldig, bis das Eis im Südsommer aufbrach und sie mit der Strömung nach Norden trieben. Als der Winter nahte, nahmen sie in zwei kleinen Booten, die sie aus dem Schiffswrack gerettet hatten, Kurs auf das offene Wasser. Tage- und nächtelang kämpften sie sich durch das stürmische Meer, vollkommen durchnässt von eisigem Salzwasser, hungrig, seekrank und halb verrückt vor Durst. Das Ziel der Mannschaft war Elephant Island, eine unbewohnte Insel aus Fels und Eis, auf der sie den Winter zu überstehen hoffte.

Folgende Passage ist mir besonders im Gedächtnis geblieben: »Gegen drei Uhr ließ der Wind nach, und um fünf Uhr war er zu einer sanften Brise abgeflaut. Allmählich beruhigte sich die See. Der Himmel war klar, und schließlich ging die Sonne in unvergesslicher Schönheit hinter einem malvenfarbenen Dunst am Horizont auf, der sich bald in flammendes Gold verwandelte. Es war mehr als nur ein Sonnenaufgang; er schien in ihre Seelen zu strömen und sie neu zu beleben. Sie beobachteten, wie das immer stärker werdende Licht die schreckliche, dunkle Not der Nacht auslöschte, die jetzt endlich vorüber war.«

In dem neuen Licht sahen sie die zerklüfteten Umrisse von Elephant Island. Aber damit waren die Strapazen für Shackleton und seine Männer noch lange nicht vorbei. Obwohl sie bereits einen so weiten Weg zurückgelegt und so viel gelitten hatten, mussten sie noch viele Hindernisse überwinden. Erst nachdem sie tückische Wasser überquert und Berge hinter sich gebracht hatten, waren sie in Sicherheit. Big John las mir vor, bis ich in den Schlaf hinüberglitt. Ein wenig übertrug sich der unglaubliche Mut, den Shackleton vor so vielen Jahren bewiesen hatte, auch auf mich und geleitete mich durch eine weitere Nacht.

KAPITEL 15

Die Rettung

Pressemitteilung von
Dr. Karl A. Erb
Leiter des Antarktik-Programms
National Science Foundation

Lagebericht zur medizinischen Situation am Südpol

5. Oktober 1999. Die National Science Foundation hat den 109th Airlift Wing der Air National Guard aus New York gebeten, die Ärztin der Amundsen-Scott-Südpolstation auszufliegen. Seitdem die US-Luftwaffe im Juli des Jahres medizinisches Material abgeworfen hat, ist Dr. Jerri Nielsen ihren Verpflichtungen ohne Unterbrechung nachgekommen. Ihre behandelnden Ärzte in den Staaten raten uns nun dringend, sie in die USA zurückzubringen, sobald dies ohne Risiko durchführbar ist. Der Beginn des antarktischen Sommers mit zunehmender Sonnenstrahlung und steigenden Temperaturen ermöglicht es uns, Dr. Nielsen abzuholen und durch einen anderen Arzt zu ersetzen. Am 6. Oktober 1999 werden zwei Flugzeuge und drei Besatzungen vom Air-National-Guard-Stützpunkt Stratton in Schenectady, N.Y., starten. Am oder um den 12. Oktober werden sie in McMurdo, der von der NSF betriebenen Antarktisstation, eintreffen und dort auf günstige Wetterbedingungen warten, ehe sie die knapp 1300 Kilometer zum Südpol fliegen.

Der Club Med traf am ersten Freitag im Oktober wieder zusammen, um mit dem neuen Chemotherapiezyklus zu beginnen. Da ich diese Medikamentenkombination zum ersten Mal erhielt, mussten wir sorgfältig darauf achten, ob ich nicht eine allergische Reaktion produzierte.

Dieses Mal brach wegen eines Problems mit den Satelliten die Sprechverbindung zusammen, aber Lisa hatte vorgesorgt und auf einem anderen Kanal via Internet eine Telefonverbindung nach Indianapolis hergestellt. Zur Sicherheit hatte sie für die Dauer der Chemo-Sitzungen außerdem noch einen zweiten Kommunikationsweg über den AOL Instant Messenger eingerichtet. Es war beruhigend, dass die Dosierung der Medikamente noch einmal per Telefon durchgegangen werden konnte. Anstatt schnell etwas auf einen Zettel zu kritzeln und ihn vor die Videokamera zu halten, konnte ich Lisa meine Fragen und Bemerkungen an Kathy diktieren. Kathy hingegen musste nicht nur ihre Anweisungen und Antworten in den Computer tippen, sondern uns gleichzeitig über den Monitor bei der Arbeit zusehen und am Telefon mit uns sprechen. Lisa hatte das Pseudonym »Polmädchen« gewählt, Kathy nannte sich »Poldoktor«.

Polmädchen: Hallo Kathy! Brrr, ist die Tastatur kalt!
Poldoktor: LaTrice ist heute müde!
Polmädchen: Ich auch! :-)
Poldoktor: Von Methotrexat insgesamt 70 mg …
Polmädchen: Ich beginne mit 400 cc normaler Kochsalzlösung;
    sie läuft die ganze Chemo-Sitzung über, bis der Beutel leer ist.
Poldoktor: Lisa! Die Telefonleitung ist tot.
Polmädchen: Oh @#$! … Rufe gleich noch mal an!
Poldoktor: Lisa, Lisa … wo sind Sie??
Polmädchen: :-) Zur Stelle …
Poldoktor: Das gelbe Zeug tropft sehr schön …
Polmädchen: Alles ist relativ!
Poldoktor: Heidi hat hübsche Ohrringe.

Und so ging es weiter bis in die Nacht. Wir bemühten uns nach Kräften, zuversichtlich zu bleiben, plauderten über Belanglosigkeiten und unterhielten unser seltsames Multitech-Forum mit Witzen. Anfangs schmerzte die Infusion. Die meisten meiner zugänglichen Venen hatten wir schon mehrmals benutzt, und meine Hände und Arme waren von früheren Versuchen, noch eine geeignete Stelle zu finden, mit blauen Flecken übersät. Bei einer meiner Taxol-Infusionen hatte mein

Nadelteam sogar eine Ausgabe von *Gray's Anatomy* aus den siebziger Jahren zu Rate ziehen müssen, um eine neue Vene zu finden. Dieses Mal lief zwar alles problemlos, aber es kostete uns trotzdem Überwindung, gute Laune zu zeigen. Wir alle waren nervös, angespannt und ganz auf den hartnäckig wachsenden Tumor konzentriert, der wie ein im Schatten verborgener Verfolger im Raum zu lauern schien.

Ich hatte eine Unzahl von Fragen an Kathy, vor allem ob das plötzliche Wachstum des Tumors bedeutete, dass der Krebs sich ausgebreitet hatte. Ein medizinisches Fachgespräch über eine dritte Person per Internet zu führen, war jedoch zu kompliziert. Meine Fragen mussten warten, bis ich mit Kathy »unter vier Augen« sprechen konnte. Erneut brauchte ich nackte Fakten, um die Nachricht – sei sie nun gut oder schlecht – verarbeiten und meine Vorgehensweise planen zu können.

Später am Abend schickte ich ihr eine E-Mail, und sie tippte ihre Antworten gleich unter meine Fragen.

Absender: Miller, Kathy D.
Empfänger: nielsenje@spole.gov
Datum: 1. Oktober 1999 22:52
Betreff: Re: Die knallharte Wahrheit

JN: Ich möchte wissen, was los ist. Was bedeutet es für mich und meine Hoffnung auf Heilung, dass der Tumor sich alle zwei Wochen im Umfang verdoppelt? Hat er dann zwangsläufig metastasiert oder nicht? Heißt das in meinem Fall, dass meine Chancen schlechter stehen?
KM: Das ist die wichtigste und zugleich schwierigste Frage. Zuerst ein wenig Hintergrundinformation: Die Zellen in einem Tumor, gleich welcher Art, sind nicht homogen – die Zellverbände unterscheiden sich oft erheblich in ihrem Wachstum und in ihrer Empfänglichkeit für die einzelnen Chemotherapeutika … Bei Ihnen sind die Zellen, die auf Taxol angesprochen haben, inzwischen zu Grunde gegangen, aber die übrig gebliebenen wachsen sehr schnell …

JN: Ich weiß nicht, ob ich mich klar genug ausdrücke, aber beeinflusst das meine Überlebenschancen? Und was bedeutet diese neue Entwicklung für meine Lebenspläne? Habe ich überhaupt noch eine Chance? Heute Abend jedenfalls habe ich nichts Positives gehört. Vielleicht irre ich mich, vielleicht packt mich doch nur die Angst.

KM: Um ganz offen zu sein: Ich konnte Ihnen heute Abend tatsächlich nichts Positives sagen. Mir ist bewusst, dass Sie die Wahrheit wissen möchten, aber unsere Videokonferenzen sind in gewisser Weise ein öffentliches Forum. Manchmal weiß ich nicht, wie viel persönliche (und heikle) Informationen ich Ihnen unter diesen Umständen geben kann. Ich spüre auch die Angst und Enttäuschung Ihrer Helfer; sie haben wirklich hervorragende Arbeit geleistet. Um ihretwillen habe ich mich oft bemüht, ruhig und zuversichtlich zu wirken. Sie wollen von mir offenbar hören, dass wir (Sie) es schaffen. Manchmal bin ich unsicher, wie ich Ihre und die Bedürfnisse Ihrer Helfer unter einen Hut bringen soll. Sie, Jerri, sind wichtiger, aber ich muss auch darauf achten, dass die anderen konzentriert bei der Sache bleiben. Um ehrlich zu sein, weiß ich nicht, wie ich die Entwicklung der letzten beiden Wochen in Bezug auf Ihre Überlebenschancen bewerten soll. Ein Fortschritt war es sicher nicht. Aber noch gibt es keinen Beweis, dass sich bereits Metastasen gebildet haben. Ihre Rückenschmerzen machen mir Sorgen, aber sie sind so unspezifisch, dass wir erst nachdem wir ein Knochenscan gemacht haben sagen können, ob sie mit Ihrem Brustkrebs zu tun haben. Fazit: Meiner Meinung nach haben Sie immer noch eine realistische Chance, die Erkrankung langfristig zu überleben. Nach dem heutigen Stand würde ich von einer 35- bis 40-prozentigen Wahrscheinlichkeit ausgehen, dass Sie in zehn Jahren (nach fünf Jahren zeigt die Statistik einen leichten Abfall) noch gesund und munter sein werden und ohne Brustkrebs leben.

JN: Heute war wohl nicht gerade mein bester Tag. Danke für Ihre Hilfe bei den Vorbereitungen, mich hier rauszuholen.

Jerri

KM: Ich bin heute auch nicht sonderlich zufrieden und habe mich selten so hilflos gefühlt. Ich freue mich darauf, dass ich bald mit Ihnen persönlich sprechen kann und wir dann endlich Antworten auf Ihre Fragen bekommen.

Kathy

Ich las noch einmal, was Kathy geschrieben hatte, und bemühte mich, aus ihren Worten Hoffnung zu schöpfen. Es gab keinen Beweis, dass ich Metastasen hatte. Aber eine Wahrscheinlichkeit von über 60 Prozent, dass ich in zehn Jahren tot sein würde. Nun ja, dann sollte ich wenigstens versuchen, diese zehn Jahre zu genießen.

Die Leute reden immer von bekämpfen, wenn sie über Krebs sprechen. Ich war mittlerweile der Meinung, dass man die Krankheit annehmen musste, erst dann konnte Hoffnung in einem wachsen. Da mein Gedächtnis langsam wieder besser funktionierte, erinnerte ich mich an ein Erlebnis vor ein paar Jahren, als ich beim Wildwasserfahren beinahe ertrunken wäre. Das Kanu geriet in eine riesige Stromschnelle, ich wurde in die Luft geschleudert und landete in einem Wasserstrudel, der meinen Körper in die Tiefe zog. Obwohl ich eine sehr gute Schwimmerin bin und eine Rettungsweste anhatte, war ich der Strömung nicht gewachsen. Es war ein entsetzliches Gefühl, unter Wasser gezogen zu werden und nichts dagegen tun zu können. Zuerst kämpfte ich, dann wurde mir klar, dass es keinen Sinn hatte, sondern ich auf eine günstige Gelegenheit warten musste. Ich entspannte mich und dachte ganz ruhig: »Vielleicht sterbe ich jetzt.« Kurz darauf wurde ich an die Oberfläche gewirbelt, gerade lange genug, dass ich einmal tief Luft holen konnte, dann zog es mich wieder in die Tiefe. Als ich das nächste Mal auftauchte, streckte mir ein Mann in einem Kanu die Hand entgegen. Ich packte sie und ließ mich von ihm in das Boot ziehen. Ich ergab mich in mein Schicksal und wurde gerettet.

Als mir vor Monaten bewusst wurde, dass ich Krebs hatte, wollte ich weder etwas darüber lesen noch mit anderen sprechen, die Krebs gehabt hatten. Heute denke ich, dass ich damals meinen Zustand verleugnete. Es war, als hätte ich Angst, mich mit dieser Krankheit in Verbindung zu bringen, als würde ich mich damit in die Welt der Sterbenden begeben. Diese Verleugnung war wie ein Wall, der mir seit fünfundzwanzig Jahren als Schutz diente, wenn ich mich als Ärztin um Menschen in ihren letzten Tagen oder Minuten kümmerte. Ich musste ein Unterscheidungsmerkmal zwischen ihnen und mir finden und sagen können: »Ich bin nicht krank, ich arbeite nur hier.«

Ich glaube, am Südpol fiel es mir leichter, mit meiner Krankheit umzugehen, als in der Welt der Hightech-Medizin. Hier hatte ich keine andere Wahl, als mein Schicksal anzunehmen. Dass »keine Chance« auf Heilung bestand, war erträglicher, als eine »kleine Chance« zu haben, vor allem während man darum kämpfte, seine Diagnose zu verkraften. Eine »kleine Chance« konnte dazu führen, dass man sich verzweifelt an die Hoffnung klammerte, wieder gesund zu werden, anders als mein Vater, der, als er Krebs hatte, mit der Einstellung »Was sein muss, muss sein« inneren Frieden zu finden versuchte.

Wenn mir schon nicht mehr viel Zeit blieb, wollte ich wenigstens das Beste daraus machen. Da es einem Krebspatienten niemals gestattet werden würde, in der Antarktis zu leben, wandte ich mich in meiner Vorstellung dem Meer zu. Gemeinsam mit Pic, der immer noch unter schrecklichen Hüftschmerzen litt und viele Tage und Nächte im Gespräch mit mir verbrachte, träumte ich von Abenteuern auf hoher See. Einmal segelten wir nach Madagaskar, ein andermal nach Marseille. Scotty schrieb mir weiterhin häufig und gab meinen Träumen mit eigenen Geschichten neue Nahrung:

Absender: Scott Cahill<scotty@aol.com>
Empfänger: nielsenje@spole.gov
Datum: 2. Oktober 1999
Betreff: Halte durch

Liebe Duffy,
ruhe dich aus und halte durch, so gut es eben geht. Ich
werde da sein und gemeinsam mit dir jeden Kampf aus-
fechten. Gönne dir Ruhe, komm nach Hause und werde gesund. Eric und ich holen dich ab und bringen dich
nach Ohio und Indiana zu guten Ärzten.
Zerbrich dir nicht den Kopf, ob dir das Leben auf dem
Boot gefällt. Es wird dir bestimmt riesig Spaß machen.
Mit meiner alten Yacht habe ich mal was Tolles erlebt:
Es war mitten im Sommer und sehr heiß. Ich lebte damals in Wrightsville Beach, und dort lag auch die North
American, meine fünfundzwanzig Meter lange Segel-
yacht. Gegen Mittag wurde die Hitze so drückend, dass
man es nirgendwo aushielt, deshalb beschloss ich, segeln
zu gehen. Mitkommen wollte niemand (auch gut), also
fuhr ich allein hinaus – ohne bestimmtes Ziel, immer auf
den Horizont zu. Weil ich außer Sichtweite des Landes
kommen wollte, segelte ich den ganzen Nachmittag nach
Osten. Als die Dämmerung hereinbrach, legte sich der
Wind. Es war angenehm kühl auf dem ruhigen Wasser,
das sich nur leicht kräuselte. Die Segel hingen schlaff he-
rab wie Wäsche auf der Leine, und ich schlief ein.
Als ich aufwachte, war es Mitternacht. Ich konnte kein
Land mehr ausmachen, ging auf das Heck und merkte,
dass mein Boot abgetrieben war. Rundherum blinkten
Sterne – über mir, neben mir, überall! Ich hielt mich am
Backstag fest, um nicht ins Wasser zu fallen, und schaute mich um. Es war unglaublich. Meine Bewegung auf
dem Heck erzeugte eine Welle, die bis zum Horizont
ausrollte. Es schien, als würde sie die Sterne einen nach
dem anderen verschlucken und sie wieder ausspucken.
Das Meer war so glatt, dass sich der Sternenhimmel darin spiegelte. Einfach unglaublich!

Ein andermal segelte ich aufs Meer hinaus, als ich etwas, das ich für eine Haifischflosse hielt, zuerst rechts und dann links von unserer Hobie Cat entdeckte. Sie glitt mit sanften Wellenbewegungen neben uns durchs Wasser, gar nicht wie man es von Haifischen kennt. Plötzlich wurde das grünblaue Meer unter uns tiefschwarz, und ein riesiger Rochen kam an die Oberfläche, so nah, dass er beinahe unser Boot zum Kentern brachte. Gleich darauf tauchte er wieder ab, und wir sahen ihn nie mehr.

Ich habe so unendlich viel erlebt auf dem Meer, dass ich mich an manches gar nicht mehr erinnern kann. Wenn dir das Segeln nicht zusagt – was ich mir nicht vorstellen kann –, werden dir auf jeden Fall die wundervollen Orte und Tiere gefallen, die du auf diese Weise kennen lernst, und das wird dich für das Segeln entschädigen. Aber ich bin sicher, dass es dir gefallen wird. Ich bin ein ziemlich guter Lehrer, und wenn du den kleinen Captain Bligh in mir ertragen kannst, dann zeige ich dir, wie du das Boot zum Tanzen bringst. Wie werde ich mich freuen, wenn ich meine geliebte große Schwester an Bord habe. Ich habe mein Boot gut und stark gebaut und du hast nichts zu befürchten, wenn du darauf das Segeln lernst.

Ich umarme dich, Schwesterherz
Scotty

Anfang Oktober begannen die Polies wie üblich mit den Vorbereitungen für die Wiedereröffnung der Station, die normalerweise am 25. Oktober stattfand. Dieses Jahr würde der erste Flug früher kommen, wie wir wussten, und deshalb beeilten wir uns, rechtzeitig damit fertig zu werden. Floyd und Ken stellten die Öfen und Heizgeräte in den Sommercamps auf und bereiteten die Jamesways für ihre Bewohner vor. Big John redete den Zugmaschinen und Bulldozern gut zu, damit sie trotz des kalten Wetters funktionierten. Power Plant Thom, Tool Man Tim und Ken Lobe arbeiteten in Zwölf-Stunden-Schicht bei minus 68 Grad Celsius, um die knapp fünf Kilometer lange Landepiste zu planieren. Mit Schneepflügen und Walzen hinter den Zugmaschinen schlugen sie eine Schneise durch die Sastrugi und steinhart gefrorenen Schneewehen. Auch den inzwischen gut sieben Meter hohen Schneewall am Haupteingang des Dome mussten wir abtragen und mit dem Bulldozer eine Rampe anlegen.

Alle waren damit beschäftigt, die Station für die nächste Mannschaft herzurichten – wir putzten die Unterkünfte, die obere Kantine, das Billard- und das Fernsehzimmer, einfach alles. Ich hatte mir vorgenommen, die Wände und Böden zu schrubben, die Bettwäsche zu waschen und die Schubladen gründlich zu säubern. Yubecca bot an, mir zu helfen, und gemeinsam schafften wir es schließlich auch. In letzter Zeit litt ich immer häufiger unter Gleichgewichtsstörungen. Es kam vor, dass ich am Computer saß und sich plötzlich ohne jede Vorwarnung alles zu drehen begann. Der Schwindelanfall dauerte nur eine Sekunde, war aber dennoch ein höchst alarmierendes Symptom. Ich befürchtete, der Krebs könnte sich auf das Kleinhirn ausgebreitet haben, denn dort sitzt der Gleichgewichtssinn. Es machte mir große Probleme, aus dem Bett aufzustehen oder einfach nur den Korridor entlangzugehen, weil ich nie wusste, wann ich das nächste Mal umfallen oder gegen eine Wand prallen würde. Mit Ausnahme meiner Ärztin und meiner engsten Freunde am Pol erzählte ich niemandem von diesen Schwindelanfällen, auch nicht von dem Schüttelfrost und den Beinschmerzen, die mich jetzt immer häufiger plagten.

Absender: Jerri Nielsen<cyprus/nielsenje>
Empfänger: #Winter
Datum: 2. Oktober 1999 22:13
Betreff: Brunch

Liebe Freunde,
ich möchte euch alle am Sonntag zum Brunch einladen. Es gibt Schinkenspeck mit Eiern, Paprikagemüse mit Eiern, Kartoffeltorte, Obst und Toast.

Wir servieren Bloody Marys nach Wunsch, alkoholfrei oder hochprozentig. (Leider ohne Selleriestangen.)
Um zahlreiches Erscheinen wird gebeten. Ich freue mich auf euch.
Jerri

Absender: Jerri Nielsen<nielsenje@spole.gov>
Empfänger: Miller, Kathy D.
Datum: 5. Oktober 1999 23:22
Betreff: Medizinisches

Hallo Kathy,
hier ist Big John. Ich schreibe diese Mail für Doc, die mir vom Bett aus diktiert.
Doc ist heute vollkommen erschöpft und meint, Sie sollten das wissen. Sie sagt, sie kann sich nicht vorstellen, dass jemand, der sich dermaßen schlecht fühlt, so weitermacht wie zuvor. Irgendetwas stimmt nicht mit ihr. Wenn sie eine kleinere Aufgabe erledigt hat, muss sie sich anschließend sofort hinlegen. Heute Nachmittag hat sie mich gerufen, damit ich ihr die Medikamente ans Bett bringe, weil sie nicht aufstehen konnte. Sie geht so gerne in die Kantine zum Essen und Plaudern mit den anderen, aber heute war sie ganz zittrig, eiskalt und wackelig auf den Beinen. Ich habe ihr das Mittagessen gebracht, und wir haben in ihrem Zimmer gegessen. Heute Abend habe ich lange gearbeitet (ich musste die Fahrzeuge zum Planieren der Landepiste in Gang bringen), und Wendy hat sie mit Abendessen versorgt. Das ist noch nie vorgekommen, dass sie sich einen gemütlichen Abend in der Kantine hat entgehen lassen.
Ich lasse Doc nicht aus den Augen, Kathy. Am ersten Tag nach der neuen Chemo sah sie aus, als wäre alles in Ordnung. Wir haben uns an die Vorbereitungen für das Brunch am Sonntag gemacht (wie Sie wissen, muss man hier sehr früh »einkaufen« gehen und die Sachen erst auftauen, ehe man überhaupt ans Kochen denken kann).

Wir haben ungefähr drei Stunden gebraucht. Doc wirkte etwas erschöpft, aber nicht so sehr, dass ich mir Sorgen gemacht hätte.

Am Sonntag stand sie auf, nachdem sie die Nacht durchgeschlafen hatte, und wir begannen mit der Kocherei. Nach ungefähr drei Stunden sah sie völlig erledigt aus. Ich behielt sie im Auge. Sie ließ ein paar Mal den Kochlöffel fallen, aber das kann jedem passieren. Dann begann sie plötzlich zu schwanken und fiel gegen den heißen Ofen. Ich sagte, sie solle Schluss machen und sich hinsetzen. Das tat sie auch, aß ein paar Bissen und ging dann zu Bett.

Normalerweise sehen wir uns abends einen Film an. Die letzten paar Male hatte sie große Schwierigkeiten, bis zum Ende wach zu bleiben, obwohl sie fast den ganzen Tag im Bett geblieben war. Das ist für Doc ungewöhnlich. Ihre Erschöpfung macht mir große Sorgen.

Herzliche Grüße

Big John

Absender: Miller, Kathy D.
Empfänger: nielsenje@spole.gov
Datum: 6. Oktober 1999 18:43:25 –0500
Betreff: Re: Medizinisches

Jerri (und Big John),
ich kann gar nicht sagen, wie frustriert ich bin. Nebenwirkungen waren bei dieser Medikamentenkombination zwar zu erwarten, aber bei Ihnen sind sie schlimmer, als ich angenommen hatte. Ich vermute, Sie sind zum einen noch von der vorherigen Chemo erschöpft, zum anderen macht sich wohl auch bemerkbar, dass Sie schon so lange auf so großer Höhe leben.

Jerri: Es ist ganz wichtig, dass Sie morgen vor der Behandlung ein komplettes Blutbild anfertigen. Sollte die Zahl der weißen Blutkörperchen zu stark abgefallen sein, muss ich die Dosierung der Medikamente verändern.

Wenn Sie es nicht schaffen, es selbst auszuzählen, kann ich das übernehmen. Ich werde Lisa bitten, die Kamera direkt auf das Mikroskop zu richten, dann kann ich mir den Ausstrich ansehen und es selbst erledigen.

Es freut mich zu hören, dass die Schmerzen in Brust und Achselhöhle nachgelassen haben. Dass der Tumor sich nach nur einer Woche Therapie merklich zurückbildet, kann man nicht erwarten, aber dass die Schmerzen abnehmen, ist schon ein Schritt in die richtige Richtung.

Den Schmerz in der Wade und den Schüttelfrost kann ich mir jedoch nicht erklären. Ich stimme Ihnen zu, dass es höchstwahrscheinlich eine Gefäßreaktion ist. Vielleicht hängt es auch mit den Hitzewallungen zusammen, ich kann jedoch keine Informationen über die Auswirkungen großer Höhe oder chronischen Sauerstoffmangels auf Symptome in der Menopause finden.

Bitte nehmen Sie so oft es geht Sauerstoff. Der hartnäckige Husten macht mir ein wenig Sorge, andererseits hatten Sie ihn schon den ganzen Winter über. Für die Atemnot dürften ebenso Ihre Erschöpfung und Ihre allgemeine Schwäche wie der Sauerstoffmangel verantwortlich sein.

Ich freue mich, bald mit Ihnen sprechen zu können.

Kathy

Big John: Danke für Ihre Unterstützung. Sie und Lisa sind meine Augen und Ohren vor Ort. Ich bin dankbar für Ihre Aufmerksamkeit und Ihre Fürsorge!!!

Für meine vorzeitige Abreise zu packen war ebenfalls eine anstrengende und schmerzhafte Übung im Loslassen. Big John musste mir helfen, und das, obwohl er selbst seine eigenen Sachen höchst ungern packte. Es fiel ihm sichtlich schwer, aber ich musste sichergehen können, dass ich alles bei mir hatte, was ich auf dem Rückflug in die USA brauchte. Auf mein Gedächtnis konnte ich mich nicht mehr verlassen. Meine Bücher und sonstigen Habseligkeiten sollten separat in die Staaten zurückgeschickt werden.

Kathy hatte mich angewiesen, Chemotherapeutika für weitere drei Sitzungen mitzunehmen, um vorzusorgen, falls mein Flug wegen Schlechtwetter irgendwo unterbrochen werden musste. Außerdem sollte ich die Gläser mit meinen Gewebeproben, die Objektträger mit den Blutausstrichen und einiges andere mitbringen.

Sowohl die ASA wie auch die NSF ließen uns wissen, dass die Medien seit Bekanntgabe der geplanten Rückholaktion wieder brennendes Interesse für meine Geschichte bekundeten. Sie hatten Hunderte von Anfragen um Interviews und Bildmaterial erhalten. Selbst die Air National Guard bat um die Erlaubnis, dass mich ein Fotograf der Air Force auf dem Flug begleitete. Sämtliche Anfragen dieser Art wurden höflich, aber bestimmt abgelehnt. Dennoch befürchteten wir, dass bei der Ankunft in Neuseeland eine Horde von Reportern und Kameraleuten auf mich wartete.

Alle taten ihr Bestes, damit ich von solchen belastenden Neuigkeiten verschont blieb. Aber durch die E-Mails meiner Familie bekam ich doch hin und wieder eine Vorstellung, was in der Welt draußen vor sich ging. Beispielsweise berichtete mir mein Vater in einem seiner seltenen Briefe, dass einmal Anfang Oktober bis zum Nachmittag bereits vierzig Reporter bei ihnen angerufen hätten. Es hatte sich das Gerücht verbreitet, dass das Flugzeug bereits unterwegs war, um mich zu holen.

Inzwischen bereiteten sich auch Scott und Eric auf ihren Part bei dieser Mission vor. Scott machte Eric den Vorschlag, sich aus geschwisterlicher Solidarität den Kopf rasieren zu lassen, ehe sie mich in Christchurch abholten. Zum Glück wurde ihnen jedoch klar, dass sie mir keinen Gefallen taten, wenn sie die Aufmerksamkeit auf sich zogen, denn sie wollten mich möglichst unbemerkt an den Kamerateams vorbeischmuggeln. Doch was zählte, war der gute Wille.

Die Nielsen-Brüder verließen die Staaten am 12. Oktober und folgten etwa derselben Route, auf der ich elf Monate zuvor Richtung Christchurch geflogen war. Wir am Pol beobachteten inzwischen das Wetter und warteten.

Absender: Jerri Nielsen<cyprus/nielsenje>
Empfänger: #Wintermannschaft
Datum: 12. Oktober 1999 20:26:31 +0100
Betreff: Party Musik Spaß!

Liebe Polie-Freunde,
Big John feiert am 15. Oktober seinen 44. Geburtstag!
Kommt alle in unsere gemütliche Kantine, um Scott's
Revenge zu hören, unsere herausragende Südpol-Band,
die zu diesem besonderen Anlass ihre Instrumente he-
rausholen will. Weitere Informationen zum zeitlichen
Ablauf bekommt ihr von Comms Tom alias Fiddler Tom.
Wir können tanzen, mit den Füßen stampfen oder sin-
gen! Oder einfach mit Freunden bei guter Musik eine
Party feiern.
Wenn ich noch da bin, mixe ich Margaritas, hochpro-
zentig oder alkoholfrei, für alle. Wenn nicht, müsst ihr
euren Stoff selbst mitbringen.
Ich freue mich auf das Fest mit euch.
Jerri

Zur gleichen Zeit, als die Rückholaktion stattfinden sollte,
brauste ein Frühjahrssturm nach dem anderen über die Antarktis. Am 6. Oktober starteten auf dem Stützpunkt im Staat
New York zwei LC-130. Vier Tage später landeten sie in Christchurch. Für den Fall, dass man eine Maschine für eine Such-
und Rettungsaktion brauchte, eine der beiden Maschinen ausfiel oder es extreme Verzögerungen gab, wurden ein weiteres
Flugzeug und zwei Crews abkommandiert.
Wegen der stürmischen Winde mussten die Flugzeuge bis
zum 14. Oktober in Neuseeland auf dem Boden bleiben. Die
Piste in McMurdo war zwar schon seit Wochen offen, aber
ausgerechnet jetzt herrschte dort eine extreme Kälte. Sie konnten in McMurdo landen, aber nicht mehr starten. Wir mussten warten, bis die Temperatur dort und am Pol auf über minus 50 Grad Celsius angestiegen war, erst dann war eine sichere
Landung möglich. Sobald sich die Wetterverhältnisse besser-

ten, sollte ein Flugzeug Richtung Pol abfliegen und das andere sich in McMurdo bereithalten.

Wir wurden fast stündlich über die Entwicklung der Dinge informiert, und ich versuchte möglichst viel über die Besatzung herauszufinden, die von so weit herkam, um mir zu helfen. Der Pilot war Major George McAllister von der Air National Guard in New York, der lange Jahre die mit Kufen ausgerüsteten Hercules-Maschinen in die Antarktis geflogen hatte. An Bord befanden sich außerdem Colonel Graham Pritchard, der Kommandant der Mission, und Major Kimberley Terpening, eine Krankenschwester, die im Golfkrieg gedient hatte. Das Planungsteam hatte Colonel Edward L. Fleming geleitet, ein Experte für Rettungs- und Evakuierungsmaßnahmen. Es erleichterte mich, dass die Menschen, die sich freiwillig für dieses riskante Unternehmen gemeldet hatten, über so große Erfahrung verfügten. Doch ich machte mir weiterhin große Sorgen, dass jemand bei dem Versuch, für mich eine Woche Zeit zu gewinnen, verletzt werden oder gar ums Leben kommen könnte.

Ein wenig konnte ich die Rettungsaktion mir selbst gegenüber damit rechtfertigen, dass Pic gemeinsam mit mir ausgeflogen wurde. Das Problem mit seinen Hüften war zunehmend schlimmer geworden, und ich hatte immer noch nicht feststellen können, was die Ursache seiner Schmerzen in den Beinen, im Rücken und im Nacken war. Er musste meiner Meinung nach so schnell wie möglich einen Spezialisten aufsuchen, und dieser Rettungsflug war gewissermaßen sein Rückflugticket.

Meine Mutter und meine Schwägerin hielten mich inzwischen per E-Mail über die Abenteuer von Scott und Eric in Neuseeland auf dem Laufenden. Die Nielsen-Brüder waren schon ein paar Tage früher angekommen, und Sam Feola, der Logistik-Experte der ASA, spielte nun für sie in Christchurch den Fremdenführer. Die ASA wie auch die NSF waren unermüdlich tätig gewesen, um alle Einzelheiten für meinen Rückflug in die USA zu koordinieren. Sie hatten den Flug meiner Brüder nach Neuseeland arrangiert und Val Carroll, die Pressesprecherin der ASA, dorthin geschickt, die die Medien betreuen sollte, sobald ich die Südpolstation verlassen hätte. Der Plan sah vor, mich durch die Horde wartender Reporter zu schleusen, in ein Flugzeug Richtung USA zu setzen, mich nach der Ankunft direkt in die Klinik in Indianapolis zu bringen und in die Obhut von Kathy Miller zu übergeben. Dort würden auch meine Eltern auf mich warten.

Der Vormittag und Nachmittag des 15. Oktober vergingen, ohne dass es wärmer geworden wäre. In McMurdo war eine LC-130 gestartet, musste jedoch wegen des Wetters am selben Tag wieder umkehren. Während meine Retter in McMurdo gezwungenermaßen Däumchen drehten, konnte ich zur Geburtstagsparty meines besten Freundes gehen. Zwar hatte ich alles vorbereitet, damit sie auch ohne mich stattfinden konnte, aber jetzt konnte ich doch daran teilnehmen.

Es sollte ein wunderschöner Abend werden. Man hatte die langen Tischreihen in der Kantine aufgelöst, die Tische neu gruppiert und mit Leinendecken, Kerzen und kristallenen Weingläsern dekoriert. Lisa und Power Plant Thom servierten Margaritas (hochprozentig oder alkoholfrei, alles auf Eis natürlich), und Scott's Revenge machte Musik. Comms Tom, der eine Affenmaske aufgesetzt hatte, sang Big John zum Geburtstag ein Ständchen nach einem alten Lied: »… Ich merk's an deinem Kopf, dein Vater war ein Affe. Wenn noch mehr Jahre vergehen, wirst du ihm ähnlich sehen!«

Die Küchenmannschaft trug feierlich den Geburtstagskuchen herein, dann gaben wir Big John unsere Geschenke. Lisa hatte eine Flasche Wild Turkey für ihn beiseite geschafft, und von mir bekam er mein Lieblingsbuch, die Gedichtsammlung von W. B. Yeats. Es war, als würde mich jede Minute, die verging, ein Stückchen von meinem Herzen kosten, und ich fragte mich, ob mein Leben jemals wieder so erfüllt sein würde.

Zum ersten Mal seit meiner Kindheit empfand ich wieder inneren Frieden. Ich wusste genau, wer ich war und wohin ich in diesem Augenblick gehörte: zu diesem Haufen unruhiger Geister. Meine Vergangenheit war vergessen, meine Zukunft völlig ungewiss. Hätte mich damals jemand gefragt, ich hätte gesagt: Das ist ein guter Tag zum Sterben.

410

Als ich merkte, dass ich müde wurde, bat ich Big John, mich nach Hause zu bringen. Er zog mich behutsam am Ellbogen hoch und begleitete mich zurück zum Biomed, damit niemand sah, wie unsicher mein Gang war. Dann steckte er mich ins Bett und stellte das Sauerstoffgerät an. Er wollte mir Gesellschaft leisten, aber ich drängte ihn, wieder in die Kantine zu gehen. Ich wollte ihm auf keinen Fall seine Geburtstagsparty verderben.

Am nächsten Morgen herrschte immer noch schlechtes Wetter, aber die Temperatur sollte gerade so weit steigen, dass das Flugzeug landen konnte. Als wir erfuhren, dass die Maschine in McMurdo gestartet war, rief uns Mike Masterman in der Kantine zusammen, um den genauen Ablauf der Aktion noch einmal mit uns durchzugehen. Er teilte uns klipp und klar mit, dass uns insgesamt nur drei Minuten zur Verfügung stünden. Je länger das Flugzeug am Boden blieb, umso größer war die Gefahr, dass es technische Probleme gab. Es musste klappen wie am Schnürchen.

Was bei dieser Besprechung sonst noch gesagt wurde, weiß ich kaum noch. Als meine Freunde einer nach dem anderen aufstanden, um zu gehen, sah ich ihre Gesichter durch einen Tränenschleier: Roo, Nick, Loree, Andy, Comms Tom. Ich hörte ihre Stimmen gar nicht, habe aber wohl irgendetwas geantwortet, mich von ihnen verabschiedet, mich für alles bedankt, was sie mir gegeben und für mich getan haben. Doch in Gedanken war ich schon nicht mehr richtig da, trieb irgendwo in tiefem Wasser auf das Meer hinaus.

Zum letzten Mal ging ich in meine geliebte kleine Krankenstation zurück. Meine Habseligkeiten waren alle gepackt und die orangefarbenen Taschen, die ich vor einer Ewigkeit durch McMurdo geschleppt hatte, standen neben der Tür aufgereiht. Sie enthielten dieselben Sachen, mit denen ich angekommen war, aber inzwischen war alles so abgetragen und zerlumpt, dass man das meiste nicht mehr gebrauchen konnte. Und genau wie bei meiner Ankunft hatte ich neben meinen persönlichen Dingen auch eine Kühltasche mit Medikamenten und Gewebeproben dabei, die nicht gefrieren durften.

Die Zimmer waren geputzt und nichts verriet mehr, dass

ich hier gewohnt und gearbeitet hatte. Die Bilder der toten Ärzte hatte ich hängen lassen. Von Doriannes Daunendecke konnte ich mich nicht trennen, aber ich hinterließ meinem Nachfolger, Hugh Cowan, meine Heizdecke, die warmen Flanelltücher und die bunten elektrischen Weihnachtskerzen, mit denen ich die Decke in meinem Zimmer geschmückt hatte, um mich aufzuheitern. Die Karte des südlichen Nachthimmels, die ich mit meinem fluoreszierenden Nagellack an die Decke gemalt hatte, würde ihm hoffentlich gefallen.

Big John leistete mir beim Warten Gesellschaft. Weil wir beide davon ausgingen, dass das Flugzeug auf halbem Weg wieder umkehren würde, sprangen wir wie elektrisiert in die Höhe, als Comms Tom über Lautsprecher durchgab, die Maschine habe soeben »Papa 3« gefunkt – das bedeutete, sie würde in dreißig Minuten landen.

Wir zogen die letzte Schicht unserer Extremkleidung an, und Big John ging nach draußen, um das Schneemobil warm laufen zu lassen. In den vergangenen Monaten war ich den Weg vom Biomed zur Landepiste hunderte von Malen gegangen, aber heute fühlte ich mich zu schwach. Als ich hinter Big John auf das Schneemobil stieg, kam Lisa auf uns zu, um mir Auf Wiedersehen zu sagen und mich ein letztes Mal in die Arme zu nehmen. Bisher war es mir bei allen Verabschiedungen gelungen, meine Gefühle unter Kontrolle zu halten, aber dieses Mal fiel es mir sehr schwer. Lisa gab mir einen sanften Kuss auf die Wange und drückte mich an sich.

»Pass auf dich auf«, sagte sie. »Ich komme bald nach in die normale Welt.«

Als wir durch den Eingangstunnel ins Freie traten, empfing uns ein heftiger Schneesturm, ein richtiger White-out. Wie ein Pilot bei derart katastrophalen Wetterbedingungen landen sollte, war uns beiden schleierhaft. Die Temperatur schwankte um die minus 50 Grad Celsius. Selbst wenn der Hercules das Kunststück gelang, bei null Sicht auf unserer Piste zu landen, bestand noch immer die Gefahr, dass Teile der Hydraulik barsten oder einfroren und das Fahrgestell blockierte.

»Das schafft er nie«, bemerkte Big John. »Er muss umdrehen und zurückkehren.«

Plötzlich wurde das Heulen des Sturms von einem anderen Geräusch übertönt. Es war das Brummen der viermotorigen LC-130, die zum Landeanflug ansetzte. Wir trauten unseren Ohren kaum. Doch dann wurde das Geräusch noch lauter. Das bedeutete, dass der Pilot die Schubumkehr betätigt hatte. Die Maschine stand am Boden.

Ich wandte mich zu Big John um. Wir waren zwar zum Schutz vor der Kälte bis zur Nasenspitze eingemummelt, aber ich wollte ihm noch ein letztes Mal in die Augen sehen. Deshalb nahm ich meine Gletscherbrille ab.

»Schau mich an«, sagte ich. Er schob seine Brille auf die Stirn, und wir blickten uns einen Augenblick schweigend an.

Die Hercules stand auf der Landepiste. Wir wussten, dass nur wenige Minuten Zeit zur Verfügung standen, um die ankommenden Passagiere aussteigen und uns an Bord gehen zu lassen. Die Motoren liefen noch, als wir uns durch den Sturm zum vorderen Einstieg kämpften. Die Tür ging auf, die Lauftreppe wurde heruntergelassen, und Hugh Cowan sprang die Stufen herunter. Für eine Begrüßung war keine Zeit, aber es erleichterte mich, dass wieder ein Arzt auf der Polstation war, noch dazu ein echter Polie. Pic humpelte auf Krücken zum Flugzeug, und Charlie machte sich bereit, ihm beim Einsteigen zu helfen. Aber zuerst kam ich an die Reihe. Die unterste Stufe der Lauftreppe hing mindestens einen Meter über dem Boden, und allein würde ich wahrscheinlich nicht hinaufkommen. Ich griff nach einem Seil und versuchte, wenigstens mit dem Knie auf die letzte Stufe zu kommen. Plötzlich spürte ich, wie mich Big Johns Arme umfassten und hochhoben. Er schob mich in das Flugzeug, und ich landete auf den Knien im Cockpit. Als ich mich umdrehte, um ein letztes Mal zu winken, war er schon fort.

Absender: John W. Penney<penneyjo@spole.gov>
Empfänger: #Alle
Datum: 16. Oktober 1999
Betreff: Mission beendet

Hallo, alle zusammen:

Wollte euch nur wissen lassen, dass Doc heute abgeflogen ist. Es war die früheste und kälteste Landung, die jemals am Südpol stattgefunden hat. Wir hatten stark bezweifelt, dass die Maschine überhaupt würde landen können. Der Wind blies mit fast 20 Knoten, und die Sicht war miserabel. Deshalb dachten wir, der Pilot würde ein paar Runden drehen und nach McMurdo umkehren. Ich habe Doc mit meinem Schneemobil zur Landepiste gebracht.

Doc hat im Moment sehr mit Atemnot und Schwindelanfällen zu kämpfen. Wir standen herum und verabschiedeten uns von ihr, obwohl wir nicht erwarteten, dass die Maschine landen würde. Tat sie dann aber doch. Ich nahm Doc beim Arm, begleitete sie zur Tür und half ihr die Lauftreppe hinauf.

Anschließend ging ich zum Sicherheitsbereich zurück, um den Start zu verfolgen. Als ich sah, wie der Flugingenieur zum Heck der Maschine ging und die Starthilferaketen auf Betrieb schaltete, wusste ich, dass sie gut wegkommen würden. Die Starthilferaketen sind hinten am Flugzeug angebracht. Ob es Feststoff- oder Flüssigkeitsraketen waren, weiß ich nicht. Jedenfalls sind es vier auf jeder Seite. Als die Passagiere samt ihrem Gepäck eingestiegen waren, versuchte der Pilot anzurollen. Die Motoren liefen auf Hochtouren, doch die Maschine bewegte sich nicht von der Stelle. Sie mussten die Kufen einziehen, die schon fast am Boden festgefroren waren, so dass das Flugzeug auf den Rädern stand. Dann ließen sie die Kufen wieder herunter und brachten die Motoren auf Touren. Dieses Mal kam die Maschine in Gang und rollte bis zum anderen Ende der Piste. Wir sahen nichts mehr von ihr, aber wir hörten sie. Als sie dem Geräusch nach wendete, gab der Pilot Vollgas und zündete gleichzeitig die Starthilferaketen. Ich sage euch, es war toll! Die schnellste LC-130, die ich je erlebt habe. Als wir sie vom Dome aus wieder sehen konnten, hatte sie schon abgehoben. Wir bekamen das Raketenfeuer nur noch in den letzten fünf Sekunden mit, als intensiv blaue, spitze Flamme. Dann erloschen die Raketen eine nach der anderen und spuckten noch ein paar gelbe Flammen. Die Maschine drehte die übliche Runde. Als sie über den Dome flog, ließ der Pilot die Tragflügel wackeln, dann zog sie davon.

Ich stand da und sah ihr nach, bis sie außer Sichtweite war. Das dauerte ungefähr vier Minuten. Am Boden tobte ein unheimlicher und scheußlicher Schneesturm, aber als die Maschine höher stieg, riss die Wolkendecke auf, und sie flog in ein großes Stück blauen Himmel hinein.

Big John

EPILOG

Langsam kehrt meine Erinnerung zurück.

Nachdem ich den Südpol verlassen hatte, war ich lange krank. An den Rettungsflug vom Südpol nach McMurdo und an die andere Maschine, die mich anschließend nach Christchurch brachte, erinnere ich mich nur noch dunkel. Obwohl ich wusste, wie sehr sich die Medien für meine Geschichte interessierten, war ich auf die riesige Reporterschar und die Fernsehteams, die in Christchurch auf mich warteten, nicht vorbereitet. Am Flughafen wurde ich von einem weißen Transporter abgeholt, der ausgerechnet den Spitznamen White Rabbit trug. Der Fahrer raste mit mir zum Hotel, und man brachte mich durch den Hintereingang zu meinem Zimmer. Zurück auf Meeresniveau und damit in sauerstoffreicher Luft, spürte ich nach all den Monaten auf großer Höhe plötzlich in mir eine ungeheure Energie. Ich öffnete die Tür zu meinem Zimmer und sah Scott und Eric vor mir. Wir umarmten und küssten uns, dann stürzte ich mich auf den großen Korb mit Obst und Gemüse, den sie mitgebracht hatten. Unter Lachen und Weinen versuchte ich mit ihnen zu reden, doch zugleich stopfte ich mir auch unentwegt Salat und grüne Paprika in den Mund. Es war wie ein Sinnestaumel: Plötzlich bestand die Welt wieder aus den unterschiedlichsten Farben, Gerüchen und Geschmacksnuancen. Obwohl wir Gefahr liefen, einem Fernsehteam zu begegnen, bat ich meine Brüder, mit mir in den prächtigen botanischen Garten am Avon River zu gehen. Ich wollte all die Blumen und Bäume betrachten, die ich in den vergangenen Monaten nur in meinen Träumen gesehen hatte.

Später stahlen wir uns aus der Stadt, als seien wir Diebe oder Berühmtheiten, je nach Betrachtungsweise. Man ermöglichte es uns, das Flugzeug zu besteigen, ohne dass wir den

Zoll passieren oder unseren Mitreisenden begegnen mussten. Die NSF und ASA hatten unsere Reise gut vorbereitet, weder richtete sich eine Kamera auf uns, noch brüllte mir ein Reporter Fragen entgegen. Ich werde den beiden Organisationen für Ihre Fürsorge immer dankbar sein.

Ich flog ohne weiteren Aufenthalt direkt nach Indianapolis. Im Krankenhaus der Indiana University warteten meine Eltern auf mich. Wir freuten uns über das Wiedersehen, doch zu mehr als einem kurzen Gespräch reichte die Zeit nicht. Kathy und LaTrice erkannte ich nach unseren Videokonferenzen sofort wieder. Es tat mir gut, ihnen endlich persönlich zu begegnen, und auf das Treffen mit Kathy hatte ich mich ganz besonders gefreut. Sie war warmherziger und hübscher, als ich es mir vorgestellt hatte. Welch angenehmes Gefühl, dem Menschen, dem man sein Leben in die Hand gibt, voll und ganz vertrauen zu können!

Kathy hatte eine Vielzahl medizinischer Tests für mich angesetzt, durch die wir feststellen wollten, ob sich der Krebs im Körper ausgebreitet hatte – jene Tests, vor denen ich mich seit acht Monaten gefürchtet hatte. Sie entschieden über meine Zukunft: Waren sie negativ, konnte ich mich operieren lassen und Hoffnung schöpfen. Hatte sich der Krebs jedoch ausgebreitet, würde ich lediglich Mittel zur Schmerzlinderung einnehmen und mich auf einen frühen Tod vorbereiten.

Dies war das erste Mal, dass ich wirklich Angst bekam, denn nun sollte ich die Wahrheit erfahren. Auf Holz klopfen oder beten konnte an diesem Punkt nicht mehr helfen. Deshalb ergab ich mich in den Lauf der Dinge. Umso mehr überraschte es mich, dass Kathy mir immer wieder, wenn sie in mein Zimmer kam, mitteilte, dass diese oder jene Untersuchung ein für mich positives Resultat ergeben habe und nun die nächste anstehe. Das Knochenscan, das Kernspintomogramm des Gehirns, die Computertomographie des Körpers, alle blieben ohne Ergebnis. Ich war so verdutzt, dass ich mich kaum freuen konnte. Mein Dad war bei mir, als Kathy uns die gute Nachricht überbrachte, und er fragte mich, was es bedeutete. Als ich ihm sagte, dass ich womöglich am Leben bleiben würde, war er verblüfft und von Gefühlen überwältigt.

Am nächsten Tag wurde ich operiert. Ich bat um eine Lumpektomie, weil dabei nicht so viel Gewebe fortgenommen wird wie bei der Mastektomie. Meine alte Freundin Sue Lehman, die Frau des Radiologen Juergen, der mich am Pol beraten hatte, war aus Fort Wayne gekommen. Sie und mein Bruder Scott begleiteten mich, als ich in den OP gebracht wurde. Hinterher kam der Chirurg Dr. Robert Goulet zu mir ins Krankenzimmer. Er hatte wunderbare Neuigkeiten. Der Krebs hatte nicht auf meine Lymphknoten übergegriffen! Das erschien mir unfassbar. Ich kam mir vor wie eine zu Tode Verurteilte, die gerade ihre Begnadigung erhielt.

Am nächsten Tag kehrte ich nach Ohio zurück, um mich bei meiner Mutter zu Hause zu erholen. Zunächst schien alles in Ordnung, doch dann verspürte ich plötzlich starke Schmerzen in Brust, Arm und Rücken. Kurz darauf bekam ich so hohes Fieber, dass ich fantasierte. Meine Eltern brachten mich in das Krankenhaus unseres Heimatorts, wo man bei mir eine schwere Staphylokokken-Infektion feststellte. Jetzt ging es um Leben und Tod. Da mein knappes Jahr am Südpol und die monatelange Chemotherapie mein Immunsystem geschwächt hatten, brachte mein Körper kaum noch die Kraft auf, gegen die Entzündung anzukämpfen. Man flog mich mit einem Learjet zurück nach Indianapolis zu Kathy, die mich eine Woche lang mit Antibiotika und Schmerzmitteln behandelte. Die Infektion verursachte bleibende Schäden in meinem Brustgewebe und im Lymphsystem. Noch heute leide ich an Schwellungen und Schmerzen im rechten Arm.

Sobald ich wieder einigermaßen bei Kräften war, rief ich meinen Anwalt an. Er sollte versuchen, einen Besuchstermin mit meinen Kindern zu vereinbaren. Zwar fühlte ich mich noch schwach, aber ich wollte sie unbedingt sehen. Der Anwalt teilte mir jedoch mit, dass sich mein Exmann furchtbar aufgeregt habe, als er hörte, dass ich zu krank sei, um das Bett zu verlassen, und meine Eltern sich auf die lange Reise machen würden, um meine Kinder abzuholen. Zugleich warnte er mich, dass mein Ex womöglich wieder seine altbekannten »Spielchen« mit mir spielen würde. Dennoch konnte ich kaum erwarten, die Kinder zu sehen, und ich dachte, dass auch sie neugierig wären, und sei es auch nur auf die Geschichten meines Abenteuers. Dad warnte mich jedoch, nicht allzu fest darauf zu hoffen. Zu oft hatte er miterlebt, wie ich enttäuscht wurde. Ehe er losfuhr, um die Kinder zu holen, rief er noch einmal bei meinem Exmann und dessen zweiter Frau an. Die beiden erklärten, meine Söhne seien bereit (meine Tochter war im College), drängten aber erneut, ich solle persönlich kommen. Es brach mir fast das Herz, als meine Söhne am nächsten Tag anriefen und erklärten, sie seien an diesem Wochenende zu beschäftigt, um mich zu besuchen. Mein Vater hatte Recht gehabt, es hatte sich leider nichts geändert. Bis zum heutigen Tag, an dem ich dies schreibe, habe ich meine Kinder nicht wieder gesehen, und das, obwohl fast ein Jahr vergangen ist, seit man mich vom Südpol ausgeflogen hat. Ich möchte ihnen sagen, dass meine Tür trotzdem immer für sie offen steht, sollten sie ihre Meinung ändern.

Big John blieb noch einen Monat nach meiner Evakuierung, also fast bis Ende November 1999, am Südpol. Wie schon zuvor schickte er mir E-Mails, in denen er von seinem Leben dort berichtete. Einige Tage vor seiner Abreise schlug der Glykol-Teufel wieder zu, und das Stromaggregat stellte seinen Dienst ein. Obwohl es nicht mehr zu seinen Aufgaben gehörte, rannte Big John zum Generatorenraum und brachte die Maschinen wieder zum Laufen – um der guten alten Zeiten willen. Nach Ablauf seines Vertrags kehrte er zu seiner Familie nach Kalifornien zurück.

Wir hatten uns damals versprochen, gemeinsam daran zu arbeiten, wenn wir je ein Buch über unser Leben am Pol schreiben würden. Ich fürchtete zwar nach wie vor den Bekanntheitsgrad, den das mit sich bringen würde, doch man machte mir klar, wenn ich nicht selbst über meine Abenteuer schriebe, würde es jemand anders tun. Daher kam John zu mir, um mir beim Schreiben des Buches zu helfen. Gibt es einen besseren Beweis für die Beständigkeit der Freundschaft, die wir am Pol geschlossen hatten?

Nach der Operation musste ich mich einer viermonatigen radikalen Chemotherapie und einer achtwöchigen Strahlenbehandlung unterziehen. Letztere ließ ich in North Carolina vornehmen, in der Nähe des Strandhauses, das ich mir vor längerer Zeit gekauft hatte.

Langsam wachsen mir wieder Haare, dunkler und lockiger als zuvor, ganz so, wie Kathy es vor einigen Monaten vorausgesagt hatte. Zwar werde ich noch leicht müde, doch mit jeder Woche, die verstreicht, spüre ich meine Kräfte zurückkehren. Seit ich wieder in den USA bin, hat sich meine Einstellung zu Krebs drastisch geändert.

Zunächst fühlte ich mich nicht wohl bei dem Gedanken, mich in den Kreis der »Krebskranken« einzureihen. Selbsthilfegruppen machten mir Angst. Ich fand es deprimierend, im Wartezimmer meines Radio-Onkologen Dr. Charles Neal zu sitzen, neben all den anderen, die auch eine Strahlenbehandlung erhielten. Dort käme ich mir vor wie im Land der Sterbenden, erklärte ich ihm. Doch er entgegnete: »Nein, Sie sind im Land der Hoffnung – vielleicht kann man die Sterbenden hier heilen.«

Nur ganz allmählich waren mein müder Körper und mein immer noch träger Geist wieder in der Lage, mich jenen zuzuwenden, die von der Krankheit stärker betroffen waren als ich. Die Ärztin in mir verließ den Stuhl, auf dem sie saß, um mit den Kranken zu sprechen, die bettlägerig waren und auf einer Trage ins Krankenhaus zurückgebracht werden mussten. Und dann sprach der Mensch in mir mit denen, die in einer vergleichbaren Lage waren wie ich, die während des stundenlangen Wartens noch sitzen und in einer Zeitung blättern konnten. Bald schloss ich Freundschaft mit anderen Krebspatienten, Menschen, die ich kennen lernen, mit denen ich mich zum Frühstück verabreden und reden wollte. Sie alle hatten ihre eigene Geschichte zu erzählen und lebten mit ihrem Krebs, wie ich es gerade zu tun lernte. Sie waren den gleichen leidvollen Weg gegangen und gaben mir seelische Unterstützung, aber auch praktische Tipps, wie etwa, dass man die Verbrennungen durch die Bestrahlungen, an denen sich das Fleisch ablöste, am besten mit Kotex verband. Als ich mich einer Krebs-

Selbsthilfegruppe anschloss, lernte ich viele sympathische Frauen kennen, die das durchgemacht hatten, was ich nur langsam zu akzeptieren lernte. Ich lebte mit einer unheilbaren Krankheit. Aber ich lebte.

Im April 2000 fuhr ich nach Indianapolis, um eine Mammographie und ein Knochenscan durchführen zu lassen. Zu meiner Freude konnte Kathy Miller mir mitteilen, dass sich zu diesem Zeitpunkt in meinem Körper keine Hinweise auf Krebs mehr finden ließen. Wie sich mein Gesundheitszustand entwickelt, wird die Zeit zeigen.

Inzwischen empfinde ich es als wunderbare Aufgabe und Verantwortung, anderen Krebskranken zu helfen. Ich lebe wieder in einer Welt der Hoffnung. Außerdem habe ich »Frieden auf meinem Weg« geschlossen: Frieden mit meiner Krankheit, mit meinem Leben, mit meiner Zukunft. Es fiel mir leicht, denn ich befand mich im Kreis von Freunden, meiner Familie, einer Gemeinschaft. Ich wünschte, jeder, der an einer schweren Krankheit leidet, bekäme dieses Maß an Unterstützung. Welches Glück hatte ich doch, dass andere bereit waren, ihr Leben aufs Spiel zu setzen, um mich zu retten, dass die NSF, die ASA und die US-Regierung diese Aktion unterstützten, und das, obwohl niemand dazu verpflichtet gewesen wäre. Ich werde ihnen ewig dankbar sein.

Im Juli dieses Jahres fühlte ich mich endlich kräftig genug, den Menschen, die bei meiner Rettung geholfen hatten, persönlich zu danken: Ich flog mit meinen Eltern zum Luftwaffenstützpunkt McChord im Bundesstaat Washington und traf mich mit der Mannschaft, die die Abwurfaktion durchgeführt hatte. Im Verlauf dieses Jahres möchte ich auch noch den 109th Airlift Wing der Air National Guard in New York besuchen und ihnen für alles danken, was sie für mich getan haben.

Mit meinen Freunden vom Südpol stehe ich immer noch in Verbindung. James »Pic« Evans kehrte in die Vereinigten Staaten zurück und arbeitet jetzt im Naturschutzgebiet des Grand Canyon National Park, wo er Vögel zählt. Er hat sich so weit erholt, dass er hofft, diesen Sommer wieder ins Eis fahren zu können. Paul »Pakman« Kindl reiste nach Kalifornien, um das

Pontiac-Tempest-Cabriolet, Baujahr 1966, abzuholen, das er am Südpol über Internet gekauft hatte. Auf seiner Rückfahrt nach New York besuchte er mich bei meinen Eltern. Lisa Beal kam nach Ohio, nachdem sie vom Südpol zurückgekehrt war. Sie lernte meine Familie kennen und begleitete mich zur Chemotherapie. Später, als ich mich im Ferienhaus meiner Eltern erholte, kam sie zu mir nach Florida, und wir feierten gemeinsam das Neujahrsfest. Mittlerweile arbeitet sie als Informatikerin für eine große Firma in Chicago, doch immer noch träumt sie davon, mit einem selbst gebauten Spezialfahrzeug den Tornados und anderen großen Stürmen nachzujagen. Dorianne Galarnyk lebt in Japan. Nachdem »Comms Tom« Carlson sich am Südpol im Kampf mit den Hackern die entsprechenden Kenntnisse angeeignet hatte, verpflichtete er sich als Sicherheitsexperte bei einer Elektronikfirma. Als Neuheit hat er die »Cyber-Party« eingeführt, bei der sich Polies jeden Freitagabend zu einem virtuellen Fest im AOL Instant Messenger im Internet treffen. Floyd Washington ist der Amundsen-Scott-Südpolstation treu geblieben, er betreut in Denver die Ausrüstung und den Nachschub für den Pol, allerdings nicht mehr als Angestellter der ASA. Der Antarctic Support Association gelang es nicht, ihren Vertrag mit der Regierung zu verlängern, und sie löste sich auf. Die wissenschaftlichen Stützpunkte und Forschungsschiffe der USA werden nun von den Raytheon Polar Services betreut. Viele Mitarbeiter der ASA wie Norman Wolfe und Gerald Katz wechselten zu dieser Gesellschaft.

Eine ganze Anzahl Polies ist erneut ins Eis gegangen. »Power Plant Thom« Miller überwinterte in McMurdo als Elektrotechniker für die Stromaggregate. Inzwischen reist er durch die Welt. »Giant Greg« Griffin und Andy Clarke haben einen zweiten Winter am Südpol verbracht. Mit ihnen und den meisten Kollegen aus der Wintermannschaft stehe ich nach wie vor per E-Mail oder durch ein gelegentliches Telefongespräch in Kontakt. Ich weiß, dass die Freundschaften, die ich am Pol geschlossen habe, ein Leben lang halten werden.

Während Big John mir bei der Arbeit an diesem Buch half, wurde bei seiner Mutter in Kalifornien Lungenkrebs in inoperablem Stadium festgestellt. Er hatte bereits im Gehirn Metastasen gebildet. Big John kehrte nach Kalifornien zurück, um sie zu pflegen. Was sein nächstes Abenteuer sein wird, weiß er noch nicht.

Ich wohne mittlerweile am Meer. Ich würde alles dafür geben, noch einmal am Südpol arbeiten zu können, doch ich bezweifele, dass ich die Erlaubnis dazu bekomme. Es wäre zu gefährlich, der Krebs könnte jederzeit zurückkehren. So muss ich mich mit meinen Erinnerungen begnügen. Noch immer träume ich davon, mir ein Boot zu kaufen und damit die Welt zu umsegeln. Manchmal ist der Ozean ruhig und glatt wie ein Spiegel, und der Horizont ist meilenweit leer. Dann kommt mir die Welt plötzlich wieder vertraut und heimatlich vor, und ich denke an die Antarktis.